UNREAD

THE TUDORS IN LOVE

最后的都铎

Passion and Politics in the Age of England's Most Famous Dynasty

中世纪余晖下的宫廷爱欲与权力密码

[英] 萨拉·格里斯特伍德 —— 著
常非常 —— 译

北京联合出版公司
Beijing United Publishing Co.,Ltd.

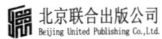

献给我的侄女弗莱娅·韦斯特

目录

前言 001
导言 007

第一部分　起源

1　宫廷作家、宫廷贵妇与宫廷神父　021
2　现实政治与《玫瑰传奇》　040
3　女性崇拜者、厌女者与女权主义者　051
4　兰开斯特王朝　070
5　约克王朝　078

第二部分　1485—1525

6　"毫不惧内"　103
7　"自由选择结婚对象"　117
8　"忠心爵士"　131
9　"任凭我的心意选择"　150

第三部分　1525—1536

10　"我的女主人和朋友"　　　　　　　　171
11　"我们想要的结果"　　　　　　　　191
12　"至福"　　　　　　　　　　　　　209
13　"有污点的王后"　　　　　　　　　222

第四部分　1536—1558

14　"我忠诚、真实和爱你的心"　　　　237
15　"我就心如死灰"　　　　　　　　　256
16　"可耻的诽谤"　　　　　　　　　　273
17　"丈夫可以做很多事"　　　　　　　285

第五部分　1558—1584

18　"将来的国王"　　　　　　　　　　303
19　"心满意足"　　　　　　　　　　　318
20　"违背我的本性"　　　　　　　　　334

第六部分　1584—1603

21　"这首老歌"　355
22　"冷酷的爱"　368
23　"困惑与矛盾"　384
24　"感情是虚假的"　407

后记　421
附录：圭尼维尔的多重面孔　425
致谢　435
注释与延伸阅读　437

前言

忏悔节的庆祝活动有一个主题,就是心。悸动的心、脆弱的心、屡屡受伤的心,这个象征无处不在。

德文郡伯爵与罗斯勋爵骑马比武时穿着白色天鹅绒服装,上面绣着一颗被链条分成两半的心,边缘绣着标语"我的心在快乐和痛苦之间"。安东尼·金斯敦与安东尼·克尼维特身穿深红色缎子,上面绣着一颗被蓝色花边围起来的心,绣有金字"我心被缚"。尼古拉斯·达雷尔的黑色缎面布满或东倒西歪或撕裂的心,绣着银字"我心已碎"。当然,真正重要的只有一颗心,那就是亨利八世的心。

据编年史家爱德华·霍尔记载,国王亨利八世骑的骏马披着银色织物,上面绣着金字。他的纹章是"一颗受伤的心",标语为"Elle mon coeur a navera"——她伤了我的心。这是一种因痛苦而升华的古老的激情,相思者因仰慕一位不能接近的女士而振奋。几个世纪以来,这种激情牢牢抓住了欧洲贵族的想象力。难怪后来的时代将其称为"宫廷"爱情,也难怪都铎王朝——那个总在攫取、摸索、重视知识的王朝——会如此热衷于它。

该王朝的缔造者亨利七世利用亚瑟王传奇和骑士精神,确保都铎家族能够进入王室圈子;亨利八世则利用宫廷爱情正当化其充满波折的婚姻生活史。最后,亨利八世的女儿伊丽莎白则将上述文化元素重新塑造，赋予其新的意义，为她颇有争议的女性君主制辩护。

比武的庄重仪式以及精心编排的战斗表演，反映了都铎王朝宫廷庆典的奢华与盛大。在这个世界里，人们期望国王展示出"威严"的一面，盛大繁复的典礼甚至刻意展现的行为都有助于此。戏剧元素无处不在。宴会上的食物不仅仅是为了激发食欲，也有可能是为了引发人们的惊叹。比如，一盘煮熟的"保留着羽毛"的孔雀在大厅被推着巡游展示，还有神话中的"鸡身蛇尾怪"（由一只公鸡的前半身和一头猪的后半身拼接制成）。访客们预料到可能会见识一些为了娱乐而精心设计、令人惊奇的奇幻景象，欣然沉浸其中以示敬意。

在周二忏悔节的比武结束后，国王的首相、枢机主教沃尔西为亨利八世和他的朝臣以及与会大使们举办了一场晚宴。沃尔西的伦敦府邸约克宫（后来的怀特霍尔宫）以豪华和奢靡而闻名。观察者们注意到，沃尔西拥有许多令人瞠目结舌的昂贵挂毯，以至于他每周都能在墙上换上新挂毯。挂毯上面描绘的《圣经》故事，无论从情节饱满度还是视觉效果等方面来看，其丰富性可与古典神话故事的描绘相媲美；有的挂毯则描绘了日常生活中的场景，如狩猎、丰收、谈情说爱、弹奏竖琴等，经绘者的重新构思，也呈现出富有故事性的永恒之美。（讽刺的是，其中根据彼特拉克的作品制作的名为"贞洁战胜爱情"的大挂毯，最终纳入国王的收藏。）

在餐桌上，紧随着蔬菜沙拉和奶酪上来的是一系列令人眼花缭乱的肉类。毕竟，不可食肉、最多只能吃鱼的沉闷的大斋期即将来临，到那时候就只能由国王和枢机主教的厨师们使出浑身解数来烹制鳗鱼、咸鳕鱼等各类海鱼和淡水鱼了。接下来，沃尔西的客人们被领到一个豪华大厅，里面装饰着挂满昂贵蜡烛的枝杈。

在房间的尽头矗立着一座用木头建造、涂成绿色的城堡，这是都铎宫廷所擅长制造的那种奢侈而别出心裁的玩意儿，只供当晚使用。王室账目的长长清单中详细罗列了这些用于短暂的戏剧性表演的开支：有饰品和服装费，也有木材和木工费。仅仅几年后，宫廷会花上好几周时间，围绕着另一座这样的城堡策划一场攻防战，且兴致勃勃地决定"不要把它当游戏，要严肃认真对待"。它可能相当于后世的舞台剧或电影的布景。*只是，这比不列颠群岛的第一座戏院在伦敦建成还要早半个世纪；尽管教会可能在主持仪式和大众庆典方面很出色，但要演绎骑士道这种世俗的流行戏码，再没有比这更好的舞台——没有比宫廷更好的地方了。

这座城堡由三座塔楼组成，每座塔楼都悬挂着一面旗帜，分别绣着三颗撕裂的心、一位女士紧紧握住一位男士的心、一位女士扭动着一位男士的心。城堡是这种庆典"伪装"的主体，它要么象征着女士需要被拯救、免陷其中的危险，要么象征着女士的心灵本身。在中世纪宫廷爱情类畅销书《玫瑰传奇》中，就描写过一个由女士们抛出玫瑰来保卫堡垒的场景。这三座塔楼由八位身着白色绸缎的女士占据，她们的名字用金字标出。"美貌"和"荣誉"，"仁慈"和"慷慨"，"坚贞"和"毅力"，"善良"和"怜悯"——完美的宫廷贵妇的品质。如果说这些典礼相当于室内比武大会——同样是一个竞争和能力展示

---

* 许多年前，那时我还是电影记者，我参观了《勇敢的心》这部电影的拍摄现场。那是一次夜间拍摄，一座爱尔兰城堡的废墟再现了英格兰人被苏格兰人残酷围困时的情景。我记得最清楚的是，只有在拍打后才能分辨出这是制作组用玻璃纤维建造的假墙，而非真正的古代石墙。——作者注（加*的均为作者注，如无特殊说明，其余皆为译者注）

的场所，那么不同之处在于，在这里，女性可以占据中心舞台。

在城堡下面，仿佛是在戏仿，另有八位"女士"（实际来自王室教堂的男童合唱团，身着印度风格服饰），"她们"被冠以诸如"不屑""嫉妒""轻蔑""刻薄"这样的名字。"她们"站在那里准备保卫"绿色城堡"，因为面具人来袭了：头戴金帽、身披蓝色斗篷的贵族子弟，他们的名字与骑士美德相称，如"高贵""朝气""忠诚""温柔"等。他们的首领是"热望"，穿着"深红色的缎子，上面绣着金色的火焰花纹"。骑士们恳求女士们下来，但"轻蔑"和"不屑"表示"她们"会抵抗，交涉无果，"热望"则下达了进攻的命令。

当真正的庆典用大炮在屋外轰鸣时，屋内的骑士们用枣子和橘子砸向城堡。女士们则用玫瑰水和蜜饯进行反击（那些假女士，"轻蔑"及其同伴甚至使用了"弓和弹丸"）；但"最后，城堡陷落了"。"轻蔑"和"不屑"逃走时，贵族们牵着"荣誉女士"的手，把她们从城堡的塔楼上领下来，"一起跳起欢快的舞蹈"。正如所有需要技巧或策略的游戏一样，宫廷舞的繁复舞步反映了爱情游戏的繁复动作。成功的朝臣，无论男女，都必须全面展示他们的技巧，对于"luf talk"，即谈情说爱的宫廷语言方面，也是如此。

但是，在这个精心策划的庆典上，谁是那个用爱神之箭射中亨利国王心脏的"她"呢？本该是亨利的王后——阿拉贡的凯瑟琳，亨利经常挂上她的旗帜参加比武大会，以表示对她的忠诚。这场比武毕竟是为了向她的王室家族的大使致敬而举办的。但凯瑟琳如今已步入中年，快40岁了，眼看就要过了生育期，虽说一向坚韧刚毅，但她从未给亨利生下一个能活下来的王子，不免令人痛惜。

这个"她"可能是玛丽·博林,以其柔顺的魅力成为国王的情妇。但是,后来人们才注意到另一个"她"的存在——这是她首次出现在英国宫廷的记录中——而她将在历史上留下重要印记。她是一位黑发女性,相貌并不美丽,但在欧洲大陆的宫廷里度过的青春岁月将她打磨得如宝石一般坚硬、璀璨。她是一位出色的弹奏者和女射手,她的"箭"确实射中了亨利的心,但她最终也成为宫廷爱情美好幻想的牺牲品。

晚宴在傍晚时分举办,是这场备受瞩目、精致考究的盛宴的压轴大戏。晚宴上有蛋奶羹、蜜饯、金色的姜饼和芬芳馥郁的葡萄酒。不过,面具人首先要卸下自己的伪装。没有人感到惊讶(无论他们如何假装惊讶),亨利国王本人便是贵族们的首领。至于塔楼上的女士,"美貌"实际上是亨利的妹妹玛丽·都铎。"善良"是玛丽·博林,太恰如其分了。"坚贞"是简·帕克,她即将与玛丽的哥哥乔治·博林结婚,而"毅力"则是玛丽·博林的妹妹,宫廷的新面孔,表演的行家……她的名字是安妮·博林。

导言

本书的主题是都铎王朝中的爱情。都铎家族所经历的一系列曲折多舛的事件，掩盖了他们对爱情的痴迷。都铎王朝映照着中世纪晚期的余晖，同时也预示着现代世界的到来，在现代世界里，为爱结婚将成为常态（就像富含糖分的饮食、货币经济以及君主立宪制）。

但这也是一本关于"宫廷爱情"历史的书：几个世纪以来，这个难以捉摸但又普遍存在的理想主义观念主导着欧洲人的精神世界。这样一本书，它可能回答了关于都铎王朝的一些最引人注目的问题。为什么亨利八世结了六次婚？为什么安妮·博林必须死？伊丽莎白一世的朝臣们——莱斯特、哈顿、罗利等又怎么会把她誉为降临人间的女神？

从宫廷爱情的视角来审视都铎王朝的传奇，可以解释这个最为神秘莫测的王朝的一些谜题，这是用其他办法都无法做到的。为了理解这种理想主义观念的根源，有必要从都铎时代再往前追溯300年以上的历史。这可以为那些仅从今天的角度看起来奇怪或无法解释的事件提供新的注脚。

是宫廷爱情的规则让亨利八世对安妮·博林的漫长求爱成为可能，最终也许还导致了安妮的悲惨结局。对安妮·博林的迷恋是研究都铎王朝历史的学者的一种职业病。在写这本书时，我发现自己像个小心翼翼的猎人一样围着她的身影打转，生怕自己主观的强烈兴趣会惊动猎物,使其逃之夭夭。在所有关于安妮的纷繁复杂的信条和理论中,如果有人声称最好把她的非凡故事看作长篇小说中的一章,对信徒而言可能才是真正的异端邪说。

同样的宫廷爱情信条——经过更新和重塑——在构建安妮的女儿伊丽莎白一世的王权方面起到了至关重要的作用,这也许是它最后一次竭尽全力的喘息。从这个角度来看都铎王朝,不仅给我们提供了看待这个最著名故事的新角度,还赋予了一些人和物从未有过的重要性,比如亨利八世的侄女玛格丽特·道格拉斯,以及被后世称为《德文郡手稿》(*Devonshire Manuscript*)的诗集——她和朋友们通过它进行沟通交流。通过宫廷爱情的视角,对亨利的妹妹玛丽,对亨利后来的婚姻,甚至对他女儿的丈夫——西班牙的菲利普,都可以得到一种新的理解。它使人们对伊丽莎白最后几年中最令人困惑,也是迄今未被充分探究的关系,即她与埃塞克斯伯爵的关系有了一些洞察(尽管当时这种恋爱游戏已经变得腐朽不堪)。

还记得小时候那种引发我们好奇心的万花筒吗?你每次摇晃一下它,再举到自己眼前,那些微小的彩色颗粒就会神奇地重新组成一个完美的图案。宫廷爱情似乎也同样为理解16世纪人际关系中的关键要素提供了一些线索或启示。我是在全球新冠肺炎疫情大流行和怀着丧亲之痛的背景下完成这本书的。但我一直被这样的感觉所激励:在写都铎王朝相关题材的20年里,我从未如此强烈地感受到这个故事是"想要"被讲述的。

宫廷爱情起初是一种文学幻想——一种时尚的、风格化的游戏,其颠覆性足以激发知识分子的想象,而其影响亦足够广泛,许多仅能模糊地感知其微妙之处的人也接受了它。它的核心形象是矢志不渝要为心上人服务的骑士，即便没有回报，因为他的情人往往比他阶层更高，且已嫁作他人妇。

这种幻想完全与现实不符，当时的法律规定妇女完全服从于男人，而贵族婚姻是一件有关父母包办和财产分配、王朝发展与政治需要的大事。但是，尽管如此——或许也正因如此，它对欧洲精英阶层的心灵和思想的控制从未失去效力。宫廷爱情永远不会停留在文学的框框里。正如我们在今天这个假新闻横行的时代所熟知的那样，再没有什么比一个好故事更有力量了。

宫廷爱情的梦想诞生于人类的真实需求：不满于教会和国家试图强加给情感和感官的严苛限制。如果规则说婚姻是一个关乎实用主义和政治考量的问题，如果性欲只有在繁殖后代的情况下才能被认可和接受，为什么不在另一个更可接受的现实中构想出不同的法律来呢？当宫廷爱情成为都铎家族的期望时，这个无所不能的想象大厦已经存活了300多年。而且，也许它还会比他们活得更久。

书名里出现"爱情"（Love）[1]，难免会让人产生排斥感。这个词听上去很像一种散发着过时香气的紫罗兰软心巧克力。但是，恰恰相反，宫廷爱情的话题具有深刻的争议性。1936年，C. S. 刘易斯（他不仅是《纳尼亚传奇》的作者，也是位了不起的中世纪学者）在他的经典之作《爱情寓言》中，将其描述为一种跨越几个世纪的力量，与之相比，"文艺复兴仅仅是文学表面的涟漪"。然而，它的存在（除了

---

[1] 原书名为"The Tudors in Love"。——编者注

作为一种纯粹的文学游戏）受到许多现代历史学家的质疑。1968年，D. W. 罗伯逊抱怨说，宫廷爱情的整个概念缺乏理智上的可敬之处；一些同事在他看来是在"用《心与花》[1]的调子教授中世纪文本"。对此，其他很多人都会同意，尽管事实上宫廷爱情的传奇也是一系列充满了疯狂迷恋、极端暴力和情感虐待的故事。*

今天，很少有人会认为——确如12世纪的作家开玩笑地记叙的那样，以及许多世纪以来学者们煞费苦心描述的那样——阿基坦的埃莉诺和她的同代人主持了实实在在的一个"爱情法庭"，在这个法庭上讨论了诸如此类棘手的问题：爱情，一个基于心灵自由选择的事物，是否甚至可以在婚姻的无聊约束下存在。但是，如果我们对四个世纪的艺术生活背后观念的情感力量不屑一顾，就意味着放弃体验这一时期与之相关的丰富经历的机会。（更不用说，今天仍占主导地位的更广义的浪漫爱情观，就曾得益于宫廷爱情理念的滋养和影响。）部分但不完全是由于新冠肺炎，当世界似乎正趋向于紧缩或者开放（按照我们每个人独立于外部现实环境的喧嚣干扰时的不同理解）的时候，以这种方式剥夺自己的权利似乎是一个特别奇怪的选择。

支配都铎王朝的情感信条与他们通过的法律或打过的仗一样值得研究。只是，也许由于情感在传统上被视为女性领域的事物，即宫廷爱情在理论上至少是一种偏向女性的文化，这可能解释了有些人对它的怀疑。研究都铎王朝或中世纪历史的其他路径——军事、外交、法

---

1 《心与花》，当时流行的一首浪漫多情的歌曲。

* 这些怀疑者说，没有证据表明它存在于书本之外。我希望证明，证据确实有——他们只是在错误的世纪里寻找它。

律或宪法——不可避免地倾向于凸显男人的经验，因为是"他们"在打仗和颁布法令。

传记式写法确实常常会突出少数生平事迹见载于充足文献的杰出女性的故事。但是，由于缺乏有关当事人内心生活的资料信息，这种方法往往受到限制，会使她像手稿中的插图一样二维化。

（几年前，我在写《血亲姐妹：玫瑰战争背后的女人》。虽然我们知道塞西莉·内维尔——也就是爱德华四世和理查三世的母亲——不得不亲眼看着她一个儿子克拉伦斯被另一个儿子下令处决，而第三个儿子则被怀疑谋杀了她的孙子"塔中王子"[1]，但我们没有文献证据表明她对此有什么想法或感受，也不知道她究竟站在哪一边。也许我们长久以来对都铎王朝如此痴迷的一个原因就是，我们可以利用的史料资源相比之前的匮乏突然变得极为丰富，以至于我们很少因史料缺乏而对一些不确定的史实感到沮丧。）

与其质疑宫廷爱情概念的正当性，不妨考虑它的实际效用。首先，对都铎王朝来说，它的好处是可以利用古老的故事来赋予新政权合法性。尽管用后世的眼光来看，我们可能会认为它引领了英国从中世纪迈入近代，但都铎王朝迫切希望的是把自己描绘成中世纪王室历史悠久、拥有高贵血统的合法继承者。无论亨利或伊丽莎白的统治有什么影响深远的创新，他们更喜欢的是过去，而不是未来。其次，宫廷信条对于那些生活在充满冒险和挑战的16世纪、努力想争取一席之地的

---

[1] 克拉伦斯公爵乔治·金雀花于1478年以叛国反对兄长爱德华四世的罪名受审，囚在伦敦塔中。定罪后，他在1478年2月18日被"秘密处决"，传说他是在甜酒瓮中被溺死。"第三个儿子"指理查三世，传闻其杀害侄子爱德华五世（当时囚禁于伦敦塔中，故称为"塔中王子"）而即位。

女性来说也是有用的,她们满怀感激地拾起了这套似乎能给她们带来自主权,甚至是主宰权的准则。

今天,研究宫廷信条对于那些渴望了解中世纪思想的人来说也是有用的。它使我们有难得的机会站在与都铎王朝平等的地位,对同样的历史虚构作品津津乐道。他们和我们一样都是宫廷爱情幻想的消费者。虽然我们没有1522年"绿堡之围"的任何插图记录,但我们却有激发这一想象的那种图像或其他艺术表现形式。

14世纪上半叶,林肯郡的一位绅士[1]委托画师为《勒特雷尔圣诗集》(*Luttrell Psalter*)绘制了300多张精美的牛皮纸画页,这些匿名插画师展开天马行空的想象力,描摹了诸如日常生活的理想化场景、杰弗雷·勒特雷尔爵士的事业和骑士精神的记录以及千奇百怪的半人半兽形象(中世纪时这些形象表达了宗教信仰里令人不安、恐惧的一面)。这些插图中有一幅也表现了对爱情城堡的围攻:该图的灵感源于圣母马利亚不可侵犯的童贞犹如固若金汤的城堡这一比喻。图片中,身穿镀金盔甲的骑士们试图翻越塔楼的墙壁时,安居在塔楼里的女士们则精神抖擞地投掷鲜花以自卫(尽管看上去无济于事)。读者会觉得,骑士们大概可以攻下这座城堡。至于他们是否该这么做……这涉及了宫廷爱情理念的核心问题;不过到了16世纪,这个问题似乎已经得到解决,答案是有利于男性的。

"攻克爱情城堡"的插图与其说是反映现实,不如说是旨在引发幻想。一个世纪之后的另一幅图对我来说也具有后一种功能。15世纪

---

[1] 杰弗雷·勒特雷尔爵士,《勒特雷尔圣诗集》是后世学者对这部手稿本的称呼。

30年代,绘制于科隆的所谓"韦尔三联画",现收藏于马德里的普拉多博物馆,其中一个版面展示了——我们认为是这样的——圣芭芭拉在阅读。(找到中世纪的女圣徒读书的图竟然出乎意料地容易,真令人鼓舞。)她全神贯注地看书,衣着奢华而舒适,坐在蓬松的垫子上,身旁的花瓶里插有一束鸢尾花,身后是熊熊炉火。在她房间敞开的窗户外面,远处正在建造一座塔,这将是她被监禁的地方;事实上,我们正是基于这一点认为她是圣芭芭拉的,她的异教徒父亲把她囚禁起来,徒劳地试图让她远离求婚者和基督教的有害影响。

我们可以假设她捧读的是基督教神学著作,不过,这本书和敞开的窗户都给人一种想象力得以释放的感觉。当然,过于轻易地将历史场景与现代世界相联系,是历史学家所面临的一个误区,而且这样一来也忽略了几个世纪以来人们的态度和心理预设的深刻变化。即便如此,看到这幅图也很难不联想到我们自己——今天任何一个爱读书、爱想象的少男少女。

从普拉多博物馆的三联画以及15世纪的一座塔,联想到20世纪70年代的一家欧点影院,似乎牵扯得太远了。但这是本关于名为"宫廷爱情"的幽灵的漫长来生的书,而这位酷爱读书的少女第一次遇到这个幽灵,是在星期六的电影《卡米洛特》(*Camelot*)的日场中,脚下是破旧的地毯,周围是一箱箱的 Kia Ora 橙汁[1]。

这部电影于1967年首次上映,但年复一年地重映,是我所观看的第一部"真正的"电影。我想化身为瓦妮莎·雷德格雷夫饰演的圭尼

---

1 橙汁品牌名 Kia Ora 源自土著毛利语,是"你好;祝你健康"的意思。

维尔,穿着闪亮的白色皮草和镶有金属装饰的手套,在勒纳和罗威略带反讽的幻想中被两个男人爱慕。主要是我当时太小了,完全没有意识到电影里的嘲弄意味。但我真的想要那副手套。可以说,这部电影是中世纪与太空时代的结合。

当然,我后来又看了《安妮的一千日》,詹妮薇芙·布卓(Geneviève Bujold)饰演的主角在悲剧中取得胜利。但我这代人也看过这样的电视广告,一个男人为满足他吹毛求疵的爱人的小小愿望,不惜跋涉千山万水、历尽千辛万苦,广告词则是:"都是因为这位女士喜欢巧克力礼盒。"都铎王朝的宫廷与亚瑟王的卡米洛特之间并没有跨度太大的差异。事实上,在他们各自的时代,都铎王朝在某种程度上参与创造了卡米洛特的传说。从骑士精神的准则到甜腻的糖果,中间的跨度似乎更大。但幽灵就是这么无所不在。即便关上门,堵上窗,宫廷爱情的幽灵却根本不会消失。

好也罢,坏也罢,这个观念——这个理想——仍然存在,尽管它已经被小说、电影和音乐(包括古典音乐和流行音乐)常规化到无法辨认出来的地步。被称作宫廷爱情的浪漫痴心病,其普遍性影响今天仍然支配着我们。它漫长的历史中隐含着一个重要的问题:这种魔力能否持久?尤其是在婚姻,或在现代的各种对应的伴侣关系中它能否持续?但宫廷爱情题材的文学作品明确涉及了其他大难题。爱情是否应该伴随痛苦?只是因为一个人爱我,我就必须爱对方吗?

宫廷爱情的幽灵是我们一些最危险的浪漫信条背后的指导力量,也是我们一些最基本的传统礼节背后的基础。在"泰坦尼克号"的甲板上,当女士们优先上了救生艇,它就在那里;今天,每当男人为女人开门时,它就在那里。在《卡萨布兰卡》的停机坪上,当亨弗莱·鲍嘉把英格丽·褒曼送到她丈夫身边并黯然离去时，他就像传奇中的骑士一样，因为她的爱变得无比高尚时，它就在那里。是啊，它就在那里，当 W. B. 叶芝颂扬爱尔兰革命者莫德·冈——"一半是狮子，一半是孩子"，另一位特洛伊之海伦，"美得像一张拉紧的弓"——她却嫁给了另一个男人时：

> 我何必责怪她，尽管她让我的日子
> 充满了痛楚，尽管她最近想要
> 教唆无知之人用最暴力的方式[1]

也许，如果举一个仅仅与王室成员相关的例子，不算是从崇高落入滑稽的话，甚至当哈里王子告诉英国朝臣"梅根想要什么，梅根就有什么"时，它也在那里。

这可能是我们对都铎王朝如此着迷的一个原因，在那里仍然可以看到这种熟悉的游戏被发挥到最后、致命的极致。但是，了解宫廷法则也有助于我们（特别是作为女性）识破自身的许多最基本的幻觉。浪漫的谬见似乎赋予了女性权力，而在那个时代，她们其实是没有权力的，这种谬见至今仍奴役着我们。在它的核心隐藏着一个致命的陷阱。

男人拥有行动和选择的权力，而女人则必须既温顺又完美。尽管宫廷爱情并没有将女性划分为"圣母或婊子"，但确实在它的塑造下，

1　这是叶芝的《世间再无特洛伊》（"No Second Troy"）开头三行，"最暴力的方式"指的是莫德·冈号召爱尔兰人起义反对英帝国的统治。

女性要么是男性追求和崇拜的目标、奖励、神灵,要么是已被获得的可用资源。总的来说,是招之即来挥之即去、可有可无的。安妮·博林不会是最后一个发现她在自己和伴侣的浪漫史中从天上掉落到地下的人。在我们对两性关系的许多固有观念提出质疑的时刻,我们需要争辩,而且要迫切地讨论这个问题。一个似乎赋予了女性对自己身体完整性权利的浪漫体系,最终却将女性的"象征性"抵抗常规化,作为求爱游戏的一部分,而这种抵抗终归要被男性克服。女士精心表演的拒绝,最终只是这场求爱游戏中的一种策略。

我那时还不知道,当电影制作人施展魔法营造圭尼维尔和安妮·博林的影像世界时,杰梅茵·格里尔正准备写作《女太监》。20世纪中后期的女权主义者似乎发现,对宫廷爱情这一主题深入思考其全部复杂性是值得的。在题为"中产阶级的爱情和婚姻神话"一章中,格里尔指出,"不久前还流行着一种截然不同的爱情观念,这种观念不仅与婚前求爱不同,而且与婚姻冰炭不相容"。

我出生在对格里尔的女权主义强烈认同的20世纪60年代,我们这代人都知道我们的母亲为了争取说"是"的权利而奋斗过。事实上,也就是要做提要求的人。而我们缺乏的是说"不"的权利,这也是"#MeToo"运动直到今天还在努力解决的问题。从宫廷爱情中悄然流传下来的信条似乎承诺了要把这种权利还给我们,只是我们可能要付出沉重的代价。

尽管女性在宫廷追求中通常被视为至关重要的对象,但她们的个性往往没有得到充分的展现。而任何将女性主要定位为性欲目标

（"性对象"）的环境，都会助长性暴力的发生。*

在都铎王朝时期，巴尔达萨尔·卡斯蒂廖内的《廷臣论》描述了一个女人必须如何"战战兢兢、如履薄冰（艰难地持守平衡之道）……恰到极致，不可越界"。每一起约会强奸案都证明了实现这一标准在今天仍然是那么困难。这种强烈的混合的信息冲击让易受影响的女孩误入歧途，还有什么好奇怪的呢？

年轻时的戴安娜·斯宾塞的一位朋友透露，在20世纪70年代，她让这位朋友开车载着她在白金汉宫外兜了一圈又一圈。她说，嫁给查尔斯王子大概很有趣，"就像安妮·博林或圭尼维尔一样"。当然，戴安娜女士所受的教育出了名地有限，但她肯定知道这两个人最后的结局吧。一个掉了脑袋，另一个差点死在火刑柱上，最终在修道院里度过余生。也许她确实知道，但仍然把她们视为具有神话影响力的人物。她们可能会给一个迷茫但并非没有抱负的年轻女孩指明一条道路……也许吧，因为我们是同一代人，她也跟我看了同样的电影。

有趣的是，安妮·博林和圭尼维尔同样都是我故事中的主角。你可以说，这是两个拒绝循规蹈矩的女人。

2021年1月于肯特郡迪尔

---

* 从但丁瞥见贝雅特丽齐，到玻璃棺里的白雪公主或是塔里的睡美人——等待王子冲破带有寓意的荆棘屏障来探视，宫廷爱情都是关于"观看"的。

第一部分

起源

Cortezia, cortoisie: 恋人的美德；需要遵循的一系列程序准则

她愿意怎样，我也愿意怎样
她坐着的时候，我便跪在一旁
　　——约翰·高尔《恋人的忏悔》，约1389年

1

宫廷作家、宫廷贵妇与宫廷神父[1]

12世纪

几个世纪以来,这位"过去和未来的王后"曾以多种形象出现过。但亚瑟王王后圭尼维尔的主要形象,也就是流传下来的形象,是由克雷蒂安·德·特鲁瓦在12世纪下半叶的香槟伯国的宫廷里创作的。

兰斯洛特看见王后靠在粗铁栏杆后的窗台上,便向她轻声问候。她马上回应了,因为她强烈渴望着他,就像他对她一样。他俩没有把时间浪费在谈论卑下无聊的事情上。他们走近彼此,握住了对方的手。

克雷蒂安在《兰斯洛特》中描述她穿着一尘不染的白色长衬衣和"猩红色旱獭皮短披风",大概就相当于电影《卡米洛特》中那令人垂涎的装束吧!兰斯洛特夸耀说,如果王后允许他进入房间,铁栏根本阻挡不了他。虽然铁栏杆划破了他的手指,但他丝毫没有感到疼痛,

---

[1] 本书前三章的标题均用了"头韵"(英语语音修辞手法之一,通常指两个或两个以上单词使用了相同的辅音开头,兼具形式美和音韵美),译文为了仿效其风格,对原意略有改动。本章标题直译为"克雷蒂安、公爵夫人与神父"。

并将结实的铁条从插孔中使劲拔了出来。

> 王后向他伸出双臂，拥他入怀，紧紧搂在胸前，并拉到她身边的床上，向他展示所有的爱……她的亲昵对他来说是如此温柔、美好，无论是她的亲吻还是爱抚。事实上，他俩所感受到的前所未有的快乐和美妙，从未有人听说，也从未有人知晓。我将让它永远成为秘密，因为它不应该被写出来：最令人愉悦和最美好的幸福只能意会，不可言传。

这段文字就像一记耳光打在脸上那样让人震惊。一个已婚妇女即将通奸（而且是和她丈夫最好的朋友），而她却被描绘成美丽和感性的形象？当然，其荒谬之处也令人奇怪，因为兰斯洛特对圭尼维尔的爱——宫廷式的爱，现在看来痴迷到了蠢不可及的地步。

当初，兰斯洛特在路边发现了一把梳子，上面夹着几根圭尼维尔的金发。克雷蒂安写道，他开始"崇拜这些头发；他成千上万次地用眼睛、嘴、额头和脸颊触碰这些头发"。哪怕给他一车的宝石，他也不愿意交换。他透过自己的窗户凝望着圭尼维尔，在她离开他的视野时，他试图从窗户爬出去，结果摔到下面的地上。为了她的爱，他曾忍辱负重，爬上通常用来运送普通罪犯的马车（兰斯洛特的另一个称号是"马车骑士"）。圭尼维尔还责怪他在爬上车前犹豫了片刻。为了救她，他鲜血淋漓地爬过一座由剑刃做成的桥。最难的是，为了服从王后的命令，取悦于她，他要在比武大赛中表现得最差，而非最佳。*

---

* 在今天，人们可能劝他冷静一下，不过最后这个情节在由希斯·莱杰主演的好莱坞电影《圣战骑士》（*A Knight's Tale*，2001年）中有合理化的重新演绎。

1 宫廷作家、宫廷贵妇与宫廷神父

教会认为妇人是罪恶的夏娃的女儿：用德尔图良的话说，是"魔鬼的门路"；而根据金口约翰的说法，妇人是所有野兽中最为凶险的。然而，克雷蒂安笔下的兰斯洛特在离开圭尼维尔的寝室时，却如在宗教圣地一样跪拜。对于当时那个由教会主导的、男性统治的中世纪社会，这听起来简直不可思议，而在现代社会中仍然引人深思，因为事实上，当然，兰斯洛特和圭尼维尔王后的故事已经被讲过无数次，今天仍在被重新讲述。*

在800多年的时间里，宫廷爱情的谜题对人们一直有着吸引力。这既包括它的荒诞性元素（因为它在早期听上去的确滑稽可笑），也包括它核心的激情与原则的对立——毋宁说，是对最高原则或责任真正在哪里的探讨。在当时的现实世界中，妇女的法律地位和财物差不多，已婚妇女如果有了情人，可能会面临最致命的惩罚，整个国际贵族社会却都低下头，嗅闻着"宫廷爱情"这种奇特幻想所散发的迷人香气。

但什么是宫廷爱情呢？最初它叫fin'amor，或cortoisie，或amour courtois；"宫廷爱情"（courtly love）这个词在19世纪才开始广泛使用。它是一种社会仪式、一种集体幻想，也是一种游戏，当时的人经常拿象棋游戏作为类比来阐释爱情崇拜的某些特点。它最初是一种文学传统，从11世纪末开始，在法国南部兴起的游吟诗人（troubadour）常常提到它，他们用自己的母语奥克语写作，可以说是那时的摇滚明星。对于这些抒情诗人，我们知道其中大约450人的名字（包括约20名女游吟诗人，或称trobairitz），他们经常活跃于贵族社会，敢于

---

* 见附录《圭尼维尔的多重面孔》。

自由评论社会规则和宗教理论。

很快，法国北部也出现了游吟诗人，用他们的母语奥依语写作；不久之后，在意大利和德国的游吟诗中也能看到同样的基本观念。克雷蒂安·德·特鲁瓦的作品不仅被翻译成德语，还被翻译成中古荷兰语、古威尔士语和北欧语。流行的武功歌（chansons de geste）——面向男性听众的英雄史诗——吸取了"情歌"更高雅的色彩；随后的传奇（romans）则融合了武装冒险、女士崇拜、对崇高道德的渴望，而且往往还有超自然的元素。

宫廷爱情是在它所处的时代背景下发展起来的。（有趣的是，一些相似的条件在后来的都铎王朝时期再次出现。）男性情人对女士的义务是以封建契约为蓝本的，封建契约规定了佃农对领主的义务，或骑士对国王的义务。C. S. 刘易斯指出，从词源上看，"midons"，男性情人对他的宫廷女士的称呼，不是指"我的女士"，而是"我的主人"。伯纳尔特·德·文塔东（Bernart de Ventadorn）是跟随阿基坦的埃莉诺来到英格兰的吟游诗人，他在一首诗中誓言要"像对待一个好的领主一样"侍奉他的女士。

但是，封建主义本身也在发生变化（有些学者说是在衰落）。在这个时代，政府更加集权，越来越依赖于货币经济，更重要的是，越来越多的新人被提拔到贵族行列。这些新贵族出于既得利益，自然会拥抱一种认为贵族身份不是源自出身而是取决于行为举止的信条。当然，这样的现象会对都铎时代起到推波助澜的作用。

用中世纪学者 D. D. R. 欧文的话说，这是一个西方文明"感觉有必要重新评估"的时刻。从广义上讲，这是一种从一般到个体的转变；对个人情感和个人行为的逐渐关注，趋向于斯蒂芬·格林布拉特在描述文艺复兴时期时所说的那种新的"自我塑造"。所谓的12世纪文艺复兴预示着几个世纪后欧洲的"重生",尤其是在未来几个世纪里,人们对古典时代文本的新认识不断增长。

12世纪,文艺复兴见证了雄伟的哥特式大教堂的建造,也见证了方言写作的发展,而方言写作开拓了由不懂拉丁文的女性读者构成的新兴阅读市场。在这个时代,人们的生活水平提高了,识字率增加了,旅行也变得更频繁了,而宫廷爱情的伟大游戏则是普遍的甜美生活的一部分。在这个时代,教会和新兴民族国家试图将行动不受约束的骑马战士阶层引向十字军东征(与卡米洛特的任务相类似)或更安全、更规范的比武竞赛中。不难看出,亚瑟王与圆桌骑士的故事是多么有宣传利用的价值。

但是,宫廷爱情的补偿性幻想也是在贵族社会的社会结构中发展起来的,其特点是两性之间存在着巨大的不平衡。*在中世纪的城堡里,即使是家务劳动也大多由男性完成,男女性别比可能达到10∶1的地步。到了12世纪,这种现象因军队前往圣地,留下女主人代替领主进行统治而变得更加突出。这种不平衡现象在宫廷中继续存在,后来在伊丽莎白一世统治时期尤为引人注目,尽管她是女性,她却更喜欢单身的朝臣。

宫廷爱情与教会、封建社会对性和婚姻的一切规定都相抵触,是对被称作"男性王权的严酷专制世界"的一种反抗形式。也许,所谓王权既包括实际的王权,也包括家庭内部的权力。当婚姻制度与禁欲主义崇拜并驾齐驱,在社会上趋于稳固时,宫廷爱情的梦想诞生了,

---

* 传统的西部小说或电影(它们其实也是宫廷爱情模式)也大都男多女少,在这些小说或电影里,也是既排斥而又崇敬女性(高尚贞洁的白人女性)。

这大概不是巧合。到了11世纪末,婚礼才第一次成为神圣的仪式,只能由神父来主持;也正是在这个时候,所有的神职人员都被要求独身。其结果是妇女的权利越来越多地被剥夺。她们人生当中最重要的安排,即婚姻大事,已经落入教会的控制,教会将她们视为罪恶的性行为的代理人。与此同时,妇女们发现自己与教育和学术等领域越来越远,因为这些教育和学术资源都已经集中到了新兴的、只面向男性的大学里面。

对教会来说,夏娃是亚当脆弱、罪恶的一面;但宫廷文学中的女士却被高举为仲裁者、评判者,甚至是统治者和道德上更优越的人。大约从12世纪开始,教会对所有性行为的一概排斥本身就孕育了一种反作用。13世纪的修士文森特·德·博韦写道,"一个人如果太溺爱他的妻子,就是通奸者":是的,通奸当然是一种罪恶,但婚床上的快乐也是如此。如果容易犯错的人类被警告说所有的性快感都是罪过,在这种情况下认定一种罪并不比另一种罪更糟糕,那也就不足为奇了。

宫廷爱情也被视为圣母马利亚崇拜的凡间对应物,被称为"一种世俗之爱的宗教"。(罗杰·博斯称游吟诗人为"宗教改革的先驱"。)12世纪和13世纪,人们对圣母的热情日益高涨;这种热情本身就被男性作家用个人化的,几乎是色情的词汇来表达。克莱尔沃的圣伯纳德是熙笃会(Cistercian)的改革创始人,他倡导一种更纯粹的信仰,认为马利亚是人类与上帝的调解者,圣伯纳德的骑士被称作"马利亚的骑士"。

另一种理论认为,宫廷爱情"源于清洁派(Cathar)或阿尔比派(Albigensian)的异端"。就在宫廷爱情诞生的时候,清洁派在法国南部蓬勃发展;当宫廷爱情发展到顶峰时,他们开始越来越多地遭受迫害。清洁派教徒和游吟诗人都反对教皇,寻求回归使徒教会的"简单和纯洁"。博斯说,清洁派教徒"主张节制性欲,而在一个理想的世界里,他们会否定婚姻,因为婚姻将性生活合法化了"。宫廷爱情,"既是一种贞洁,又是一种对婚姻的否定",完全符合他们的要求。

清洁派的一些信条——否认教皇的至高无上地位、为死者祈祷和认为炼狱存在——与宗教改革时期的新教信仰相呼应。清洁派运动在很大程度上要归功于支持它的贵妇们:贵妇们同样会在16世纪初的宗教改革运动中起到推波助澜的作用。

尽管证据很少,宫廷爱情甚至也被认为是异教库柏勒(或迈亚)崇拜的实际延续,这是北欧基督教之前的母神崇拜传统,在这种传统信仰中,妇女因其神力而受到尊崇。它被认为是由欧洲的民间传统和仪式舞蹈演变而来的,特别是那些与春天的仪式有关的舞蹈。五朔节的游吟诗人的歌曲往往是对婚姻的嘲弄。当然,与春天的这种联系仍然影响着我们对爱情的想象,而且正如我们将要看到的那样,这种关联在都铎王朝时期也是如此。

不过,关于宫廷爱情的最为广泛接受的理论是,它是从摩尔人的西班牙传入法国南部的,受到长期统治该半岛大部分地区的阿拉伯人的文化、诗歌和哲学的强烈影响。在音乐、乐器、韵律和诗歌形式,甚至在对女士的称呼上使用男性化名词等方面都可以看到二者明显的联系;此外,二者都强调"爱情的病态性"、拔高女士的地位、诗人要顺从女士以及需要保密等。甚至动词"trobar"——意为"作诗","troubadour"(游吟诗人)一词即由此而来——也可能来自阿拉伯语的tarab,即音乐或歌曲。具有巨大影响力的波斯思想家伊本·西纳(在西方被称为阿维森纳)在11世纪宣称,如果一个人"以理智的深思熟虑去爱一个令人愉快的形象"，而非以"动物的欲望"去爱，"那么这将被认为近于高贵、增长善行"。与他同时代的伊本·哈兹姆（Ibn Hazm）所写的《鸽子的颈环》（*The Ring of the Dove*）不仅展现出爱能使恋人更高尚的信念，还描述了诸如圭尼维尔对兰斯洛特提出的种种不可理喻的要求。

摩尔人和基督徒之间有无数个接触点，这为通过口耳相传交流思想，甚至王室间的通婚铺平了道路。980年，纳瓦尔国王将他的女儿嫁给了曼苏尔，她"随后成为伊斯兰教的狂热信徒"；"狮心王"理查一世曾试图将妹妹嫁给萨拉丁的弟弟。（理查一世也写过一些流畅动人的诗歌；但在阿基坦，他被指控"强行带走了臣民的妻子和女儿作为他的妾室"，之后又将她们转让给他的手下。这是骑士精神的黑暗一面。）

每个王子的随行人员中都有摩尔人乐师，曾有两位基督教王室成员在一位阿拉伯王子的宫殿里庆祝他们的婚礼。当然，在接下来的几个世纪里，摩尔人和基督徒经常处于冲突之中；这一系列冲突在15世纪末，斐迪南和伊莎贝拉将摩尔人赶出西班牙时达到了顶峰。然而，斐迪南和伊莎贝拉的女儿阿拉贡的凯瑟琳，却是在他们留下的充满摩尔人诗意的喷泉花园——阿尔罕布拉宫的园林中长大的。

不同的理论并不一定相互矛盾。多种因素催生了这场非同寻常的社会运动。宫廷爱情是在矛盾和反常中诞生的。*不可思议的是，宫廷

---

* 许多这样的反常现象存在于教会本身的态度中。迪尔马德·麦克库洛赫指出，宣称禁欲主义至高无上的教会也设立了妓院并为其颁发许可证。其理论基础是托马斯·阿奎那提出的，"即使是最华丽的宫殿也必须有一个下水道系统才能维持"。麦克库洛赫描述了所谓的禁欲主义教徒却创作了大量的同性恋诗歌。教会一直宣称，同性恋是最大的罪过之一。然而神职人员却公开以罪为荣。

爱情框架内的这种灵活性也许使得它在今天仍然具有一定的启发和参考价值。

在宫廷爱情题材的文学作品中，对女性的尊崇并没有使她们的命运得到实际、直接的改观，无论在法律、经济还是人身权利上。那些心满意足地听着这些故事的男人似乎并未被其中的道义所激发，以将这些理念转化为改善女性处境的实际行动。除非，除非……

除非这些故事激发了人们对改变现实的可能性的认识；如果不是在骑士的头脑中，那么至少是在女士的头脑中。

随着宫廷爱情向外界传播，不同的情节线被编织起来；但其中涉及范围最广的情节线之一仍然是亚瑟王的故事，不仅有卡米洛特的故事，还有特里斯坦和伊索特的故事。

在克雷蒂安·德·特鲁瓦的版本出现之前，亚瑟王的故事早已为人所熟知，不过他在其中加入了浪漫色彩。亚瑟王的传说可以追溯到公元五六世纪时的凯尔特人战争领袖，他抵抗了撒克逊人的入侵，保卫了不列颠岛。不过，到了中世纪，在威尔士教士蒙茅斯的杰弗里（Geoffrey of Monmouth）笔下的《不列颠列王纪》（*Historia Regum Britanniae*）中，亚瑟王被当成真实的历史人物。杰弗里的著作大概写于12世纪30年代，在我们看来，这显然是一部虚构的作品。但在当时，它被认为是亚瑟王故事的第一个权威性和具有历史真实性的版本。

杰弗里的著作是一部畅销书。直到今天还留存有大约200份《不列颠列王纪》的中世纪手抄本，而大多数文本流传下来的手稿只有两三份，甚至几个世纪后的《坎特伯雷故事集》也只有84份手稿存世。杰弗里对亚瑟的王后圭尼维尔着墨不多,尽管她的通奸和不育在一定程度上加剧了亚瑟王国的衰落。事实上,她在早期亚瑟王的故事中也出现过,通常是一个女巫、一个行神迹者以及一个愤怒和强大的人物。在中世纪的《威尔士三联集》手稿中,有一份亚瑟朝诸王后的名单:"古特·根特的女儿圭尼维尔,格雷迪奥尔的儿子乌苏尔的女儿圭尼维尔,以及巨人奥克兰的女儿圭尼维尔。"但只有在克雷蒂安·德·特鲁瓦笔下,圭尼维尔才成为任何中世纪女性都渴望成为的那种浪漫女主人公。也只有在克雷蒂安那里,她的情人兰斯洛特(还有卡米洛特王官)才进入了故事。

从最初的故事开始,圭尼维尔就一次又一次地被绑架:被冥界"夏日之国"的统治者梅尔瓦斯绑架;被亚瑟的外甥莫德雷德[1]绑架,不管她同意与否。(最早的关于圭尼维尔通奸的故事是她与莫德雷德,而不是与兰斯洛特。在一个特别可怕的传说中,莫德雷德最后和圭尼维尔的尸体关在一个牢房里,直到被迫以她腐烂的尸体为食。)当她默许自己被绑架或诱奸时,她就会因此受到谴责,被视为叛国的王后和对国家的威胁。在克雷蒂安笔下,圭尼维尔也是被绑架的,由她丈夫最伟大的骑士所救。但是,由于他们的游戏是按照宫廷爱情的新规则进行的,她和兰斯洛特并没有因随后的通奸而被视为有罪,反而因为他们的激情而受到尊崇。

当然,宫廷恋人的激情是否真的以实际的肉体通奸而告终,往往是不清楚的。高贵的早期游吟诗人乔弗里·鲁德因阐明了 amor de lonh(远方的爱)这一概念而知名,但他也写道:"我,我更愿意为了那个/

---

[1] 有些版本没有说明莫德雷德与亚瑟王的亲属关系,还有一些版本则说他是亚瑟王与同母异父的姐姐摩高斯(或者摩根·勒·菲)乱伦的私生子。

不拒绝回报的人爱和颤抖。"从法国的"如何去爱"指南手册到后来意大利的"精神升华",宫廷爱情的文学在不同的时代呈现出略有差异的面貌。但是,即使在同一个故事中,也会有自相矛盾之处。

在亚瑟王的故事中,我们一次又一次地看到某位身处险境的女士向骑士寻求保护,而她也得到了救助,但女士们同时也是比武胜利者的奖品和交易的对象。宫廷爱情为女性——或者确切来说是"贵妇",因为宫廷爱情很少考虑到社会底层的女性——既制造了威胁,也提供了机会。

而作为宫廷作家痴迷对象的女士本身也莫名其妙地缺乏辨识度,就好像作者自己的困境、情感发展更紧迫地困扰着他那样。贵族吟游诗人奥尔良的兰博将自己比作神话中的那喀索斯,爱上了自己的影子。就仿佛,他在爱中赢得的荣誉最终比女士更重要……*

但有一位高贵的女士,如果没有她及其家族的支持,宫廷爱情故事就永远不会发出自己的声音。

克雷蒂安的文本有许多不确定之处,但有一点他说得很清楚。他为自己的《兰斯洛特》撰写的序言宣称,本书的"内容和主旨"是由他的赞助人——香槟伯爵夫人玛丽向他提议的;玛丽是阿基坦的埃莉诺与第一任丈夫路易七世的女儿。在《兰斯洛特》的序言中,克雷蒂安以最为恭谨的口气说自己对玛丽("香槟伯爵夫人")唯命是从,"完全属于她"。

玛丽出生于1145年,幼时父母离婚后,她被留在了父亲身边。路易七世为确保与强大的香槟伯国结盟,就把玛丽许配给了"慷慨者"

---

* 正如雷·坦纳希尔所说:"如果某个恶作剧的19世纪的时光穿越者带走女士,用绶带或军旗代替,中世纪的骑士可能根本不会注意到这种变化。"

亨利伯爵，其领地对于布匹、染料等货物，毛皮、香料、药物、硬币等奢侈品以及思想文化交流，都越来越重要。玛丽被送到香槟伯国，在阿韦纳修道院接受教育，并于1164年成为该修道院的女伯爵。

特鲁瓦的宫廷正在成为一个重要的文学中心。和她的丈夫一样，玛丽也是一个文学赞助人。不过，她丈夫更喜欢拉丁语的宗教文本，而她对方言文学更感兴趣。盖斯·布鲁莱在香槟伯国的宫廷里吟唱过宫廷爱情，是最早和最有名的宫廷爱情游吟诗人之一。

就在玛丽的丈夫亨利于1179年去圣地朝圣之前，威尔士人沃尔特·马普访问了宫廷。他来自英格兰，据称他曾应英王的要求创作或翻译了一部散文体的《兰斯洛特》。他肯定传播了亚瑟王的故事。亨利伯爵不在时，玛丽被留下来摄政；后来她将再次代表他们的幼子履行这一职责（亨利伯爵在1181年返回不久后逝世）。

克雷蒂安的诗可能是在亨利朝圣之前或期间创作的，但我们对克雷蒂安有很多情况不了解，包括他与玛丽的关系。玛丽指示他写《兰斯洛特》，但在写了大约6000行后，他就放弃了，转由另一位作家完成了最后的1000行，通常认为这是由于他觉得这个题材令人反感。可以想见，还有一个原因。

玛丽在英格兰有一个同母异父的弟弟亨利，是她母亲埃莉诺与第二任丈夫英格兰国王亨利二世的儿子。他被称为"少主"，在登上英格兰的王位之前就去世了。人们对他的印象主要是他是新式骑士比赛的高调明星，以及他的伟大骑士威廉·马歇尔的故事的注脚：马歇尔的传记作者托马斯·阿斯布里奇将其描述为"兰斯洛特再生"；而在别处，在事实与虚构之间的那种古老的"你拉我扯"的关系中，他是如今形诸笔墨的一些兰斯洛特形象的灵感来源。

马歇尔是一个没有土地继承权的次子,(就像许多亚瑟王故事中的骑士一样)通过他的勇气、荣誉感,还有野心,先后成为五位国王的左膀右臂。据说马歇尔与"少主"的王后玛格丽特有染。关于此事并没有实际证据,事实上,我们只是通过威廉的后裔委托编写的传记中对这些传言的愤怒反驳才得知这一说法。不过,"少主"和他这位曾经的朋友之间确实发生了龃龉;而玛格丽特也在1183年春天,在她丈夫早逝之前被送去了法国。

克雷蒂安放弃这一题材(或改编了原稿,并虚构了一个同行来卸责)是否可能并非出于反感,而是因为情节进展突然变得太敏感而无法处理呢?他还写了其他几个亚瑟王的故事,圭尼维尔作为一个特别彬彬有礼、顺从人意的王后出现在其中两个故事里,不存在任何有争议的通奸元素。克雷蒂安的《尤文,或狮子骑士》(*Yvain, or Le Chevalier au Lion*)中,主人公抛弃了他的妻子,然后又赢了回来,这可以被解释为对宫廷爱情观念的颠覆:他的亚瑟王传奇《克里热斯》(*Cligès*)对通奸持明确的批判立场。

然而,在克雷蒂安的《兰斯洛特》中,恋人的思考和语言表达受到游吟诗人的歌谣的修辞手法的影响。而且兰斯洛特的行为背后有道德的力量。当他证实了圭尼维尔是被诬陷通奸,并同时将她从罗格雷斯的囚禁中解救出来时,这一行为意味着他也让亚瑟的所有臣民获得了自由。

但是,克雷蒂安是否也在这里展示了对女人的陷阱呢?尽管人们在保护女人的问题上大费周章,但罗格雷斯的习俗却规定,只要能打败护送她的骑士,任何骑士都可以占有这个女人。此外,他在《兰斯洛特》中描绘的钟情是如此卑躬屈膝,以至于批评家们会问克雷蒂安究竟是将宫廷爱情拔高到了极致——还是在取笑它。

同样的疑问也适用于另一位伟大的宫廷爱情作家,他的职业生涯也与香槟伯国的玛丽伯爵夫人密切相关。

一位名叫安德烈亚斯(Andreas)的宫廷官员的签名出现在1182—1186年玛丽宫廷的九份特许状的证人栏。我们不能确定他是否就是写了后世称作《恋爱论》或《宫廷爱情的艺术》的那位"安德烈亚斯·卡佩拉纳斯"(Andreas Capellanus),但他的书中经常提到玛丽和她的圈子——在接下来的几个世纪中,作者经常被描述为宫廷神父——这表明这种可能性很大,几代学者都持这种看法。

安德烈亚斯设想玛丽与她的母亲埃莉诺以及其他有名望的女士一起,主持了一个实际上的"爱情法庭"。在另一位作者梅罗吉斯·德·波特莱斯格兹稍后的著作中,圭尼维尔会告诉她的丈夫,"在爱情问题上的所有判断都归我来管"。

然而,这些著名的爱情法庭可能只是一种文学上的海市蜃楼。(而且没有证据表明埃莉诺在这个时期确实与玛丽在一起。)但在安德烈亚斯的幻想中,女法官们被要求对一些棘手的问题作出判断,例如宫廷信条所理解的爱情在夫妻之间是否可能。玛丽的判断是:不可能。因为真正的爱情必须是自由给予的,而不是受责任的约束。但埃尔门加德·德·纳邦在审理另一起案件时,却更委婉地宣布,"婚姻中的感情和恋人之间的真爱"是两码事。

有五份判决被归功于埃尔门加德,她是纳邦子爵领地的女继承人,也是一个势力强大的政治和文化参与者,其崇拜者包括维京王子和后来被尊崇为圣人的罗格瓦尔二世。罗格瓦尔也是一位诗人,称颂她说:

1 宫廷作家、宫廷贵妇与宫廷神父

金发披肩，如丝如缎。

香氛袭人，吐气如兰。

钻石玛瑙，环佩璆然。

咳唾成珠，语笑嫣然……

另一位法官是阿基坦的埃莉诺的侄女伊莎贝尔，她是佛兰德斯伯爵夫人，与丈夫拉尔夫共同执政维尔曼多瓦，因此也被称为维尔曼多瓦伯爵夫人。但伊莎贝尔的生活反映了文学作品和现实生活对通奸行为的处理方式有所不同。

12世纪的一部编年史记述了当拉尔夫发现伊莎贝尔有外遇时，如何将她的情人打死，并夺取了她的土地控制权：这件事大致发生在安德烈亚斯开始写作的几年前。宫廷文学的力量是否恰恰来自试图在幻想中恢复妇女被现实剥夺的权利呢？

安德烈亚斯的书的前两部分是根据罗马诗人奥维德大约在1200年前创作的《爱的艺术》(Ars Amatoria) 编写的。在整个中世纪——一直到都铎王朝时代——奥维德的作品被频繁地引用、抄写和评论。事实上，他所使用的爱情意象仍在流行，诸如箭、伤口、欲火。他关于爱情的许多建议（如他告诉男性读者，不要问女人的年龄，也不要忘记爱人的生日）仍是历久弥新的常识，但我们不应当忘记奥维德被人铭记是作为一个颇具喜剧色彩的讽刺作家。安德烈亚斯给出的建议是如此极端，他提出的困境是如此难解，以至于就像对克雷蒂安一样，人们也对他的严肃性产生了怀疑。他是否真的想讽刺或批判恋爱可能导致的极端情况？

我们必须在这种情境下阅读安德烈亚斯那些实用"规则"，他用

第一部分 起源

这些规则来点缀这部其实是指导手册的书。来自第一册：

> 5. 切记，万万不可撒谎。
> 6. 不要让太多人得悉你的恋爱秘密。
> 7. 凡事要听从情人的吩咐，并始终渴望为爱服务。

毕竟下面这条也是安德烈亚斯的规则：

> 12. 在实现爱的慰藉（性行为）时，不要逾越爱人的意愿。

然而，这位有身体自主权、可以给也可以不给的情人，只能是一位贵妇，或有一定地位的女性。安德烈亚斯还写道，发现自己迷恋下层妇女的宫廷恋人应该"毫不犹豫地强行拥抱她们……用一点强迫手段作为克服她们羞涩的方便之法"。除了"一见钟情""爱让人高贵，爱带来痛苦"这些宫廷爱情信条，"有的人（女人）重要，有的人则不重要"，也被庄严地写进宫廷法则，并且从此以后就渗透到我们的文化基因中。而这扇门一旦打开，就再也无法关闭了。后来的中世纪文学作品在探索和揭露宫廷传统的同时，也出现了一些案例。在构成《布兰诗歌》[1]的文本集中就写过：被仰慕的心上人即令抗拒，然而被迫发生性行为后，也会发现自己"真的"很享受。

---

[1] 《布兰诗歌》是一份1803年在德国巴伐利亚州的贝内迪克·伯恩修道院发现的手稿，用拉丁语和中世纪德语写成，这些文本展现了中世纪生活的各种情景，包括宗教诗篇、社会讽刺诗和粗俗的酒歌。1937年，由德国作曲家奥尔夫改编成大型音乐作品而广为世人所知。

正是安德烈亚斯正面解决了宫廷爱情是否涉及性爱的问题。他说，贞洁的爱情"仅限于亲吻嘴巴，用手臂拥抱，与没穿衣服的爱人保持贞洁的接触，但最后的接触是要避免的，因为这种做法对于那些希望贞洁相爱的人来说是不允许的"。与之相比，"复合式的爱"——仍然值得尊敬，但比贞洁的爱要低一级——则允许"享受肉体上的每一种快乐，以最后的爱的行为结束"。

12世纪后半叶的安德烈亚斯确实有可能像20世纪后半叶的《卡米洛特》的编剧艾伦·杰·勒纳一样，对一个既定的观念进行了复杂的改编。但是，一个经常被提到且总是值得重申的观点是，讽刺需要一个公认的信念来进行嘲弄。如果没有人认识到被嘲笑的对象是什么，那么这个笑话就会平淡无奇。此外，与宫廷爱情梦想携手并进的亚瑟王神话即将获得另一种身份：作为金雀花王朝在现实世界中宣传和普及自己合法性的工具。

1190年，在萨默塞特的格拉斯顿伯里修道院——亚瑟神话中的"夏日之国"——的院子里挖掘的教徒们声称找到了亚瑟王和圭尼维尔的坟墓。威尔士的杰拉尔德说，"我亲眼看到"坟墓里有一个巨大的石头十字架，上面刻着："威名远播的亚瑟王和其第二任妻子圭尼维尔长眠于此，在这名为阿瓦隆[1]的岛上。"据说男性的骨架巨大，女性的骨架还保留着一些往日的美丽的痕迹。杰拉尔德描述到他们如何发现了一绺金发，但"当某个修士贪婪地用手抓住它并将其举起时，所有的头发立刻就碎成了尘埃"。

---

1 阿瓦隆（Avalon）是亚瑟王传说中的重要岛屿，凯尔特神话的圣地。

当然，这里有一个背景故事。一方面，一些故事中，圭尼维尔被梅尔瓦斯国王囚禁在格拉斯顿伯里·托尔的城堡，该城堡就位于阿瓦隆（该名称来自凯尔特神话中的半神阿瓦洛克，他统治着冥界）。托尔城堡从萨默塞特平原上拔地而起，至今仍俯瞰着传说中亚利马太的约瑟夫埋葬圣杯的旧址；这里是凯尔特异教崇拜的场所，也是第一批基督教传教士的目的地，现在仍然是人们充满敬畏地讨论灵线[1]和地球能量时的焦点。

另一方面，更为平淡无奇的是，1184年，格拉斯顿伯里的诺曼修道院被火烧毁。几十年前刚刚建成的宏伟建筑，只有一个房间和钟楼在灰烬中幸存下来。教徒们迫切需要钱来重建。

杰拉尔德描述了亨利二世本人在1189年去世前不久，根据"他自己书中的一些证据"，告诉修士们该在哪里挖掘亚瑟王和圭尼维尔的坟墓。亨利二世是阿基坦的埃莉诺的第二任丈夫，也是英格兰金雀花王朝的第一位国王。要通过宣传加强他的家族的统治地位，还有什么比将其与英格兰最悠久的神话联系起来更好的策略呢？（三个世纪后，同样的利益也将吸引亨利七世造访此处。）与格拉斯顿伯里一水之隔的威尔士人永远都是英格兰的麻烦。这样一来，他们大概也会知道，他们所夸耀的"过去和未来之王"（指亚瑟王）已经确确实实死去，不会再来竞争亨利二世的王位。

亨利二世和埃莉诺的儿子"狮心王"理查找到了利用这个故事的另一种方式，圣剑也在坟墓中发现了。1191年，"狮心王"理查在前往圣地的途中在西西里岛停留，与西西里岛的统治者坦克雷德交换了

---

1 据传是一条连接古代地标和礼拜场所的直线，普遍认为与神秘现象有关。

礼物。坦克雷德给了他15艘大帆船和4艘运输船，而理查则给了坦克雷德"圣剑"。在当时的人看来，这明显是一场公平的交易。当然，这是一个极端的例子，说明了虚构故事可以被用来为冷酷的政治现实服务。

这将被证明是都铎王朝玩得很娴熟的一场游戏。

2

现实政治与《玫瑰传奇》

13世纪

有一位王后的名字到现在已经出现过好几次了——作为母亲、妻子、赞助人和姑妈,而且也恰如其分地成了安德烈亚斯幻想中的人物。不过,阿基坦的埃莉诺理应得到更多关注,而不是仅仅作为其他人故事里的配角出现。在克雷蒂安为香槟伯爵夫人玛丽写作的1/4个世纪之前,出生于泽西的诺曼底诗人韦斯把蒙茅斯的杰弗里的作品翻译成俗语,将其献给了玛丽更著名的母亲埃莉诺。大家经常认为是她(埃莉诺)把宫廷爱情的观念带到了英格兰,并认为颇为流行的对亚瑟王王后圭尼维尔的形象刻画即源于她的启发。克雷蒂安的早期作品显示了许多与她的英格兰宫廷细节上的相似之处。

埃莉诺的祖父阿基坦的威廉九世,是最早的游吟诗人之一,他写过:情妇(midons)的愤怒可以杀人,情妇的快乐可以使病人康复。(他还写过:"但愿上帝赐予我足够的寿命,可以让我把手伸进她的斗篷里!"所谓宫廷爱情永远贞洁、无关肉体的观念也不过如此。13世纪时,一位给他作传的作者写道,他是"世界上最彬彬有礼的人之一,也是最会欺骗女人的人之一"。)

埃莉诺的私生活在她的时代颇多非议。她与第一任丈夫法国国王路易一起前往圣地时，在途中传出了她与自己的叔叔有染的绯闻。她的颠覆性欲望，她的存在本身，都与十字军东征的失败联系在一起；就好比亚瑟王骑士与女性的任何私情都会危及他们追求的目标。当埃莉诺与她的儿子们一起反抗第二任丈夫英格兰国王亨利时，鲁昂大主教警告她，她"将造成大毁灭"；就像圭尼维尔使卡米洛特毁灭一样。D. D. R. 欧文指出，"圭尼维尔的人物形象趋向丑化，这似乎与埃莉诺在民众心目中的声誉恶化相一致"。而正是在1204年埃莉诺去世后（经过16年的监禁和直至晚年仍未罢手的冒险），围绕她的"黑色传说"才真正开始。

大约在1206年，兰斯的吟游诗人编造了埃莉诺和穆斯林首领萨拉丁之间的私情（描述她与丈夫亨利的父亲杰弗里有染的故事还更可信一些）。伊丽莎白时代的故事甚至暗示，是她——而不是她的儿媳——与她儿子"少主"亦敌亦友的骑士威廉·马歇尔有染。

另一个完全虚构的关于埃莉诺谋杀她丈夫的情妇"美丽的罗莎蒙德"的故事首次出现在14世纪，不过最有名的版本直到两个世纪后才得以完善：埃莉诺在伍德斯托克的迷宫中追踪到了罗莎蒙德，让她在匕首或毒药之间二选一。罗莎蒙德在这一点上可能还要认为自己比较幸运，14世纪的另一版本，即法国人写的《伦敦纪事》中，她先是被赤身裸体架在两个火堆之间炙烤，然后又被泡在热水浴缸中流血至死，胸前还放上了毒蟾蜍。耐人寻味的是，虚构的圭尼维尔也要遭受同样花样百出的暴力。

阿基坦的埃莉诺有可能是13世纪初由一位或多位匿名作者创作的一组长篇法语散文体亚瑟王传奇的最初赞助者和策划者，这组作品被称为"通行本系列"(Vulgate Cycle)。

迄今为止,亚瑟王的王后有两种可能的面孔:黑暗和光明。通行本对这个问题的处理方式是塑造了两个圭尼维尔——"真假圭尼维尔",假王后是真王后同父异母的私生女妹妹,她勾引国王并对真王后提出虚假指控,而兰斯洛特必须为真王后辩护。

假王后的指控导致真王后被判处剥头皮的酷刑:

> 这是因为她自封为王后,并在头上戴了一顶她本不应该戴的王冠。之后,她的手掌也要被切掉,因为她这双手受了祝圣和涂油礼,除非忠诚地、正当地嫁给国王,任何女人的手都不应该受祝圣和涂油礼。

当圭尼维尔和兰斯洛特被发现在一起时,亚瑟判处她在火刑柱上烧死。但这种严厉的做法遭到了普遍的反对;毕竟,亚瑟王本人曾说过,宁愿让兰斯洛特去爱王后,也不愿看到兰斯洛特离开他的宫廷。贤德的、真正的圭尼维尔——"如此甜美,如此柔弱,又如此坦诚"——总会原谅亚瑟的苛刻与无情;然而,尽管构成"通行本系列"的各个故事并不总是用同一种声音讲述,但它们都点明了是圭尼维尔和兰斯洛特的通奸阻碍了兰斯洛特得到圣杯,并且的确使得卡米洛特走向衰落。

宫廷爱情的观念,甚至亚瑟王的王后圭尼维尔的阴影总是萦绕在英格兰王后的身旁。埃莉诺的另一个儿媳、以签署《大宪章》闻名的约翰王的妻子伊莎贝拉,可能是"通行本系列"后来的赞助人。各种阴暗的谣言总是与美丽的昂古莱姆的伊莎贝拉如影随形;然而,就像许多年轻的王室新娘一样,大家都会觉得她招来这些非议不无理由。

伊莎贝拉在1200年嫁给了约翰(当时她的年龄可能在9岁到15岁),被迫住在要么是约翰的一个情妇家里,要么是被他抛弃的前妻格洛斯特的伊莎贝拉家里,格洛斯特的伊莎贝拉被废,本来是要为约翰王的另一场政治联姻*开路的。考虑到其处境,也难怪这第二个伊莎贝拉需要帮助和支持了。在第一次怀孕期间,伊莎贝拉要求她同父异母的长兄彼得·德·约伊尼来英格兰陪伴她。谣言说他们有不伦之恋。

当时的一位编年史家宣称,伊莎贝拉"经常被发现犯有乱伦、行巫术和通奸罪。因此,国王、她的丈夫,下令在她的床上用绳子勒死那些被逮捕的情人"。与其说这份记录表明了伊莎贝拉肯定有通奸行为(关于这点并没有真正的证据),倒不如说它模糊了事实与虚构,或者说,它在事实的基础上添加了可能是捕风捉影的谣言,只要能证明红颜祸水,就永远让人觉得所言不谬。

虽说如此,当约翰王在1216年去世时,伊莎贝拉不仅逃回了法国,还与本来跟她女儿订婚的男人结了婚……她的儿子是亨利三世,儿媳则是普罗旺斯的埃莉诺,人们指责她过度提拔自己的亲属并且大捞特捞私房钱,她不会是最后一个承受这种指责的王室新娘。许多臣民都对她恨之入骨,在13世纪60年代的叛乱中她成为朝野声讨的众矢之的,不过她还是得到了丈夫的充分信任,在他出国时代为摄政。

受过良好教育的埃莉诺从小就熟悉普罗旺斯游吟诗人的文学作品,她的父亲是这些作品的赞助人,她自己也会购买昂贵的传奇类书

---

* 本来计划与法兰西国王的妹妹爱丽丝联姻,但后来落空了,特别是因为约翰的父亲亨利二世使爱丽丝成了他的情妇。

籍。她的儿媳和英格兰王后的继任者——又一个埃莉诺，这次是卡斯蒂利亚的埃莉诺——同样来自一个文学气息浓厚的宫廷；她将是各种书籍，包括亚瑟王传奇的赞助者和倡导者（看样子又是一个爱传奇更爱金钱的王后）。她的丈夫是爱德华一世，"苏格兰人之锤"，曾夺走苏格兰的斯昆石[1]，他也对亚瑟王的故事产生了浓厚兴趣：他写信给教皇，声称要像他的"祖先"那样拥有整个不列颠群岛的统治权。作为证据，他引用了蒙茅斯的杰弗里的著作《不列颠列王纪》。

1278年，爱德华和埃莉诺来到格拉斯顿伯里，参加再次挖掘亚瑟王和圭尼维尔坟墓的活动，这所坟墓已屡次受扰不得安宁，现在他们会把坟墓重新安置在大祭坛附近。爱德华从战败的威尔士国王卢埃林手中夺回了"亚瑟王之冠"，为了维护对威尔士的控制，他可能还在建造城堡时的选址和设计中借鉴了罗马人与亚瑟王的联系。然而，随着他的儿子爱德华二世在1307年继位，以及爱德华与法国的伊莎贝拉结婚，英国的王室生活以及王室对亚瑟王神话的兴趣将发生更为急剧的变化。

这个法国的伊莎贝拉后来被指责为"法国的母狼"，但可以说她是由于丈夫甘愿受一群宠臣所摆布而不得不采取暴力行动。她在12岁时嫁给了一个20多岁的丈夫，眼睁睁看着本应属于她的财产和地位被爱德华赐给了他所迷恋的皮尔斯·盖维斯顿，为了展示盖维斯顿的非

---

1 斯昆石是苏格兰历代国王加冕时使用的一块砂岩。该石曾被保存在现已废弃的珀斯郡的斯昆修道院中，因而得名。1296年，爱德华一世将斯昆石作为战利品掳回英格兰，安置在威斯敏斯特教堂英王加冕宝座"圣爱德华宝座"之下，象征英格兰和苏格兰统一在英王的主权下。1996年，英国政府将斯昆石归还苏格兰。

凡武艺，爱德华多次举办比武大赛，让他成了比武场上的明星。

1312年，当盖维斯顿被爱德华愤怒的领主们杀掉时，局势似乎为只有十几岁的伊莎贝拉准备好了舞台，让她在国王身边扮演自己应有的角色：她是爱德华儿子的母亲；是维系他与法国关系的活生生的保证；也是她的祖国和她的丈夫的国家之间的外交官。但是，当爱德华转而受到强大而残暴的德斯潘塞父子的控制时，伊莎贝拉发现自己再次被排挤，受到威胁，她的土地被没收，她的孩子被带走。

接着，爱德华二世犯了一个战略性错误，他派伊莎贝拉在他们的小儿子、英格兰的继承人的陪同下前往法国。在法国，伊莎贝拉给爱德华写了一封特别的信："我觉得婚姻是一个男人和一个女人的结合，时刻也不分离，可是却有人介入我丈夫和我之间，企图斩断这一纽带。"她穿上豪华的寡妇丧服，并宣称她丈夫的行为意味着他们的婚姻关系已经结束，就像他已经死了一样。伊莎贝拉征求法国王室的帮助，代表她儿子召集了许多对德斯潘塞家族的统治感到愤怒的领主，成为他们名义上的首领。她的举动得到了一位心怀不满的领主罗杰·莫蒂默的支持，不久便昭然若揭，他是伊莎贝拉的情人。

以年轻王子的名义，伊莎贝拉和莫蒂默带着一众人马横扫英格兰。正如散文体的《布鲁特纪事》所说："这个国家的人都同意她的做法。"唉，可是随着爱德华二世被囚禁（据说是被烧红的通条所杀），很快大家就明白了，类似于先前德斯潘塞家族的统治，伊莎贝拉和莫蒂默的统治也充满了贪婪和不择手段。只有当17岁的爱德华三世针对他母亲的情人发动了政变，国家才最终恢复了和平。莫蒂默被送上泰伯恩刑场上的绞架，至于"共犯"伊莎贝拉，爱德华宣布他的母亲只是被莫蒂默的诡计所欺骗。伊莎贝拉在1358年去世前享受了近30年的奢侈生活。

编年史家杰弗里·勒·贝克将伊莎贝拉称为"ferrea virago",即"模仿男人的女人",说她不守妇德,变成了一个铁血无情的女人。但很可能她并不会这么看待自己,无论在事实层面还是在幻想中。她对亚瑟王的故事非常着迷:在巴黎,她母亲的藏书中包括不少浪漫爱情小说和一卷白皮封面、装订精美的《亚瑟王传奇》。许多年后,伊莎贝拉借给法国国王两部传奇,分别讲了圣杯和兰斯洛特爵士的故事。同样对此着迷的还有伊莎贝拉的情人莫蒂默:在他垮台前一年的一场壮观的比武大会中,伊莎贝拉扮演了圭尼维尔,他自己则扮演了亚瑟王,之后又围绕着一个圆桌举行庆典。然而,却是伊莎贝拉的儿子爱德华三世宣誓要筹建一个新的"圆桌骑士团",并于1348年成立了嘉德骑士团。

伊莎贝拉家族的浪漫心态在现实中会产生可怕的后果。据说伊莎贝拉在1313年访问巴黎时,告诉她的父王,她认为自己在两个嫂子身上发现了通奸的迹象。而第三个嫂子呢,也因对她俩与情人在奈斯勒塔幽会知情不报而被判有罪。两位王室夫人被剃了光头,关进了地牢。她们的情夫先是被阉割,然后活活剥皮,用轮子碾碎身上的骨头("轮磔之刑"),最后被斩首。据说,"奈斯勒塔事件"之后,在法国,妇女的公共信誉和宫廷文学的受欢迎度都急剧下降。

此时,宫廷爱情在谐谑歌(fabliaux)[1]中遭到了嘲弄,谐谑歌风格滑稽,常常掺杂着污言秽语,演唱它们的是市场上的流浪艺人,而不

---

[1] Fabliaux或译为"故事诗",题材往往和性有关。典型的Fabliaux中的人物,包括戴绿帽子的丈夫、贪婪的教士、愚蠢的农民,以及乞丐、骗子、小偷和妓女。有两个群体经常被挑出来进行批评:神职人员和妇女。

是城堡里的游吟诗人。在这些歌谣里,妇女会被描绘得粗野、懒惰、淫荡……与教会的谴责相比,这种指摘也许没那么严厉,但同样经久不衰。

但在13世纪,一部伟大的作品崭露头角,而且以其当时的知名度来看,堪称当时最伟大的作品。《玫瑰传奇》受欢迎的程度甚至超过了蒙茅斯的杰弗里的《不列颠列王纪》,它以不同的语言存留在大约300份手抄本中(其中一些是在都铎王朝时代印刷术出现后制作的)。这是一部大约有20000行的长诗;前4000多行是由一个叫基洛姆·德·洛里斯的人在1230年写的,随后的16000多行是由让·德·莫恩在40多年后的13世纪70年代写的。至少,让·德·莫恩在文本中是这么说的。我们没有关于德·洛里斯的其他信息,甚至没有任何信息可以证实他的存在。

这个故事以第一人称的视角,讲述了故事里的叙述者在几年前的5月做的一个梦。他走进一个美丽的花园,遇到了爱的泉眼,看到里面有一朵完美的玫瑰花蕾的倒影。当他凝视它时,他被爱神的箭射中,"箭穿过眼睛,射入我的心脏"。在爱的支配下,他开始痴迷于摘取玫瑰。这则寓言显然是宫廷恋人对他的情人的追求。

但是,正如德·莫恩所言,这个微不足道的框架内嵌入了从科学到哲学等一系列主题的大量论述。其信息量之大,让读者几乎可以把《玫瑰传奇》当作一本百科全书来使用。它特别涵盖了对女人天性的描述,德·莫恩对女性比宫廷文学的前辈们更加厌倦。梦中的叙述者从"自然"和"天才"那里得到了忠告;从"悦纳"那里得到了帮助;在"拒绝""恐惧"和"羞愧"那里受到了阻碍。这首诗的后半部分甚至包含了公元6世纪时基督教徒波爱修斯《哲学的安慰》的部分译文（后来伊丽莎白一世也翻译过这一部分）。三个世纪后，托马斯·米德尔顿在他的戏剧《调包婴儿》中写道，爱情"有一种贯穿一切的智慧……把一切带入一个神秘的世界"。

不太肯定的是，有人认为中世纪把欲望本身看作一种第六感。1500年前后的"女士与独角兽"系列挂毯，除了代表五种感官的五幅挂毯之外，还有一幅让后世争论不休，它描绘了一位女士站在帐篷前，上面的话是"我唯一的欲望"。确实，如果把宫廷爱情当作对世界的其他感知的中介，那么整个宫廷爱情的传统以及在其中认知的价值就更合情合理了。

但是，学者们在《玫瑰传奇》的主旨上不能达成一致。德·洛里斯写的是一个直接表现宫廷爱情的文本吗？德·莫恩是否只是秉承着后来几十年中更世俗的精神继续着情人的旅程，或者他实际上是在反对整个宫廷爱情的概念，尽管他声称是洛里斯的续写者，却刻意弱化甚至颠覆作品前面部分的主题？

或者，甚至德·洛里斯自己也在开玩笑呢？他给恋人们提出了一些古怪的忠告，就像安德烈亚斯的指示一样明确，也像安德烈亚斯一样呼应了奥维德："鲜丽的华服和精美的饰品能使人的仪表大为改观……你应当备有花边精致的鞋子和小靴子，经常换新的，而且必须极其合体贴身，以至于大众会纳闷你是如何穿上或脱下它们的，并到处争论这个话题。"

洛里斯描述了他的主人公受到"理性"女士的挑战，"理性"冲下塔楼来捍卫贞洁，并试图劝阻主人公不要采摘玫瑰。在13世纪，人们对贞洁问题有一场大辩论。教会的学者们无法达成一致。性行为是否肯定是一种罪，没有性行为人类就会灭绝吗？它是否应当只是为了生育目的被允许,还是(如13世纪的神学家理查·米德尔顿所说)可以有"适度的快乐"?在《玫瑰传奇》中,"自然"抱怨人类没有将他们被赋予的"工具"用于她所期望的目的:生育子女以延续人类种族。但辩论中的所有矛盾都集中在这里。"恋爱是可恨的和平,可爱的仇恨……是被赦免的罪恶,但又是被罪恶沾染的赦免……"

德·洛里斯写的是如何获得女士的爱,而德·莫恩写的则是如何从女士那里获得你想要的满足(性行为),又不让自己陷入爱情的陷阱。也许,丘比特从一开始就没有被设想为一个丰满的婴儿,而是一个年轻男子,一个猎人,他的箭会带来更大的威胁。《玫瑰传奇》前后两部分之间的差异可能反映了13世纪人们对女性和两性关系的传统观念越来越质疑。

圭尼维尔的爱使兰斯洛特成为了不起的骑士,却阻碍了他实现最终的目标。在"通行本"的《圣杯卷》中,那些诱惑纯洁的骑士珀斯瓦尔和博斯的女人被证明是魔鬼,一旦被拒绝就会化为一缕青烟消失。加拉哈德则是最纯洁的骑士,他只与处女交往;他所救的人和引导他走向正道的人,可能代表着贤德的灵魂以及基督本人的形象。("通行本系列"的作者可能是教徒:这是最后一次由宗教人士动笔来写亚瑟王的故事。)在这个时期,好女人的唯一标准就是未接触过性,这与早期的道德观念形成了对比。在13世纪的最后几十年里,教皇下令对危险的观点进行调查。巴黎主教艾蒂安·坦比发布了一系列的"谴责",认为有必要正式宣布批判安德烈亚斯的著作。

在12世纪的扩张发展之后,到了13世纪,欧洲社会呈现出日益僵化的氛围,对人类本身持有更加悲观的看法。历史学家约翰·赫伊津哈在其1919年的经典著作《中世纪的衰落》中,将《玫瑰传奇》描述为"贵族阶层的《日课经》";他还说,令人惊讶的是,一个对异议如此不宽容的教会竟然允许其影响持续这么多年。是不是因为德·莫恩对女性的看法——轻浮善变、自轻自贱,既诡计多端又容易受骗——越来越符合教会的观点?或许宫廷爱情可以在此时此刻就地消亡了,消亡在经院学者们冗长乏味的辩论中(虽说他们没有争论过一根针尖上能站下多少个跳舞的天使,却的确争论过几个天使是否可以待在同一个地方)。

但是,一个非常不同于旧理想的动力很快就会从意大利向北推进。随着我们所知的文艺复兴运动的到来,新的人文主义研究将使宫廷爱情文学重新焕发活力,并赋予它新的道德维度。

3

女性崇拜者、厌女者与女权主义者[1]

14世纪

　　宫廷爱情命运的新转折始于13世纪的最后几年。1284年的佛罗伦萨，一位18岁的诗人站在街角，望着令他魂牵梦萦的姑娘走过。他的名字是但丁·阿利吉耶里，佛罗伦萨小贵族的后裔。他第一次见到她是在九年前的五朔节晚会上，当时她只有8岁（"一个天使般的孩子，身着红衣，庄重而精致"），而他只比她大1岁。后来，但丁的第一位传记作者薄伽丘认定她是贝思·波提娜丽（Bice Portinari），出身要比但丁高一些。但丁称她为贝雅特丽齐，"她的倩影，一直让我朝思暮想，激发着爱情，掌控了我的心灵"。

　　一身白衣的贝雅特丽齐，在两个年长女子的伴随下，正经过浑浊的阿尔诺河岸上的一条街道。她的目光落在浑身颤抖的诗人身上，温柔地向他问候，"那一刻，她的风姿是如此亲切优雅，我犹如沐浴上天的至福"。他不得不回到自己的房间；在那里入睡时，他进入了梦境。

　　一个巨大的身影，爱神的身影，向他走来。爱神怀抱着一个女人，

---

[1] 本章标题 The Commedia, Chaucer and Christine 直译为《神曲》、乔叟与克里斯蒂娜，乔叟很难说是厌女者，只是在巴斯妇的故事中征引了很多厌女者的言论，故而这里的厌女者并不是指乔叟。

她赤身裸体,包裹在一块血红色的布中。那就是贝雅特丽齐。爱神的一只手上托着一团熊熊燃烧的物体,对但丁说:"看哪,你的心。"随后唤醒了贝雅特丽齐,迫使她吃下了那炽热之物。今天的文学批评家(以及但丁当时的朋友,他称之为"爱神追随者"的诗人团体)仍在试图解读这一场景。不过,他和贝雅特丽齐就此踏上了升入但丁的《天国》的旅途并走入了文学史。

在《新生》里,但丁描述了自己如何被爱神之箭射中,如何为贝雅特丽齐相思成疾,又如何对自己的恋情秘而不宣(遵照最优秀的宫廷传统)。他甚至假装爱上另外一位女士以掩人耳目,这让贝雅特丽齐大为不悦。但丁结婚了,然而这种婚姻关系——从他10岁订婚开始直到夫妇俩的子女出生——似乎从来没有引起任何人的嫉妒之情。他对贝雅特丽齐的爱是如此"高尚",不像单纯的性欲,从不会让他误入歧途。

正如圣母将人类引导给上帝,贝雅特丽齐也引导了但丁(这一点不无争议):贝雅特丽齐的名字本身就意味着"神圣的、有福的"。1290年,离佛罗伦萨凶险的政治形势迫使但丁从自己的城市流亡还有十年,离《神曲》虚构的开头也是十年,贝雅特丽齐的原型溘然长逝,这使得她对但丁的吸引力更强烈了。

"Nel mezzo del cammin di nostra vita"(在我们人生之旅的中途)[1],他从正道偏离走向歧路:离开了贝雅特丽齐,踏入腐化堕落、冲突不断的公共生活。贝雅特丽齐将为他指引回家的正道。在《神曲》中,正是她在圣母马利亚的授意下,委派古典诗人维吉尔做但丁地狱之行

---

1 这是《神曲》的首句。

的向导。他们在地狱第二层（仍属于惩罚较轻的区域）见到了淫欲者：克里奥帕特拉、狄多、特洛伊的海伦。

一对特别的恋人吸引了他的目光：他俩赤身裸体，紧靠在一起飘荡着，身体没有重量（尽管他们身处地狱，这却是一幅美丽的画面）。保罗·马拉提斯塔与弗兰西斯卡·达·里米尼在但丁十来岁时死于佛罗伦萨：为弗兰西斯卡的丈夫（保罗的哥哥）所杀，地狱为这个凶手预留了更为严酷的位置。弗兰西斯卡被无形的狂风驱使、无休止地卷来卷去，向但丁讲述了他们因何遭此厄运。他们那时正在阅读《湖上的兰斯洛特》，圭尼维尔王后与兰斯洛特"不正当地相爱"的故事。当他们读到兰斯洛特怎样吻了圭尼维尔王后时，保罗吻了弗兰西斯卡，"那天我们就没再读下去"。

不过，但丁自己的恋情没什么不正当。他从炼狱攀登而上，涤除罪恶，来到山巅，抵达伊甸园，已接近天国，逝去的爱人前来迎接他。贝雅特丽齐就像太阳一般光芒四射，沐浴在白色的花瓣雨中，乘坐一辆由神兽拉着的华辇，众多圣人跟随在后面。但丁此时的反应不是欢乐而是羞愧：是因他这么多年来为了别的念头还有被别的女子所引诱而远离贝雅特丽齐而羞愧吗？她用不亚于任何一位宫廷贵妇的严厉态度告诉但丁，疏离正道是一种罪过；当然，如今他冒犯的不是爱神，而是那至高无上的神。当读到但丁在旅程终点得到宽恕、与贝雅特丽齐翱翔星辰间时，我们都松了一口气。她的微笑反映的是神的喜悦，她的美将但丁带到神的住所。之后她离开了他，前往更高处的天国玫瑰。

纯洁的尘世之爱服务于圣洁的宗教之爱，这种观念并不新奇。多亏了阿拉伯学者，新柏拉图主义的思潮伴随着对于爱与美使人高尚的信仰，在游吟诗人的时代传到了法国南部。正是这种暗示——纯洁的宫廷爱情服务于宗教热忱，使它被最有道德追求的君主之一——亨利八世所接受。

但丁笔下的贝雅特丽齐，她凝视天国并引领着他也抬眼仰望的核心形象，甚至对那些从未读过但丁作品的人也产生了巨大影响。这一形象汲取自圣母马利亚的形象，又引领了后世（如维多利亚时代）对理想女性的刻画，不管她们是否乐意，她们都被认为应对社会的道德水准肩负重任。然而，却是同为托斯卡纳人的弗兰齐斯科·彼特拉克与另外一个未能回报诗人爱恋的女子，奠定了之后许多年的抒情诗的基调。

正如上一代的贝雅特丽齐，彼特拉克笔下的劳拉也是令人难以捉摸、寓言式的人物。（而也正如女性主义评论家所指摘的，她与贝雅特丽齐同样英年早逝。）事实上，现实生活中有没有劳拉这个人无法确定，不过彼特拉克所写的有关她的十四行诗，深深影响了伊丽莎白一世自己写的诗以及托马斯·怀亚特写给母亲的诗篇。

劳拉之于彼特拉克，不像贝雅特丽齐之于但丁那样完全是有益的。然而，彼特拉克成为一个国际名人，他的作品被谱成歌曲，他研究"仅存在于内心的东西"的决定，对于形成文艺复兴时期新的个人认同感方面也起了重要作用。伊丽莎白一世最著名的画像之一的创作就是受到了彼特拉克《贞洁的胜利》一诗的启发，这首诗描述贞女图希亚用筛子打水证明了自己清白的奇迹，借由图希亚赞颂伊丽莎白一世。而伊丽莎白一世也加入了彼特拉克已经很长的荣耀译者行列。

这份译者名单上的另一人便是杰弗雷·乔叟，他在《特罗勒斯的情歌》[1]中，点出了一些浪漫爱情的核心难题：

> 如果爱不存在，天啊，我感到的又是何物？
> 而如果爱存在，它究竟为何？
> 如果爱是好的，我的悲哀从何而来？

确实，有一种让人很愿意相信的说法认为，乔叟可能在去意大利的一次旅行中与彼特拉克相遇，至于这是不是一个臆造的故事，也许并不重要*。重要的是，乔叟与欧洲文学传统以及英国王室都有着深厚的渊源。另外，乔叟还翻译了《玫瑰传奇》，或者说是翻译了前面1705行。

杰弗雷·乔叟，一个葡萄酒商的儿子，在1340年左右出生于伦敦：时值年轻的爱德华三世从他母亲伊莎贝拉和她的情人莫蒂默手中夺回权力的十年之后。在乔叟的童年时代，黑死病肆虐欧洲，约有三分之一的人口丧生，但幸存下来的人，尤其是受过一定程度教育的人得以生活在一个充满机遇的新时代，而乔叟的阅读面和所受教育使他有各种途径接触到大胆的新思想。

1357年，爱德华三世的儿媳之一克拉伦斯公爵夫人的家庭账目中记录了一个叫加尔弗里德斯（杰弗雷）·乔叟的人，他显然是名侍

---

1 《特罗勒斯的情歌》：原为彼特拉克的《十四行诗：第132首》，乔叟将其译成英文，嵌入自己的长诗《特罗勒斯与克丽西德》中。

* 正如16世纪哲学家乔尔丹诺·布鲁诺所言：Se non è vero, è molto ben trovato（虽非事实，想当然耳）。这似乎相当于过去在新闻界被称为"太好了以至于不好去验证"的事实。

从,得到了一件短斗篷和一条红黑色的马裤。又有记录表明,不到三年后,他出国服兵役,做过短时间的俘虏,并与其他被囚禁的王室随从一起被国王或冈特的约翰赎回。但这仅仅标志着他与王室关系的开始。

此前,爱德华三世在1328年与埃诺的菲利帕结婚,菲利帕将(欧洲)大陆文化引进了英国宫廷。她父亲的图书馆里有几部亚瑟王传奇;菲利帕的藏书则包括武功歌、传奇与骑士故事,她还送给丈夫一套银杯、银壶,上面饰有包括亚瑟和兰斯洛特在内的著名人物的形像。她的许多同胞都追随她来到了英格兰。在为这惹人赞叹的热爱艺术的宫廷增光添彩的人物中,编年史家让·傅华萨只是其中之一。正是傅华萨描述了想象中的爱德华以古老的宫廷婚外情方式向索尔兹伯里伯爵夫人求爱,其智慧、高贵和美貌"使我的灵魂如此陶醉,我不能不爱你;没有你爱的回报,我就如行尸走肉一般"。有传言说,他是为了纪念这位伯爵夫人才成立了嘉德骑士团[1];另一传言则描述了他如何在激情驱使下强奸了她,这大概是他的敌人编造的。

非同寻常的是,爱德华似乎准备听任子女沉溺于浪漫中。此外,他似乎对婚内爱情的新风尚颇感兴趣。据说他曾为长子"黑太子"写过诗,敦促他:

> 去爱女人吧,无论是少女还是已婚,

---

[1] 嘉德(garter)的字面意思是"吊袜带",据说,在一个舞会上,索尔兹伯里伯爵夫人的吊袜带突然掉下来,爱德华三世为了让伯爵夫人避免尴尬,随即把吊袜带捡起来,说道"Honi soit, qui mal y pense"("心怀邪念者蒙羞"),而这句话也被刻在嘉德骑士团的成员徽章上。对嘉德勋章的早期描述显示,上面点缀着紫红色的吊袜带。

3 女性崇拜者、厌女者与女权主义者

> 从内心到一言一行都要服务和尊重她们……
> 因为我们很少看到一个勇士
> 不爱或不曾爱过什么人。

令人意想不到的是,"黑太子"与年轻漂亮的寡妇肯特的琼安结成了爱情伴侣。这段婚姻最终为他的父母所接受,尽管太子的早逝意味着两人都没有登上王位。有一颇受欢迎的说法是,爱德华三世宠爱的长女伊莎贝拉在准备载她出国的船只即将起航的时刻,想取消为她安排的婚姻,得到了他的恩准。然而,这也许只是为政治决定涂上了一层浪漫的色彩:对爱德华来说,他为伊莎贝拉安排的这场婚姻突然变得没那么有利可图了。

爱德华的第三个儿子冈特的约翰在1359年与兰开斯特的布兰奇结婚,并通过她继承了岳父兰开斯特公爵的头衔和土地。不过夫妻二人是很相爱的。冈特的约翰是他那个时代最有趣的人物之一:在知识上勇于探究,在军事上战功赫赫,热爱亚瑟王文学,甚至与罗拉德派[1]教徒有联系(直到他们与政治叛乱搅和在一起),罗拉德派倡导改革教会并推广英文版《圣经》,预示了新教运动的兴起。

冈特最接近乔叟所说的"完美高贵骑士",即"战场上的狮子,客厅里的羔羊"。尽管没有证据,但有人认为,正是冈特创作了《高

---

[1] 罗拉德派,威克利夫(John Wycliffe)的追随者。1381年的农民起义被归咎于威克利夫和罗拉德派的影响,这可能是不公平的。1382年,坎特伯雷的大主教威逼牛津大学罗拉德派的一些人放弃他们的观点,但这一派别继续扩张。1399年亨利四世即位,标志了镇压浪潮的开始。

文爵士与绿衣骑士》,此书和《珍珠》[1]都是14世纪文学的奇葩。布兰奇公爵夫人在1368年去世后,她的丈夫悲痛欲绝。但几乎可以肯定的是,这也激发了乔叟(现在是内廷侍从)的灵感,创作了他的第一篇重要诗作。

《公爵夫人之书》以写诗人本人失眠和生病开始。第一句话[2]直接借用了傅华萨(傅华萨则是借鉴了法国诗人和作曲家纪尧姆·德·马肖[3])的作品,在傅华萨的作品中,诗人得了相思病。甚至可以说,或许乔叟把自己刻画成了英年早逝的公爵夫人相思成疾的形象,以最温文尔雅、最毕恭毕敬、最柏拉图的方式。他坐在床上,仆人给他送来一本书,一本传奇,"用阅读来消磨夜晚":这本传奇来自奥维德,说的是一位妻子在失去丈夫后悲伤而死。这个凄惨的故事让他得以安然入睡,进入梦乡。

这是一个可爱的5月的早晨,他在墙上绘有《玫瑰传奇》内容的房间里。他听到外面传来打猎的喧闹声,循声望去,发现自己身处一片鲜花盛开的丛林中,在那里他遇到了一位年轻的黑衣骑士,他正在为他夫人的死而哀叹。由这位女士的名字"白"(Blanche,布兰奇),以及一系列关于冈特头衔的双关语[4],表明冈特就是那位黑衣骑士。骑

---

1 《珍珠》这首诗创作于14世纪末,作者不详,可能和《高文爵士与绿衣骑士》是同一作者。这首诗讲的是主人公两岁的女儿夭折,后来在梦中看到一个戴着珍珠的美丽的白衣少女(女儿的灵魂),得知女儿已升入天国。
2 "天哪,我实在不知道自己该怎么活下去。"
3 纪尧姆·德·马肖(Guillaume de Machaut,约1300—1377),中世纪文化名人之一,"新艺术"(Ars Nova)的主要实践者之一,被誉为"最后一位同时又是作曲家的伟大诗人"。
4 冈特(Gaunt)有"消瘦、憔悴"之意,诗中对此多有描述。

士对自己恋爱经历的冗长陈述,严格遵循了宫廷文学传统:在他"选择了恋爱作为我要学的第一门手艺"[1]之后,他乞求他的夫人"怜悯",表明全心全意"做她的崇拜者"。

然而,在现实世界中,一位王子不会因失去配偶而一直"悼亡"下去:冈特的约翰必须再婚,而且不能耽搁。果不其然,1371年,他娶了卡斯蒂利亚的康斯坦丝,通过她,他可以要求获得卡斯蒂利亚的王位(后来无果而终);但据称他们的这段婚姻并不幸福。乔叟的妻子菲利帕和她的妹妹凯瑟琳(骑士休·斯温福德的妻子)都去为康斯坦丝服务。她俩是随菲利帕王后来英国的埃诺的骑士裴昂·德·罗伊特的女儿。凯瑟琳担任冈特与布兰奇的孩子们的家庭教师,她与冈特很快就开始了一段私情。

1377年,爱德华三世去世,他的儿子"黑太子"在前一年去世。王子10岁的儿子继承了王位,即理查二世。理查被誉为"真正的兰斯洛特",称赞他的不是别人,正是克里斯蒂娜·德·皮桑,关于她我们稍后再讲。从某种意义上说,她是对的。骑士道理想并没有在一个年幼的国王统治下消失(像很容易发生的那样)。尽管如此,后续事件证明理查是一个非常失败的君主。此外,未成年国王的上台,从来都不是值得庆幸的事情,这将冈特的约翰置于紧张的引人注目的境地:大家猜疑他想篡夺侄子的王位。在1381年的农民起义中,一群暴徒在伦敦肆虐了三天,把冈特的萨沃伊宫烧成了灰烬。

然而,在这段动荡不安的日子里,乔叟在公共事业和诗歌创作方面都取得了丰硕的成果:受国王信任被委以诸多事务;他翻译了波爱

---

[1] "我选择了恋爱作为我要学的第一门手艺,从此对别的行当再也没动过心思。"(791—792行)

修斯的《哲学的安慰》,并着手创作那些最能直接反映宫廷爱情变化中的面貌的作品。

乔叟的《特罗勒斯与克丽西德》是根据薄伽丘的《相思者》(*Il Filostrato*)写成,而后者又借鉴了早期的中世纪作品[1]。特洛伊王子特罗勒斯无法自拔地爱上了克丽西德:昏头昏脑,相思成疾,这是一个真正的恋人坠入爱河最确凿无疑的证据。克丽西德的叔叔潘达洛斯为他们的恋情牵线搭桥,她回应了他的爱。不巧的是,克丽西德的父亲早先投奔到希腊阵营,现在安排好了让人接她过去与他团聚,两人只能被迫分离。来接她的是玩世不恭的希腊人戴沃密得,他向克丽西德求爱,后者被他引诱,背叛了特罗勒斯的爱情。[2]

然而,乔叟与他之前的大多数文人不同的是,他把克丽西德描绘成一个立体的女人:当然,刚开始的时候,这位英勇的王子特罗勒斯的爱慕之情让这个年轻的寡妇受宠若惊,但她并不确定自己是否愿意交出自己的自主权:

> 感谢上帝,我还年轻,过得很舒坦,
> 我是我自己的主人,现在我这样就像
> 繁茂的草地上一只没有拴住的羔羊,
> 不会有人嫉妒,也不跟人起争端,

---

1 指《特洛伊传奇》(*Le Roman de Troie*),12世纪法国诗人Benoît de Sainte-Maure所作。
2 为了方便不熟悉这段故事的读者,译文对原文稍稍做了增添。人物的姓名都借鉴了方重的译文。

3 女性崇拜者、厌女者与女权主义者

也不会有个丈夫冲我说:"将!"[1]

她接受了特罗勒斯的爱,条件是能够保存"我的荣誉和我的名声"。特罗勒斯顺从她的"要求"。但克丽西德的名誉是个大问题;用故事里的眼光看,当她与特罗勒斯未婚同居时,并没有失去名誉,但如果特罗勒斯暴露了这一事实,她就会失去名誉。而当她背叛了赋予其行为合理性的那份真心实意的爱时,她肯定是失去了自己的名誉……但乔叟对蒙羞的克丽西德表现出了不同寻常的同情心。

也许,乔叟对同时代人的巨大吸引力在于,他成功地将新兴的意大利人文主义个人意识与古老的英法浪漫传奇结合起来。这么做的并不只有乔叟一个人。他值得信赖的朋友,诗人约翰·高尔——也是伦敦人,也是至少与王室圈子打过交道的人——主要因三部作品而被人铭记,其中最著名的是《恋人的忏悔》(*Confessio Amantis*),在某种意义上结合了传统基督教道德和宫廷爱情的主题。它可能是在乔叟开始创作《坎特伯雷故事集》时写的,也是一部故事集,大量借鉴了奥维德,围绕七宗罪为框架。

不过,高尔的情人必须承认的罪,是对爱的罪,但即便如此,他的忏悔者也表现出一丝叛逆。古老的宫廷爱情理论,以及宫廷恋人的绝望,实际上把回应这种求爱的责任强加给了女人(这相当于给跟踪狂颁发特许证)。高尔对此不以为然。他在《恋人的忏悔》第一卷中说得很干脆,如果一个男子迷恋一个女人到了一塌糊涂的地步,"我

---

[1] "将",象棋术语,对局中,一方的棋子要在下一步棋把对方的将或帅(中国象棋中)或国王(国际象棋中)吃掉,称为"将军",简称"将"。这里比喻丈夫为难、控制妻子。

当然觉得那个女人毫无责任",她可能确实对此一无所知。如果一个人跳进水里自寻短见,我们会责备水吗?尽管高尔的声誉与他更著名的同时代人比起来相形见绌,但《恋人的忏悔》现存的49份手抄本表明它在当时确实很受欢迎。

是否有新的因素纳入了考量?旧观念视爱情为痛苦的事,而且认为爱情与一桩虽说平淡无奇但也不无裨益的婚姻不仅泾渭分明,在许多方面也是水火不容的,对这种旧观念来说,现在是不是出现了新的抵制呢?乔叟的《善女传说》中的女主角们,从克里奥帕特拉到卢克丽霞[1],她们的爱情都遭到了背叛;但这种爱情等同于婚姻或是对婚姻的承诺。*乔叟写作之时,安茹王朝的贵族拉图尔·兰德里骑士刚为他的女儿们编写了非常有名的指导手册《诫女书》(*Livre pour l'enseignement de ses filles*)。他在书中写到了为爱情服务,写到了第一任妻子("她是群芳之首,至善至美"),她激励了他的军事行动和诗歌创作。但是,当这位典范妻子去世后,他娶的第二位妻子警告女孩们,所有男人都会说的这种甜言蜜语,"不过是为了让他们更好更快地得到情人的恩惠和善意"。同样,在《坎特伯雷故事集》这个万花筒中,乔叟也将展示婚姻、爱情,甚至是欲望的各种色调。

当然,它必须在一个生机勃勃的春日开始,那种"小鸟"似乎在

---

[1] 卢克丽霞是传说中的一个罗马少妇,因丈夫向罗马王子塔昆炫耀自己的妻子如何美貌贞洁,后被塔昆强奸。她在当众诉说了自己的受辱经历后自杀。由此触发众怒,导致塔昆家族被驱逐,君主制被推翻,罗马共和国建立。

* 中世纪文学学者D. W. 罗伯逊对整个宫廷爱情概念的荒谬性大加挞伐。他故意用归谬法论证道,遵照宫廷爱情所谓的规则,他只能指望去爱别人的妻子。除非他住在英国,在那里他可能偶尔会被允许在自己的妻子身上实践这种艺术……

3 女性崇拜者、厌女者与女权主义者

欢唱的日子；对于准备在中世纪的泥泞道路上旅行的朝圣者来说，这既方便、实际又充满诗意。对于我们所讨论的主题，在叙述者和他们所讲的故事中，有三个特别值得注意。《骑士的故事》是一篇最经典的宫廷故事，讲述者是一位真正彬彬有礼的骑士，这篇故事原先是乔叟在创作《坎特伯雷故事集》之前就已经写好的《派拉蒙和阿赛脱》，讲述的是两个骑士对同一位女士展开追求和竞争。（请注意，她对这两个人都不感兴趣，她更愿意继续她最喜欢的消遣：打猎。这一点就像戴安娜女神[1]，也许还像未来的伊丽莎白·都铎。）紧随其后的是醉酒好斗的磨坊主，他讲的故事类似一首谐谑歌，是对宫廷故事粗野而巧妙的嘲讽：故事在年老的丈夫、他的年轻妻子和一个年轻学生之间展开，其最终结局则是对禁忌语"吻我屁股"的扩写，这句禁忌语今天仍然流行。[2]

结过五次婚的巴斯妇是乔叟创造的最令人难忘的形象，她的原型是《玫瑰传奇》中的老妇人（一个曾经做过妓女的老鸨，专门为恋人们提供建议）。

> 要说起这世上婚姻中的烦忧，
> 经验，虽算不上是什么权威，
> 对我来说，却已经足够。

---

[1] 戴安娜既是月神，也是狩猎女神。
[2] 故事中年轻妻子阿丽生欺骗丈夫，与他们家的房客年轻学生尼古拉偷情。同时村里的教堂执事也爱上了阿丽生，这天夜里来向阿丽生求爱并索吻。阿丽生为了取乐，在黑暗中让他亲吻了自己的屁股。教堂执事为了报复，拿了一根烧红的通条返回后再次索吻，想要取笑他的尼古拉也把屁股伸了出去，反被烫伤。

这句话直指我们当下,并触及了当时盛行的辩论话题。巴斯妇承认守贞是最圣洁的生活方式,但她宣称这对她来说是不可能的:"唉,唉,爱就是罪恶。"她引用了几千年来的厌女者的言论(大概是由她的第五任丈夫,一个年轻英俊的文书读给她听的);她以毫无羞惭的坚定态度驳斥这些言论,而她的每一句话、她回忆起来的每一件往事,恰恰把自己描绘成厌女者的言论和谐谑歌中所指责的那种女人形象:粗俗,贪婪,渴望生活,渴望性和权力。

在所有的朝圣者中,只有一个人讲了亚瑟王故事,此人既不是胸针上刻着"Amor Vincit Omnia"(爱征服一切)的温柔娇嫩的女修道院院长,也不是律吏,不是自由农,甚至也不是骑士,而是巴斯妇。但这个故事的结局是什么呢?圭尼维尔将一个骑士派去探寻女人最想要的是什么,而得到的答案是:她们想要掌控自己的丈夫……就像巴斯妇本人一样。

组成我们今天所知的《坎特伯雷故事集》的"断章"可能是在14世纪80年代末开始汇编的,当时乔叟辞去了关税审计官的职位,搬家到肯特郡,不过他继续受雇于理查二世担任要职。1387年,他妻子的养老金似乎停发了:也许是因为在这些年来紧张的政治局势中她的丈夫不太受宠;或者仅仅是菲利帕·乔叟去世了。1394年,菲利帕的前主人卡斯蒂利亚的康斯坦丝也死了,冈特的约翰得以在两年后光明正大地娶了他多年的情妇凯瑟琳·斯温福德——乔叟的小姨子。

如果把他们的故事作为宫廷爱情故事来介绍,未免有些牵强。但冈特选择结婚这一步,并使他们的孩子获得了合法身份*颇值得注意。

---

* 关于这种合法化是否包含了王位继承权,证据是相互矛盾的,不过在这件事上,现实政治战胜了法律上的权力,因为约翰和凯瑟琳的曾孙将是亨利七世。

3 女性崇拜者、厌女者与女权主义者

冈特的第一和第三次婚姻都见证了婚姻中的浪漫爱情。但在1399年年初,冈特的约翰死了。大约8个月后,约翰的儿子博林布鲁克的亨利废黜了软弱无能的理查二世,自立为亨利四世:兰开斯特王朝的创始人,该王朝将在接下来的60年里统治英格兰。第二年,即1400年,乔叟也去世了。

在乔叟去世后的几年内,一个女人写下了第一篇明确驳斥宫廷爱情观念的文章;并且不是从男性或特定的基督教的角度,而是从我们只能称为女权主义的角度。克里斯蒂娜·德·皮桑出生在意大利,是一名学者的女儿,她父亲事业上的成功使她得以进入法国宫廷——嫁给了法国国王的一个秘书。但丈夫的早逝使她成了一个要自力更生、养家糊口的年轻寡妇。克里斯蒂娜成为欧洲第一个靠写作谋生的女人。1399年,她写了《一封给爱神的信》,抱怨许多作家——包括著名的《玫瑰传奇》的作者——对妇女的批评不公平。不用说,爱神被说服了,并禁止那些诽谤者进入他的宫廷。

克里斯蒂娜继续围绕这个主题写作。在《两个恋爱者的辩论》中,一个失望的骑士和一个年轻乐观的侍从争论爱情是带来不幸还是相反。随后她又写了《真爱者的公爵》,该书虽然歌颂了婚姻中的爱情,但到目前为止,她还是接受了宫廷传统,专注于已婚妇女和年轻男子之间的柏拉图式浪漫。但克里斯蒂娜渐渐找到了自己的声音,而不是一个局限于宫廷故事的女人的声音。

以1402年写的《玫瑰颂》(*Le Dit de la Rose*)[1]为肇端,她加入了两

---

[1] 也有人认为《玫瑰颂》写于1401年。在这首诗中,作者虚构了一场举办于奥尔良公爵府的会议,以妇女荣誉辩护者自居,并建立了维护妇女荣誉的骑士团。

位男性权威关于《玫瑰传奇》道德与否的辩论。(克里斯蒂娜相当于15世纪的报纸专栏作家,她写的主题从她的心理发展到军事策略无所不包,对她来说,跟我们这个时代一样,只要是有争议的话题就意味着有钱可赚。)她声称,德·莫恩的作品对妇女的一概否定是不公平的;他不尊重婚姻,提倡滥交。她的公开信引来国王的秘书、政治家和人文主义者贡蒂埃·科尔的回应,他称德·莫恩是他的"老师"。他写到,克里斯蒂娜的观点不可能是她一个人的,而是那些本人不敢攻击德·莫恩而"想利用你作为他们的雨披"的帮闲者的观点。尽管如此,她还是应该"退出,收回你大胆指责的话"。两天后,他再次写信,恳求"你纠正和修订你明显的错误、愚蠢和疯狂,这些错误、愚蠢和疯狂是由于你的自以为是、妄自尊大和自命不凡,就像一个受情绪支配的女人"。

克里斯蒂娜可不吃这一套。如果科尔以她是个女人为由,指责"我的能力太弱","那么您要切实明白,我不认为这是一种犯罪,也一点儿都不认为这是一种责备。过去和现在都有许多最聪慧、最英勇的高贵女士,完全当得起人们给她们的赞美,每当我回忆起她们,或是遇到这样的女士,就感到无比欣慰"。她写到,哪怕一只老鼠也能攻击狮子;无论在《玫瑰传奇》中发现了什么好东西,"我说,它只会将人引入歧途,助长邪行,培育可憎的道德观,用充满欺骗的教义鼓励放纵的生活"。随着争论愈演愈烈,克里斯蒂娜将信件副本寄给了法国王后伊萨博。最终,巴黎大学校长让·格森站在克里斯蒂娜一边,写了一篇论文谴责《玫瑰传奇》。

但也许到最后,这场辩论最重要的一点是,通过辩论,克里斯蒂娜发现了她的伟大使命:捍卫妇女的声誉,驳斥那些至今仍把控着历史的刀笔吏式厌女者。(巴斯妇也曾试图这样做,但要粗俗得多。)克里斯蒂娜作品中的一幅著名插图展示了在书房里写作的她:读了一半的书在她面前打开,她手里拿着笔,身着标志性的蓝色长袍,一只小狗在她脚边长袍的褶皱中警惕地站着。这种浓郁的蓝色,用昂贵的群青颜料绘制,在文本中的许多克里斯蒂娜的肖像画中反复出现,就像一个贵族妇女佩戴的有角白色头饰一样,表明了她的身份地位。从《林迪斯法恩福音书》中的圣路加以来,肖像画中的写作姿势都是在强化中世纪男性思想家的权威。但克里斯蒂娜后来写到,在那个书房里,她拿起一卷古典诗歌(书籍仍然是奢侈的珍品,不过现在她可以使用王室图书馆了),为在其中发现的对女性充满敌意的描写感到震惊。

其结果是 1405 年出版的《淑女之城》,在书中,克里斯蒂娜列出了一份著名女性的名单,从亚马孙人到一位名叫阿纳斯塔斯的女插画师,她可能为克里斯蒂娜本人画过像;从《圣经》中的犹滴和以斯帖以及女圣徒到当代贵族女性。一直到 16 世纪及以后,这本书都是女权主义思想的一个标志。都铎王朝的皇家图书馆里也藏有克里斯蒂娜这部作品的副本,伊丽莎白一世的墙上则挂着一套取材自《淑女之城》的挂毯。虽然如此,克里斯蒂娜随后写就的指南手册《淑女之城宝库》中的一些建议也许会安抚她那些苛刻的批评者:疼爱、尊重你的丈夫,不管他是什么样的人。"违背人伦的爱"会带来困境和危险,而对错误行为的怀疑几乎与行为本身一样具有破坏性。

"不要像许多年轻女子那样信赖虚妄的幻想,让自己相信,只要不伴随任何罪恶的行为,以温柔的激情去爱是没有坏处的……仅仅因为被怀疑有这样的爱,而真相却不为人所知,(这些高贵的女士)就不但失去了她们的荣誉,也失去了她们的生命。"不要以为你能使一个男士变得英勇,不要以冒着失去名誉的风险来鼓励他,别跟自己说你得到的是"一个真正的朋友和仆人"。"有些男子说,他们驰骋疆场、建立丰功伟业是在为他们的女士服务。但我说他们只为自己服务。"再也没有比这对宫廷爱情理论更直截了当的反驳了,或者,正如下个世纪所证明的那样,对英格兰的王室女眷来说,再没有比这更有现实意义的建议了。

刚从乔叟那包罗万象的人性描写中走出来,可能很容易觉得克里斯蒂娜是在同风车做斗争,也会觉得宫廷爱情的理念一方面已被纳入更广阔、更现实的婚内爱情;另一方面则被归于其适当的位置,成为一种矫揉造作的文学游戏。围绕克里斯蒂娜·德·皮桑作品展开的辩论,其热度和公众参与度证明了这种舒适的理论是多么虚伪。

查理六世——伊萨博王后的丈夫,也是克里斯蒂娜的赞助人——成立了一个爱情法庭(Cour Amoureuse),该法庭的章程现存于法国国家图书馆。男性参与者要带着他们写的赞美女士的情歌。没有证据表明该法庭曾经确如章程中提议的每月举行一次会议。这个概念也许有幻想的成分,是为了分散人们对特别严重的瘟疫暴发的注意力而发明的(而在这种情况下的挑战可能被用来掩盖政治舞台上的其他挑战)。但最终的成员名单上有大约 600 名该地区的高级官员。

此外,大约在 1400 年,王室医生埃弗拉特·德·孔蒂也写了本《情爱象棋教育》(*Le Livre des Échecs Amoureux Moralisés*)。象棋游戏和宫廷爱情之间的类比长久以来便深入人心,以至于手抄本的插图常常用下象棋的场景来预示接下来的情色内容。兰斯洛特和圭尼维尔都下过棋，特里斯坦和伊索特也下过棋；《情爱象棋教育》的故事发生在一个类似于《玫瑰传奇》那样的花园中。

在15世纪，象棋游戏的图景——也像宫廷爱情本身一样？——确实会呈现出越来越多的家庭色彩。但任何变化都是渐进的；英国皇家图书馆的资料表明，古老的故事并没有完全消失。爱德华三世将几本讲亚瑟王传奇的书传给了他的孙子理查二世，其中可能包括克雷蒂安的《圣杯的故事》（*Conte del Graal*）、通行本《亚瑟王之死》（*Mort Artu*）和《玫瑰传奇》。爱德华的儿子、理查的叔叔托马斯·伍德斯托克收藏了84本传奇和历史类书籍，包括法文版《兰斯洛特》《玫瑰传奇》和两本关于梅林的书。

在14世纪的最后一段时间，亚瑟王传奇文学作品呈现了一派繁荣景象：《郎佛尔爵士》，根据法国的玛丽在12世纪创作的传奇《郎佛尔》（*Lanval*）改编，其中（在当时不同寻常的是）将圭尼维尔塑造成一个性掠夺者，追求她丈夫的宫廷骑士；头韵体《亚瑟王之死》和诗节体《亚瑟王之死》；《亚瑟在塔恩瓦特林的冒险》（*Awntyrs off Arthure at the Terne Wathelyne*），其中圭尼维尔的母亲的鬼魂出现，讲述了她必须为自己的罪孽进行忏悔，并警告她放荡的女儿要保持贞洁、仁慈和温顺。这正是男人们真正希望他们的妻子所效仿的模式，但往往是徒劳的。正如几位英国王后在未来的岁月里发现的那样，宫廷爱情和亚瑟王神话都是想加入这场盛宴的幽灵——挥之不去，永远不会心甘情愿地退出历史舞台的幽灵。

4
兰开斯特王朝

1400—1461

　　1399年，冈特的约翰之子废黜了理查二世，自立为亨利四世，英格兰的王位迎来了金雀花家族的另一个分支的后裔。（这个分支后来被称为兰开斯特家族，取自冈特的头衔——兰开斯特公爵。）而正如我们已经看到的，一个新来者会抓住手头的任何武器来证明他的合法性……也许是一场不错的与外国的联姻？

　　亨利四世的第一任妻子为他生了很多孩子，但在他夺取王位之前就已经去世了。1403年，他娶了富有而背景深厚的寡妇纳瓦尔的乔安妮。乔安妮曾代她长子摄政管理布列塔尼，这一经历使她有资格在她丈夫的政府中发挥积极作用，而当时机到来时，在她的继子亨利五世的政府中也是如此。有个浪漫的说法称，亨利四世与乔安妮在他流亡欧洲大陆时关系就已经很亲密了。不那么浪漫的是，为了供养她而导致的巨额财政支出在国内激起了广泛的不满。

　　在1413年去世之前，亨利四世试图让他的继承人与法兰西国王的女儿成婚，但亨利王子和凯瑟琳·德·瓦卢瓦成婚的可能性随着两国的敌对行动而起伏不定，亨利五世在阿金库尔战役胜利几年后，才终于在巴黎附近见到了他未来的新娘。

亨利五世被凯瑟琳的美貌所打动可能只是传说，但当时的记录确实表明，他从登基时起就一直守贞，直到结婚那天。贞操当然是完美骑士的一个特质——正是由于丧失贞操，兰斯洛特才无法完成寻找圣杯的任务。亨利对骑士精神非常着迷，他委托教徒和诗人约翰·赖德盖特创作了几部骑士史诗，赖德盖特的《恋人生活的抱怨》就是根据乔叟的《公爵夫人之书》改编的。不过骑士精神只能到此为止……亨利计划着为他的新娘提供最好的财政保障，他让自己的继母乔安妮因涉嫌行使"妖法和通灵术"而被捕；她被监禁在景色怡人、条件舒适的利兹城堡，这表明没收她的土地才是亨利真正的目的。乔安妮似乎很理智，没有对这一指控提出异议。否则，她可能会像圭尼维尔那样被送上火刑架。

亨利的新娘是伊萨博王后与查理六世的女儿，克里斯蒂娜·德·皮桑曾将她的《玫瑰传奇之辩》寄给伊萨博王后，查理六世则建立了爱情法庭，然而他们的生活远没有他们的文学兴趣所显示的那样高尚。关于伊萨博的种种淫乱传言（还有贪婪、挥霍和行巫术等）像一群秃鹫那样盘旋在她头顶，比如她与妹夫奥尔良公爵的关系——据说他在1407年被谋杀，因为玷污了她的名誉而遭到报复——以及与纷争不断的法国另一个派别的领导人伯纳德·达马尼亚克的关系。更确切地说，达马尼亚克把她囚禁了6个月，由杀死奥尔良公爵的主谋救出……但现代学术界认为这些传言都是她的敌人编造出来的。（无论如何，鉴于她丈夫查理频频发作的精神病，她做什么也是情有可原的。）但这些诽谤还是很有趣的，因为其为摆脱一个王后的最佳方式提供了先例。

凯瑟琳与亨利五世的婚姻只持续了两年多。她在1421年12月生下一个男孩,当时亨利在法国打仗。但在次年8月,她的丈夫因病死于法国,他们9个月大的儿子继承了王位,即亨利六世,而孩子的两个叔叔贝德福德公爵和格洛斯特公爵将争夺政府的实际控制权。

似乎没人认为凯瑟琳在政府中起到了什么重要作用。相反,还传出了她与埃德蒙·博福特(他是冈特的约翰和凯瑟琳·斯温福德的孙子)有染的丑闻。甚至还有人说(没有证据),她怀上了博福特的孩子,需要尽快结婚,这时她看中了自己的一个家臣——欧文·都铎。

欧文的职位可能很高,是她的典衣官(这个职位要比现代人乍听上去所认为的更高贵,责任也更重大),也可能很低(来自一位16世纪的威尔士编年史学家的说法),是为她摆放餐具的"缝衣工"。有一个故事称他根本就不是都铎家族的人,而是一个旅馆老板的私生子。

我们所知道的都铎家族在中世纪的威尔士很有名气,为格温尼德的王子们服务——也确实是格温尼德家族一个女儿的后裔。但威尔士人在英国宫廷中的地位并不重要;更要命的是,欧文的父亲和哥哥们曾经参加了格伦多尔反对英格兰统治的起义,起义失败后,家族的土地被没收了。所幸,一位远房亲戚将欧文引荐给了英格兰宫廷。有一种说法是,他还在十几岁的时候就在阿金库尔战役后被亨利五世册封为骑士。

凯瑟琳最初对欧文感兴趣,比较可信的说法是,他在一次舞会上跳得太激烈,不小心倒在了她的腿上。另一种说法是,她发现欧文在裸泳,并按照最好的浪漫传统,安排了一场伪装的爱情约会。克罗伊兰修道院的教徒们撰写的冗长的编年史对此颇有微词,说她作为英格兰的王后"无法控制她的肉欲激情"。虽然这对夫妇后来有了孩子,但他们的婚姻关系——假设确实举行过婚礼——直到1437年凯瑟琳去世前一直保密。此时已再无必要维护她的名誉,欧文失去庇护,试图逃往威尔士,结果被拖回威斯敏斯特,以莫须有的罪名入狱接受审讯(尽管他一再辩白"什么都没干")。不过,几年后他就被释放了;亨利六世则在成年后,欢迎他同母异父的兄弟埃德蒙·都铎和贾斯珀·都铎来到他身边。

15岁时,亨利六世被宣布已适合亲政,但事实上不清楚他是否真的适合。一位教皇特使不屑地形容他更像一个教徒,而不是一个国王。当一个廷臣召入舞女时,亨利匆匆离开了房间;他听从了一个宣扬禁欲主义的灵魂导师的意见……他在1445年的婚姻是为了与仍在争端中的法国缔结和平而安排的,却披上了骑士精神的外衣。他15岁的新娘安茹的玛格丽特不仅是法国国王的侄女,还是安茹公爵勒内的女儿(也是那不勒斯、西西里、耶路撒冷和匈牙利的王位继承人),是骑士比武大赛细节判定方面的公认权威,也是《痴情的心之书》(*Livre du Coeur d'Amour Épris*)的作者。

在15世纪,人们对比武的热情又复兴了——这大概是对时代混乱的一种反应,正如12世纪时的情形,至少在英格兰是这样。骑士比武大会以散文体传奇中的内容为蓝本,而散文体传奇也很快大为流行。贵族们在十字路口竖起他们的盾牌,等待着上门的挑战者。勃艮第人雅克·德·拉林则更进一步,他漫游欧洲各地,寻找骑士来比武。*

玛格丽特结婚时,她的父亲为她组织了一场比武,参与者打扮成圆桌骑士的样子,此外还有一座名为"欢乐卫士"(Joyeuse Garde)的木制城堡。新娘子获赠了一本装订成册的亚瑟王传奇。玛格丽特已经

---

* 最为关键的是,他受到人们的钦佩,而不是像在17世纪初堂吉诃德的类似举动那样遭人嘲弄,无论这种嘲弄多么温和。

在她叔叔的法国宫廷中赢得了一位仰慕者——皮埃尔·德·布雷泽,在比武中高举她的旗帜披挂上阵。勃艮第编年史家巴兰特写道,她"已经因其美貌、智慧以及崇高的勇气而在法国享有盛名"。这种勇气既是一种祝福,也是一种诅咒。

当时的一位意大利人记录了这样一个故事。当玛格丽特在英格兰登陆时,亨利六世先是把自己打扮成一个侍从,然后悄悄给她带了一封信,"当王后读信时,国王打量着她……她从来没有正眼瞅过穿着侍从服装一直跪在地上的国王"。伪装邂逅是浪漫故事中最受欢迎的套路——骑士应该认识到女人的内在美,就像在巴斯妇的故事中,她被施了魔法变成了一个"令人讨厌的女人"。真爱应该看穿任何伪装。但这位亨利(不像我们将要看到的亨利八世)似乎并没有责备玛格丽特未能认出他的身份。

她的亲戚奥尔良公爵赞许地写道,玛格丽特似乎是"上天赐予她各种必要的品行来帮助她尊贵的丈夫成为伟大的国王"。但他人对这些品行的看法却大相径庭。他们甚至认为玛格丽特与她来自法国的护卫萨福克公爵走得太近了。萨福克已经年过半百,但在漫长的法国战争中,他如此沉迷于骑士传统,以至于曾经将俘虏过他的一个勇敢的年轻法国侍从册封为骑士。他用王后的名字(Marguerite在法语中是雏菊的意思)写了一些颇具玩味的诗:

> 你明明知道,当这朵花开始绽放
> 红白相间,色泽新丽,
> 看到它宛如升上了天堂。

1453年春天，亨利和玛格丽特终于可以宣布他们要有孩子了，但那年夏天，国王陷入了昏迷，几周甚至几个月都无法行动。到了10月，在经历了如此漫长的不孕不育的婚姻生活后，玛格丽特生下了一个儿子，关于这个孩子生身父亲的传闻不绝于耳。亨利从昏迷中清醒，但他的孱弱让对手看到了一个机会。半个世纪前被取代的旧的"约克"一脉从未消失过。约克公爵理查的父亲是爱德华三世的第四个儿子的后裔，母亲则是爱德华的第二个儿子的后裔，按理说他比亨利更有资格继承王位。在接下来的几年里，理查将与亨利争夺国家的控制权，或者说，是与玛格丽特争权，她现在以她丈夫和儿子的名义执政，还有一帮称为"王后的勇士"的骑士来帮助她。

　　一个"非凡的、强有力的女人"，一个"有男子气概的女人，习惯于统治而不是被统治"，这是同时代人对她的描述。玛格丽特在政治上越界的突出表现，和她同第二大盟友萨默塞特公爵的关系谣言的传播息息相关。在这个故事里，"都铎"这个姓氏就是在此时重新登上历史舞台的。

　　这位萨默塞特公爵在众所周知的"玫瑰战争"——不过称之为"表亲战争"更准确——中被杀，但他留下了一个侄女，他哥哥的女儿玛格丽特·博福特：女继承人，兰开斯特家族血统的重要传承者，因此从出生起就是一枚政治棋子。1455年，12岁的玛格丽特被她的亲戚亨利六世嫁给了凯瑟琳·德·瓦卢瓦和欧文·都铎的儿子埃德蒙·都铎；他是国王提拔到他身边的同母异父的两兄弟中的哥哥。

　　12岁是一个女孩在法律上被认为可以完婚的年龄。虽然玛格丽特年纪尚小，但埃德蒙却缺乏耐心（可能是为了她的土地，而不是她的人),无法继续等待。1457年1月,年仅13岁的玛格丽特在危险和痛苦中分娩了。丈夫埃德蒙在她怀孕期间已死于瘟疫,她是在小叔子贾斯珀·都铎的照顾下临盆的。她第一次分娩的经历似乎对她的身心造成了伤害,亨利·都铎,即未来的亨利七世,是她将来唯一的孩子。

尽管玛格丽特很快就再婚了,但这可能更多的是出于安全考虑,而不是个人的意愿。她选择了亨利·斯塔福德,一个温和的兰开斯特党人,比玛格丽特大20岁左右,玛格丽特与他似乎没有性生活,但二人很和睦。

与此同时,在短暂而不稳定的休战之后,兰开斯特和约克之间的战争再次爆发,先是一方得胜,然后是另一方。1460年夏天,约克党在北安普敦取得了决定性的胜利,玛格丽特王后被迫逃往苏格兰,但很快她就带着一支苏格兰军队大举南下。玛格丽特对她部下发表的演说,相关记录未必可靠,但就其措辞而言,与伊丽莎白一世在蒂尔伯里的演讲一样充满英雄气概。"我经常攻破英格兰人的战线。我曾击溃过比他们现在的队伍更顽强的敌人。你们曾经追随过一个农家女(圣女贞德),现在追随的则是一个王后……我要么和你们一起征服敌人,要么和你们一起被敌人征服。"在韦克菲尔德,玛格丽特的军队消灭了约克公爵,但仅仅几天后,约克公爵18岁的儿子爱德华就向伦敦挺进。1461年3月,在可怕的汤顿战役中,爱德华取得了血腥的胜利,被承认为国王,即爱德华四世。

欧文·都铎在1461年被俘并处决,成为约克党夺权的又一个牺牲品。但他幸存的儿子贾斯珀——如同兰开斯特王朝的国王和王后那样流亡到国外——为兰开斯特家族的事业顽抗到底。与此同时,他的小侄子亨利·都铎则正被一个坚定的约克党支持者抚养成人,不过是在舒适和安全的环境中。

新的约克党政权成功开始运作，18岁的爱德华四世得到了他的导师沃里克伯爵和他强势的母亲塞西莉的建议和支持。但一个紧迫的问题依然存在：新国王应该与谁结婚？

5

约克王朝

1461—1485

正如故事所说的——这只能发生在五朔节：宫廷理论中"再好不过（per eccellenza）的爱情之日"；这一天，是《玫瑰传奇》中的恋人开始追求的日子。一个半世纪以来，图卢兹一直在这一天庆祝"花会"，也就是游吟诗人的赛诗会。正如托马斯·马洛里所言，"所有的恋人们啊，请记住五月的到来，就像圭尼维尔王后那样"。

这将是成就都铎王朝的另一桩婚姻，而且（与可怜的玛格丽特·博福特的婚姻不同），这桩婚姻也许不是宫廷式的，却有着非同寻常的浪漫。

爱德华四世的新王朝需要通过强大的政治联姻来巩固王权，这在王室中是一种常规做法。爱德华四世则恰恰相反。关于他和自己未来王后的初次邂逅，流行的浪漫版本是这样说的：国王的目光被一个年轻漂亮的英国寡妇吸引住了，她在自家所处的格拉夫顿附近的一棵橡树下等待着，在他经过时拦住了他。

这个故事有几个不同版本，有的将日期设定在1461年的五朔节，也就是18岁的爱德华夺取王位后的几周；而更有可能的说法则是在三年后的同一天，甚或是在当年较晚的一个季节。但是，如果说五朔节的异教起源是关于爱情而不是婚姻,那么这个故事则与二者都有关;而且也许正因为如此,按照当时的标准,它更具有不合常规的含义。

这位年轻的寡妇名叫伊丽莎白·格雷(本家姓伍德维尔),她的丈夫为兰开斯特家族作战而丧生。眼下,伊丽莎白要保住两个小儿子的继承权的最大希望,就在于向约克家族的国王求情。关于伊丽莎白·伍德维尔,16世纪的历史学家爱德华·霍尔如是说:

> 在国王眼里是如此优雅,以至于他不仅恩准了她的请愿,而且对她本人更是浮想联翩……因为她是一个女人……具有如此的美貌和魅力,还有矜持的风度、可爱的外表和妩媚的微笑(既不放荡也不卑微),再加上她口齿伶俐、谈吐风趣……她吸引了这位伟大的国王的心,并使之臣服于她。

霍尔描述,在爱德华"仔细打量了她的身材、长相,并领略了她聪慧而又颇具风韵的风度仪态"之后,他试图贿赂她,让她成为自己的情妇(用了"尊贵的女士"这一更动听的宫廷称谓),以期最终能够娶她为妻。她回答说,"既然为了他的名誉起见,她不适合做他的妻子,那么为了她自己的诚实,她也不适合做他的情妇",这样的回答让国王"欲火中烧",于是决定真的娶她。

同时代的编年史家罗伯特·法比安描述了五朔节清晨于格拉夫顿举行的一场婚礼:"在这场婚礼上,除了新郎、新娘、贝德福德公爵夫人(新娘的母亲)、神父、两名宫廷女官和一名帮助神父唱歌的年轻人,没有其他人在场。之后,新郎(国王)上了床,就这样在那里耽搁了三四个小时。"事后,他回到远处与他的手下会合,好像他只是出去打猎了,但又每晚回到格拉夫顿,伊丽莎白则会被带到他的床上,"以如此秘密的方式,除了她的母亲,几乎无人知晓"。

托马斯·莫尔根据霍尔的说法,记述了同样的情景:国王被这个"美丽动人,身材适中,体格匀称,非常聪明"的女人打动,她声称如果说自己过于"平凡",不适合成为他的妻子,那么她又太过有教养,没法做他的情妇。正如安德烈亚斯的某个规则讲的那样:"如果向某些女士求婚不光彩,也不应该向她们求爱。"莫尔描述伊丽莎白合乎道德地拒绝了爱德华的追求,但是她的态度如此之优雅,言辞如此之得体,以至于她非但没有熄灭他的欲火,反而让它烧得更旺了。当然,在安妮·博林面对伊丽莎白和爱德华的孙子亨利八世时,同样的技巧又奏效了。机缘来临时,亨利将很明显地成为爱德华的翻版,就连他那身材高大、满头红发的样貌也是如此。这个故事表明他们还有另外一个相似之处。

其他15世纪末或16世纪初的作家对这一场景有更为戏剧化的描述。其中一个最戏剧化的版本是安东尼奥·科尔纳扎诺在事件发生后不久于意大利写的《女性崇拜者》(*De Mulieribus Admirandis*),伊丽莎白用一把匕首挡住了国王。1483年,意大利人多米尼克·曼奇尼则把这个故事颠倒过来,让爱德华——"传闻如此"——用匕首抵住伊丽莎白的喉咙;同样,正如莫尔和霍尔所说的那样,"她仍然不为所动,宁死也不愿意与国王姘居。于是,爱德华对她更加垂涎三尺,认为这位女士值得成为王室的配偶"。

赫恩的《片段》写于16世纪初,作者可能是在爱德华统治后期的宫廷中效力的某个人,同样记录了爱德华"作为一个好色的君主,喜欢试探各种各样的贵妇与宫廷女官是否稳重矜持",但在"好几次"

向伊丽莎白示爱后,被她"始终如一、忠贞不贰的心灵"所打动。

所有这些故事的共同点是,它们暗示了伊丽莎白身上的高贵气质,以此来弥补她所缺乏的高贵血统(就像宫廷爱情理论为一些小儿子们[1]展现了贵族气质的美好前景)。毕竟,安德烈亚斯曾说过"一个男人只要具备诚实的品格就值得爱"。女人大概也这样吧。但这足以打动爱德华的家人及其支持者吗?直到1464年9月,面对越来越多的谣言,爱德华才向他的议会承认,他已经与伊丽莎白·伍德维尔秘密结婚;不过(中世纪的法国编年史家沃林说)他是以一种"故作轻松"的方式来承认的,表明他很尴尬。

他们的整个相遇过程还有一种可能性,只是没那么戏剧化。1463年,伍德维尔家族的男性已经重新受到王室的恩宠,伊丽莎白有可能只是在宫廷里见到了爱德华。同时代的卡斯帕·温里的《编年史》中称:"国王经常与(一位普通骑士的)妻子共进晚餐,便爱上了她。"这与15世纪60年代初爱德华似乎很满足于为他安排的外国联姻的事实相吻合,但这并不是这个故事最令人满意的浪漫版本。

无论何时发生,婚礼确实是秘密举行的,以致后来在理查三世时期,它被谴责为"不光彩的假结婚",因之"所有政治统治的秩序都被颠覆了"。这场婚礼是在"教堂没有结婚公告的情况下,在一个私密的房间,一个亵渎神灵的地方"私下举行的。保密本身并不意味着这场婚姻是非法的,但这并不是国王们通常的行事方式。伊丽莎白的

---

[1] 当时只有长子才有继承权,因此次子和更小的儿子们只有通过参军或者其他途径来谋求前途。

第一部分　起源

母亲雅克塔后来被指控用巫术促成了这场婚姻。*

即便是这样，她也表现得很好：9月30日，米迦勒节，伊丽莎白在雷丁修道院的小教堂里被介绍给宫廷，这场仪式取代了通常大型的公开的王室婚礼。她由爱德华的弟弟克拉伦斯公爵和沃里克伯爵（"造就国王的人"）引领进来，大家向她行屈膝礼。他们是一对令人惊叹的夫妇：爱德华惊人地高大英俊（身高超过6英尺），而伊丽莎白（如果她的画像是可信的）的形象符合当时人的理想标准，皮肤光滑白皙，头发金黄，四肢修长圆润。

但爱德华戏剧性的擅自作为让他以前的导师沃里克感到震惊。还有一个人，一时间鼻子都气歪了，那就是爱德华难对付的母亲塞西莉，她同样在爱德华统治的最初几年里发挥了关键作用。但爱德华回答他的母亲（根据莫尔的说法），"他知道自己不归她管了"。这就是最后摊牌的时刻——国王将不再受制于任何人。至于沃里克，爱德华补充说，他不可能如此无理取闹，"认为我在选择妻子时情愿被他的眼光所左右，而不是自己做主，就好像我是一个被监护人，必须得跟监护人指定的人结婚一样"。

意大利访客曼奇尼后来声称，塞西莉宣布她的儿子爱德华是私生子：他选择了一个地位较低的女人，这证明他不可能有王室血统。但伊丽莎白到底有多么不合适呢？她没有带来强大的外国联盟，而且将是自诺曼征服以来第一个在英国出生的王后。不过，虽说她的父亲只是理查·伍德维尔爵士，但她的母亲雅克塔却来自卢森堡家族一个较

---

* 五朔节的浪漫传统来自贝塔尼节（爱尔兰和苏格兰的传统节日——译者），这是女巫日历中的一个重要日期。在安妮·博林的时代，我们将再次听到通过巫术缔结王室婚姻的说法。

小的分支，这使她与德国皇帝和波希米亚国王都有亲缘关系。雅克塔曾嫁给亨利六世的叔叔贝德福德公爵为妻，不过贝德福德不久就去世了，然后她爱上了被派来护送她回英格兰的年轻骑士理查爵士，并与之秘密结婚。

根据传说，卢森堡家族是水精灵梅露辛的后裔，梅露辛是一个女人，像美人鱼一样腰部以下是尾巴、布满鳞片。据说，亨利二世和他的儿子理查一世一样，都声称梅露辛是他的女性先祖。这个故事与那些把圭尼维尔当作异世界生灵的故事相呼应，后者把圭尼维尔塑造为一个仙女。此外，梅露辛的王室或骑士丈夫在森林中与她邂逅，并为她的美貌所着迷，没有探究她的身世：这也与伊丽莎白·伍德维尔的浪漫故事相呼应。

当伊丽莎白的加冕仪式到来时，她与欧洲王室的关系将被大肆渲染。而反过来说，伊丽莎白英国本土人的身份可能也有一些受欢迎的价值，至少她的关系不会把英国拖入代价高昂的外国战争！甚至从她的家族曾经拥护兰开斯特家族的立场这一方面来看，也有促成双方家族和解的价值。

但伊丽莎白的寡妇身份是一个潜在的问题，更不用说她比爱德华大5岁的事了。习惯认为，国王的新娘应该是一个处女，而不是一个寡妇；尤其是，如果（不像纳瓦尔的乔安妮）她要生养继承王位的孩子的话。托马斯·莫尔在评述爱德华的母亲时宣称，"这是一件不合适的事情，也是对一个君主的神圣尊严的极大玷污……在他的第一次婚姻中就被重婚所污染"。

莫尔用几页的篇幅阐述了塞西莉反对爱德华迎娶伊丽莎白的论点，强调了为能与外国联盟而结婚的极端重要性，以及"与自己的臣民结婚不符合君主的身份……就像一个有钱佬只因为色迷心窍就与一个小姑娘结婚一样"。

但是，因"色迷心窍"而结婚到底有多么招人非议呢？在任何时代，有多少人结婚，其背后大概就有多少交易和妥协。在15世纪，贵族帕斯顿家族的私人信件在这方面确实给了我们一些启示，不过常常是相互矛盾的。

1469年，玛杰丽·帕斯顿未经父母恩准擅自与家族庄园的管家结为鸳侣，她的母亲玛格丽特非常反感，敦促她的儿子谨记"我们失去的只是一个婊子（旧抄本说是'一个废物'），不必将其放在心上"。玛格丽特自己的婚姻也是父母包办的，但关键是，这种包办考虑到了她的个人喜好。玛格丽特写给她出门在外的丈夫约翰的信中充满了柔情：在打听到他健康状况的细节之前她的心"一直觉得不安稳"，对他的消息她总是寤寐以求。

在他们的婚礼仪式之前，约翰的母亲艾格尼丝曾欣慰地写道，最初的会面和问候进行得很顺利，她希望这对门当户对、情投意合的夫妇之间"用不着大费周章订什么协议"。约翰称呼玛格丽特为"我亲爱的尊贵夫人"：宫廷爱情的语言和理念在社会等级中已经下沉到了这等地步。他们的儿子，上进的约翰·帕斯顿爵士，他的藏书包括了一些亚瑟王和其他的传奇，并且是王后的弟弟安东尼·伍德维尔的朋友，与爱德华四世一起参加了在埃尔瑟姆举行的比武大会。

当然，撇开宫廷爱情的幻想，在父母首肯的婚姻中产生的爱情才是教会和国家认可的模式。但这也许可以解释为什么社会上层的女性似乎最不愿意放弃这种幻想，因为她们的父母最有可能不考虑年龄和品位，而让她们与一个从未见过的男人或男孩结婚。

对于一个国王来说,为爱或欲望而结婚——正如都铎王朝的历史学家波利多·维吉尔在16世纪初所说的那样,为"盲目的感情"而结婚——是如此不合常规,简直可以说是一种淫亵行为。然而,在莫尔的版本中,爱德华在这里告诉他的母亲,当然,"婚姻是一种灵魂的结合",是为了表达对上帝的崇敬而缔结,双方应该"倾向于共同的爱",而不是寻求暂时的利益。

当然,这对夫妇看起来很幸福。婚姻被承认后的第二年春天,伊丽莎白举行了加冕礼,爱德华为了这个盛大的仪式订购了各种珠宝、金饰、丝绸和其他物品。一切都按照习俗和典礼的要求进行:王后在加冕前一晚在伦敦塔度过;前面开路的是几十名新册封的巴斯骑士,身上的衣服蓝白辉映,一直游行到威斯敏斯特;在大教堂进行"虔敬、肃穆"的涂油仪式;举办宴会,以及次日的比武大会。比武大会在伍德维尔家族掌权过程中起了很大作用。

作为王后,没有证据表明伊丽莎白行使了公开的政治影响力:对于还在为安茹的玛格丽特的影响所困扰的贵族来说,这一点似乎对她完全有利。她很漂亮,是艺术和实业的赞助人,在各种仪式上都表现得平易近人。但在同时代的人看来,对伊丽莎白的指责肯定也不少,特别是针对伍德维尔家族及其亲友占据高位并缔结有利的婚姻之事。国王的弄臣穿着高筒靴来到宫廷,抱怨说他之所以要穿高筒靴,是因为河流的水面已经升得太高了(伊丽莎白的父亲已被封为里弗斯[1]伯爵)。她的一个弟弟,大约20岁,娶了60多岁的诺福克公爵夫人;一位米兰特使报告说,伍德维尔家族"上上下下把持了整个政府"。但

1　里弗斯(Rivers)是"河流"之意。

在一个亲属关系很重要的时代,爱德华国王本人也有可能是为了加强自己的权力基础而扶植伍德维尔家族的。而且,伍德维尔家族还带来了其他东西。他们是一个文化底蕴深厚的家族,尤其是安东尼·伍德维尔。在一个骑士道的观念本身正在发生变化的时代,伊丽莎白的长兄安东尼·伍德维尔既是一位学者,又是一名比武大赛的明星。

安东尼似乎既让人回想起乔叟所说的"完美高贵骑士",又是巴尔达萨尔·卡斯蒂廖内的《廷臣论》(1528年在威尼斯出版)中理想廷臣的先驱。他翻译了法语版的《哲学家语录》,印刷该书的威廉·卡克斯顿[1]不无惊讶地注意到,安东尼删略了那些据说是来自希腊人的对女性的抱怨,卡克斯顿猜测他是出于对"某位高贵的女士"的爱,或是应她的要求而删略这些厌女言论的。另外,安东尼还翻译了克里斯蒂娜的《道德箴言》。

在护送爱德华四世的妹妹玛格丽特嫁给勃艮第公爵的时候,伍德维尔的明星效应就显得尤为明显。这次庆典以传奇性的比武大会为开端和结束。1467年6月,在伦敦的史密斯菲尔德,安东尼——他的马队披挂上各种金线白布,紫色、绿色和褐色的锦缎,蓝色和深红色天鹅绒,以及貂皮镶边的深红色布匹——与"勃艮第的私生子",公爵同父异母的兄弟进行了一场非常血腥的对决,国王在骑士们对彼此或对其外交造成太大伤害之前,小心翼翼地结束了这场比武。安东尼讲了一个宫廷故事,说王后的侍女们如何扑向他,并在他的腿上(他

---

[1] 威廉·卡克斯顿(William Caxton, 1422—1491),英国第一个印刷商,到1491年去世时,他出版了约100本书,其中有24本是他自己的译作。他印刷的书中也包括《坎特伯雷故事集》《特罗勒斯与克丽西德》《罗宾汉故事》和马洛里的《亚瑟王之死》。

说,在"更靠近我的心而不是膝盖"的部位)系了一条用黄金和珍珠串成的链子,上面缀着一颗宝石,还有一纸便笺,上面说只要他向一个贵族挑战,就能赢得这件首饰。欧洲各地的游客都来观看了这场比武。

虽然比武传统从未消失,却是爱德华四世将其大规模地带回英国的,唤醒了一个世纪前他的祖先爱德华三世时代的传统,他自己也经常参加比武。伟大的波希米亚武士列夫·冯·罗密托尔游遍欧洲以寻找可以征服的新骑士,访问英格兰后,他宣称爱德华拥有"整个基督教世界所能找到的最华丽的宫廷"。其他作家还特意将这个宫廷与亚瑟时代的宫廷相提并论,这让喜欢收藏装帧精美、插图丰富的传奇和骑士文学书籍的国王很高兴。

一年后,在布鲁日迎接新公爵夫人玛格丽特的比武大会也不比在史密斯菲尔德举行的比武大会逊色。金树庆典是围绕着一个特别创作的幻想曲而展开的,其中包含了所有骑士道钟爱的寻求及神秘女士等情节套路,这只是为期九天的庆祝活动的一部分。人们还举办了各种活动,其中包括一场盛宴,宴席上有角上挂着糖果篮子的独角兽,有猴子向来宾抛出饰品,有骑着镀金狮子的宫廷侏儒与骑着单峰驼的野人竞相争夺宾客们的注意力。帕斯顿家族的长子们也是随行人员的一部分,正如其中一个人所写的那样,"说到公爵宫廷中的贵妇、女官、骑士、侍从和绅士,除了亚瑟王的宫廷之外,我从未听说过有比这更好的了"。

然而,从某种意义上说,爱德华自己的宫廷与亚瑟王的宫廷不同;而且这点不同令人庆幸。故事中并没有提到亚瑟王和圭尼维尔有孩子。1466年2月,伊丽莎白·伍德维尔才第一次给爱德华生了一个孩子,是个女儿,即约克的伊丽莎白,但后来其他的孩子也接踵而来;然而到了这一年代末,他们仍然没有生下男孩。尽管爱德华和他的兄弟克拉伦斯之间有分歧,约克王朝看上去还是会长治久安的样子,可是在1470年,15世纪人们如此虔诚相信的命运女神却给事件带来了戏剧性的转折。

亨利六世在爱德华四世统治的近十年时间里先是流亡,后是被囚禁,而他的流亡妻子玛格丽特则在国外过着痛苦的贫困生活。她曾经拥有数以百计的仆役——为了取悦她的高雅品位,英国的王宫都重新装修过,现在却被迫与丈夫和儿子吃每天定量的面包和"三个人一条鲱鱼";反正勃艮第编年史家查斯特兰是这么说的。但她从未停止过政治活动,1470年夏天,她在法国与那些曾经看起来是她不可和解的敌人达成了协议。

这是一个被抛弃者的联盟。那些因伍德维尔家族的崛起而心怀不满的约克党人,包括爱德华以前的导师沃里克和他的兄弟克拉伦斯,承诺帮助玛格丽特夺回英格兰的政权。沃里克的大女儿伊莎贝尔已经是克拉伦斯的妻子。现在,为了完成这项交易,玛格丽特的儿子——兰开斯特家族的王子与沃里克的小女儿安妮·内维尔结为夫妇。

他们的军队于9月在英格兰西部登陆,并向伦敦挺进。当时,爱德华正在北方镇压沃里克的妹夫组织的叛乱,为了安全起见,他将怀孕的妻子和家人转移到了伦敦塔,但局势很快就显而易见,伦敦塔也将陷落。一幅生动的配了文字的插图描绘了伊丽莎白王后在逃离时紧紧抱着一箱珠宝,而她的女儿们则拖着裹满衣服的床单来到河边,在那里,小船将带着一家人逆流而上,送到威斯敏斯特教堂以及更安全的避难所。11月2日，在威斯敏斯特教堂，伊丽莎白终于生下了一个儿子，王位的继承人。

但是，这位约克家族的王子会有任何王国可以继承吗？他的父亲爱德华（和他自己的兄弟理查以及安东尼·伍德维尔）已经逃到国外的勃艮第，与玛格丽特公爵夫人一起避难。

在那段时间里，参与者称之为兰开斯特王朝"复辟"的过程中，还发生了别的一些事情。在"爱德华四世国王统治的第九年"，托马斯·马洛里完成了他的集大成之作《亚瑟王之死》（ *Le Morte d'Arthur or Darthur* ）。他是在纽盖特监狱或附近写完这部作品的；至少我们认为是这样的：几年后，卡克斯顿印刷该书时，它被署名为"骑士囚徒"托马斯·马洛里爵士的作品。关于他的身份，我们没有更确切的信息。然而，马洛里的作品已经成了透过亚瑟王故事的棱镜看到的宫廷爱情观的恒久体现。

到了20世纪，T. E. 劳伦斯于阿拉伯起义期间在他的马鞍包里放了一本马洛里的作品；约翰·斯坦贝克则在萨默塞特的一所中世纪农舍中待了几个月，用一支插着圆珠笔芯的鹅毛管将马洛里的作品改写成了现代英语版。不过，马洛里笔下的亚瑟王世界在很大程度上反映了15世纪末的情况，尤其是他的圆桌骑士团最终陷入派系斗争的事实。如果说马洛里前两部书中的英雄亚瑟王是以亨利五世为蓝本，那么，有人认为，后来的优柔寡断的亚瑟王则是以亨利六世为蓝本。在马洛里的世界里，兰斯洛特从威斯敏斯特桥游过泰晤士河去找圭尼维尔，圭尼维尔在那里宴请伦敦的商人。马洛里所创造的传奇中的王后的行为正好呼应了他自己时代的强大女性。

圭尼维尔身边有一群"乐意崇拜王后的年轻人,他们被称为王后的骑士"。安茹的玛格丽特同样也有一队佩戴着象征她的徽章的骑士。伊丽莎白·伍德维尔在伦敦塔中寻求庇护,而圭尼维尔为躲避莫德雷德而逃到那里时就预示了这一事件。

马洛里的家人可能认识伍德维尔家族;因为我们认为,最有可能成为作者的人选是沃里克郡纽博尔德·雷夫的托马斯·马洛里,他是一名50多岁的职业军人,担任过治安法官和议员,已经卷入了那个世纪的政治纠纷。(有人认为,他曾经是约克党人,在1468年参与了沃里克企图推翻爱德华四世的活动。)但跟他相关的故事的任何版本都有许多矛盾之处。

这个马洛里,被大多数人视为其作品反映了骑士道精粹的作者,曾多次蹲过各种监狱,被指控犯有敲诈、抢劫,甚至强奸(rape)。不过,但愿这里的"rape"只是意味着绑架(当时该词的含义之一),或者甚至只是与已婚妇女自愿的性行为,这种行为冒犯的是她的丈夫而不是她本人。有一次,马洛里通过护城河逃离了监狱,另一次大概是通过贿赂逃出的。这个托马斯·马洛里于1471年3月去世,被埋葬在纽盖特监狱旁边的一所修道院的教堂里,这并不代表他当时已享受自由。伦敦已故市长理查("迪克")·惠廷顿的遗产[1]使得受优待的囚犯可以使用修道院的图书馆,马洛里大概因此得以查阅各种文献,编撰出颇具规模的故事作品集,包含了八种不同主题的传奇故事,共21册,足足507个章节。

马洛里版本的骑士道,当其适用于圭尼维尔时,是矛盾的。在马

---

[1] 惠廷顿(1350—1423),英国商人,曾三次担任伦敦市长。死时将其所有的7000英镑(相当于现在的300万英镑)巨款遗产都捐给了慈善机构。

洛里的故事中,圆桌本来是圭尼维尔的父亲利奥德格朗斯国王给她的嫁妆。她和亚瑟的合作关系似乎很牢固,尽管其中几乎没有什么热情。在兰斯洛特到来之前,她是一个好妻子,是骑士的指导者和仲裁者,勇敢而美丽。然而,当这种关系因为兰斯洛特和圭尼维尔的爱情而破裂时,马洛里笔下的亚瑟王可以说对失去骑士比失去王后更感到遗憾:"要找王后,还有的是,但这样杰出的骑士团我是再也找不到了。"马洛里笔下的亚瑟王曾三次判处他的妻子死刑;而当其中一次,她被证明是遭人诬陷时,他还责备她没有更加明智地应对情况、证明自己的清白。

当圭尼维尔和她的骑士们在森林里采摘五月花回来,梅里高特抓住了她时,她关心的是骑士们而不是自己。然而,她是一个有血有肉的女人,当兰斯洛特对其他人表现出兴趣时,她会感受到痛苦的嫉妒。书中并未把她对他的情感刻画为主要是肉体之爱。他们某一夜的私通足以阻碍兰斯洛特获得圣杯,但这并不是导致卡米洛特毁灭的原因(在其他版本中他们更为频繁的私通造成了卡米洛特的衰落)。圭尼维尔的处境的某些方面可能反映了人们对现实生活中某些强势王后的质疑,比如她很难找到一个拥护者来为她辩白诬陷她投毒的指控。(事实上,该书那一章的标题"有毒的苹果"可能反映了人们对作为"夏娃之女"的女性的更古老的质疑)。但马洛里写到圭尼维尔时,也会有这样的话:"在她活着的时候,她是一个真正的恋人,因此她有一个美好的结局。"她说自己再也不想见到兰斯洛特了,当兰斯洛特在她隐居的修道院找到她的半小时之前,她便撒手人寰。而兰斯洛特自己先前已接受了圣职,便为她主持了葬礼。

读到梅林试图劝阻亚瑟王与圭尼维尔结婚时,很难不想到爱德华

第一部分 起源

四世和伊丽莎白·伍德维尔:

> 说到她的相貌、姿容,她是最美丽的人之一。但是,如果你不那么爱她,我最好还是给你另找一个美貌贤淑的姑娘,她会喜欢你,你也会喜欢她,这是说,如果你的心还没有定下来的话。但人的主意已定,他就不愿回头了。

1471年3月,伊丽莎白的丈夫爱德华归国夺回英国王位。当爱德华在约克郡海岸登陆时——这种篡位和复辟的模式在亚瑟王的故事中经常出现——写这个故事的人托马斯·马洛里已经在前一天去世了。

在爱德华归来后的第一场大战役中,沃里克伯爵战死了。(玛格丽特·博福特的丈夫亨利·斯塔福德参加了约克党的战斗,并在之后不久因伤势过重而死。)安茹的玛格丽特的儿子,兰开斯特派的王子,在最后一场战役之中或之后被杀,已神志不清的亨利六世则死在了伦敦塔里,"纯粹是由于烦恼和忧郁",这话说得很难令人信服。玛格丽特被俘虏了,于凯旋典礼上被游街示众,先是在英格兰,然后又去了法国,在贫困中度过了不光彩的余生。

兰开斯特家族的这一分支就此终结,但这只会使另一分支更加重要。玛格丽特·博福特和她13岁的儿子亨利的体内仍然流淌着兰开斯特家族的血液,他的叔叔贾斯珀现在把他带到了布列塔尼,在那里他们将在布列塔尼公爵的照顾或监护下生活14年,他们的身份介于客人、国家囚犯与国际政治的棋子三者之间。

相比之下,当民谣唱起,庆祝爱德华胜利回到妻子和新生儿子的怀抱时，约克王朝的国王和王后则过上了更加安全的生活。妖怪从壁橱里蹿出来，然后被消灭了。1473年8月，他们的第二个儿子出生了，这是继重要的男性继承人之后的又一个备胎，而克罗伊兰的编年史学家描述说这是一个充满了"最可爱和美丽的孩子"的宫廷。

当然，油膏里也有一些苍蝇，特别是爱德华的弟弟克拉伦斯，他一直心怀不满，公开叛乱最终导致被处决：于1478年淹死在大甜酒桶里，这种死法很出名。克拉伦斯在他身后留下了一份有毒的遗产。出于不满，他一直在暗示一位名叫埃莉诺·巴特勒的女士，据说爱德华在与伊丽莎白·伍德维尔结婚时，已经与她预先签订了协议，或者实际上已经结婚了。埃莉诺——既是一位有地位的寡妇，也是一位著名的虔诚的教徒——已于1468年去世，因此没有人可以向她求证此事是真是假，但勃艮第的朝臣和历史学家菲利普·德·科米尼斯说，爱德华"答应了娶她，条件是他能先和她上床，于是她同意了"：爱德华对伊丽莎白也采用了同样的手段。这一传言以及由此衍生的爱德华与伊丽莎白的"婚"生子是私生子的必然结论，将在下一任国王登基后再次出现，并带来严重后果。

众所周知，爱德华现在与其他女人有染。曼奇尼写道：

> 他是个极端放荡的人；此外，据说他在勾引了许多女人之后，对她们是最无礼的，因为一旦他厌倦了这种你情我爱，就会违背她们的意愿，将这些女士交给其他朝臣。不管对方已婚还是未婚，是贵妇还是平民，他都一概去追求；然而，他没有用过暴力来夺取。他通过金钱和诺言征服所有人，在赢得她们之后，就把她们抛在一边。

第一部分 起源

然而,这可以被视为15世纪的一个通例;只是对爱德华与其中一个情妇的关系不能如此轻易被忽视。他对所谓的金匠之妻简·肖尔(实际上她原名也叫"伊丽莎白")的感情一直持续到他去世。她是一个20多岁的美丽和蔼的女人,托马斯·莫尔写道:"朋友们都崇拜她,她诚实有教养,嫁了个体面人家。"爱德华不仅欣赏她的容貌,还欣赏她"悦人的行为举止"和"得体的机智谈吐"。不过,无论简的吸引力有多大,当15世纪70年代中期爱德华前往法国参战时,被指定为爱德华遗嘱十个执行人中的第一位不可避免地仍然是"最亲爱的、我全心全意爱着的妻子……我最可信赖的妻子……伊丽莎白王后"。

但是,爱德华的无度欲望并不仅仅是对女人如此。曼奇尼写道:"在饮食方面,他是最不节制的,腰腹肥胖而且不爱运动。"有传言说,他在1483年春天中风病倒可能是由于吃得太多,还有人说是老毛病疟疾复发,也有人说他是在一次钓鱼旅行中着凉得了重感冒。4月9日,他去世了。

一首民谣描绘了伊丽莎白的悲痛:

> 贝丝[1]啊,任凭你呼唤、哭泣!
> 我们如今已是永别,直到末日,
> 我主在上,我永远爱你。

但就眼前而言,伊丽莎白·伍德维尔没有时间去悲伤。

1　贝丝是伊丽莎白的昵称。

接下来发生的事自成一套传奇：就像莫德雷德在他舅舅（uncle）亚瑟的宫廷里篡位一样血腥和戏剧化。只是在现实生活中——大多数历史学家都认为——叔叔（uncle）才是恶棍。我们都知道：理查三世是如何从本应成为爱德华五世的年轻侄子手中夺取王位的；这个少年国王和他的弟弟是如何被关进伦敦塔里，没人再见到他们；而伊丽莎白·伍德维尔的弟弟安东尼又是如何在理查的命令下被处决的，她和女儿们则再次逃到了威斯敏斯特教堂的避难所里。

理查三世仅仅两年的短暂统治在很大程度上是女人的故事，也是女人被认为脆弱的故事。他夺取王位的根据是假设的通奸和重婚。除了伊丽莎白·伍德维尔与爱德华的婚姻无效的说法外，还加上了一个新的谣言：爱德华四世是私生子，是他的母亲塞西莉与一个卑微的弓箭手私通而生。但是女人的重要性并没有就此结束。随着丈夫的死亡和儿子们的离去，1483年夏天，伊丽莎白·伍德维尔（如同她之前的安茹的玛格丽特一样）与一个不太可能成为盟友的人达成了协议。

在兰开斯特王朝的"复辟"计划失败后，玛格丽特·博福特似乎已经与爱德华四世的政权达成了和解。她的儿子亨利·都铎仍在国外流亡，她最后嫁给了富有的斯坦利勋爵，考虑到斯坦利勋爵在爱德华宫廷内的地位以及与伍德维尔家族的关系，她可以相信他会保持对她的忠诚。然而，这个机会实在是太好了，不能错过。她和伊丽莎白·伍德维尔联手，与白金汉公爵一起促成了反对理查的叛乱，虽然他们在1483年失败了，但其核心条件，即伊丽莎白·伍德维尔的长女约克的伊丽莎白和玛格丽特的儿子亨利·都铎之间的婚姻，奠定了之后英国最著名的王朝的基础。

第一部分 起源

有一个女人,我们对她几乎没有什么可说的,那就是理查三世郁郁寡欢的王后安妮·内维尔。虽然沃里克的女儿在兰开斯特党人短暂夺回王位之前嫁给了兰开斯特家族的威尔士王子,但王子死于非命,让她成了年轻的寡妇。理查(把她从他哥哥克拉伦斯的监护下抢走)为了她在北方的大片领地而娶了她——一个消息来源说是"用武力强迫"。我们对他们的婚姻知之甚少,只知道她是与丈夫一起加冕的。

然而,当他们唯一的孩子在1484年春天意外死亡时,她显然不会比他活得更久。安妮于1485年3月去世,有一些证据表明,她的丈夫还没等她过世就将目光转到另一个方向。

1484年,伊丽莎白·伍德维尔最终被迫让她的女儿们离开威斯敏斯特教堂的庇护所,她只能相信理查不会扣留她们,并保证她们免受"违背她们意愿的蹂躏或玷污"的承诺。几个大女儿确实受到了她们的叔叔理查的宫廷的欢迎,(许多人认为是他杀了她们的两个弟弟!)特别是长女所受到的热情接待,很快就成了丑闻的素材。1484年冬天,当18岁的体态丰满的约克的伊丽莎白穿着与生病的安妮王后几乎同样的衣服出现时,人们议论纷纷。"许多人都说,国王一心想着与这位伊丽莎白缔结婚姻,要么让王后预料中的死亡发生,要么通过离婚……"

由于兰开斯特人仍然潜伏在布列塔尼,约克党的势力如今分裂成了两个派别,一部分是理查自己的追随者,另一部分是那些相信他不公正地篡夺了爱德华王系继承权的人。与他的侄女结婚或许能调和那些怀疑者的疑虑。然而,叔叔和侄女之间的婚姻先不说是否体面,问题在于,是否合法呢?如果有教皇的豁免,也许可能。

《克罗兰编年史》的匿名作者记录了安妮是如何生病的,而"国王根本不去她的病床前探望,宣称他是在医生的建议下才不去的"。一些编年史家说,有传言称是他给王后下了毒。理查和他的侄女从未建立婚姻关系。舆论不允许这样做:事实上,理查被迫公开声明,他从未打算这样做。但后来有消息称,不仅是理查,伊丽莎白的心中也怀有这种希望。一份未经证实的17世纪的记录显示,伊丽莎白急于成全她叔叔的计划。毕竟,她弟弟们的命运还未能确定,也许她相信理查并没有杀他们。

很可能就是在这个时候,伊丽莎白在波爱修斯的《哲学的安慰》一部抄本上写下了一句题词:"Loyalte mellye"(忠诚将我束缚)。这是理查最喜欢的格言。在一部法语散文体《特里斯坦》(*Tristan*)的抄本上(此书最早可以追溯到13世纪,但在14世纪末仍然是一部畅销书,这是一部关于亚瑟王骑士特里斯坦的故事集,特里斯坦与一位女士陷入了致命恋情,这位女士的叔叔正是不幸被他杀死的)*还有一句题词:在她的签名"伊丽莎白"上方,公主写下了"sans re(mo)vyr"(一如既往)。她在这一页上所作的标记表明它是理查的藏书。

当然,海峡对岸的亨利·都铎听到了这些传言,波利多·维吉尔说,这些消息让他"心如刀绞"。现在他开始行动了。前一年的圣诞节,在布列塔尼的雷恩大教堂,他公开宣布打算与伊丽莎白结婚,这让许多已然分裂的约克党人站到了他这边。人和钱都已经聚集起来了。战争即将爆发。1485年8月7日,亨利在威尔士海岸登陆,在博

---

* 特里斯坦被自己的国王舅舅派去迎娶伊索特给舅舅做新娘,尽管他与伊索特之间的激情已昭然若揭,他还是完成了自己的使命。不考虑该故事纯属虚构的话,你蛮可以把它当作描述复杂关系的绝佳实例。中世纪的文献资料中,比起兰斯洛特和圭尼维尔的故事,如果用特里斯坦和伊索特的故事作为贯穿本书的线索会更显得顺理成章。不过,前者在今天更广为人知。

第一部分 起源

斯沃思荒原长驱直入,接下来的战役将改变英国历史的进程。

亨利·都铎被后世视为最不浪漫的人物之一。问题是,为什么?也许是一种后见之明,以及我们对老年时期的他的印象。但在这时,亨利还是个年轻人,他要在这个世界上闯出一片天地,扬帆起航,夺取他的王国,甚至也可以说,他要拯救他的公主。

亨利清楚地意识到神话的潜力。在博斯沃思战役之前,他把"可怕的红龙"印在他的军旗上:这是威尔士的红龙,没错。但马洛里的《亚瑟王之死》也描述了亚瑟王曾经做过一个梦,梦见龙和野猪在天空中搏斗;龙战胜了野猪,那个暴君。(显然,野猪是理查三世的象征。)当亨利在彭布罗克郡海岸登陆,跪在地上祈祷时,红龙在他头上飞舞。

越海而来的有贤德的陌生人,"英俊的无名氏",是传奇中最受欢迎的人物。但是,当亨利与理查三世两军对垒时,亨利还远远谈不上胜券在握。波利多·维吉尔说,他的部队人数还不到理查的一半,而以多胜少才是常例。博斯沃思孕育了自己的传说,甚至在威廉·莎士比亚时代[1]之前就已经流传开来——理查在战斗前的预感,以及他疯狂地冲向亨利的阵地,一意孤行要与亨利·都铎以单打独斗的方式结束战争。大概这就是亨利没有成为传奇角色的原因。或许是因为相对于亨利的冷静务实,理查追溯致敬了古老的骑士世界。

关于理查最后四面楚歌的困境,以及他是如何被敌人砍倒的;还有后来人们传说英格兰的王冠是如何被发现挂在一个荆棘丛(山楂

---

[1] 莎士比亚著名的历史剧《理查三世》对这场战役做了不少精彩但不尽符合史实的细节描绘。

丛）中，并戴在亨利·都铎的头上的……这些浪漫的故事肯定足以让人成为英雄了吧？

尤其应景的是，就在几周前，威廉·卡克斯顿终于编订并印刷了《亚瑟王之死》，这是托马斯·马洛里大约在15年之前完成的作品。卡克斯顿声称，他是应"许多高贵的绅士"的要求出版该书的。有人认为这实际上是应安东尼·伍德维尔的要求（甚至有人说可能是安东尼给了他手稿）。

但是，无论亚瑟王的故事是如何出版发行的，亨利·都铎，即现在的亨利七世，都会感激地抓住它。经过多年的观察和等待——经过血腥的胜利——他已经赢了。理查那具血肉模糊的尸体，甚至在死后还免不了惨遭蹂躏和唾弃，被人赤条条地横在马背上驮走，一埋了之，没有举行任何仪式。

但亨利还有另一场战斗要打——一场争夺人心的战斗。还需要找到一种说辞、一则故事，使亨利的新王朝能被这个分裂的国家所接受。

第二部分

1485—1525

Bon Saber:"善解人意",或对恋爱的正当步骤的洞察力

虽然人们称恋爱为愚痴,
但谁不爱,谁就没有勇气,
谁爱,谁就能从维纳斯
那里得到他想要的情谊。

爱滋养着所有高贵的勇气,
轻蔑爱的人无不性情粗鄙。
谁爱,就应当只爱一次,
别人会移情别恋,我可不愿意。

——据说为亨利八世所作

6
"毫不惧内"
1485—1502

新的都铎王朝是在一个战场上——也是在一张婚床上——建立起来的。我们现在就能看到这张四柱床：十年前，这张无人问津、被拆掉一部分的床被扔到了一家切斯特酒店的停车场*里，不过最后还是让人发现了。[1] 有时它也被称作"乐园床"，这是因为床上刻有亚当和夏娃的图案，也可解读为基督和圣母马利亚致力于消除亚当和夏娃所造成的危害，也许还为英国带来了乐园——黑木雕镂着各种象征生育和王室的图案，包括葡萄、草莓、狮子和盾牌。

此外，上面凿刻的图案还有约克家族和兰开斯特家族各自的家徽，即单朵玫瑰：尚未合并成双朵的"都铎玫瑰"。然而，新国王迅速地纠正了这一细节。兰开斯特王朝的亨利七世于1485年10月底加冕，12月初，议会恳请他通过与约克的伊丽莎白结婚以"联合两家血统"。

---

* 想到理查三世，我们很难不觉得停车场的这一发现在博斯沃思战役之后的故事中具有非同寻常的重要性！

[1] 这张床之前一直被当作维多利亚时期的普通四柱床放在切斯特酒店的蜜月套房里，后来差点儿被当作垃圾处理掉，但幸运地被一位古董商发现，经专家鉴定后确认为亨利七世的婚床。

但是，在接下来的一个月里，被推到一起达成这一重要联盟的是两个什么样的人呢？我们对亨利·都铎的成长历程相对而言所知甚少，只有一个大体的轮廓，但其中的空白给我们留下了很多疑问，也引发了不少新的猜想。

各种事实，以及亨利后来的言谈举止，他的谨慎行事，都表明他早期生活中的戏剧性事件对他产生了不容忽视的影响。

但他的童年生活似乎是相对平静的。亨利宫廷的历史学家波利多·维吉尔（他可能有第一手信息来源）说，幼年的亨利是个"囚徒，但被体面地抚养长大"，他由约克党人拉格伦的威廉·赫伯特抚养，与赫伯特家的年轻子女一起长大。赫伯特家甚至还计划将一个女儿嫁给他。

1461年，年轻的亨利·都铎被短暂地带到了他的亲戚亨利六世的复辟宫廷，他的母亲玛格丽特·博福特自豪地将他作为兰开斯特家族树上的一根新枝展示给大家。然而，随着约克党人的回归，13岁的亨利被他的叔叔贾斯珀匆忙地带到国外以求安全。亨利六世和他儿子死后，亨利·都铎成为兰开斯特家族唯一幸存的继承人。

贾斯珀和亨利本来乘船要前往法国，却被风吹得偏离了航向，来到了布列塔尼公国，布列塔尼的弗朗西斯公爵喜出望外并深感荣幸地接待了他们。毕竟，命运恰好把一对宝贵的棋子交给了他，使他得以在欧洲外交这盘大棋中利用他们做交易的筹码。1476年，弗朗西斯公爵屈服于压力，将亨利·都铎交给了爱德华四世的特使，但当时这个19岁的年轻人已经足够精明和大胆，他假装生病，摆脱了护卫，来到圣马洛的一座教堂里避难，仇视英国的乡民拒绝将他交出来。

我们知道多年来关押亨利的那些城堡的名字，但不知道在这些城堡度过的漫长日子里他在做什么。可以肯定的是,从爱德华四世去世和1483年理查三世具有争议性的夺权开始,他就把目光投向了英格兰,所思所想均围绕着英格兰。那年夏天,他母亲和伊丽莎白·伍德维尔之间的阴谋促使亨利带着一支军队驶向英格兰,而在他们到达岸边之前就因天气恶劣而折返。但在此之前呢?从1471年到1483年这12年的时间,通常被他的传记作者们略过了。亨利可以从事一些年轻贵族男子惯常从事的活动,但不是一切活动都可以。他不能去打仗,不能成家,甚至也不能冒险去参加比武大会,他这条命太有用了。我们知道,他后来是一个学者的赞助人,特别爱好音乐。如果说(就像之前和之后的其他囚犯一样),他在阅读中打发时光,这种猜想不算过分吧?毕竟他是在威尔士长大的,那里涌现了许多关于亚瑟王的传说;他也是在法国领土上长大的,克雷蒂安·德·特鲁瓦在这里首次表现了宫廷爱情的幻想。

约克的伊丽莎白呢?16世纪初的《贝西之歌》(据说是由亨利的继父斯坦利勋爵的追随者写的)想象她在斯坦利勋爵的伦敦府邸,正是1485年年初,暮春时分,她在殿廊里拦住了斯坦利勋爵,要求他给他的继子亨利·都铎捎个信,承诺她会嫁给他,从而大大巩固和支持他的事业。

> 因为若他是国王,我就是王后;
> 我爱他,虽则从未与他邂逅。

在这首民谣中,当斯坦利拒绝承诺时,伊丽莎白愤怒地撕扯着自己美丽的长发,陷入昏厥之中。她说,自己再也不能成为王后了……

与亨利结婚,就像与理查结婚一样,确实会给她带来地位,会成为她走出政治荒野的一条途径。妻子的野心不能被低估,就像丈夫的野心一样。事实上,"贝西女士"表现出某种坚定的务实精神,她为斯坦利派遣部队,并自愿给斯坦利的拥护者写信:事实上,她是亨利发起政变的主要推动者,把理查视为"死敌"。亨利在这首民谣中用自己的诗回应了他"贤明的女士":

> 替我向贝西致意,那敏锐的*伯爵夫人,
> 而我却从未目睹过她的芳容,
> 相信上帝会让她成为我的王后,
> 我将远渡重洋与她相逢。

当然,一旦进入都铎时代,大家都有意促成亨利与伊丽莎白的联姻,把它说成是双方共同的愿望,明确表示谣传的伊丽莎白与她叔叔理查的联盟不是她的选择。波利多·维吉尔说她对这提议"极其厌恶","出于这个原因,她被巨大的悲痛所压倒,反复感叹说:'我不会这样出嫁,但我是个不幸的人,如果真的要我这样做,我宁愿忍受圣凯瑟琳[1]为了基督之爱而忍受的所有折磨,也不愿与一个我家族的敌人结合。'"

事实上,兰开斯特家族的亨利·都铎和她的叔叔理查一样,都可

---

* "敏锐的"(clear)也可能指"克莱尔"(Clare),一个家族头衔。
1 圣凯瑟琳(约287—305),基督教圣人。十来岁时皈依基督教,并试图劝阻罗马皇帝对基督徒的迫害。据说罗马皇帝曾对她施以碾轮酷刑,当她触碰到轮子时,轮子自己就坏了,最后她被斩首。

以说是伊丽莎白的约克家族的敌人。但在这个阶段,伊丽莎白对这两个人的感情都是无关紧要的。她在都铎王朝的计划中扮演着不可或缺的重要角色。

亨利对妻子会有什么期待呢?就个人而言,大概是希望她容貌端庄、百依百顺和往后多子多女。但伊丽莎白最重要的贡献是不好说出口的——那重要的血统。对于以前的约克党人和兰开斯特党人来说,这两人的孩子将拥有无可辩驳的王位继承权。

早期的亚瑟王和圭尼维尔的故事可能发生在这样一个时代:王位和土地的继承权是通过女性的血统传下来的,成功的战争领袖可以通过联姻来要求这些权力,但亨利恰恰不愿意过于彰显这一点。他用三种方式赢得了英格兰的王位:一是通过战场上的胜利(归根结底,这是上帝最清楚地表明其意愿的方式);二是通过人民的赞誉,或者至少是贵族的赞誉;三是通过他母亲的血统权力,然而这种血统权力既显得遥远又有私生子的污点。他需要通过约克的伊丽莎白的继承权来强化自己的权力主张,但他不希望表现得过于明显。弗朗西斯·培根在17世纪初写道,他"无法忍受任何人提及"此事。

在英吉利海峡对岸,亨利在成长过程中意识到了女性权力的潜能:1488年,布列塔尼的弗朗西斯的公爵之位将由他的女儿继承。此外,令人敬畏的安妮·德·博热以她弟弟夏尔八世的名义实际上成为法国的摄政王,她为亨利提供了追随他前往博斯沃思的军队。然而,这些经历似乎主要提醒了他应避免与这种强势女性联姻。毕竟,他的生活中已经有了一个有权势的女人,而且不像约克的伊丽莎白,前者总是与他的利益完全一致。此人就是他的母亲——玛格丽特·博福特。

第二部分 1485—1525

玛格丽特与有权有势的斯坦利勋爵的婚姻达到了目的。作为约克党政权明面上心甘情愿的追随者,她能够平稳度过爱德华四世的第二次统治时期。只有当约克党人因理查三世的篡位而分裂时,她真正的利益——她儿子的前程——才开始凸显。即便在1483年的未遂政变之后,她受到的惩罚也不过是由斯坦利来囚禁她,并接管她的土地。而一向善于玩两面派的斯坦利,可能默许了她向身处布列塔尼的儿子亨利偷运金钱和情报。正是斯坦利家族的力量最终为亨利·都铎在博斯沃思赢得了胜利。现在,随着儿子登上王位,玛格丽特将收获她的回报。

她是出了名地虔诚,其博学多才的另一面也值得一提。正是她委托卡克斯顿出版了《布兰查德和埃格兰廷》,这部传奇讲的是一位贵族小姐与一位拯救她城邦的高贵骑士的故事:它将她儿子亨利即将缔结的婚姻——玛格丽特自己很早以前就安排好的婚姻——描绘成一个浪漫的英雄救美式的幻想故事。但是,我们并不清楚亨利在母亲和妻子之间更倾向哪一边。玛格丽特是他的母亲,亨利所拥有的一切都要归功于她,而她比亨利不过大十来岁。在许多重要方面,这对母子的关系要比这对夫妻的关系更亲近。

显然,玛格丽特的情感会指向儿子而不是丈夫。她与斯坦利的婚姻,无论多么有益,始终是一种算计,而不是出于个人喜好。儿子取得王位后,她与斯坦利友好地分手了:先是取得作为单身女性的合法地位,然后便发誓终身不婚。相比之下,她给亨利的信却是这样称呼的:"我温柔的最亲爱的国王,我在尘世间的幸福源泉。"她"最亲爱的人,他的存在给她带来了最大的快乐和满足感",还有她"亲爱的心肝宝贝"。这听起来有点像宫廷爱情的陈词滥调,只是角色颠倒了,追求者是她而不是他。她称自己是亨利"忠实的数珠人"。数珠人是一个在为他们的庇护者祈祷时用念珠计数的人……例如，伊丽莎白时代的诗人乔治·皮尔就宣称，等他的骑士头盔变成蜂巢之时，他的"商籁体情歌变成了圣诗"：

> 女神啊，当你现在的这个骑士衰迈之时，
> 请赐给他做你的数珠人的权利。

在博斯沃思战役之后，亨利做的第一件事就是与他十多年未见的母亲一起长住。我们不知道亨利第一次见到他的准新娘约克的伊丽莎白时是什么心情，但据培根说，两人于1486年1月18日结婚时，大街小巷上的"欢乐和喜悦"比亨利的加冕礼上更多，这一点"国王虽说注意到了但谈不上喜欢"。

亨利有可能在婚前就和伊丽莎白发生了性关系。若非如此，他们在9月20日出生的第一个孩子就早产了整整一个月，而没有证据表明他们在准备分娩时很匆忙。亨利把他怀孕的妻子接到了温彻斯特，这是英格兰的古都，被托马斯·马洛里认定为卡米洛特旧址。

生下的是个男孩，被命名为亚瑟。马洛里曾描述过在亚瑟王的墓碑上刻着意为"过去与未来之王"的拉丁铭文。将婴儿亚瑟·都铎的诞生描述成亚瑟王的回归是很有用的，这是使一个对英国王位没有什么实际继承权的王朝合法化的一种方法。

亨利和伊丽莎白的婚姻并不是爱情的结合，但有各种迹象表明，多年来他们逐渐培养出了对彼此的感情。毕竟，他们的关系很快就受到了考验，当时的局势犹如一口大锅，锅里沸腾着政治幻想、身份塑

造和残酷事实。"塔中王子"(伊丽莎白的弟弟)一直未能确定其命运,克拉伦斯的儿子沃里克也被继续监禁在塔里,亨利还没坐稳王位,就为冒名顶替的觊觎王位者大开方便之门,而他们中的第一个很快就现身了。

甚至在亚瑟王子出生之前,就有关于兰伯特·西梅尔的传言,他先是声称自己是两个"塔中王子"中的弟弟,然后又自称是被囚禁的沃里克。1487年5月,西梅尔带着一支军队登陆(国内外总有一些有权势的人物,他们随时准备支持任何觊觎王位者),但他们在斯托克战役中被打败,而西梅尔本人则得到羞辱性的宽大处理,被送到亨利的厨房去干粗活儿。

也许是为了庆祝这场胜利,那年秋天,约克的伊丽莎白终于被加冕为王后。她选择的座右铭是"谦卑和敬畏"。从广义上讲,她对这句话算是身体力行。培根说她"伏低做小";西班牙大使说她"因无权无势"才受人爱戴。那个令人生畏,与自己的儿子如此亲近的婆婆,无论何时都不能轻忽。培根认为亨利"毫不惧内,也不放纵",而是"可亲可敬,无嗔无妒";在宫廷爱情故事中,最后这一点未必是好事。

但他们至少有了更多小孩。1489年秋天,伊丽莎白生下了一个女儿——玛格丽特·都铎,之后,次子亨利王子于1491年6月出生。(虽然她后来又怀孕了几次,但只有一个孩子活到了成人的年龄——玛丽,大约五年后出生。)

另一个威胁随着1491年的秋天而来,那是一位比兰伯特·西梅尔更危险的觊觎王位者。事实上,即使在今天,也没有人可以绝对肯定地说,珀金·沃贝克并非如他所宣称的是约克公爵理查(也就是塔中王子的弟弟）。爱德华四世的妹妹勃艮第的玛格丽特声明自己立即认出了她的侄子，而且非常激动，"就像我昨天刚刚见过他来着"；然而这种对真实身份、真正的王室成员的所谓辨认，不过是宫廷爱情故事的惯用套路，因为玛格丽特最后一次见到真正的理查还是在十几年前，那会儿他还是一个小孩子。尽管如此，没有孩子的玛格丽特不仅给沃贝克金钱资助，并且为他的国际信誉担保。*1494年秋天，亨利七世将自己的次子亨利立为约克公爵，暗示他是唯一的真正的约克公爵。

3岁的亨利骑着一匹高头大马穿过伦敦的大街小巷，不过他必须被人抱着去接受他的爵位。在仪式的前一天，他被册封为巴斯骑士，并庄严宣誓要成为寡妇和受压迫少女的"强有力的保护者"。（马洛里就是基于这种仪式上的誓言，创作了他书中"圆桌骑士"的誓言。）

在随后为期三天的比武大会上，骑手们佩戴着王后的徽章，穿上了新公爵的制服，而小亨利的姐姐玛格丽特则在前两天的比武结束后颁发了奖品。第三天的比武以一场庆典开始，四位骑士由四位女士带领，向这位"令人尊敬的女士和最美丽的年轻公主"致敬。对于一个还没有过完5岁生日的公主来说，这是件令人陶醉的事情。哪怕她的母亲不提，她的随从也肯定给她讲过这套华丽的排场源自什么故事了。

1495年6月，珀金的第一次入侵尝试失败了，他去了苏格兰。在那里，他发现年轻的国王詹姆斯四世很乐于支持他瑰丽迷人的幻想计

---

* 后来，沃贝克在接受审讯时，承认自己是图尔奈一个商人的儿子。然而，许多人仍然表示怀疑。有人认为沃贝克实际上是玛格丽特的亲生儿子，不过他是爱德华四世的私生子可能性更大。

划。(能让英格兰国王颜面扫地,那更是无妨。)詹姆斯在七年前父亲被杀后,年方十五便登上王位,他延续了苏格兰与英格兰之间一直存在的紧张关系,以及与法国之间的旧盟约。他大概真的相信珀金的说法,因为他不仅庇护了这个觊觎王位者,为其提供所需要的军队等支持,还将一位具有苏格兰王室血统的新娘凯瑟琳·戈登女士许配给他,这对夫妇举行了一场华丽的婚礼。

之所以有人相信珀金,归根结底,在于他看起来像个王子:这是事实与虚构相符的另一个例子。(就如亨利七世本人曾经做过的那样,看起来也像传说中那渡海而来的陌生骑士。)此外,有人指导过珀金,使他至少在宫廷礼仪方面像模像样。他在给凯瑟琳的信中,会赞美她"眼睛像星星一样明亮……脖子比珍珠还晶莹",她是"最尊贵的女士,我的灵魂",而他则是她的"奴隶"。只要自己活在世上,就会"在所有事情上心甘情愿对您唯命是从"。

"爱不属于尘世,而是生于天上。不要认为服从爱情的命令是纡尊降贵。不仅是国王,男神和女神们也自愿套上了爱的枷锁。"

苏格兰国王和这位王位觊觎者越过英格兰边境后遭遇的第一次血腥战斗,除了让他们为自己的勇气自豪外并无别的收获。但在1497年,沃贝克卷土重来,这次是通过海路。在康沃尔登陆后,他在博德明荒原被拥戴为"理查四世",但他的军队无法与亨利派来的军队相抗衡。他被俘了,并在伦敦街头游街示众,道路两旁挤满了对他评头论足的市民。起初(在承认自己是个冒牌货之后),他意外得到了宽大处理,但此后的运气每况愈下,最后在1499年年底被处决,但更有趣的是亨利对其妻子凯瑟琳·戈登的处理。

凯瑟琳·戈登陪同沃贝克来到康沃尔,沃贝克被抓后,亨利派人去照顾她的起居,并给予无微不至的关怀。他的账目中列举了给她的礼物,包括绸缎裙子、骑马斗篷、长筒袜、鞋子等所有生活必需品,甚至有卫生布,还派了女仆陪伴她,以保护她的贞操。亨利的诗人伯纳德·安德烈记录到,当远近闻名的美女凯瑟琳被带到亨利的面前,"保持着纯洁无瑕的状态",在那里与她颜面扫地的丈夫重逢时,国王对她发表了一段长篇大论,告诉她未来的生活将有"许多可能性"。如编年史家爱德华·霍尔所说,他"开始有一点儿对她想入非非"。

也只是想入非非而已:凯瑟琳在王后的侍女中获得了一个尊贵的地位。亨利把她献给自己的妻子,作为"他胜利的一个真正的、不容置疑的信物"。不过,他继续给凯瑟琳送去奢华的服饰,这在某种程度上表明了他的心迹。甚至在伊丽莎白去世后,他还把凯瑟琳留在身边,以至于有人说她和亨利已经结婚了。事实上,凯瑟琳漫长而成功的生涯包括了与其他三位英国绅士的婚姻。

亨利和伊丽莎白毕竟还有其他顾虑,特别是他们王朝的延续。

亨利七世的继承人亚瑟与伟大的西班牙君主卡斯蒂利亚的伊莎贝拉和阿拉贡的斐迪南的女儿之间的婚姻问题,在亨利七世登基后的最初几年就开始讨论了。到了1498年,事情有了很大进展,西班牙大使向国内报告,王后伊丽莎白和王太后玛格丽特希望12岁的阿拉贡的凯瑟琳学习法语,以便能与她交谈。此外,她还应该学会饮酒。"英格兰的水不能喝,即使它能喝,鉴于当地气候条件,也不太适合直接饮用。"

1500年春天,亨利和伊丽莎白越过英吉利海峡,来到英国人的领地加莱港与凯瑟琳家族的代表会面,并正式签署了婚姻条约。这次的庆典将以布鲁日的金树比武大会为蓝本,那次比武大会是在30多年前为了庆祝勃艮第的玛格丽特的婚姻而举办的。挑战书的副本以伊丽莎白的亲戚萨福克伯爵的名义发出,并寄给了西班牙、法国和苏格兰的国王。由于欧洲的目光都集中在新兴的都铎王朝的举动上,所以行事得体是很有必要的。

1501年,阿拉贡的凯瑟琳在经历了一段狂风暴雨下的海上航行(这似乎已经成为皇室新娘传统)之后,终于抵达了英格兰。亨利带着他儿子亚瑟赶到半路迎接凯瑟琳,不顾西班牙的礼节以及认为此举有失颜面的随从人员的反对,坚持要亲自见她一面。11月12日,凯瑟琳在贵族们的护送下进入伦敦:一个15岁的女孩,有着"美丽的红褐色"头发,"身上穿着西班牙式风格的华丽服装","戴着一顶小帽子,样式像枢机主教的帽子,编着漂亮的辫子,系着金色蕾丝发带"。两天后,在圣保罗大教堂举行的婚礼是特意展示给公众看的:这标志着都铎王朝正式纳入了欧洲的政治体系。10岁的亨利王子身穿白色缎服领着凯瑟琳进场,他要经历长达3个小时的仪式。不用说,"亚瑟王"也会是随后的庆典上的重要角色。

第二天,即星期二,他们举行了庄严的弥撒,并移至威斯敏斯特。星期四,比武大会开始了:一板一眼地重现了骑士精神伟大辉煌的时代。次日还有更多的庆典活动——"爱神之山"的骑士成功战胜了女士们的矜持——之后,宾客们就开始跳舞。

婚礼结束后的第二天早上,亚瑟王子从他的房间里走出来,要求喝酒。一位朝臣后来回忆说,王子夸耀说自己渴得厉害,因为他"昨天晚上一直在进攻西班牙"。任何类似这样的话在大概30年后都会被逐字逐句地审查。而众所周知的是，面对各方面的压力，凯瑟琳都坚持认为，她在与亚瑟共度了那些夜晚之后还是个处女，她会不容置疑地说，就像她从母亲的子宫里出来时那样，"纯洁无瑕"。但是，当这对新婚夫妇一起离开，作为威尔士亲王[1]和王妃前往威尔士边境的拉德洛生活时，似乎没人觉得出了什么岔子。也许皇家婚礼之夜——往往发生在非常年轻的陌生人之间——有时一定会有某种程度的不确定性，一种来日方长、毕竟以后还有很多个夜晚的感觉？

但情况并非如此。婚礼结束后不到五个月，1502年4月2日，在遥远的拉德洛，亚瑟王子死于一场疾病，初步认定为结核病。但也有可能是睾丸癌，这可以解释凯瑟琳的西班牙医生给她父母提供的信息："王子就好像是一块冰冷的石头，不具备与女人交合的必要能力。"凯瑟琳的侍女多娜·埃尔维拉也同样告诉斐迪南和伊莎贝拉，他们的女儿"仍然像她离开时那样"。只是，他们（就像30年后报告亚瑟王子吹牛的都铎朝臣一样）说的都是他们的雇主想听的话。

亚瑟的死讯经过两天多的时间才传到他在格林尼治的父母那里。他们在听到这个噩耗后的反应最有力地证明了，他们的关系——无论最初如何——此刻已经达到了那个时代基督教婚姻观念中感情与和谐的理想状态。

> 当陛下得知这一悲痛的重磅消息时，他派人去找王后，说他

---

[1] 1284年，爱德华一世征服威尔士全境后，为了安抚威尔士人的情绪，同意由一位在威尔士出生的亲王来管理威尔士人。之后他把即将分娩的王后接到威尔士，生下的王子便是第一位"威尔士亲王"爱德华二世。之后的英王都会把威尔士亲王的头衔加给英国王储，成了一条政治惯例。

将和王后一起承受痛苦的悲伤……她用满怀柔情与安慰的话语恳求陛下,希望他首先以上帝为念,为了王国的福祉及她的安康,保重玉体,不可过于哀毁。她接着说,太后除了他之外,再无别的子女,而上帝以恩典保佑了他,指引他到达如今的地位。她还说,上帝还给他留下了一位英俊的王子和两位美丽的公主,而上帝与他同在,我们都很年轻(还会有更多的孩子)……

之后,她离开了,来到自己的房间,作为母亲自然而然地想起了那个重大的打击,使她心痛不已,以至于她身边的人都想叫国王来安慰她。这时,国王陛下以其真正的温柔和忠诚的爱,怀着善意的心来安慰她,并向她表明她以前给他的建议是多么明智……

伊丽莎白派人用黑色天鹅绒轿子把她的儿媳阿拉贡的凯瑟琳接入宫廷,却让凯瑟琳步入了一个痛苦的不确定的未来。

7

"自由选择结婚对象"

1502—1509

经过一个月的等待以确定凯瑟琳没有怀孕后,刚满12岁的亨利王子便被确认为王位继承人。相对他父亲,我们对未来的亨利八世的成长历程了解得更多。对于一个未来的国王而言,不同寻常的是,在他早期的成长过程中,一个女人起了主导作用。

当初,约克的伊丽莎白的长子亚瑟被从她身边带走,接受与威尔士亲王相称的教育,并在威尔士边境的拉德洛就任。相比之下,有证据表明,伊丽莎白不仅在她的女儿,还有她们的兄弟亨利的教育上都发挥了重要的作用,这个次子从未被期望继承王位。1497年,威尼斯大使访问伍德斯托克的王室时,先是由国王和长子亚瑟王子接待,然后由王后接待,次子亨利则陪在她身边。两者的区别很明显。

大卫·斯塔基认为,从某些相似的笔迹来看,是伊丽莎白教她的次子和女儿们写字的,而很可能也是约克的伊丽莎白将源自她祖先的强烈的浪漫精神传给了她的孩子。在她年轻时,她有机会翻阅王室图书馆里精美的手抄本,并阅读那些被当时的人宣称会导致"意志薄弱的妇女陷入淫欲错误"的书籍。一本14世纪早期的亚瑟王传奇的封底有"E Wydevyll"(伊·伍德维尔)的签名,而扉页上则有"伊丽莎白,国王的女儿"与"塞西尔,国王的女儿"(她的妹妹塞西莉)的签名。姐妹俩还在一本法语版世界故事书和一本土耳其皇帝的葬仪记录上签过名。作为王后,伊丽莎白也委托卡克斯顿制作了一本英语和拉丁语的祈祷文合集,并拥有或者说使用过几本插图精美的"时辰之书"[1]。

在培养孩子的过程中,王后一直确保不丢掉约克家族的老传统。早在1488年春天,当为亚瑟王子挑选保姆时(年薪超过26英镑),伊丽莎白·达西被选中了,她曾主管过王后弟弟爱德华五世的保育工作。1501年,王后将亚瑟·金雀花——她父亲的私生子之一迎进了家门。

在15世纪90年代末的某个时候,约翰·斯凯尔顿被任命为亨利王子的导师。作为桂冠诗人和学者,斯凯尔顿还是一个兴致勃勃的自我推销者,其成功很大程度上要归功于他与各个家庭中女士们的关系。在激发他写诗灵感的女士中,有两位女士的女儿先后成了亨利八世的妻子:安妮·博林和简·西摩。

斯凯尔顿后来在诗中夸口说自己教会了亨利"拼写";他最重要的任务是教他拉丁文拼写。但斯凯尔顿本人兴趣广泛,不拘一格,在某种程度上,他也可能与这个想必容易受影响的小男孩分享他对不同领域的热情:数学(亨利对此很擅长)、英国和法国的编年史以及高尔和乔叟时代的英国诗等。在一个喜欢制作指导手册而且特别热衷于

---

[1] "时辰之书"是一种为非圣职人员制作的功能性祈祷书,分为八个部分,目的是在一天24小时内每隔一定时间念一次,故名"时辰之书"。现存的"时辰之书"没有两本内容完全相同,除了祈祷文之外,常附有日历、福音书选段、赞美诗等。其大多带有宗教性的插图。

将其塞给王室成员的时代,斯凯尔顿在1501年为亨利撰写了一部格言集:《第一镜鉴》(*Speculum Principis*)。在诸多类似"精进学问,修身养性"以及"读史以知古今"的箴言中,有一条非常突出:"为己择妻,始终如一,钟爱如初。"

对这位小王子有重要影响的,还有由伊丽莎白王后引荐为导师的蒙乔伊勋爵威廉·布朗特,他刚满20岁,来自一个富裕的家庭,对都铎家族的支持历来无可挑剔。他的继父是王后的侍从官。

这些年来,就社会思潮而言,一方面是军国主义倾向的旧贵族骑士精神被掩盖,另一方面则是文艺复兴时期学习古典文化的新潮以及统治者应当如何行事的新人文主义理念,这两者之间的矛盾愈演愈烈。这就是蒙茅斯的杰弗里的"旧历史"《不列颠列王纪》与亨利七世委托意大利人文主义者波利多·维吉尔编写的"新历史"之间的区别所在,后者几乎无法掩饰他对杰弗里"寓言"的轻蔑。人文主义者不愿意接受宫廷信条。伊拉斯谟本人(在16世纪40年代由埃德蒙·贝克出版的英译本中)宣称:

> 真是疯了,去爱一个最肮脏、最堕落的恶臭妓女,脸色苍白、形销骨立、痛哭流涕、小心奉承、不知羞耻地委身于她,在她窗前整夜地张望、唱歌,受她引诱,她对你颐指气使,你对她唯命是从,忍受一个蠢不可及的女人摆布你……心甘情愿地把自己交给一个女王,任她嘲笑、敲打、踩踏和糟蹋你。*

---

* 不过,贝克是一个狂热的新教牧师,他自己的偏见——以及他兜售自己观点的热情——可能影响了他对原文的翻译。

第二部分 1485—1525

但蒙乔伊（就像在他之前的安东尼·伍德维尔一样）无论在旧世界还是新世界都显得那么出类拔萃；而这两者都会对他的学生亨利产生影响。

托马斯·莫尔的朋友约翰·霍尔特后来接替了斯凯尔顿，这位小王子将接受为他哥哥亚瑟所制定的古典课程，包括荷马和维吉尔的诗作、恺撒的战记、李维的历史著作、西塞罗的斯多葛主义悖论和普林尼的自然观察之学。还有吉尔斯·杜威斯，他教亨利弹鲁特琴和学法语，他在里士满宫曾是爱德华四世和亨利七世的藏书室（主要是法文书）的图书管理员。

长子亚瑟王子的去世给约克的伊丽莎白带来了新的挑战：英格兰还有亨利这个继承人，但现在没有后备继承者了（因为第三个儿子埃德蒙在他父母从加莱回来的路上殁了）。到了夏天，她又有身孕了。

账目显示，在12月，她赏赐了一个修士，因为他给王后带来了"圣母腰带"：供妇女在分娩时佩戴的。伊丽莎白去伦敦塔检查了为她的分娩进行的准备工作：一张装饰着红白玫瑰和云彩图案的"富丽堂皇的床"、新的亚麻布床单、照顾婴儿床的侍从。她在里士满度过了一个相对愉快的圣诞节，庆祝活动包括玩纸牌游戏和听音乐（还有占卜师乐观的预言：亨利会有很多儿子，而伊丽莎白会活到80岁），她在来年1月底去了伦敦塔。仅一个星期后，她生下一个女婴。

但随后，伊丽莎白的私人开支记录显现了不祥的转折。账目先是显示了"为我的小凯瑟琳购买3码法兰绒"的付款，而这个女儿只活了几天。但接下来就是"支付给詹姆斯·纳特雷斯，奉国王之命，他前往肯特郡请哈利斯沃斯医生为王后诊疗"，包括从伦敦塔到格雷夫森德的租船费（3先令4便士），以及租马费和向导费（白天和晚上）。

7 "自由选择结婚对象"

这是一次情况紧急的外出公干，但医生的努力没有奏效。1503年2月11日，约克的伊丽莎白撒手人寰。亨利七世心烦意乱，病得很重；他的母亲搬到里士满宫来照顾他。而伊丽莎白的儿子，也就是小亨利，多年后每当他感到忧郁或悲伤时，他都会痛苦地回忆起母亲去世的那个"可恨的消息"。一幅当时的插图描绘了一个小男孩跪在他母亲的床边，泪流满面，据说这就是小亨利。

当然，亨利七世可能有过再婚的念头。事实上，他曾短暂地酝酿过与他死去的儿子的新娘阿拉贡的凯瑟琳结婚的想法，但被凯瑟琳的母亲伊莎贝拉惊恐地拒绝了："这是一件非常邪恶的事情——前所未见，只要提到它就会让人感到不舒服——我们无论如何都不希望它发生。"另一方面，凯瑟琳与亨利王子的婚姻谈判继续进行。到6月底，他们已经订婚了。鉴于亨利还很小，事情暂时得不到进一步发展。与此同时，有一件事必须要解决。

鉴于凯瑟琳已经嫁给了亨利的兄长亚瑟，因此需要教皇的豁免权。但究竟是什么情况下的豁免？仅仅是一桩形式上的，但还未圆房因而可以轻易解除的婚姻，还是一桩已圆房的完满婚姻？

在众多纷乱的外交猜测中，没有任何凯瑟琳本人（在这个时期）声明的记录。关于她的婚姻状况的争论是一个政治上的权宜之计，既涉及处女身份，也涉及金钱往来。

如果两人已经圆房，凯瑟琳已经完全成为亚瑟的妻子，那么她的父母就还欠亨利七世未交付的剩余嫁妆。而在亨利七世拿到嫁妆之前，他没有义务供给她作为威尔士亲王的遗孀所应得的收入。大概而言，这就是英国人的观点。

西班牙人的观点如下：如果两人没有圆房，那么除非有可能与英国谈成另一桩婚姻，否则凯瑟琳应该被完好无损地送回她父母身边……当然，还包括已经交付过的那部分嫁妆。条约草案提到，由于已经"举行了庄严的婚礼并且新人在之后圆房"，因此需要进行豁免。西班牙统治者坚持认为情况并非如此，但正如斐迪南在罗马的大使奉命告诉教皇的那样，他们愿意在措辞上向英国人让步。

最终于1504年年底发出的教皇诏书在原来的措辞中插入了一个关键词。凯瑟琳与亚瑟"forsan"（也许）已经圆房……但那时还发生了另一件事——凯瑟琳的母亲也去世了，伊莎贝拉王后的卡斯蒂利亚王国不是由她丈夫而是由他们的长女胡安娜继承。与阿拉贡的斐迪南的女儿凯瑟琳的婚事突然显得没那么有吸引力了。确实，做一个16世纪的公主真的不容易。

另一位刚刚失去母亲的公主，13岁的玛格丽特·都铎，已经被送往北方，以完成她与30岁的苏格兰国王的婚事。五年前，当提议这桩婚事时，她的母亲伊丽莎白和祖母玛格丽特·博福特在一个罕见的但确实真情流露的团结时刻，联合起来力劝亨利七世在女儿完全成熟之前不要送她去苏格兰，因为"担心苏格兰国王不会耐心等待，而是会伤害她，并危及她的健康"。（两个多世纪前，另一对婆媳，普罗旺斯和卡斯蒂利亚的埃莉诺也曾联合起来，阻止另一次这样的早婚。）玛格丽特·博福特的丈夫为了占有她的土地，没有"等待"就与她圆房，所以她很清楚自己在说什么。

然而，1502年1月在里士满举行了代理人婚礼。这次仪式让玛格丽特和她母亲一样正式成为王后，而婚礼要求一年半后玛格丽特就应送被到苏格兰。1503年6月，玛格丽特踏上了她的行程。

她在大批随从的陪同下前往北方，沿途经过的城镇在她进入时都举行了仪式，场面尽可能盛大隆重。而詹姆斯四世——他曾如此乐于庇护浪漫的觊觎王位者珀金·沃贝克——现在也尽力把他们的会面装点成一件宫廷盛事。被称为萨默塞特使者的官员记录了当玛格丽特越过边界，被迎接到哈丁顿城堡作为"夫人和女主人"时，詹姆斯来到那里见她，亲吻之后，他们走到一边，"在一起交流了很久"。他以骑士精神幻想的最佳风格稍微乔装打扮了一下，穿上了猎人装束，背上挎着一把里拉琴。

如果萨默塞特使者的记录是可信的，詹姆斯接下来做的一切都很得体。他作为一个好色之徒的经验，他的一窝私生子，似乎让他从中吸取了一些教训。或者说，他作为艺术和科学的著名赞助人的经历对他不无裨益。詹姆斯不仅通晓多国语言，还具备建设领域的知识和技能；他是一个积极倡导和支持文艺复兴运动的君主，他的宫廷诗人如威廉·邓巴、罗伯特·亨利森和加文·道格拉斯这样的人，对新旧传统都有所探索。道格拉斯现已失传的《荣誉之宫》被认为是对"爱情法庭"这一古老概念的阐释和发挥，而邓巴的《蓟花和玫瑰》则是为纪念这次婚姻而作，背景设置在一座五月的花园，都铎王朝的玛格丽特的象征是红玫瑰与白玫瑰，而詹姆斯则以狮子、鹰或蓟花等不同形象来代表。玛格丽特嫁入的并非粗鲁不文的宫廷：詹姆斯四世的曾祖父詹姆斯一世被认为是《国王之书》(*Kingis Quair*)的作者，这是一首作于15世纪早期的致敬乔叟和高尔的诗歌，以宫廷文学的风格和形式描述了诗人自己的冒险经历。[事实上，亚瑟王的传说也有一个苏格兰版本，即《苏格兰人民的历史》(*Historia Gentis Scotorum*)，由赫克托·博伊斯于1527年首次编撰和出版，但后来又进行了扩写，其中描述圭尼维尔奸情败露后向北逃亡，亚瑟王下令对她施以被野兽拖死的酷刑。]

后来，国王詹姆斯四世为爱好音乐的玛格丽特弹奏了鲁特琴和古钢琴；当玛格丽特最喜欢的马被大火烧死时，他立即赶来表示哀悼（这种事詹姆斯可能真的会感同身受，因为他不仅热衷于打猎，还喜欢在比武场上策马狂奔）。他甚至坚持让她在晚餐时落座在他自己那张象征最高地位的椅子上，他说这是因为她坐的那个高脚凳不够舒服。更重要的是，他似乎确实愿意耐心"等待"，因为玛格丽特直到婚后三年才怀孕，而此后怀孕的间隔便短了。然而，这位新娘子还是苦恼地写信给她的父亲："我好希望现在能和陛下在一起，比以前加倍地想念陛下您。"她的丈夫与她的护卫萨里伯爵——一个武艺高超的前约克党人，后来的诺福克公爵，将是安妮·博林的外祖父——一见钟情，使她受到了冷落。尽管如此，就公主的婚姻而言，也许她算是幸运的。

至少要比她的嫂子阿拉贡的凯瑟琳幸运。

凯瑟琳的未来新郎亨利现在是英格兰的王储。1504年2月，他被正式册封为威尔士亲王，但似乎并没有人想要遵循常规定例送他离开。那年夏天，他没有搬到拉德洛，而是进入他父亲的宫廷。大使们注意到，他和其父王待在一起，国王本人就是这位年轻王子的"导师和管家"，为了"改进他"。

1505年6月，亨利王子即将年满14岁（14岁被视为不可解除婚姻契约的年龄），他被传唤到父亲和父亲的顾问面前，正式声明他认为自己与凯瑟琳的童婚是"无效的"。然而，很明显，亨利宣读此声明是他父亲的意思,而且由于小亨利的声明从未被公开,从而给老亨利的选择留下了余地。就官方而言,这桩婚事仍在进行;当时在场的温彻斯特主教多年后回忆说,国王并不特别反对他的儿子向凯瑟琳公主发出"爱的信号"(恰好王子的导师蒙乔伊正在向凯瑟琳的一位侍女求爱,这就更容易了)。

在接下来的四年里,凯瑟琳在英格兰的地位会随着英格兰和凯瑟琳家族之间的联盟有用与否而有所改善或恶化。夹在彼此相互算计的父亲和公公之间,她宛若生活在地狱里。在一个有骑士精神的年轻人看来,她的困境无疑是一种无声的哀求。

随着小亨利的成长,很明显他迷恋上了他家族中约克一方——与他如此相似的外祖父爱德华四世——所钟爱的骑士精神传统。在1506年的头几周,因为偶然的机会,一位光彩照人的访客来到英格兰海岸,他的热情被进一步点燃了。卡斯蒂利亚的新君主,阿拉贡的凯瑟琳的姐姐胡安娜和她的丈夫勃艮第的菲利普正向西班牙驶去,准备继承胡安娜的遗产,而风暴却把他们席卷到了多塞特海岸。

胡安娜在历史上被称为"疯女胡安娜"——这可能是不公平的,尽管她无疑对丈夫产生了爱恨交织的强烈情感。老亨利着手从意外送到他手中的客人身上榨出一份有利的条约,而小亨利王子则对胡安娜的丈夫菲利普——"英俊的菲利普",比武场上的国际明星——更感兴趣。甚至亨利国王本人也特意安排菲利普在前往温莎出席高峰会议的路上能去访问温彻斯特。要给这位欧洲骑士道精英留下深刻印象,还有比提醒他都铎王朝继承了亚瑟王的精神和意志更好的方式吗?

在仍然回荡着爱德华三世的骑士梦的温莎,亨利国王册封菲利普为嘉德骑士,菲利普则册封亨利王子为金羊毛骑士,而金羊毛骑士团是在75年前由勃艮第公爵菲利普三世成立的。之后他们一起用餐时,亨利七世谈到了圆桌,表示希望他们用餐的桌子本身就值得千古流传,因为它在两个国家的友谊中发挥了重要作用。

菲利普和胡安娜签署了亨利国王的条约,获准继续他们的旅程,亨利王子之后寄去了一封亲笔信(是用法语写就,后来他给安妮·博林也写了许多法语信)。他"全心全意"地祝愿菲利普健康,并恳求对方"不时地"给自己写信。这封信透露出了一种迷恋。可惜亨利的祝愿落空了,菲利普在那年9月死于热病。他的妻子拒绝离开他的尸体,而小亨利王子的反应也同样是极端的。他在给伊拉斯谟的信中说,自从他"最亲爱的"母亲去世后,没有什么能让他如此痛苦,简直可以说是"重新撕裂了伤口"。

亨利七世的第一个想法是,胡安娜现在可以自由地再婚了。在她当初访问英国时,他就被她异国情调的美貌(以及她的继承权)所打动。大使的报告称亨利被激发出了"难以置信的爱",这可能比寻常的外交辞令多了一点点儿真情实意。不那么浪漫的是,大使说,英国人似乎并不介意胡安娜所谓的精神错乱,尤其是因为这并不会影响她的生育能力。

可怜的阿拉贡的凯瑟琳被卷入了这场求爱,她在给胡安娜的信中称亨利七世是"一个非常热情的国王"。亨利对胡安娜的追求赋予了凯瑟琳新的重要性。此外,她还成功地说服了她的父亲斐迪南,她说,与其依赖一系列她觉得对她毫无帮助的大使——她声称她的家人们现在都穿得破破烂烂——还不如让她自己掌握外交密码[1],好看懂他

1　由于当时信件在途中被劫持是常有之事,外交官会对信中的敏感内容加密处理。

的信件。她将有效地充当她父亲的大使。但她陷入了两难境地，一是她迫切希望在英国宫廷里有一个姐姐和盟友；二是斐迪南决心由他本人而不是任何第二任丈夫来控制胡安娜的土地。

然而，亨利七世最终没有再婚。他的健康状况现在令人担忧。随着岁月的流逝，他似乎变得更加郁郁寡欢——城府更深，更加不愿外出，更加迷恋金钱，并且更加疏远了心怀不满的约克党贵族。但是，那些他父亲热衷于斩草除根的约克党贵族在小亨利心目中的形象却迥然不同。

浪漫的想法越来越吸引年青一代。约克党贵族才是竞技场上的明星，而亨利王子最渴望的就是在比武场上与人一决高下。他总算勉强获准"在比武场上纵马驰骋"来测试自己的武艺，却被剥夺了在搏斗中冒险的机会。

比武大会提供了许多机会：除了单纯的看热闹，还能巩固都铎王朝的政权，至少也可以把骑士阶层的冲动限制在骑士精神的准则之内。不管是他的父王还是他的祖母，即实际掌握权力的人，对此都不会无动于衷。在勃艮第的菲利普来访之际，英格兰的骑士有机会与欧洲最好的骑士一决高下，玛格丽特给了她孙子一匹新马和一副用金线布装饰的马鞍，好让他在比武大会一展身手。这些比武者中，最突出的是"长矛手"，即国王为王子招募的保镖兼搏斗伙伴。如今的比武正如几个世纪前，为年轻、勇敢而野心勃勃的边缘人物提供了一个崭露头角的机会。

任何比武都有一种颠覆性的因素，甚至它与繁荣的5月的联系也是如此。在1507年的整个5月，有一个名副其实的比武节，由亨利王子（将近16岁，但仍不被允许参加比赛）和他11岁的妹妹玛丽公主主持。玛丽很早就证明了自己是一个娴熟的宫廷场面人物,她穿着绿衣,上面缀满了鲜花,代表"五月女士",作为骑士们的"尊贵女主人"主持庆典活动。在一场以"新欢"为主题的比赛中,代表她的挑战者穿上她的绿装,在王子和公主身边有一棵开满鲜花的山楂树,上面挂着盾徽。参与这样的比武大会大概也能让玛丽学到一些东西:骑士法则可能为女性提供的机会和自由。

但是,随着这些比武从5月持续到6月,越来越多的暴力场面开始让当局感到震惊:这已经打破了骑士精神的界限。比武者现在穿上了白色和蓝色的衣服,在字母R和H(R代表Roy,国王;H代表亨利)之间配有一颗珐琅质的白色心形饰物,被迫用诗歌表白自己的忠诚,宣称他们只是在效仿亚瑟王和他的骑士。围绕着小王子和公主形成的宫廷文化只能被允许发展到这一步。但这场比武中,查尔斯·布兰登和在其他每场比武大会上的表现一样,都是引人注目的存在。他现在才二十出头,作为在博斯沃思牺牲的亨利七世的旗手的儿子而受到青睐。后来,他在王室两兄妹的故事中一直扮演着重要的、具有破坏性的角色。

亨利王子还在收集乐器以及与宫廷爱情和古老的冒险故事相关的歌谣。他特别喜欢罗宾汉的故事。但是,在亨利作为骑士王子的生活幻想和现实之间存在着分裂,就如他父亲变本加厉的贪婪和罗宾汉的大胆慷慨之间存在着分裂。

如果说阿拉贡的凯瑟琳没有在这个骑士精神的幻想中扮演一些角色,那才是令人惊讶的。在给勃艮第的菲利普的那封仰慕的信中,小亨利把她说成是自己亲爱的、心仪的妻子("伴侣")。1508年新年,他送给凯瑟琳"一颗美丽的玫瑰红宝石,镶嵌在一枝白色和绿色相间的玫瑰花中",这显然象征着小亨利本人。他是否有一种拯救的幻想,一种对于可望而不可即的"远方的公主"的浪漫幻想呢?或者说这是在暗示亨利和凯瑟琳都是塔中囚徒呢?

凯瑟琳的生活没有任何改善。由于斐迪南仍然没有交付她剩余的嫁妆,就连英国人为她提供的食宿条件都每况愈下,这对她的健康也产生了不利影响。长期以来,人们一直很担心她"过度遵循教条",就连教皇也在一封信中禁止她斋戒。凯瑟琳认为斋戒是虔诚的表现,但在现代人听来这更像厌食症。她的西班牙侍从之间的争吵使她的处境变得更加复杂,而如今她还受到了一位忏悔神父弗拉·迭戈的影响,他对她的掌控惹得谣诼纷纭。

有时她的话听上去颇有叛逆精神:"他们告诉我的只有谎言,他们认为他们可以摧毁我的精神。但我相信我所选择的,什么都不用说。我并不像表面看上去的那么单纯。"但她的另一封信却透露出绝望。她在1508年春天写给斐迪南的信中说,亨利七世告诉她:"只要他没有得到全部嫁妆,他就当我还受婚约束缚,他的儿子则是自由的。(亨利王子)还年轻,再拖延下去也无所谓。因此,我的处境总是最糟糕的。"

亨利七世正在步入早衰的老年阶段。在他统治的最后几年,随着他以前的顾问官一个个得不到他的信任而被解雇,取而代之的是一批新人,其过人之处在于能够从他的臣民那里榨取金钱,代表人物有理查德·埃普森和埃德蒙·达德利。斐迪南的大使描述了小亨利是如何"像小妞一样"被养着,除了回应他的父亲,他几乎不在公众面前说话。

1508年圣诞节,勃艮第的菲利普和"疯女"胡安娜的7岁儿子与玛丽公主举行了代理人婚礼:这个男孩后来成为查理五世,将同时继承西班牙、尼德兰以及神圣罗马帝国皇帝的宝座,统一了广阔的哈布斯堡王朝的领土。官方记录称这是"基督教世界最引人注目的联盟和最伟大的婚姻"。后来的事件证明并非如此……但当时,在亨利王子(也许还有阿拉贡的凯瑟琳)看来,都铎姐妹俩似乎都在走向辉煌的前程。而凯瑟琳的处境则越来越糟,亨利国王因为她父亲的不义之举对她大加指责。西班牙大使曾描述过她的绝望。但接下来的事件很快就让凯瑟琳和年轻的亨利得到解放。

亨利七世此前曾被认为命不久矣,但侥幸得以康复,但这次却是确定无疑了。在1509年的头几个月里,亨利国王自己也明白了这一点。匆匆赶到他床边的母亲也是如此。然而,4月21日,当亨利驾崩时,宫廷却没有向公众宣布此事,没有呼吁举国哀悼。恰恰相反,这一事件被严格保密,他的顾问官们与玛格丽特·博福特合谋,在长达两天多的时间里禁止向外界透露消息。他们积极地布置兵力,以便压制任何可能发生的冲突。1509年4月24日,亨利八世被宣布为国王,这时离他的18岁生日还差几个星期。

在接下来的几年里,亨利的一个显著特点就是尽力投入他要扮演的任何角色中,无论是基督教国王还是具有骑士精神的情人。王室的枢密官告诉西班牙大使,在最后一次临终谈话中,老亨利向儿子保证,新国王亨利八世可以"自由选择结婚对象"。而亨利八世本人则给出了不同的说法:在6月底,也就是老亨利去世后的几周,他写信给尼德兰摄政王玛格丽特,说他父亲在临终前,"除了其他一些良好的建议",还责成他"履行与西班牙的斐迪南和伊莎贝拉的旧条约,娶他们的女儿凯瑟琳为妻"。

那时候,他和阿拉贡的凯瑟琳已经是夫妻了。

8

"忠心爵士"

1509—1515

有一幅亚瑟王的画像，可以追溯到1509年，即亨利八世登基的那一年。画面上的亚瑟王胡子花白，但盔甲精致鲜明，镶嵌着璀璨夺目的珠宝，骑士徽章金光闪烁。这不是一幅英国画像：这本精美的全彩手稿《盔甲大师之书》(*Livro do Armeiro-Mor*)是在葡萄牙创作的，该国国王曼努埃尔一世已经娶过阿拉贡的凯瑟琳的两个姐姐。*不过，画中的形象（而不是那个以钱袋子的厚度来定义自己的父亲）才是亨利想成为的国王。他的第一个行动就是下令逮捕并最终处决了他父亲的"榨钱机"——爱普森和达德利。

浪漫的理想，以这样或那样的形式，主导着亨利八世的婚姻联盟。这种模式从一开始就为他的统治打下烙印。凯瑟琳的父亲曾写到，亨利七世死后，他女儿的状况可能会有所好转。他悲观的大使回答说："上帝保佑，但我看不出什么迹象。"然而，当四五月之交，这位大使

---

* 曼努埃尔首先与凯瑟琳的长姐伊莎贝拉结婚；但不久伊莎贝拉死于分娩，他又娶了她的妹妹玛丽亚。1518年，玛丽亚去世后，他又娶了她们的（也是凯瑟琳的）侄女埃莉诺。人们不禁会想到，当亨利告诉凯瑟琳对她曾嫁给他哥哥一事有顾虑时，这段家庭历史一定会影响到凯瑟琳的态度！

正准备将凯瑟琳的物品运过英吉利海峡的时候,他被亨利八世的枢密院召去,指责他在安排凯瑟琳与新国王的婚姻方面行动迟缓……都说好消息永远不会杀掉一个人,可如果这位大使当场乐晕过去,那也不足为奇。

是什么原因导致新国王迫切希望与阿拉贡的凯瑟琳结婚呢?他可能急于通过做出重大决定来证明自己的独立性。也许在这个弟弟看来,她("亚瑟"的新娘)是王权合法性的象征;而且她的阅历更丰富。按照当时的标准,亨利在很多方面都只是一个18岁的年轻人,他登上王位时既没有像亨利七世、爱德华四世或理查德三世那样上战场厮杀,也没有去欧洲各国宫廷闯荡。

这场婚姻确实会带来真正的政治利益。在亨利八世所认同的世界观里,英国国王的职位描述中的第一项就是像亨利五世所做的那样,在法国取得赫赫战绩。而对于16世纪初欧洲的政治局面而言,这意味着英格兰要与凯瑟琳的父母所统治的西班牙王国以及跟她有家族联系的神圣罗马帝国结盟。斐迪南在婚前写给女儿的信中敦促她运用"所有的技巧和谨慎"来"完成交易";这不是第一次也不是最后一次:宫廷爱情的光芒掩饰了——甚至在恋人自己的眼中——更多从实用主义角度来考虑问题的现实。

但我们确实可以把这看作一种来自幻想领域的姿态。王子,按照最好的传统,一举救出了在捉襟见肘、前途未卜的窘境中度过七年岁月的西班牙公主。凯瑟琳没有理由不爱上这个高大、白皙的年轻巨人,他把自己从一个不确定的、屈辱的未来中解救出来,而外国使节对他的长相几乎是以性暗示的语言来描述。一个人写道,他的面容姣好如美女;而在佛兰德斯,他们传说这位年轻国王的"高贵和名声超过了亚瑟王以来的任何君主"。卡米洛特的国王在英国宫廷里仍然很受欢迎：亨利应该读过卡克斯顿为《骑士团》所写的序言，他恳求当代骑士回到过去的美德时代，"阅读关于圣杯、兰斯洛特、加拉哈德和特里斯坦的高贵书卷"。

但毫无疑问，亨利也说服自己爱上了这位23岁、有着迷人的红褐色头发的姑娘，她来自一个远比都铎王朝历史更悠久的皇室。她本人对宫廷爱情游戏的兴趣很有限。也许童年时看着她的母亲伊莎贝拉王后行使真正的权力，让她对这种允许女性掌握模拟权力的游戏不那么热衷；也许她少女时代的窘迫状况让她没有机会玩这种游戏。但凯瑟琳众所周知的美德，她的坚韧和忠诚提供了道德榜样，而这一直是宫廷淑女的本分所在。正如亨利自己创作的一首诗所说的那样：

> 我没伤害任何人，我没做错什么事，
> 对和我喜结连理的人，我是真心实意。

甚至凯瑟琳的父亲也给这对新人写信，祝福他们有一个美满的婚姻。"一桩好姻缘乃世间至福……上帝对恩爱夫妻都很眷顾。"

亨利在给斐迪南的信中赞扬了凯瑟琳的美德，并夸耀自己对她的爱："如果我还有自由，我仍会选她做妻子，对别人不屑一顾。"凯瑟琳的忏悔神父弗拉·迭戈写道："国王陛下爱慕她，而王后殿下也爱慕他。"在亨利统治一年后，一位访问英国的西班牙旅行者后来回忆说："亨利国王非常爱他的王后妻子……用法语（宫廷爱情的语言）公开表示，国王陛下很庆幸自己拥有这样一位美丽的天使，他为自己找到了心仪且珍视的伴侣。"

第二部分　1485—1525

简而言之,如果残酷的真实状况分明显示在他们结婚时是亨利给予了凯瑟琳莫大的恩惠,如果双方结婚时都抱着冷漠无情的动机,那么两人后来情感上的动态可能会大不一样。

他们的婚礼举行得快速而私密。相比之下,不到两星期后的联合加冕仪式则是盛大而公开的。正值仲夏时节,不过——是一种不吉利的预兆吗?——一场突如其来的暴风雨迫使王后躲在一家布料店的雨棚下,而后就这样穿着已被淋湿的华丽礼服继续前往威斯敏斯特教堂。不过,还是有观众赞美了她的长发垂在背上的"美丽动人"的形象。

在两天后的比武大会上,一行人马的领队走到凯瑟琳面前,宣布"他的骑士们是为了对女士们的爱而进行武艺表演的"。这为亨利八世统治时期的第一阶段定下了基调。这对王室夫妇入座的看台被塑造成一座城堡,上面摆满了象征亨利的玫瑰和象征凯瑟琳的石榴,多籽的石榴象征着她兄弟姐妹众多的家族。

凯瑟琳在给她父亲的信中说,他们的时间是"在接连不断的节日中度过的"。除了热爱体育运动,亨利还喜欢假面剧和乔装打扮的奇幻元素。国王和他的朋友们可能会假扮成亡命徒、俄国人、野蛮人或撒拉逊人,每当他们乔装打扮后闯入凯瑟琳的房间时,她和侍女们都会认真地做出大惊小怪之状。王室以新的热情来庆祝宫廷日历中如此重要的五朔节;节日来临时,大家会看到国王夫妇身着绿衣,在一片鸟语花香的林地里聚会。1510年5月,西班牙大使注意到亨利举行的那些无休止的比武大会,"是仿照好多书里浓墨重彩写过的阿玛迪斯、兰斯洛特以及其他古代骑士来举办的"。

从国王和王后的举止可以看出，这是一个充满了文化底蕴和优雅氛围的宫廷。记录显示，亨利除了花时间在射击、摔跤和比武外，也会"唱歌、跳舞……吹竖笛、长笛和弹维吉那琴[1]，以及谱写歌曲和创作民谣"。学者们完全有希望得到赞助：亨利对蒙乔伊勋爵说，离了他们，"我们几乎没法过日子"。宫廷对新学问的兴趣与对古籍、古典文化所表现的新的欣赏齐头并进：比如15世纪初的《爱的法庭》或用中古英语写成的《爱情十诫》这样的诗再次流行起来；朝臣们写情书时会引用乔叟《特罗勒斯与克丽西德》中的诗句。现存于大英图书馆的被称为"亨利八世手稿"的歌本中，歌词的标题（许多是亨利自己写的）读起来就像一连串的宫廷爱情祈祷文："唉，我应该为爱做什么""虽然人们称恋爱为愚痴""分离是我主要的痛苦""真正的爱"。〔有一首歌——《你、我和阿米亚斯》(*Yow and I and Amyas*)，由亨利的皇家礼拜堂唱诗班的教师威廉·科尼什创作——提到了本书序章中描述的围攻绿色城堡的盛况。〕

凯瑟琳也是一个重要的赞助人，她的身边聚集了许多人文主义者。伊拉斯谟称她"学识渊博，令人惊讶"。卡斯蒂廖内在他的《廷臣论》中写过（不知可信与否），她的母亲伊莎贝拉把恋人安排在军队的最前线，并确保他们所爱慕的女士在场观看他们作战的英姿，激励他们立下伟大战功。

在这种文化氛围下，亨利的妹妹玛丽也颇为受益。1512年，法国语言和文学学者约翰·帕斯格雷夫被雇来指导玛丽，使用一些宫廷文

1　维吉那琴是小型单键盘羽管键琴的一种，主要流行于16世纪下半叶到17世纪上半叶的英国上流贵族女性阶层，现存的英国维吉那琴都是长方形的，它们通常用橡木制作，而且琴盖都是拱形的。

本作为教材和范例。其中一篇是《狠心的女人》，由阿兰·夏尔蒂埃写于1424年，曾引发过一场争议，几乎与围绕《玫瑰传奇》而引发的辩论一样激烈。

夏尔蒂埃这首诗的主要内容也是通常的恋人恳求一位女士的青睐的题材，但这位女士却对他的激情不屑一顾，不认为他的爱能给予他任何权利。相反，她宣称自己有权按个人意愿去生活和恋爱。后来的事件证明，玛丽已将这一教训铭记于心。据说，一群朝臣指责夏尔蒂埃把女人描绘得很残酷，他被法国宫廷的女士们正式传唤，威胁说要让她们的律师在爱神面前控告他。这是一场典型的宫廷戏码，可能是由他的竞争对手、诗人皮埃尔·德·内松发起的。但关键在于，这暗示了女士拒绝恋人的求爱是残忍的，这一指控在宫廷文学中获得了新的推动力。在某种程度上，最初的宫廷爱情理想已经发展到一个新的层面，具备一种"双刃剑"的性质。现在，如果女士对其爱人的求爱做出回应，她的名誉就会受到损害；如果她不回应，她就会被认为很冷酷。对该问题的热议曾是爱好文学的女士们非常喜欢的口水战，毫无疑问，这对职业诗人来说也是非常有利的，但其中心议题仍将争论一个世纪之久。

难怪在这种激荡人心的氛围中，亨利会佩戴凯瑟琳的信物奔驰在比武场上，以寓意的方式宣扬他的忠贞不贰；同时也急于与她分享书籍和音乐。也许她在亨利的游戏中扮演的只是欣赏者的角色：和任何宫廷抒情诗中的女士一样，仅仅是一个对象而已。但是，他设计的娱乐活动在账目中都被记述为"讨王后的欢心"。由于凯瑟琳很快就怀孕了，一切都显得更加甜蜜。对亨利"最亲爱的妻子、王后"来说，怎么宠爱都不算过分。

然而，1510年1月，凯瑟琳流产了，这也是她生育史上多次流产中的第一次流产。这在当时绝非罕见：据估算，任何怀孕的成功率都只有50%（更不用说婴儿期的风险了）。1512年，玛格丽特·都铎在苏格兰生下了后来成为詹姆斯五世的婴儿时，她已经眼睁睁看着前面三个孩子夭折了（其中一个也叫"亚瑟"，也没有活到继承王位之时）。

但是，凯瑟琳的流产事件出现了一个奇怪且令人焦虑的转折，她的医生相信她仍然怀着原本是双胞胎中的另一个孩子（尽管西班牙大使报告说她已经恢复了月经周期）。迟至3月，亨利还在为洗礼仪式订购物品；直到5月下旬，凯瑟琳才承认了这个错误。好在这时她已经能够宣布她再次怀孕了。

然而，在凯瑟琳隔离待产期间，有传言称，正如西班牙大使所报告的那样，她的一位侍女"很受国王的喜欢，他便追求她"。这就是安妮·黑斯廷斯夫人，白金汉公爵的妹妹，二十八九岁，最近第二次结婚。安妮似乎一直在与某人秘密约会。有人发现亨利的厕侍[1]威廉·康普顿爵士在她的房间出没过，但他可能是在为另一个人传递消息。康普顿与国王关系密切，在亨利喜欢的假面剧或比武中，他会与国王共用同样的化妆造型。当然了，安妮的亲戚们插手此事，把她带到了一个修道院。亨利难免对他们以及"嚼舌根的人"怒不可遏，一顿痛骂。自然而然地，"几乎所有的宫廷成员都知道，王后生国王的气，国王也对她发火，他们之间的这场风暴就这样持续着"。而据西班牙大使的最新报告，凯瑟琳对康普顿表现出"敌意"。

1　"厕侍"（groom of the stool）名号虽不雅，对王室而言却是十分重要的仆人，名义上负责让他的雇主享受舒适的如厕体验，但实际上常常相当于国王的私人秘书。

亨利在历史上流传下来的形象与其说大体上是个好色之徒，倒不如说是个宠妻狂魔。据了解，他并不像同代的一些人那样有很多情妇（就传统的、性的意义上而言）。他至少表现得异常慎重周到，也许是为了保护他所珍视的忠诚的宫廷恋人的形象。正如安德烈亚斯的规则之一所说："过度纵欲的人通常不是在恋爱。"而托马斯·莫尔曾将已故的意大利哲学家皮科·德拉·米兰多拉的作品改编成《恋人的十二种特性或要求》，其中有：

> 第一点，是只爱这唯一的一个人，
> 为了这一个，别的一切人都要放弃，
> 爱的人太多，定不曾付出过真心。

但也有一些说法表明，情况并非如此。法国大使说，亨利"一门心思只在姑娘们身上"；他的医生说他"过于好色了"。阿拉贡的凯瑟琳在以后的岁月里多次怀孕：在那个不鼓励孕期性行为的时代，一方面是担心伤害腹中胎儿，另一方面是因为这种性行为只是为了享受而不是为了生育。

一份15世纪的手稿描述到，有些人把配偶"当作你的宝贝，只是为了欲望……不是为了爱，也不是为了婚姻的果实，不能坦诚相待，而是将其作为一头没有理性的野兽来对待"。道德家可能会从理论上谴责这种行为，但实际上，人们却可以接受王后怀孕期间她的丈夫另觅新欢。

凯瑟琳作为王后的主要职责是为她的丈夫生下一个继承人。1510年晚些时候，当她再次入室隔离准备分娩时，亨利在分娩前的宴会上把她安排在自己的座位上,并亲自担任司仪,引导女士们在宴会上入座。

1511年元旦,一个健康的男婴诞生了,人们欣喜若狂地欢迎他的到来,为了庆祝王子降生而举行的比武大会是英格兰有史以来最为精心安排的一次。亨利以"忠心爵士"的身份骑着马巡场,他穿的蓝衣上绣着"Cure loial"(忠诚的心)的金字。当他经过凯瑟琳王后所在的特别建造的看台时,他驱使他的马抬起前蹄拍打木栅,离开比武场时,向她做了一个"深深的鞠躬"。正如编年史家霍尔所说,他使"书里大写特写的兰斯洛特和其他古代骑士"的世界重新焕发生机。但不幸的是,这个小王子在不到两个月大的时候就夭折了,令他的父母心如刀绞。

在亨利统治的这个阶段,凯瑟琳不仅扮演着生育孩子的角色。她的丈夫会听从她的建议,并在她的房间里接见大使。她在给父亲的信中说,在她爱亨利的众多理由中,"最重要的是他对殿下您的孝心和服从";在亨利统治的头五年里,他确实严格遵循斐迪南的伊比利亚议程,确立了英格兰外交政策的方向。

1511年,教皇组织了一个神圣联盟,对实行扩张主义的法国发动战争,并招募了斐迪南、神圣罗马帝国皇帝马克西米利安,亨利免不了也要加入。正如威尼斯大使所写的:"国王一心想要打仗,枢密院不同意;王后要打仗,即便是英国最足智多谋的顾问官也不能、没法反对王后。"在1512年的武装突袭中,英格兰遭受了不小的兵力和金钱损失,可以说颜面扫地。但亨利似乎并没有追究凯瑟琳的责任。(一支西班牙代表团于1512年在温彻斯特见到这对夫妇,表示"国王对王后所表现的深情厚谊让他们颇感惊讶"。）很快，她就积极参与其中，比如调查战舰租赁费用、检查装备清单，为来年新一轮的反法战争做准备。此时，枢密院中的新人也在忙于此事，即国王的宫廷司铎托马斯·沃尔西。

事实上，英格兰被斐迪南（他正悄悄地与法国人缔结秘密协议）和马克西米利安算计了：这两只狡猾无情的老狐狸惯于玩弄一切欧洲外交场上的花招。但在1513年6月底，亨利统率着千军万马出发了，披挂着都铎王朝白绿相间的军服的队伍盔甲鲜亮，银光闪闪，旋风一般越过英吉利海峡。凯瑟琳被任命为英格兰的"摄政王和女总督"，并担任留守部队的总司令，负责保卫王国的边境。

亨利取得了辉煌的战绩，拿下了泰鲁阿纳和图尔奈（位于今天的法国和比利时），并将俘虏的隆格维尔公爵送回了英国，作为送给凯瑟琳的一份有点儿尴尬的礼物，而她在回信中宣称，除非听到她离家在外的丈夫一切安好，否则她"感觉不到安慰和快乐"。亨利的盟友也会玩玩骑士游戏：马克西米利安宣布他将在英国军队中充当志愿兵。但是，英国的远征即将成为一个范例，说明游戏与现实之间可能存在巨大的鸿沟。

当时，尼德兰由马克西米利安的女儿——奥地利的玛格丽特代表她的侄子（马克西米利安的孙子，未来的查理五世）来管理。她30出头，已经两次丧偶，有能力、有气魄、有教养，而且正在成为欧洲外交场上的一个重要人物。她曾经的公公阿拉贡的斐迪南宣称，玛格丽特夫人是所有人都依赖的人。

但是，文雅而热爱音乐的玛格丽特也有更感性的一面。她兴致勃勃地参加了图尔奈陷落后长达数周的庆祝活动。也许是享受到了快乐，以及出于政治头脑的考量，使得她回应了陪同英王的一个男人的追求。

我们上次提到查尔斯·布兰登，还是在亨利七世统治时期，那时候他还是亨利王子身边的一位"长矛手"。自从小亨利登基以来，他们愈加亲密了。事实上，玛格丽特的一个密探告诉她，布兰登是"第二个国王"。30岁左右的他已经有过一段曲折的婚姻史，早年他曾让约克的伊丽莎白的一位侍女怀孕，继而抛弃了她，转而与她富有的寡妇姨妈结婚。在卖掉这位姨妈的许多土地后，他设法成功地宣布这段婚姻无效，并回到了先前被他抛弃的年轻女士身边，但她在1510年去世。亨利批准了他与利塞尔男爵8岁的女继承人的婚约，并册封他为嘉德骑士团的成员和利塞尔子爵，还把已征服的图尔奈的钥匙交由他掌管。亨利和查尔斯常常在比武中联手应对所有来战者，或者身着同样的金边紫色天鹅绒。不光玛格丽特，别的王室女性也会把他看作"另一个亨利"。

图尔奈的丑闻（确实发展成了丑闻）始于一段愉快的，可能是借着酒兴引发的宫廷游戏。恰如其分地说，事件的核心是一枚戒指。正如玛格丽特后来在一封心烦意乱的为自我开脱的信中所说的那样，一天晚上，"宴会结束后，（布兰登）跪在我面前，在说话和玩耍中，他从我的手指上摘下戒指，戴在自己的手指上，然后给我看，我笑了"。玛格丽特跟布兰登说他是个小偷，并恳求他把戒指还给自己，"因为太多人认得它了"，她就把自己的一个手镯给了他。但后来有一个插曲，布兰登重新得到了戒指，却不愿意归还，说他会送给她更好的戒指……他"不愿"理会她的抗议。她所能做的就是乞求他不要把它出示给任何人。

保密是宫廷恋人的首要职责。但是，当玛格丽特描述这一事件时，布兰登已经公开展示了那枚戒指，而玛格丽特则陷入了"由这件事引起的诸多不便"之中。

玛格丽特对布兰登的热情被人议论纷纷。在国内、国外，甚至传到了日耳曼，"像在陌生的商人手中一样公示"。有些人甚至为此下赌注。卡斯蒂廖内写道："一个女人，不像男人那样有那么多方法来保护自己免受诬陷。"现在，玛格丽特看到"谣言是如此深入人心，在人们的幻想中扎根……我一直处于恐惧之中"。亨利八世是布兰登危险游戏的积极参与者：的确，他"三番五次"建议玛格丽特嫁给他的朋友。他说，这（女性自主选择、为恋爱而结婚？）"是英格兰女士的风尚，而且……在那里大家都不觉得这是坏事"。

一天深夜，布兰登在玛格丽特的房间里告诉她，如果没有她的命令，他永远不会结婚，也不会要"任何女士或情妇，而是一辈子做我卑贱的仆人"。她承诺"在我的一生中做他的女主人，因为他似乎渴望为我至诚服务"。迄今为止，都还算遵守宫廷规则。但这两个男人到底在玩什么游戏呢？在国内，亨利迈出前所未有的一步，册封布兰登为萨福克公爵；有人说他这样做是为了让布兰登更配得上尼德兰的摄政女王。

亨利是否只是想帮助他的朋友结成一桩好得令人瞠目结舌的婚姻？这是不是一个变了味儿的玩笑，而这个玩笑对女人的伤害远比对男人的伤害更大？甚或（无论是出于政治目的还是个人恶作剧）是否企图诋毁玛格丽特呢？

8 "忠心爵士"

玛格丽特有段时期是在强大的法国摄政女王安妮·德·博热的照顾下长大的，她为贵族女性写了一本指导手册。其中包含一个令人不安的警告："有地位的男人，无论多么高贵，无一例外都会用诡计引诱女人，也无一例外都会以欺骗或玩弄有地位的妇女为乐……没有一个男人会完美到在恋爱问题上诚实守信。"玛格丽特蛮可以把克里斯蒂娜的建议也加进去：作为图尔奈庆祝活动的一部分，她曾被赠送了一套挂毯，共有六幅，上面描绘了克里斯蒂娜的《女士之城》。

难怪，现在轮到玛格丽特为她的年轻侍女写诗，警告她们不要把恋爱游戏看得太重了。

姑娘们，千万不要相信
那些自称为你们服务的人，
到头来，等自己上了当，
只好怨自己太傻太天真。

在玛格丽特遇到布兰登的那个夏天，她的侍从中很可能就有安妮·博林。此时，年仅13岁的安妮·博林被送到玛格丽特的宫廷里接受进一步的教育。在尼德兰的逗留只是她在欧洲大陆锻炼的开始，她在这一时期学到的教训将改变历史的进程。

然而，与此同时，法国与其邻国之间的争端也在另一条战线上展开。而且，这也始于骑士道世界的一种姿态。法国毫不犹豫地要求苏格兰——它的传统盟友，英格兰的传统敌人——与之合作。法国王后布列塔尼的安妮给詹姆斯四世送去了她的手套和戒指，并恳求他成为她的捍卫者:由于亨利八世不在国内,苏格兰应趁机越过英格兰的北部边界入侵。

詹姆斯怀孕的妻子玛格丽特不愧是都铎家族的人,深知幻想和现实之间的区别。后来有人称,她曾问詹姆斯:"法国王后,一个你从未见过、将来也不会见到的女人,难道她的信函比我跟你小儿子的哭声更能打动你吗?"

玛格丽特充满了不祥的预感(后来有说法称):她梦见詹姆斯被抛下悬崖,她的珠宝变成了寡妇佩戴的珍珠。此外,苏格兰对英格兰的宣战也敲响了她毕生事业——维持她的祖国和她丈夫的国家之间的友好关系——付诸东流的丧钟。她的婚姻是为了印证两国之间于1502年签订的《永久和平条约》。现在,和平和婚姻都岌岌可危。

在英格兰,她的嫂子阿拉贡的凯瑟琳的婚姻正展示出一种新的力量,因为英格兰正准备迎头痛击威胁他们的苏格兰。亨利委托授权凯瑟琳在他不在时"对我们的任何敌人反击和开战";召集军队,"驻扎、筹备和领导他们"。虽然她在给托马斯·沃尔西的信中腼腆地说她和侍女们正为了制作旗帜和徽章"忙得不可开交",但她也在更认真地为英格兰北方组织筹备军队、资金和火炮。尽管英格兰的第一波防御是在老将萨里伯爵的率领下向北推进的,但凯瑟琳自己也在准备指挥更南边的一条防线,尽管她可能正处于另一次会以流产而告终的孕早期阶段。她是否真的发表了振奋人心的演讲、敦促英国人保卫家园,我们并不能确定,但毫无疑问,她已经全心全意地准备好追随她母亲伊莎贝拉的脚步,接受战神王后的角色。对她来说,相比于宫廷淑女,这个角色可能更符合她的本性。

当前情况下,她的这份勇气还不是必不可少的。9月9日的弗洛登战役给苏格兰军队带来的不仅仅是失败,而是全军覆没;玛格丽特·都铎的丈夫詹姆斯四世也战死了。凯瑟琳兴高采烈地写信给亨利,说她想把詹姆斯的尸体作为战利品送给他,只是"我们英国人无法容忍这么做"。然而,在最初的吹嘘之后,她小心翼翼地表明,她认为这场胜利属于她出门远征的丈夫。

霍尔说,到了9月下旬,亨利先于他的军队乘船返回英国,并在里士满宫向她飞奔而去,"这样一个柔情蜜意的会面让每个人都感到欣喜"。凯瑟琳鸿运当头。但当"命运之轮"转到顶点的时候,唯一的路就是往下走,对于熟悉"命运之轮"概念的当时的人来说,这一点丝毫都不奇怪。

现在,英国王室婚姻要面对两个挑战。一个是政治上的挑战:凯瑟琳被迫意识到父亲对自己和她丈夫的持续操纵,因此斐迪南的大使抱怨说,她已被说服忘记了西班牙,"以及一切与西班牙有关的事物,以赢得英国国王和英国人的爱"。

更为根本的挑战是,没有孩子成了大问题。1514年夏天,欧洲有传言称亨利在计划与他的妻子离婚,因为她没能生出继承人。这些传言不太可能是真的,尤其是在传言发生时,凯瑟琳已经怀孕了。但是那年冬天,"宫廷陷入巨大的悲痛",她又一次失去了孩子(一个早产的男婴)。西班牙人听说,这是因为亨利一直在指责她父亲的错误行为。无论如何,这桩曾经是梦幻般美好的婚姻,显然被人认为是有可能结束的。此外,凯瑟琳还要面对另一个困境。

"贝茜"(伊丽莎白·布朗特)可能早在1514年年初就引起了国王的注意,当时她在一场假面剧中与他搭档。这并不是一时的风流韵事。贝茜——她在唱歌、跳舞和"高雅的消遣"方面无与伦比——可能是由于她的亲戚蒙乔伊勋爵才得到了在王后身边的地位。她本人也是个有些文化教养的女人,当时,书籍还是一种罕见的奢侈品,她就拥有一本约翰·高尔的《恋人的忏悔》,并对其颇感兴趣,还在书里做了笔记。亨利的传记作者、伊丽莎白时代的赫伯特勋爵写道,贝茜的"天生丽质加上良好教育"使她成为那个时代的"尤物";国王被"爱的枷锁"束缚着。

凯瑟琳也不再像以前那样在国家事务方面担任亨利的顾问。托马斯·沃尔西在弗洛登战役后的18个月里的崛起是非同寻常的:他现在是约克大主教和大法官,还担任枢机主教。正如他当时的传记作者卡文迪什所说的那样,沃尔西"在国王手下统治着一切"。

1514年,斐迪南和马克西米利安与法国达成的和平协议产生了影响,尤其是对他们共同的继承人查理和亨利八世的妹妹玛丽之间约定已久的婚姻。这场婚姻已经筹划了多年,玛丽本人甚至还写信给奥地利的玛格丽特,讨论她应该穿什么样的当地时装。

然而现在,查理狡猾的祖父和外公被证明是在拖延时间(这让十几岁的查理很生气,他听了很多关于玛丽活泼、美貌的传闻)。现在,他们希望破坏这桩婚约,让查理与法国国王3岁的女儿订婚;而新近丧妻的路易十二本人则可以在查理的妹妹和他的姑姑奥地利的玛格丽特之间做出选择。但是,英格兰人也要与路易十二讲和,于是向法国国王发出一个更诱人的提议,让18岁的玛丽·都铎嫁给52岁的路易十二,而后者看上去比他的年龄还要显老。

这被描述成玛丽自己的选择。1514年7月30日,她召集了英格兰的首席贵族,告知他们自己已经决定不嫁给查理,而且对他从来没有"要跟他结为夫妻的感情"。她说这是她自己的想法,是她"自己的意愿"……这与当时将满14岁的亨利宣布解除与阿拉贡的凯瑟琳的婚约一样,很难让人相信是出于她的自愿。但也许这种立场——玛丽有权做出自己的婚姻抉择——会在未来几个月里产生影响。

玛丽明白政治上的利害关系,但她也有自己的计划。正如她后来提醒她哥哥的那样,他希望她嫁给路易十二,是"为了和平的利益,为了促进你的事业"。

> 虽然我知道他已经年迈多病,但为了促进您所说的和平,也为了促进您的事业,我愿意顺从上述动议,这样的话,只要我有幸比这位国王(路易)活得更久,我就可以在您的允许下自由结婚,而不会引起您的不悦。正如您所知,我的好兄长,您屈尊同意了这一点。

也许亨利从未想过自己会被要求履行这样的承诺,或者说他根本不知道自己会在多长时间内被要求兑现承诺。但无论如何,玛丽的要求和她的胜利是值得关注的。

斐迪南和马克西米利安都说过(也许并不那么真心诚意)"这样一位美丽而贤惠的公主"与路易这样"性无能的、病恹恹的、如此恶毒的"男人缔结婚姻是多么可耻。但为了炫耀双方的高贵显赫,仍然筹备了奢华的婚礼。8月,玛丽穿着灰白色和紫色相间的缎子以及金色的格子布婚服,在格林尼治举行了一场代理人婚礼,由隆格维尔公爵代替路易。(隆格维尔的角色扮演一直持续到了卧室,在那里玛丽被脱掉衣服并被领到床上,在隆格维尔用他的裸腿碰了她之后,仪式上便已经圆房完婚。)这对王室夫妇互通了几封信件,礼节性地表达了他们的夫妻感情,表达了他们想要见到对方的强烈渴望。到了10月2日,按照亨利对他的使节们的指示,"带着与如此高贵的公主有关的一切东西",玛丽从多佛起航了。

在玛丽经过的每个城镇,都举行了盛大的公众迎接典礼,私下里她也受到殷勤备至的欢迎。正如一位名叫弗勒朗格的法国大臣所声称的那样,大概有2000名英国人骑马与她同行,但她与路易十二的见面则被策划为一个单纯的浪漫邂逅。在接近阿贝维尔的时候,玛丽恪守礼节,耐心地等待着,而事先得到消息的路易十二则带着一只鹰从城里出发,这样他就可以在打猎时"不期而然地"与她相遇。就像詹姆斯四世在苏格兰与她的妹妹玛格丽特相遇那样。

法国国王似乎被他的新婚妻子迷住了。他这样子也不无理由:有位观众叹为观止,将她描述为"来自天堂的仙女",另一位则说她来自"伊甸园"。而在他们的新婚之夜结束后,路易声称自己在卧室里"创造了奇迹"。"昨晚他三次渡河,如果他愿意的话,再多来几次也无妨。"但这可能只是自我夸耀;路易的现有继承人被告知(可能是因为路易年老体弱)"国王和王后不可能有孩子",这让他松了一口气。这位继承人就是未来的弗朗索瓦一世,他既是路易的远房亲戚,又是他的女婿。事实上,也许弗朗索瓦和玛丽走得太近了:他野心勃勃的母亲萨瓦的路易丝警告弗朗索瓦要小心行事,以免成为将来取代他的男婴的父亲。

但玛丽和路易十二都表现出了令人信服的婚姻和谐。亨利的大使报告说,这对夫妇分享了"两个新人所能拥有的最好和最完美的爱情";查尔斯·布兰登写道,"在法国,没有哪个王后能比她的表现更体面、更贤惠"。至于国王,"没有哪个男人能比他更宠爱妻子,因为她的一举一动都讨他的欢心"。

布兰登是跟随玛丽来法国的主要人物;消息称,他和其他首席骑士是乔装打扮后来法国的,穿着灰色的斗篷,戴着头罩,秉承了骑士传奇的最佳传统。他们要确保在庆祝婚礼的比武大会上维护英格兰的荣誉。在比武大会上,玛丽独自站在"一个漂亮的看台"上欢迎骑士们,而他们都"惊叹她的美丽"。她的丈夫"无精打采,由于体弱无力而躺在长榻上"。

不久,布兰登将在玛丽的故事中扮演一个更令人反感的角色;但在这里,霍尔所记录的路易的"体弱"是关键所在。无论是历史还是小说,一代又一代的作者都把玛丽刻画成一个完全的受害者;实际上,各种迹象表明,她非常享受王后的特权和责任,只是并没有享受多久。城里的年轻人都在说,英格兰国王给法国国王送来了一匹小母马,好让他迅速上天堂或下地狱。事实证明,这个预言太准确了。玛丽·都铎结婚后不到三个月,1515年1月1日,她的丈夫路易十二就死了。

9

"任凭我的心意选择"

1515—1525

传统规定，年轻的寡妇要隔离40天：穿上王室的白色丧服，隐居在一个只有烛光照明的黑暗房间里。然而，在这哀伤宁静的画面下，形势暗流涌动。

超过一个月的40天的期限是有实际意义的。这段时间会告诉人们，太后是否怀孕了。这个问题是路易十二目前的继承人弗朗索瓦迫切关注的，他的王位继承权将被路易的任何一个儿子所取代。难怪他每天都来探望玛丽；甚至正如她不久后所写的那样，她被说服向弗朗索瓦透露"我内心的秘密"。因为在黑暗的房间里度过的那些漫长的日子让玛丽有充足的时间考虑自己的愿望。

现在，她身边的任何一个男人都可能为了自己的政治利益而想让她再次出嫁。也许是她的兄长亨利，他正试图与哈布斯堡王朝建立联盟。也许是法国人，他们急于把她作为太后的收入留在国内。有传言说洛林公爵正蠢蠢欲动，甚至弗朗索瓦国王本人都打算抛弃妻子克劳德来娶她。此时正飞黄腾达的沃尔西紧急警告玛丽不要理会任何可能向她提出的新的"婚姻动议"。她回答说："相信我的哥哥国王陛下和你不会觉得我有这么幼稚吧。"她有自己的想法。

9 "任凭我的心意选择"

玛丽从她哥哥那里得到的是一个全面的承诺。亨利曾保证（她现在有机会来提醒他），在她再婚的任何问题上，"你永远不会逼迫或改变我，而是任凭我的心意选择；而且，无论我想嫁到哪里，你都会完全支持我"。而玛丽自己的心意所属，则是她哥哥的朋友查尔斯·布兰登。

布兰登被派往法国护送这位遗孀回家。在他出发前，亨利让他保证，在把玛丽带回来之前不可以私订终身。显然已经传出了这两个人要结婚的风声。正如玛丽告诉她哥哥的那样，她一直对布兰登"心存好感"，"你都知道的"。听上去她好像已经斟酌过：经过适当的商议后，亨利会及时表示同意……但大概其他更务实的考虑会占上风。而玛丽，也许是明智的，采取了先斩后奏的万全之策。

倒霉的布兰登一见到玛丽，玛丽就说要跟他开门见山。她希望表明对他来说她是"一个多么好的女人"，而如果他按她的意愿行事，她就"不会再接受其他人"了。3月5日，心慌意乱的布兰登给沃尔西写信："除非我同意跟她结婚，否则王后绝不会善罢甘休。因此，坦率地说，我已经真心实意地娶了她，并和她睡在一起，以至于我担心她会有孩子了。"

这对夫妇并非孤立行动；他们的婚姻也不是完全保密的。弗朗索瓦国王曾积极鼓励他们，他和布兰登惺惺相惜。这桩先斩后奏的婚事确保了亨利不能违背法国的利益而把玛丽嫁到别处去。但从英国国王的角度来看，这是一种亵渎（lèse-majesté），几乎可以说是叛国行为；而且，这也是对他和布兰登之间骑士情谊的背叛。这对夫妇竭力强调玛丽才是主动者，而非布兰登：正如玛丽所写的那样，这桩婚事是

· 151 ·

"在他没有任何要求或努力的情况下"促成的。

布兰登在给沃尔西的信中说他是被玛丽的眼泪风暴("我从未见过女人哭成这样子")逼上圣坛的,一代又一代的历史学家都认为这是她脆弱的女性特征的证据。她要么是个为爱盲目的傻瓜,要么是在一个无情时代漂泊的浪漫女英雄。但最近的学术研究却揭示了玛丽是如何精心推敲她的信件以产生预期效果的。作为国王心爱的妹妹,她永远不可能承受布兰登可能遭受的惩罚,而且几乎可以肯定,她是文化水平相对不高的布兰登所写的那些信件背后的真正作者。

在这里,鉴于他与玛丽的哥哥之间的关系,布兰登看起来像是一个在舞台上走错片场的人。他可以是比武场上的英雄,但没有迹象表明他与宫廷幻想中的更浪漫的元素沾过什么边儿。相比之下,玛丽在骑士精神和宫廷爱情方面所受的教育,让她学会了如何利用其中的套路——女人既寻求保护也行使权力——来巩固自己的地位。

也许她学到了两点教训:一个是在感情方面,女人可以有独立自主的能力;另一个教训是个人选择与政治问题密不可分。就像圭尼维尔在性方面的选择,好也罢,坏也罢,都会对亚瑟的王国产生影响,而一个骑士可能会通过赢得女主人而赢得一个王国。确实有人担心布兰登企图借助与玛丽结婚,将自己定位为仍然无子的亨利的继承人。但反过来说,布兰登的高超武艺也会让这桩原本从政治上看似不匹配的婚姻得到认可。弗朗索瓦国王的母亲路易丝的日记指出,玛丽嫁给了"一个地位低下的人"——其他人也表达了类似的反对意见——而玛丽死去的前夫路易十二在生前却曾亲自写信给亨利,说布兰登的"美德、风度、礼貌和良好的人品"值得"更多的荣誉"。

玛丽在给她哥哥的信中可以说是使出了浑身解数。她说自己追求布兰登"不是贪图肉欲或追求任何感官上的享乐",她担心弗朗索瓦会为她在国外安排另一场婚姻,而她将再也见不到她的哥哥。弗朗索瓦本人一直在想方设法去做有损她名誉的事……她所作的这些描述产生了效果。沃尔西愤怒地写信给布兰登说:"让你走到这一步的那盲目的感情和理智都见鬼去吧!"他警告说,布兰登正处于"有生以来最大的危险之中"。但到最后,沃尔西暗示可以安抚亨利:条件是法国王室要写信承诺交出玛丽的大部分珠宝以及她作为法国王太后的收入。

5月2日,这对新婚夫妇乘船返回英国,并举行了另一场仪式,即公开的英国婚礼,亨利和凯瑟琳都参加了。到了夏天,威尼斯大使才觉得可以正式祝贺布兰登(不仅与玛丽结了婚,也得到了亨利的认可)了。但到那时,玛丽显然再次被视为英国宫廷的一项资产,她和布兰登在那里度过了很长时间。在1517年7月的比武中,国王和他的追随者们穿的衣物上印有他和王后名字的首字母,与衣物上印有C和M的查尔斯·布兰登一方比试,C代表查尔斯,M代表玛丽。

玛丽在宫廷游戏中恢复扮演的角色可能是凯瑟琳逐渐愿意放弃的。她和凯瑟琳之间的关系要比她们各自与玛格丽特的关系更亲近,这要归因于玛格丽特远在苏格兰时她俩一起度过的那十年。(玛丽写给亨利的一封信将凯瑟琳称呼为"我最亲爱、最心爱的嫂子",而仅称呼玛格丽特为"我亲爱的姐姐"。)但两人都没有忘记玛格丽特;信件显示,玛丽利用她作为法国王太后的影响力,在苏格兰动荡的政治局势中为她的姐姐争取了庇护。

弗洛登战役让23岁的玛格丽特成了一个寡妇,而且还是一个孕妇。时势留给她的紧迫问题是如何为她18个月大的儿子詹姆斯，亦即现在的詹姆斯五世守住这个国家。况且，本来可以帮助她的贵族大多战死沙场，眼下她处于一个令人反感的境地：她是死去的苏格兰国王的遗孀，但又是英格兰国王的姐姐，而正是英王的军队杀死了她的丈夫。尽管如此，苏格兰枢密会议上，批准詹姆斯遗嘱的成员还是达到了法定人数，让她（有条件地）在他们的儿子詹姆斯五世未成年期间担任摄政王后。

苏格兰的贵族容忍了玛格丽特在1514年2月强行通过的与英格兰签署的和平协议。他们支持她，是因为在4月，她准备生下第二个儿子（而亨利八世一直没有孩子，这让她的儿子有可能成为英格兰的继承人）。那年7月，在她坐完月子后，他们签署了一份支持她做摄政王后的联合声明。但6个星期后，情况变得急转直下。

问题出在都铎家族常年来导致戏剧性事件的来源——婚姻。8月14日，玛格丽特与阿奇博尔德·道格拉斯秘密结婚了。道格拉斯是第六代安格斯伯爵：一位与她同龄的才华出众的年轻鳏夫，用苏格兰编年史家罗伯特·林赛后来的话说，"在王后眼中活力四射"，他还说，王后"认为他很能干"。安格斯伯爵是道格拉斯家族的雄心勃勃的后代，其权力几乎可以与王室相媲美；他是前面提到的诗人加文·道格拉斯的侄子，然而在弗洛登战役后的几周里，他放弃了文学追求，成为玛格丽特的一名顾问。

玛格丽特对丈夫的选择很可能有政治方面的考量：道格拉斯家族和她一样，与苏格兰的亲英党有联系。她也可能是担心弟弟会为了英格兰的利益而试图把她再嫁出去。但是，如果她寻求的是政治安全，那么她很快就会发现自己失算了。

9 "任凭我的心意选择"

苏格兰的亲法派认为,玛格丽特所掌控的大部分权力应该交给詹姆斯四世的堂弟奥尔巴尼公爵手中。(玛格丽特曾在某段时期暗示她受到了与他结婚的压力:由于奥尔巴尼已经结了婚,这种暗示就显得更加奇怪了。)

不过,后来的证据表明,玛格丽特(毕竟生在都铎家族)也在她的婚姻中试图满足个人需求或偏好。早期的王室成员,如冈特的约翰,在第二次或第三次婚姻中觉得自己能够根据个人喜好来选择对象;更不用说玛格丽特的妹妹玛丽了。难道,对一个女人来说,规则是不同的吗?像莱斯利主教这样的同时代人,在一个认为女人都性欲旺盛的时代里,埋怨玛格丽特嫁给安格斯伯爵是"为了寻欢作乐",是为了欲望而非爱情。

在她与安格斯伯爵结婚后不到两星期,议会就要求从法国召来奥尔巴尼,让他代替玛格丽特成为苏格兰摄政王(奥尔巴尼的父亲在一次叛乱未遂后被流放到法国)。她已故丈夫的遗嘱规定,她的权力取决于她是否再婚,而且领主们一本正经地抗议说,他们已经遵守了这份遗嘱:"我们违背了这个王国自古以来的律法和习俗,忍受和服从她的权力,只要她自己能通过守寡来保持她的权力。"但现在"她已再婚而放弃了这种权力,我们为什么不选择别人来接替她自愿放弃的职位呢"。鲁莽的安格斯和他的亲戚们都对被他们认定为障碍的贵族采用了暴力手段,使情况变得更糟。但玛格丽特本人也是不知深浅,她试图提名自己的新婚丈夫与她共任摄政王。

愤怒的贵族们邀请奥尔巴尼返回苏格兰。玛格丽特的"敌对党"(如她所称呼的那样)阻止她从自己的遗孀领地获得收入。当他们占领爱丁堡时,玛格丽特和安格斯带着她至关重要的儿子们,在斯特林城堡的森严壁垒内寻求庇护。这是一场内战,玛格丽特和道格拉斯家族在苏格兰被孤立,但得到了亨利八世的支持。1515年5月,奥尔巴尼的到来打破了僵局,他凭借武力和枢密院的意愿,掌控了小詹姆斯五世。8月底,玛格丽特退居到她自己的林利斯戈庄园,名义上是为了生下肚子里的孩子,其真正目的(一旦孩子的父亲安格斯获准与她团聚)是向南逃亡,寻求她弟弟亨利的庇护。

在夜色掩护下,她和安格斯逃向边境,10月8日,这位太后在英格兰生下一个女儿——玛格丽特·道格拉斯。产后她病了好几周(因为病得太重,任何人都不敢提起她的小儿子已经去世的消息)。直到1516年4月,她才启程前往她弟弟的宫廷,心情"非常忧郁"。她的丈夫安格斯不愿意失去他在苏格兰的广阔领土,准备与奥尔巴尼达成协议。

在1515年秋天,英格兰国内一度有三位王(太)后有孕在身:苏格兰的玛格丽特(现已分娩);法国的玛丽,正怀着布兰登的孩子;以及英格兰的凯瑟琳王后。这一次,凯瑟琳的分娩在某种意义上是成功的:1516年2月18日,她安全地生下一个女儿,也叫玛丽。

威尼斯大使在写给国内的信中直言不讳地指出,生下的不过是女儿,"难免令人恼火,因为整个王国从来没有如此迫切地想要一个王子,每个人都认为,如果国王陛下能有一个王子作为继承人,国家就会安全,而如果没有王子,他们的看法就截然相反"。

但阿拉贡的凯瑟琳取得了胜利,而亨利也相信,一个平安活下来的女儿至少预示着更美好的未来。正如他对威尼斯大使朱斯蒂尼安所说:"我们都还年轻。这次虽说是个女儿,承蒙上帝的恩典,儿子们也会随之而来的。"在凯瑟琳分娩后约三周,玛丽·都铎生下了一个短命的儿子,以他舅舅的名字亨利命名。*随后的整个5月都洋溢着欢快的氛围,亨利和他的手下身穿绣着金色玫瑰的紫色天鹅绒,参加了一场比武。

玛丽和布兰登在他们不稳定的财务状况所允许的范围内,尽其所能地过着奢华的生活,甚至超出了这个范围。他们还在为玛丽从法国得到的遗孀收入和他们对亨利的债务进行长期的谈判。不过,比国王大约年长7岁的布兰登,也许开始发现更年轻的"奴才"如亨利·诺里斯和尼古拉斯·卡鲁正日益得到恩宠。与此同时,阿拉贡的凯瑟琳似乎以女儿的出生为借口,隐退下来,过着更为隐密的生活;威尼斯大使说,在接下来的几年里,她"很少"抛头露面。尽管她还不到30岁,但外国访客评论说她不再像从前那么美貌了。她最亲密的朋友,在"王后的身边"的人,现在都是比她年长的女性。

但在玛格丽特抵达英国宫廷时,跟玛丽一样,凯瑟琳也在那里迎接她,玛格丽特是骑着凯瑟琳送给她的白色小马驹来的。霍尔说,这位苏格兰王后受到了"盛情款待",但威尼斯大使报告说,亨利拒绝承认她与安格斯的婚姻(安格斯本人拒绝了任何南下访问的邀请,这让玛格丽特"思索良久")。沃尔西接手了与奥尔巴尼以及苏格兰贵族的谈判,以便玛格丽特再次安全返回北方,并保住她的财政收入。

那年夏天,玛格丽特被劝说再次回到苏格兰。安格斯和其他几个

---

* 玛丽后来在大约七年后又生了一个儿子,也叫亨利,同样早夭了。如果这两个男孩有任一个能活下来,英国王位的继承走向可能会大不相同。由于他俩都没有活下来,玛丽的女儿弗朗西斯和埃莉诺——分别生于1517年和大约1519年——才会被当作继承王位的替代人选来讨论。顺带一提,弗朗西斯将成为简·格雷的母亲。

贵族在边境迎接她。由于奥尔巴尼已回到法国（他在那里留下了一个妻子），而且不急于回国，对于这位太后重新摄政的事儿，还有些问题要解决。玛格丽特建议由她的丈夫——她似乎已经与丈夫和解——担任她的副统领，这简直是糟蹋了她重掌大权的机会：其他枢密顾问不可能同意这个主张。但很快，玛格丽特就有了理由对他们的顽固不化表示感谢。当她在英格兰时，安格斯一直与特拉奎尔的珍妮特·斯图亚特女士生活在一起，他以前曾与她订过婚，他一直靠着玛格丽特的领地（梅斯文和埃特里克森林）的租金维持生计。他也不打算退还他攫取的收入，或者放弃他作为玛格丽特的丈夫对她的财产所享有的权利。

就在玛格丽特回到苏格兰的三个月后，她写信给亨利，乞求返回英格兰并与安格斯离婚。亨利的回应是向北方派遣一名修士，向她强调婚姻的神圣性。正如亨利的代表达克尔勋爵所报告的那样，苏格兰贵族也同意英格兰观察员的看法，认为她受到了恶劣的对待，"没有兑现对她的承诺"。她抱怨说，苏格兰人对她"只有漂亮话"，而亨利也同样把她的感受放在了次要位置。他现在有充分的理由选择一个亲英的安格斯而不是亲法的奥尔巴尼作为苏格兰政府的领导人。

亨利和凯瑟琳听到玛格丽特现在寻求正式离婚，都感到非常震惊。到1518年10月，玛格丽特给她弟弟写信说自己和安格斯"这半年来"都没有在一起。"我是如此烦恼，想知道我能否根据上帝的律法，在不损害我名誉的情况下与他分开，因为我很清楚他不爱我，他每天都在向我表明这一点。"她的儿子被夺走；她个人受到了羞辱，被迫当掉了自己的珠宝和银器。1519年，人们看到她和安格斯一起骑马进入爱丁堡，这让大家都松了一口气。但这种和谐转瞬即逝。到1520年夏天，随着武装冲突的再次爆发，玛格丽特将站在她丈夫的敌人一边。

在英格兰，凯瑟琳也遇到了问题，尽管没有那么戏剧性。红衣主教沃尔西身材高大（从各种意义上讲），如今已是"alter rex"——另一个国王了。大使们报告说，亨利"去打猎了，这里的一切事务都由枢机主教处理"；"国王去寻欢作乐，把整个王国、整个政府都留给了枢机主教。"凯瑟琳在1516年等待自己女儿出生的时候，她的父亲斐迪南去世了，这大概使得促进亲西班牙政策的需要变得不那么迫切；1518年夏天，当沃尔西为2岁的玛丽与法国国王的幼子订婚事宜进行谈判时，凯瑟琳并没有表示反对。她又怀孕了，但在11月失去了这个孩子。不管怎么说，那也只是一个女孩。这将是她最后一次怀孕。

与之形成痛苦对比的是，1519年夏天，贝茜·布朗特生下了一个男孩。从孩子的名字亨利·菲茨罗伊（"亨利，国王的儿子"）可以看出，国王很乐意承认父亲的身份。毕竟，这是他男性雄风的证明。贝茜嫁给了沃尔西家族的一个年轻人；尽管国王对她没有进一步的个人兴趣，他还是密切关注着这个儿子。

但是，即使凯瑟琳有些失势，她也从未出局。1520年的夏天见证了几场不同的外交盛典。英、法两国的国王将在英属法国城镇加莱附近会面。这是一场世纪聚会，被称为"金缕地"之会。但正是凯瑟琳——公开跪在亨利面前，乞求见到她的外甥查理——确保了她在英法会晤之前与之后跟查理五世两次会面，查理五世最近被选为神圣罗马帝国皇帝，因此在他貌不惊人的身上将他所有祖父母和外祖父母的势力集于一身：以奥地利为中心的神圣罗马帝国、勃艮第、西班牙，以及西班牙在新大陆日益扩张的势力。

阿拉贡的凯瑟琳围绕着亨利的法国之行所进行的斡旋,既显示了她的影响力,也透露出其影响力的局限性。亨利和弗朗索瓦曾发过一个有趣的誓言,在他们见面之前不剃须。当亨利"按照王后的意愿"自己剃了胡子时,法国国王的母亲直言不讳地问英国大使,阿拉贡的凯瑟琳对这次会面是否热心。尽管大家都知道答案是"不",凯瑟琳还是不得不去走过场。她必须订购大量的豪华面料,并挑选出她最漂亮的侍女(正如亨利的大使恳求她做的那样)来演一场好戏。

那年夏天的外交交锋是在高调隆重的仪式和幻想氛围下进行的。当查理五世和他浩浩荡荡的随行人员抵达英国并在坎特伯雷受到款待时,一位西班牙贵族竟然被一位英国女士的美貌迷晕,不得不让人把他抬走。几天后,当亨利和凯瑟琳启程前往加莱时,他们发现法国人那边布置了一片满是帐篷的营地,为了不让帆布看上去显得单调,上面覆盖着色彩缤纷的丝绸或天鹅绒,而英国人那边则坐落着一个可以"骗过眼睛"(trompe l'oeil)的临时宫殿,在真实的底座上面支起来的帆布被涂成了砌满无数砖块的样式。(英国临时宫殿中的四间套房分别是为国王、王后、沃尔西、玛丽和布兰登准备的。)比武场颇有用意地安排在两个阵营之间,有一棵装饰性的人造荣誉之树,挑战者可以把他们的盾徽挂在上面。在这里,在查尔斯·布兰登组织的比武中,两个敌国可以在相对安全的情况下演绎他们的冲突。亚瑟王是英国人在假面剧中扮演的重要人物之一。以防万一,什么都要考虑周全。为了避免两位统治者坐下来吃饭时出现尴尬的谁先谁后的问题,由双方阵营的女士们设宴招待对方的国王。当每个国王离开自己的阵营时,就会有炮声响起,由此可以精确掌握君主们在中间地带会面的时间。但谁是最终的赢家呢?

9 "任凭我的心意选择"

在梦幻般的"金缕地"之会结束后，英国人再次见到了查理五世，就在海岸边的格拉维林，同时也会见了他的姑妈奥地利的玛格丽特。在那里，20岁的查理五世与英格兰的女继承人——4岁的玛丽公主订婚。

在苏格兰，玛格丽特·都铎的日子就没那么好过了，她向罗马教廷提出正式申请，要求与丈夫安格斯离婚。在这一点上，她得到了奥尔巴尼的支持，但让她的弟弟亨利很生气，他指责奥尔巴尼"煽动和怂恿玛格丽特与她的合法丈夫离婚，只有上帝才晓得他是出于何等卑劣之意图"。

亨利和凯瑟琳派另一位修士北上，向玛格丽特宣导"婚姻不可分割的神圣律例，最初在伊甸园的亚当夏娃之间建立起来，不应该为任何理由而分离"。他们暗示玛格丽特只是被邪恶的枢密顾问（王室的不当行为一直被归咎于他们）说服才寻求"非法离婚"。*

亨利在北方的代表达克尔勋爵紧急写信给玛格丽特，表达了同样的意思，尽管用的不是宗教话语而是政治话语，强调安格斯和他的道格拉斯家族是英格兰的盟友。但是，玛格丽特给达克尔的答复很直白：

> 至于我的夫君安格斯大人，如果他想得到我的陪伴或我的爱，他应该表现得比他当前所做的更亲切。因为最近，当我来到爱丁

---

* 1521年，离经叛道的教徒马丁·路德对天主教会的腐败所进行的批判正以惊人的速度传播，在这一新威胁下，亨利写了一篇为圣礼辩护的文章，即《论七圣事》（*Assertio Septem Sacramentorum*），使得教皇称赞他为"信仰捍卫者"。因此，玛格丽特关于这七圣事之一（这里指婚姻。——译者）的争执特别令人尴尬。

堡找他时,他未经我同意就占用了我的房子,并扣留了我的租金收入……我没有得到我弟弟国王陛下的帮助,也没有得到我的夫君安格斯大人的爱,他只会随心所欲地掠夺我的钱财。我想,大人,如果你是我的朋友,你不应该认为这是合理的。

她最后总结道:"我在这里生活,必须要让这个国家的人满意才行。"这大概是每个公主都不得不做出的决定,就像凯瑟琳选择支持丈夫的利益而不是父亲的利益时,她就面临着这样的问题。玛格丽特的决定也是如此。1521年11月,奥尔巴尼回到了他四年前离开的苏格兰,受到了玛格丽特的热烈欢迎,以至于谣言四起。现在轮到安格斯逃往法国了。

谣言的严重性足以惊动达克尔,他向亨利传递了这样的说法:奥尔巴尼可能(在谋杀了小詹姆斯五世之后)通过与玛格丽特结婚而成为苏格兰的国王。在两年多的时间里,奥尔巴尼和玛格丽特在某种程度上共同统治苏格兰,不过玛格丽特总是承受着压力,要求她放弃奥尔巴尼,确保她的儿子在成长过程中以英格兰的利益为重。

然而,1524年5月,奥尔巴尼放弃了苏格兰,从此一去不复返。玛格丽特现在提议由她12岁的儿子在母亲的帮助下执掌政府大权。但安格斯听到这个消息后,便逃脱了法国的款待(囚禁),来到了英国宫廷。

玛格丽特收到她弟弟的来信后火冒三丈,信中宣布安格斯已来到英国,"我们觉得他对你恭顺有加、满怀柔情,是你忠心耿耿的仆人和丈夫"。他只想回到苏格兰,计划"首先得到你(玛格丽特)的恩典与青睐";其次是恢复英国在那里的影响力。玛格丽特怒不可遏地回答说，由于安格斯"自从离开苏格兰后，既没有通过书信，也没有口头表示过他希望得到我的好感和青睐"，她希望她"最亲爱的弟弟"不会要求她在自己的利益上妥协。

英国人拿来逗弄她的"奖品"是可以考虑让小詹姆斯国王与他的表妹玛丽公主（英格兰的继承人）结婚；一时之间，玛格丽特似乎暂时同意了让安格斯回归，尽管她明确表示不再与他"亲近"。没多久，她又宣布她的儿子国王会阻止他的继父接近她；她会向法国求助；安格斯的回归会引起"巨大的嫉妒"。

但由于玛格丽特开始了另一段关系，她作为太后和詹姆斯五世的母亲的道德地位并没有得到改善。一个叫亨利·斯图亚特的风度翩翩的年轻人似乎正飞黄腾达。1524年9月，他被任命为詹姆斯五世的司膳、炮兵主管、高等法院主管……而这一次，毫无疑问，玛格丽特对他的兴趣是出于个人原因，而不是政治原因。

苏格兰长期以来已经习惯了家族冲突和权力争夺。但是，当安格斯于秋天北上时，随之而来的争吵还是引发了一场丑闻。在安格斯和他的追随者接近爱丁堡时，玛格丽特关闭了城门。当他们试图翻越城墙时，她让城堡的大炮瞄准他们。最后他们达成了一个形式上的协议，玛格丽特和安格斯似乎都同意了。但在1525年，安格斯成功地胁持了他的继子，在接下来的三年里对这位小国王进行照顾（或监管）。

1525年年初，玛格丽特向教皇提出新的请求，要求与安格斯离婚。（理由是她的第一任丈夫詹姆斯四世可能在弗洛登战役中幸存下来，并且在她再婚时仍然活着！）她与年轻的斯图亚特的情人关系现在是如此公开，以至于亨利八世跟法国大使说"再也没有比这更可耻的了"。小詹姆斯国王（可能是受安格斯的影响）似乎也同意这一点。

但亨利所持婚内忠诚的观点很快就显得不那么令人信服了。

回顾来看，16世纪20年代上半叶的英格兰国内局势，似乎呈现着一派王室家庭生活中暴风雨来临前的平静。玛丽·都铎经常患病，从布兰登对她健康的关怀来看，两人的夫妻关系似乎很和谐。1521年1月，查理五世与玛丽小公主的婚约得到确认，这标志着英国与哈布斯堡之间的和睦关系得到了巩固。情人节那天，6岁的玛丽小公主的衣服上佩戴着一枚胸针，上面刻有查理五世的名字。但无论凯瑟琳多么庆幸，这与其说是她的胜利，不如说是沃尔西外交政策的转变，现在准备要入侵法国了……当然，亨利很快又悄悄地说打算把女儿许配给她的表兄——苏格兰国王。

尽管如此，查理还是在1522年夏天第二次前往英格兰，并于返回海岸的途中访问了温彻斯特。亨利八世将温彻斯特城堡大厅的桌子重新刷过油漆，桌子中央绘制了都铎王朝的玫瑰图案，还将自己描绘成亚瑟王的形象。他和以前一样，对宫廷理想情有独钟——在那个春天，举行了攻陷"绿色城堡"的盛典，这是安妮·博林有据可查的在宫廷中的首次亮相。

那年春天的假面剧过后，没有发生任何事情，或者说，没有发生任何重要的事情。可能就在那时，博林家的一个女人上了亨利八世的床。然而，不是安妮，而是她的姐姐玛丽。玛丽·博林作为玛丽·都铎的随从去了法国，并留了下来，可能在那里成为弗朗索瓦一世的情妇。然而在1519年，她又回到了英国，于1520年2月嫁给了威廉·凯里。1522年，凯里突然得到了土地和职位，这似乎标志着凯里的妻子与国王之间关系的开始。在接下来的几年里，玛丽·博林生下了两个孩子（凯瑟琳·凯里和亨利·凯里），孩子的父亲可能是她的丈夫，也可能是亨利国王。

凯瑟琳王后的注意力现在集中在她的女儿玛丽身上，也许与她丈夫的观念不同，凯瑟琳认为玛丽有可能继承英格兰的王位。因此，玛丽的教育问题至关重要；虽然这个小女孩将接受传统的女性人文教育，包括宫廷文化和持家之道，但凯瑟琳还委托了西班牙人文主义者胡安·路易斯·维维斯为她规划了一套教育方案。但维维斯在1523年出版的《基督教妇女的教育》一书中传递了一些非常混杂的信息。一方面，维维斯（有时被称为"现代心理学之父"）并不一定认为女性的心智劣于男性，而且确实建议开展一定程度的古典阅读；但另一方面，他又宣称女性应该"只了解与敬畏跟上帝有关的东西"。

然而，维维斯对宫廷爱情游戏的谴责既连贯一致又言辞激烈：他说化妆剧和乔装打扮使妇女"可以毫无顾忌地说出在会被人认出的情况下连想都不敢想的事情"。"从与男人的会面和谈话中，产生了私情。在娱乐、宴会、舞蹈、笑声和自我放纵中，维纳斯和她的儿子丘比特统御着一切。"对有些人来说，这听起来像是一种憧憬，但维维斯显然认为这是一种威胁。

他对传奇故事甚至更加敌视。他宣称，一个年轻姑娘宁可眼瞎了也不要读那些东西。"我可以说，在妇女的教育中，主要的，或者说唯一的关注点应该是守贞。"女人应该完全服从她的丈夫，因为"谁会尊重一个听命于女人的男人呢"。

对于一个将来要统治国家的孩子，其母亲不可能希望只教给她这些，但这些教训肯定影响了玛丽公主对自己能力的认识；由于玛丽的母亲凯瑟琳越来越受到沃尔西的排挤,情况就更糟糕了。凯瑟琳对女儿的希望,也许还有她自己的希望,都寄托在玛丽未来与查理五世的婚姻上。但1525年——一个在很多方面都具关键性的年份——这种可能性终结了。

1525年2月底,查理五世在帕维亚战役中取得了对法国人的巨大胜利,俘虏了弗朗索瓦一世,对查理的朋友和联盟来说,起初这看起来是个好消息,意味着查理不再需要英格兰来维持欧洲的权力平衡。事实恰恰相反,由于战争耗资巨大,他迫切需要现金。那年夏天,他宣布,要么立即把9岁的玛丽和她的嫁妆送到西班牙,要么他就迎娶另一个表妹——葡萄牙的伊莎贝拉,她不仅能给他带来90万达克特,而且21岁的她已经足够成熟,可以在他出门在外时担任摄政王后。查理与法国达成了和平协议。亨利和沃尔西也与法国单独和解。但这一次,亨利受到了羞辱,确实流露出为凯瑟琳家族的背信弃义而要责备她的迹象。

1525年6月,亨利·菲茨罗伊——亨利国王与贝茜·布朗特的私生子,在一个由首席贵族参加的盛大公开仪式上被授予爵士称号。在英格兰的两位公爵诺福克和萨福克(布兰登)的主持下,他成了第三位公爵——"高贵的亨利王子,里士满和萨默塞特公爵"。这个6岁的孩子成了北方的陆军中将、亨利国王所有领地的海军上将(还有许多其他响亮的头衔)以及英格兰的首席贵族。他的公爵头衔特别具有暗示性:亨利七世在登上王位之前曾是里士满伯爵。对未来继承王位可能性的暗示看来很明显。(在同一个典礼上,玛丽·都铎活下来的儿子也被封为林肯伯爵。)

凯瑟琳公开反对菲茨罗伊的封赏后,她有三位西班牙侍女被指责为鼓动她，从而遭到解雇。威尼斯大使指出，"这是一个强硬的措施，但王后不得不顺从和忍耐"。大权在握的沃尔西迫切希望与法国结盟，甚至不允许凯瑟琳与西班牙新任大使单独相处。大使写道，王后"尽力想要恢复西班牙和英国之间的旧有联盟，尽管她的意愿是好的，她的手段却很有限"。

然而，这些信号并不明朗。亨利仍然会在他妻子的房间里接见使节。就在菲茨罗伊惊人崛起之后的几个星期，似乎是为了保持平衡，玛丽公主被派往拉德洛担任名义上的威尔士总督。这是对英格兰继承人的传统训练，对此，凯瑟琳很是欢迎；但这将使她失去女儿的陪伴。正如这位母亲给女儿的信中所说："国王和你长期不在家，让我深感不安。"

阿拉贡的凯瑟琳此时可能会发现安德烈亚斯的一些规则非常有道理。"如果爱开始衰减，它很快就会消逝，并且很难再恢复。"也许还有这一条："谁都不会同时爱两个人。"

这年年底，凯瑟琳将年满40岁：过了通常的生育年龄。事实上，两年前就有人说她"不会再怀孕了"。与之形成对比的是，在1525年的那个夏天，玛丽·博林怀孕了，并将在次年春天生下一个男孩——亨利·凯里。亨利八世可以说一直是个一夫一妻主义者（当然了，是一妻又一妻），对于他不断苛求的自尊来说，似乎他的妻子和情妇都抛弃了他。无论是在政治方面还是在个人方面，当时的局势都为另一个角色登上舞台中央做好了准备。

第三部分

1525—1536

Fin amor：真爱，与虚假的爱、短暂的爱以及肤浅的爱相反。

谁想打猎谁就去，我知道哪里有母鹿，
但是徒劳的追逐使我疲惫不堪，
在打猎的队伍中远远落在后边，
唉，从此我不会再在打猎上浪费工夫。

然而，我疲惫的心仍旧追逐着母鹿，
她飞奔过溪流、密林、山峦，
我昏沉沉地紧跟在她的后面，
罢了，还不如张开网把风捉住。

——托马斯·怀亚特

10
"我的女主人和朋友"
1525—1527

最近出现在英国宫廷中的这个安妮·博林是什么样的人呢？她比英国历史上的几乎任何其他人物都更有魅力，但我们对她的真实面目所掌握的证据却相对较少。这一事实本身为她的形象增添了大量的幻想元素。

她留下来的信件很少，而且几乎没有任何一封信能真正表达她的情感。她没有像她的女儿伊丽莎白那样写过祈祷文或诗歌，也没有像其他当代王室贵妇那样亲笔写下或由他人代笔的回忆录或指导手册。在一个王室女性开始更自由地表达自己的世纪里，她的沉默可能显得令人困惑。

也许，在安妮出现在公众视线中的十年里，她只是太忙于过她不寻常的生活，以至于没有时间记录下来；也许她成为王后的时间太短，争议太大，以至于从来没有放松警惕，写下更能揭示自己内心世界的文字……尽管事实上，她为数不多的留下记录的言论都具有煽动性。也许事实是，我们所掌握的关于安妮的大部分谈话记录都是那些用来诋毁她的片段。

其结果可能就是让这个备受喜爱、备受争议的安妮与任何古老的宫廷诗中的女人没有区别，都是不可捉摸的。尽管她在那个时代几乎可以说是独一无二的主动出击者，但后人对她的看法和评价往往处于爱与憎这两个极端；她肯定有着复杂的个性，但人们往往只关注其性格和行为中特别显著、突出的地方。

安妮的形象有很多版本以及相应的观点：其中很多都是二元对立的。她是否主要是一个受害者，因其被人诬陷的罪行而遭受毁灭呢？如果是这样，她是否也是遭到强迫才与亨利建立关系，无论是被他逼迫还是作为她家族野心计划的棋子？而与之相对，她是不是这一事件的主要推动者，巧妙地将亨利的情欲转变成对她全身心的爱？她在有她题词的三本"时辰之书"的其中一本写道，"Le temps viendra / je anne boleyn"——"有朝一日——我，安妮·博林"，下面是一幅关于"第二次降临"的微型画。不过，这是一种纯粹的宗教信仰的宣告，还是关于自己身份或意图的吐露呢？

如果把她视为与亨利关系的主要推动者，也会由此引发二元对立的观点：安妮要么作为一个无情无义的阴谋家而遭到谴责；要么作为一个敢于塑造自己命运的、雄心勃勃的准现代女性而受到钦佩。或者，她是一个为更高的宗教事业而奋斗的艰苦的十字军战士？一种长期流行的虚构叙事认为她是一个浪漫主义的受害者，因为她对亨利·珀西的爱受挫而变得无情；但这个故事可能还有另外一个版本——可惜没有记载——很简单，她只是爱上了亨利。

今天最受欢迎的版本——女权主义的版本——把安妮·博林解读为一个有野心的女性。（还会补一句：她为什么不应该有自己的野心呢？）总的来说，这是在无数社交网站上得到传颂的一个版本，在这些网站上，人们根据各种迥然不同、准确性也千差万别的信息，对她生活中的一些棘手问题进行辩论，而且从蛋糕到圣诞树饰品，生活中到处是对安妮的偶像崇拜。*而这个版本不可避免地触发了一个扣人心弦的问题：是什么赋予了她权力感，使她能够憧憬如此高的地位呢？

我们知道，安妮将成为一个多面的故事人物；事实上，即使在她自己的世纪，无论是对于仇视她的天主教评论者还是新教宣传者，她都是如此。最近的小说将她塑造为吸血鬼和狼人、时间旅行者和幽灵的形象。但是，安妮自己听到的又是什么故事呢？构造了她的想象并为她的崛起（或许是堕落）铺平道路的对妇女地位的认识又是什么呢？她在国外接受教育时学到的教训可能提供了另一种视角，我们可以由此来考察她和亨利的故事。

安妮·博林的出生日期和地点都不完全确定，但她很可能是在 1501 年生于诺福克郡的布里克林厅（Blickling Hall）。一些历史学家坚持认为这个时间至少晚了五年，但是我们首次清楚地在历史文献上看到她是在 1513 年，当时她在尼德兰宫廷，奥地利的玛格丽特写信感谢安妮的父亲为她送来了"如此聪明和悦人"的陪伴；而 12 岁是一个女孩可能承担宫女职责的最小年龄。

人们普遍认为安妮是一个出身寒微、拼命向上爬的女孩，这种看法是错误的。她的父亲托马斯是一个事业上正处在上升期的男人，他用外交手段为安妮赢得了国外的职位；而她的母亲伊丽莎白则来自有权有势的霍华德家族——她是第二代诺福克公爵的女儿，第三代诺福克公爵的妹妹，而诺福克公爵是英格兰首席贵族之一，是亨利统治时

---

* 这也是梅根·马克尔的粉丝们看待安妮时采用的版本：在梅根的追随者来看，她是又一个被王室打压的大胆而勇敢的外来者。

期的领军人物。

根据安妮来到尼德兰宫廷的时间,她很可能身处玛格丽特在图尔奈的随从中,当时这位尼德兰摄政王后正受到查尔斯·布兰登让人喜忧参半的追求。这一事件说明了一个令人信服的教训,即爱情这一武器既强大无比,又会制造问题。这不会是唯一的一次教训。玛格丽特本人在年轻时有着丰富的在欧洲宫廷生活的经验,她在法国长大,由大权在握的摄政王后安妮·德·博热照顾,后者为贵族少女编写了一本指导手册。热情而富有教养的玛格丽特知道爱情的乐趣所在;但对于一个有权势的女人而言必须小心,"你甚至会因一些鸡毛蒜皮的事情而受到指责",安妮曾严厉地警告道。

> 不要让任何男人碰你的身体,不管他是谁——无论一个女人的爱情多么"美好"或"真实",能够避免名誉受损或被骗的局面的万中无一。因此,为了在这种情况下有最大的把握,我建议你避免所有的私人会面,无论它们多么令人愉快。

安妮在尼德兰待了差不多一年,她的父亲就安排她去法国,那时候玛丽·都铎刚被立为王后。但在那里,安妮会接收到更多代表不同立场的复杂信息。

当玛丽·都铎的老丈夫路易十二去世后,她和布兰登一起回到英格兰,安妮则留在了法国宫廷,在大约七年的时间里一直在吸收学习法国文化,以至于法国外交官兰斯洛特·德·卡尔斯后来写道,她似乎是"一个天生的法国女人"。

克劳德王后是继承路易十二王位的弗朗索瓦一世的妻子,她举止娴静端庄，略带畸形，而且几乎总是在怀孕，也从未参加过宫廷舞会。但她有教养，同时也是一个虔诚的女人，她喜欢并委托他人创作传奇，并雇用了诗人安妮·德·格拉维尔作为女官。* 弗朗索瓦的宫廷还有另一个影响力强大的人，那就是他的妹妹玛格丽特，安妮·博林非常敬仰她。

她最为人所知的名号是纳瓦尔的玛格丽特，她热衷于参与所谓"妇女问题之争"（querelle des femmes），这是一场大约从15世纪持续到18世纪的辩论，讨论妇女在社会中的地位，以及这种地位是否恰当地体现了她们的能力。此外，她还是一位多产的作家，出版过不少作品，她最著名的作品《七日谈》（*Heptameron*）几乎是不厌其烦地反复书写女人被男人背叛，以及在宫廷爱情的幌子下发生的勾引甚至强奸行为。很有可能，当安妮·博林来到法国宫廷时，玛格丽特也被她哥哥手下的一个花花公子欺骗了，这个花花公子叫波尼维特，是法国版的查尔斯·布兰登。也有可能，安妮在和她关系更近的一个人身上得到了另一个教训，她的姐姐玛丽·博林（同样也被派往玛丽·都铎的宫廷）与弗朗索瓦国王有过短暂的关系，弗朗索瓦被反复描述为"身着女装"——"年轻、强壮、贪欲无厌"。

后来有人说，弗朗索瓦曾有失风度地称玛丽·博林为"最淫荡无耻、臭名昭著的婊子"。然而，这是1536年时源于敌对一方的说法，当时关于博林家的任何传闻都是不堪入耳的；玛丽的传记作者艾莉森·威尔认为，仅仅由于这并不可靠的说法，玛丽的形象（用20世纪的话来说）最初就被塑造为"给所有人带来了美好时光"：先是被法

---

* 在安妮·德·格拉维尔的作品中，有《派拉蒙和阿赛脱》的译本，乔叟《骑士的故事》就是取材于这部作品，此外还有阿兰·夏尔蒂埃的《狠心的女人》的译本。

国宫廷的淫靡氛围所诱惑；继而被弗朗索瓦所抛弃，成为他的朝臣的玩物；最后被送回英国，却又落入亨利国王的怀抱。而人们也正是基于这一形象产生了一个观念，那就是安妮决心拒绝亨利是因旁观她姐姐的命运而激发的。

事实上，安妮可能在法国宫廷里领略到一个相当不同的教训。在那些追求一时激情的露水情人（玛丽·博林据说属于这一类）之外，还存在一位首席情妇（maîtresse-en-titre），是国王公开承认的、受人尊敬的情妇。（在弗朗索瓦统治时期，戴安娜·德·普瓦捷是这个位置最有名的占据者；而在安妮逗留法国期间，这一位置则由弗朗索瓦丝·德·福瓦占据。）对情妇角色的这种更细微区分的观念可能在安妮的头脑中勾勒了充满机会的前景；尽管她会比前人走得更远。

1522年年初，在英、法两国之间敌意日增的情况下，安妮·博林的家人把她召回了家。但她到底带了多少复杂的思想包袱回家呢？

安妮被召回是因为家里正打算让她出嫁。这是一桩对她的家族很有利的婚姻，联姻对象是她的亲戚詹姆斯·巴特勒，他在爱尔兰的有争议的奥蒙德伯爵领地是博林家族想要得到的。目前还不清楚为什么这桩婚事没有实现，但从安妮的角度来看，一桩更诱人的婚事很快又送上门来了。

安妮被派往英国宫廷，作为凯瑟琳王后的随从，她遇到了亨利·珀西，他是诺森伯兰伯爵庞大领地的继承人，也是沃尔西家族的一员。珀西"常常与王后的宫女们调情，而到头来与安妮·博林的关系比其他人都要亲近，因此他们之间产生了秘密的爱情，最终他们海誓山盟，打算结婚"。

上述信息来自沃尔西的侍从和后来的传记作者乔治·卡文迪什，他描述了当"秘密爱情"被发现时，沃尔西对倒霉的珀西"倔强的愚蠢行为"轻蔑地大加挞伐，并扼制了这对恋人的希望。由这件事引发了另一则传闻，不知是出于对爱情的失望还是野心的挫败，安妮发誓，"如果有能力，她一定要让枢机主教尝尝她的厉害"。

但在某种程度上，安妮可能还与第三个人有情感纠葛：诗人托马斯·怀亚特，通过他的诗句，我们最能感受到安妮的魅力。

怀亚特——除了他作为朝臣和外交官的职业——被尊称为将十四行诗引入英语的诗人。他不仅翻译了彼特拉克的作品，还亲自尝试了各种诗歌形式，将意大利的风格与英格兰的文化传统结合起来，可以说是让彼特拉克和乔叟联姻。他的作品在其死后出版，既得到了广泛的普及，也遭到了批评和贬低。托特尔[1]的《杂集》（1557年）为其诗作贴上了诗人可能永远不会同意的标题，有效地将它们变成了一本"如何去实践"的恋人手册。但真正的怀亚特是一个非常有争议的诗人。他对别人的忠诚模糊不清，对自我的定位朦胧不明；他利用宫廷爱情的传统，却又抱怨它们。"这不过是爱情。把它变成笑话吧。"他在一首玩世不恭的诗中写道，号召每个朝臣为自家的漂亮女眷拉皮条，卖个好价钱。

当怀亚特在一首诗中写到"我"时，如果据此认为这就是1503年时出生在肯特郡阿灵顿城堡的那个人，未免过于轻率。当他写到"但

---

[1] 托特尔是当时的一个出版商，《杂集》是英国文学史上第一部诗选，除了怀亚特，也包括萨里伯爵亨利·霍华德和其他诗人的作品，为迎合大众口味对原作多有改动。

我的忠诚总是无济于事/埋葬在你铁石心肠的坟墓"[1]时,他可能确实在抱怨一个典型的忘恩负义的宫廷女子。但他也可能是在利用这种约定俗成的方式,用看似浪漫的诗句来表达批评,那些批评如果直截了当地说出来是不明智的。他写这些诗可能更多指涉亨利国王,而不是安妮。

托马斯·怀亚特与安妮·博林的关系的性质还不清楚,它在很大程度上(虽然不是完全)依赖于事后的判断:他是在她失势后被牵连的人之一。他们童年时两家离得很近,但安妮出国时,托马斯只有10岁。如果有任何亲密关系,更有可能是在16世纪20年代初才开始的,当时他们都是亨利宫廷的明星人物(而怀亚特已经有过几年不幸福的婚姻)。他和安妮同属于一个优秀的宫廷团体,来自同行的压力很可能促使他们至少在表面上显得像一对珠联璧合的情侣。但真的是这样吗?唯一诚实的答案是:我们不确定。

人们常常认为怀亚特的许多诗都是"关于"安妮的,它们似乎很贴合于我们认为自己所了解的安妮。安妮将成为彼特拉克所赞颂的那种自相矛盾的炫目形象的缩影,而怀亚特则半是认同,半是嘲讽地写道:

> 唉,我踏入一个迷宫,它无边无际,
> 试图让对立的两极达成和谐一致。[2]

要坐实诗中人物的身份,尽管缺乏足够证据,但有几首诗确实提

---

1 来自《长久以来我曾始终如一地寻求》(*I have sought long with steadfastness*)。
2 来自《歌:"它可能很好"》(*Song: 'It may be good'*)。

供了更具体的理由让人联想到安妮。当怀亚特写到"黑发女子"时，这种描述更具暗示性，因为在同一首短诗中，他先是描述这个黑发女子（安妮的黑发很出名）"轰动了整个国家"，然后用不那么危险、更具体的"轰动了整个城市"取代原来的措辞。[1]

这首诗中可能有性暗示的成分，但另一首诗则更明显：

> 她们从我身边逃开，有时却又亲近我，
> 赤着脚，静悄悄地潜入我的房间。
> 我曾见过她们温存、驯顺、柔和，
> 现在却突然之间变得异常刁蛮，
> 全然不记得自己曾经不顾危险，
> 从我手中接过面包；而今她们又在徘徊、
> 忙来忙去地寻找，一直变换着姿态。
> 谢天谢地，过去的时光曾经那么美妙，
> 而那一次，那一次又是那么特别——
> 她穿着单薄的衣衫，脸上带着欢笑，
> 当宽松的长袍从她的肩膀滑落，
> 当她用纤细的双臂拥抱着我，
> 她的热吻是那么甜蜜，在我耳边
> 低语："喜欢这样吗，亲爱的小心肝？"

---

[1] 来自《如果清醒时的烦恼》，相关诗句为："如果清醒时的烦恼，如果脸色突然变得苍白……是爱的标志，那么我确实已再次落入爱的罗网。如果你问我爱的是谁，我肯定不会说出她的名字，只能说那是一个黑发女子，轰动了整个城市……"

> 这不是梦境：我是如此清醒。
> 但到头来我却因为过分的温柔
> 被撇在这里，守望着自己的孤影。
> 为了她的前程我只好放手，
> 她也与别人开始了新的绸缪。
> 但既然她曾对我这样好，
> 她配得到什么，我很想知道。

这首诗的有趣之处首先在于宫廷爱情在怀亚特时代的状况。怀亚特向读者保证，这不是宫廷文学所钟爱的那种梦幻经历。这首诗展示了对这一理想的疏离，展示了对被抛弃的诗人的"温柔"没有得到同样忠诚回报的抗议。怀亚特的传记作者尼古拉·舒尔曼不无洞见地指出，"一个谦恭的宫廷恋人似乎并没有表现出极度的伤心，感觉倒像是他被敲诈了财物……在怀亚特及其同时代人的诗歌中，这种钱袋的悲鸣特别响亮"。但这种看法可能更符合宫廷爱情当时的状况，而不是克雷蒂安·德·特鲁瓦曾经写过的那样。

话说回来，这首诗可能是关于安妮的吗？有两种说法表明她和怀亚特也许发生过性关系，然而我们必须极其谨慎地对待它们。

在安妮的女儿伊丽莎白统治时期流传的一篇天主教宣传文章声称，怀亚特（据当时宫廷里的一位意大利商人说）在他与安妮交往早期就找到了国王，并警告说，她"不适合与陛下结合，她的谈话是如此放纵和下流；这一点我不是听别人说的，而是根据我自己的经验知道的，我曾与她有过肉体上的快乐"。

伊丽莎白时代的天主教宣传家尼古拉斯·桑德对同样的说法进行

了更详尽的阐述,说怀亚特在枢密院宣告了安妮的放荡行为,而查尔斯·布兰登则力图说服不相信这种说法的国王。西班牙的《英王亨利八世记事》(*Cronica del Rey Enrico Otavo de Inglaterra*)的记载则更是纤毫毕现,称怀亚特后来描述他如何走到安妮的寝宫,告诉她自己内心如何煎熬,认定她有责任减轻她所造成的痛楚。"当她躺在床上时,我走到她身边,亲吻她,她静静地躺着,什么也没说。我抚摸她的乳房,她也躺着不动,甚至当我放肆地开展进一步的动作时,她还是没有出声。"

然而,她突然从一个秘密的楼梯离开了房间,一小时后她回来了,不再像之前那么柔顺。在这个淫秽下流的版本中,怀亚特回想起了一位恋人在类似境况下的故事,这位恋人跟踪自己的意中人,却发现她和一个马夫在一起……当时人们往往把妇女视为性饥渴者;不仅有像巴斯妇这样的好色寡妇,就连看似最天真无邪的年轻姑娘也渴望得到种子,好让她空虚的子宫开花结果。但如此粗俗的画面是来自谐谑歌(fabliaux)的世界,而不是来自"真爱"(fin'amor)的王国。

就像安妮在法国宫廷的丑闻一样,这个最新版本的故事明显带有宣传性质;所有关于怀亚特的这些传闻都很不合常情。如果它是真的,一方面,怀亚特这样做会冒着触犯亨利的巨大风险;另一方面,哪怕亨利不相信怀亚特的说法,他也几乎不可能继续自己对安妮纯情的追求。

不过,还有一个故事,更合理也更具有宫廷色彩,作者是怀亚特的孙子乔治。他写了《为安妮·博林辩护的历史》,希望能取悦安妮的女儿伊丽莎白。它唤起了人们对布兰登与奥地利的玛格丽特的危险游戏的回忆;同时也让人联想到乔叟的《特罗勒斯和克丽西德》,在这部作品中,特罗勒斯看到了他送给克丽西德的胸针戴在她的新情人身上[1],并意识到了她的不忠。

在这里,怀亚特被这位新来的英国宫廷成员和她的"机智而优雅的谈吐"所打动,有一天,他开玩笑地从她的兜里抢走了一件用蕾丝带系着的小珠宝。而与此同时,国王(以"普通的调情"为借口隐藏了他要娶安妮的想法)也在偷偷地戴着安妮的戒指。

当国王与一些朝臣(其中包括怀亚特)玩滚木球时,他声称自己赢得了一掷。怀亚特提出抗议,亨利意味深长地指着自己手指上的安妮的戒指,笑着说:"怀亚特,我告诉你,是我赢了。"

怀亚特也许被亨利的微笑所误导,说:如果国王"允许我量一下,我希望是我赢了"。他掏出蕾丝带量了一下,让亨利看到了安妮的珠宝,亨利一气之下踢开了木球。"可能是这样,但那么说我就是受骗了。"国王说。

尽管所有这些故事都是在事实和虚构之间走钢丝,但竞争因素刺激到亨利这一点很可能是真实的。但是,把自己定位为国王的情敌,是一件既迷人又危险的事。宫廷里大约有1200人,其中只有大约200名女性,在这种环境下,性压抑和性挫败感的情绪总是很高涨。正如法国摄政王后安妮·德·博热在大约20年前所写的:"假设一座城堡很漂亮,守卫森严以至于从未受到攻击,那么它并不值得称赞……最值得称赞的事,是虽经历过大火,却不会被烧焦。"然而,正如后来事态发展所证明的那样,这简直是在引诱安妮·博林玩火。

---

1 克丽西德的新情人戴沃密得将胸针别在自己铠甲上,其铠甲被战场上的特洛伊将士扯去,因此被特罗勒斯所发现。

安妮的强大诱惑力到底体现在哪里？她的外表不是主要因素。一位威尼斯外交官说她不足以跻身世界上最漂亮的女人之列："肤色黑，脖子长，嘴巴大，胸部不怎么隆起。"换句话说，其貌不扬，除了她那双"黑而美丽"并且楚楚动人、"招惹人跟她攀谈"的眼睛。兰斯洛特·德·卡尔斯称她"美丽，身材优雅"，但其他人则更倾向于赞美她的风度。安妮的早期传记作者乔治·怀亚特写道，她"在美貌上比不上"宫廷中的很多人，"但在举止风度、服饰打扮和谈吐风趣方面，她比她们都强"。

尼古拉斯·桑德对她的描述是"身材高挑，头发乌黑，脸部呈椭圆形，肤色蜡黄，仿佛患有黄疸病"，这在某些方面与威尼斯人的描述相呼应。但桑德接下来说，"她的上唇后有一颗龅牙，右手有六个手指，下巴有一颗很大的粉瘤"，这肯定是虚构的。乔治·怀亚特也提到安妮有一截多余的第六指；然而，第六指可能是女巫的标志。据说，正是这小小的畸形导致她喜欢穿那种带有长长的、垂下的袖子的衣服。相传《绿袖子》的灵感就来自这种袖子，这首由匿名作者创作的哀歌是写给一位时髦而冷酷的女士的，有人认为是亨利国王写的（但从音乐风格判断，它更像是16世纪晚期的作品）：

> 唉，我的爱人啊，你真不该
> 就这么不留情面地把我撇开。
> 我曾经那么欢喜陪着你，
> 那么久，那么久地把你珍爱。

即使是充满敌意的桑德，也会转而描述安妮"外表好看，嘴巴漂亮，举止风趣，鲁特琴弹得很娴熟，而且舞也跳得好。她是宫廷里那些人的模范和镜子……"当然，关键就在这里。

目前还不清楚亨利对安妮的兴趣是从什么时候开始的，到底是在1525年下半年（她的姐姐玛丽怀孕时），还是在1526年？在1526年2月的忏悔节比武大会中，亨利佩戴着题铭为"我不敢示爱"的纹章骑马，这常常被看作是对安妮的暗示，但在随后的宴会上，他仍以宫廷崇拜者和忠诚丈夫的身份为凯瑟琳上菜。或许他最初的计划仅仅是想让安妮取代她姐姐玛丽在他床上的位置。如果是这样的话，令人惊讶的是他的目标竟然改变得如此之快。不过，要确定这种关系的发展脉络是不可能的。

亨利八世写给安妮·博林的信有17封幸存下来，这些信是他在求爱期间写的，保存在梵蒂冈档案馆这个听起来有些违和的地点，据推测这些信是被间谍带到了这里。安妮的回信丢失了，我们也就失去了进一步了解她个性的机会。*

亨利的信件都没有注明日期（只有少数信件可通过参考外部事件来确定日期）：这是一个常见的问题，但在目前却比通常的情况更令人困扰。没有日期，就很难确定——着眼于亨利对安妮的渴望和他想摆脱凯瑟琳的意愿——何为因，何为果。有多少个历史学家，就有多

---

* 过去曾有两封被认为是安妮写给亨利的信而印刷发表，其中一封是在他们结婚前写的，以最华丽的措辞感谢亨利任命她为凯瑟琳王后的侍女，并表达了"我被一个我崇拜的国王所爱的喜悦"。但这封信的真实性非常可疑，下一章要讨论的另一封信也是如此。它是由17世纪的历史学家格雷戈里奥·莱蒂用意大利语发表的，他声称在英国时曾见过原件：后来原件可疑地丢失了。从英语翻译成意大利语再翻译回来，意味着无法从其行文风格得到可靠的结论，况且似乎无法确定其真实性。

少种不同的日期排序，但根据信件上的语气（也许可以由此编排时间先后），大部分信件似乎可以分为三个不同的阶段。

第一组，也是数量最多的一组信件，大部分是用法语写的，是宫廷爱情的修辞练习。这堪比一个重要的竞技场，在场上，亨利很高兴能找到如此善于品鉴的观众，特别乐于展示自己的技艺。乔叟写过，当特罗勒斯当初被介绍给克丽西德时，她最先提的问题之一是："他是否擅长讲论爱情？"所以在早期的一封信中，亨利责备"我的女主人"没有遵守承诺给他写信；尽管如此，"为了履行一个真正的仆人的职责"，他还是写了信，并给她送去一头"昨晚亲手杀死的公鹿（hart-heart）[1]，希望你吃鹿肉的时候能想到那个猎人"。这封信是"由你的仆人亲笔写的，他时常盼望见到的是你而不是你的哥哥"。她的哥哥乔治和安妮的其他家庭成员显然在宫廷中代表了安妮的利益。由于希望促进双方的关系，他们将继续在信中出现：亨利曾埋怨她的父亲托马斯行动太慢，"没有给恋人帮好忙"。

另一封信更直接地谈到了宫廷恋人在其情人面前自降身份："虽然一位绅士把自己的女主人当作仆人并不合适，但为了顺应你的愿望，我还是愿意答应你。"[2]安妮显然曾经，而且也是合理地抗议过，他们之间真正的等级差异揭示了宫廷爱情理想的虚假。如果我们有安妮的信件，会不会显示她曾以某种方式向亨利求爱呢？即便是亨利的男仆也会用充满恋爱情感的浪漫言辞来表达对国王的忠诚。沃尔西就曾写道："从来没有哪个恋人渴望看到他的情妇，像我渴望拜见陛下最

---

[1] hart（鹿）与heart（心）谐音。
[2] 这句话后面那句也值得引出来："如果这样一来，你能在自己选择的位置比起我给你的位置上没那么不自在的话。"

为尊贵的圣容那样热切。"

在亨利求爱的早期阶段，安妮隐退到了肯特郡的希佛堡的家中。人们通常认为这是一种战术性撤退，旨在激起国王的热情，但这也可能是一种纯粹的尝试，以逃避如此棘手的求爱。亨利（签名为"完完全全是您的仆人"）表达了他的担心：

自从和你分别后，有人告诉我……如果可以的话，你不会和你母亲一起进宫，也不会以任何其他方式进宫；如果这个消息是真的，我不能不感到惊讶，因为我确信从那以后我从未做过任何冒犯你的事情，而让我再也不能亲聆世界上我最尊敬的女人的言谈[*]，再不能一亲芳泽，这对于我深深的爱意来说，似乎是一个非常糟糕的回报。

如果安妮对他怀有同样的爱，他们之间的距离肯定也会让她"有点觉得不方便"……"尽管这不属于女主人，而是属于仆人"，亨利补充了一句，他迟缓地想起了游戏规则。

在亨利的早期信件中，宫廷情人的礼仪性谦卑与国王的身份意识并行不悖。在另一封信中——写给"我的女主人和朋友"，署名是"来自你忠诚的仆人和朋友 H. R.[1]"——亨利宣称"我把我的心和我的人都交到你手里"。但是他又抱怨说，"增加我们的痛苦实在是一种莫大遗憾"（这样的抱怨有好几次），安妮的离开让他"够痛苦的了，而且比我想象中的还要痛苦"。亨利恋爱了。一位大使后来写到，他爱

---

[*] Parrolle, 在法语原文中，还有话语或教导的意思。

[1] Henry Roy（亨利国王）。

得如此之深，以致无法看清事实。但人们不禁怀疑，到目前为止，尽管他翻来覆去地诉说自己的痛苦，他其实相当享受这种沉沦的感觉；或者，至少没有把它看作能影响他人生主线的东西。

亨利对安妮的看法，以及她在他生活中的地位，可能已经发展到了新阶段。在这种情境下，有一封信特别有意思。

> 我在内心跟自己争论你信中的内容，陷入了极大的痛苦之中，我不知道如何解释这些话……我衷心地祈求你能明确地向我说明你对我们两人之间的爱情的全部想法。

他现在已经"被爱神之箭射中了一整年，既不能确认自己已经失败，也不能保证已经在你的心中找到位置，感情已经牢固"。

他说，正是这最后一点使他无法"称你为我的女主人，因为如果你不是以超越普通感情的方式爱我，这个名分就绝不属于你，因为它表示一种特别的爱，与普通的爱相去甚远"。

> 如果你愿意做我真正的、忠诚的女主人和朋友，把自己的身体和灵魂都交给我……我向你保证，不仅会给你这个名分，而且我还会把你当作我唯一的女主人，从思想和感情上拒绝除你之外的所有其他人，只为你服务。

这封信是"由永远属于你的人亲手所写"；而且"亲手所写"这一点经常被强调：亨利通常是不愿从事写信这种让人厌烦的手工活计的。

第三部分 1525—1536

像往常一样,我们无法确定这封信是什么时候写的,但肯定是在1526年后几个月和1527年夏天的某个时候。这时,亨利已经在试图争取教廷判决他与凯瑟琳的婚姻无效[1]。但是,还没有人说这是为了让他能够自由地与安妮结婚。

1526年,凯瑟琳在宫廷中变得越来越孤立。亨利给安妮的信件可能是在这一年晚些时候开始写的。"女主人"(mistress)[2]的双重含义当然令人困惑,不过在上面提到的信中,亨利似乎不是要让安妮做他的妻子,而是做他的首席情妇(maîtresse-en-titre);这比玛丽·博林的地位要高,但仍会带来很多问题。可是,这组信件中的最后一封表明事态变得越来越紧迫了。

1527年的某个时候,安妮·博林给亨利八世送来一份礼物——一件珠宝,上面镶着一颗"精美的钻石",以及可能是银铸的"一艘船,里面有一个孤独的女郎在风浪中颠簸"的图像。让亨利兴奋不已的并不是珠宝的精美,而是伴随它的"微妙的含义和过于谦卑的顺从"。确切地说,对什么的顺从?是对亨利的激情,还是对婚姻的提议?或者,至关重要的,是安妮对自己的感情的顺从?莫非这就是让亨利狂喜的原因?他自称"在内心、身体和意志上都是/你忠诚和最可靠的仆人"。

船中的女郎显然是安妮,而亨利大概是她躲避风浪的避难所。也许那颗刚硬的钻石就象征着那颗坚定的心:亨利在几封信上都会在安妮名字的首字母A周围画上一颗心。但宫廷爱情的文学作品曾多次将晕船和相思病联系在一起:怀亚特曾翻译过彼特拉克的一首诗,出版

---

1 原文中的degree,似乎应为decree(判决;教令)。
2 "女主人"(mistress),也有"情妇"的意思。

商理查德·托特尔后来解释说"恋人将自身的状态比作一艘在海上遭遇危险风暴的船"。安妮是否在暗示她现在就是那个恋人——已经爱上了亨利？

正如亨利所说的那样："你流露出的情感如此真诚，信中的美丽题词表达得如此亲切，使我有义务永远尊敬、爱戴你，并真诚地为你服务，恳请你也继续为了同样的目的保持坚定和恒久的心。"如果她这样做了，亨利将"不仅给予同等回报，还会加倍奉还"。

当宫廷里的情欲进一步发展为令人无法自拔的爱情时，另一因素也被带入：将个人的、宫廷的激情与宗教的热情等同起来。如果国王以任何方式冒犯了安妮，他请求"你会给我你所要求的同样的赦免，我向你保证，从今以后我的心将只献给你。我希望把我的人也献给你。上帝愿意的话，他可以做到这一点，我每天都向他祈祷……"宫廷淑女是应当以身作则的。

怀亚特在另一首诗（本部分开头引用的那首）中，将诗人描绘为猎人，将女人描绘为鹿（心）——难以捉摸的猎物。这首诗的所指很复杂：

> 谁还想打猎，我要他不必怀疑，
> 他会像我一样白白浪费时间。
> 在她美丽的脖颈上有个项圈，
> 用钻石刻上了这样一圈文字：
> "不要碰我，我是恺撒的鹿，
> 我性本狂野，尽管看起来驯服。"

倒数第二行既呼应了复活的基督对抹大拉的马利亚所说的话[1],也暗指将恺撒的物归给恺撒[2]的典故。这不可避免地将亨利对安妮的权利与他对即将成立的英国圣公会的主权要求联系在一起。但这首诗也有其他方面的暗示。树林中的鹿在民间传说和基督教著作中都是一种半神秘的野兽;通常是人类流浪者的向导。在12世纪威尔士的一首诗中,圭尼维尔被称为"有鹿一样眼神的圭尼维尔"。

无论如何,当亨利欢呼安妮·博林成为他在"纯粹爱情"(amor purus)游戏中的新伙伴时——这种爱情游戏本身就应该让恋人更加高尚——他会感到自己是一个悠久而荣耀的传统的一部分,并带着像打磨过的盾牌一样明净的良知前进。

---

[1] "不要摸我。因我还没有升上去见我的父。你往我弟兄那里去,告诉他们说,我要升上去,见我的父,也是你们的父。"
[2] "恺撒的物当归给恺撒,神的物当归给神。"

11

"我们想要的结果"

1527—1533

亨利决定正式采取行动。1527年复活节前后,他告诉沃尔西,他对自己与阿拉贡的凯瑟琳的婚姻严重"自责"。但这就是国王,在他自己看来,他不会做错任何事,也不必理会世人怎么看。因此,沃尔西在5月传唤亨利八世到一个教会法庭,讨论影响国王"良知宁静"的事体。

沃尔西最近促成了英格兰和法国之间的《威斯敏斯特条约》,以对抗凯瑟琳的外甥查理五世。但他可能没料到,在亨利获得自由后,国王并没有与法国公主联姻以进一步巩固这份条约。

法庭是在沃尔西的住所举行的,而且官方上是保密的。但查理五世的大使从第一天起就开始发送报告;凯瑟琳也知道,官方的第一炮已经打响了,接下来是一场漫长的消耗战。正如安妮的亲戚弗朗西斯·布莱恩所言,"西班牙女人挺会打听的"。帝国大使告诉查理五世,尽管王后保持着谨慎的沉默,但"除了上帝,她所有的希望都寄托在皇帝陛下身上"。而查理——哪怕没有很积极地参与——仍然是凯瑟琳军械库中最强大的武器。

在枢机主教面前的辩论以及亨利的疑虑不安首先集中在对《圣经》

经文的解释上。《利未记》警告说："人若娶弟兄之妻,这本是污秽的事,羞辱了他的弟兄,二人必无子女。"而"无子女"用亨利的话来解释,就是没有儿子。

此外他们还辩论了当初教廷批准亨利与凯瑟琳结婚的豁免权的有效性;由此牵涉当时教皇是否有批准豁免的权力问题。但这既是一个宗教问题,也是一个政治问题:而政治将以一种戏剧性的方式介入其中。

在意大利半岛,查理五世长期以来一直试图实现他的领土主张,他麾下大约3万名军人,其中有许多还没拿到钱的日耳曼雇佣兵,一直在稳步向南推进,进入教皇国。5月6日(不过英国人在几个星期内都不知道这回事),狂怒的士兵们涌入罗马,犯下了查理惊恐的特使所描述的"无与伦比的暴行",并迫使教皇逃离。

据估计,在这十天地狱般的屠戮中,多达2万人死亡,但政治上的后果是,教皇要看查理的脸色行事……这使得亨利不太可能得到教皇的授权来对查理的小姨采取行动。当这个消息传到英国时,沃尔西的调查突然中断了。

6月22日,亨利八世终于直接面对凯瑟琳,并告诉对方自己想离婚。亨利似乎被她泪如雨下的样子吓了一跳:大概他们的关系已经从宫廷爱情关系转变为准母子关系,这让他以为她会按照他的方式看待问题。凯瑟琳的反应是,她否认自己与亚瑟圆过房;这将成为她案件的核心。在接下来的调查中,20年前的道听途说、只言片语都会被暴露在光天化日之下,因为都铎王朝的廷臣们(尤其突出的是查尔斯·布兰登)将尽职尽责地回忆起亚瑟在婚礼后那天所说的一切。

事实上,没有谁能够确定她与亚瑟是否已经圆房:也许包括凯瑟琳本人。没有圆房无疑是个很好的理由，凯瑟琳为此有可能捏造事实，但他们之间完全有可能发生了某种程度的性互动，这种互动可能会被视为圆房，也可能不会。

让情形更加尴尬的是，这次正面交锋过后，凯瑟琳在接下来的四年里依然保有自己的王后地位以及宫室，据卡文迪什说，她有时会把安妮留在宫里，以便"让国王得不到她的陪伴"。于是，就有了那个著名的纸牌游戏的故事，正如凯瑟琳所言，安妮"很幸运地拿到了一张王牌，但你和别人不一样，你要么得到一切，要么一无所有"。这是对安妮性格的准确总结。凯瑟琳显然对她的敌人了如指掌。

亨利八世和安妮·博林同意结婚，这一点从1527年9月向罗马教廷申请豁免的文件措辞中就可以看出。它没有提到安妮的名字，但它确实直白地要求允许亨利与一个"已有过亲密关系的女人结婚，即使这种关系一开始因非法性行为（ex illicito coito）而产生"。这句拉丁文有不同的翻译，有的指向安妮的姐姐玛丽，有的指向安妮本人。亨利和安妮有可能在他们的婚外情开始时确实发生过性关系；更有趣的是他们为何以及如何决定停止了性关系。

传统的看法是，安妮不让亨利接近，是为了提高她自己的"市场价值"，就像伊丽莎白·伍德维尔拒绝了爱德华四世一样。安德烈亚斯的规则之一宣称，容易获得的爱情没有什么价值。（规则14："太容易被人征服，你的爱也会显得廉价，难以征服的才会让人倍感珍惜。"）*事实上，如果安妮拒绝成为亨利在性方面的"mistress"（情

---

* 正如弗洛伊德所说："为了提高性欲，需要一个障碍；而对性满足的自然阻力不够的地方，人们总是竖立起传统的障碍，以便能够享受爱情。"

妇),那么亨利把她视为在宫廷爱情意义上的"mistress"(女主人)的想法会更加强烈。

但亨利八世向罗马提出的请求表明了他们的情况属于另一种。1527年夏天,亨利决定,安妮不仅是他满足私人激情的对象,而且将成为他的妻子和他儿子的母亲。在这种情况下,他们所生的任何孩子都必须是合法的。为了使事情变得容易,安妮和亨利都遵循了宫廷爱情"准许发生一定程度的身体亲密关系"的实践原则。在当时看来,他们可能会认为很快就能结婚,有了这个前景,克制对于他们而言会更容易。

1527年9月,从国外执行任务回来的沃尔西发现自己是被安妮传唤到国王面前的。这是权力转移的一个标志。10月,亨利询问托马斯·莫尔对《利未记》中那段话的看法;11月,他邀请一些学者到汉普顿宫。沃尔西对教皇施压,说服教皇颁发了许可令,如果亨利与凯瑟琳的婚姻关系一旦解除,他就可以与安妮结婚,但这道许可令并没有说明如何解除他们的婚姻关系。

一封给安妮的信——与第一组的用宫廷法语写的信不同,它是用英语写的——传达了亨利的胜利在望之感,或许还有一种新的亲密关系。"至于我们的另一件事,我向你保证,该做的都已经做了,该努力的也都努力了,对于各种风险也都预先准备好了应对之策,所以我相信以后我们两个会一起过上好日子……由于时间不够,亲爱的,我的信就到此为止……"

他们的关系现在是一个公开的秘密。那年冬天,法国特使从格林尼治——沃尔西的斡旋为安妮争取到了靠近亨利的住所——报告说:"国王和王后都保持着开放的态度,就像往年一样。博林小姐也在那里,她有自己的住所,正如我所想象的,她不喜欢与王后见面。"

安妮现在需要不仅仅是对亨利,在其他人面前也要表现出可望而不可即的样子。1528年2月,新的特使被派往罗马,并被指示在途中拜访已隐退到希佛堡的安妮。沃尔西的一封信(现在他也在为安妮摇旗呐喊了)宣称:"这位女士为人所赞颂的高尚品德,她纯洁的生活,她始终保持着的童贞,她女性的矜持,她的清醒、贞洁、温顺、谦逊、智慧……是国王有此愿望的依据。"现在,希佛堡的一本"时辰之书"上涂满了亨利和安妮之间交流的短诗。安妮的一首小诗写在一幅圣母加冕图的对面:

当你祈祷时请记着我的名字,
希望将你带向每一夜每一日。

另一本属于她的"时辰之书"中有一段与亨利交流的诗句。安妮的诗写在一幅"圣母领报"图[1]的下面:

每天透过点点滴滴的事你都会发现,
我对你多么疼爱,多么怜惜,多么温暖。

这里隐含着她的"温暖"会结出果实的承诺——安妮也会生出一个儿子——同时这首诗也将她与马利亚的处女之身联系起来。

正如亨利所写的那样:"亲爱的,这次写信只是为了通知你,这

---

1 又译"天使报喜"图(马利亚被告知将做基督的母亲)。

个送信人和他的同伴被派去处理我们的事情,并以我们所能想象或设计的方式来实现它;等他们通过努力,很快办成这事以后,我相信,你和我将得到我们想要的结果。"这似乎是一个合理的希望,事情正在进展中。

苏格兰的玛格丽特·都铎在1527年年初终于获准废除了她与安格斯的婚姻关系,理由是他与珍妮特·道格拉斯女士签了婚前契约。第二年春天,她嫁给了她的情人亨利·斯图亚特。她的哥哥写信命令她"放弃与那个不是你丈夫,也不可能是你丈夫的人通奸",这听起来多少有点儿讽刺。

安格斯仍然控制着小詹姆斯五世,他成功地将斯图亚特拖出了斯特林城堡(这对新婚夫妇藏身在这里),并将其关进了监狱。但在1528年的那个夏天,小詹姆斯逃脱了安格斯的监管,开始独立亲政,当时他才16岁,并为了庆祝亲政而将斯图亚特封为梅斯文勋爵,"为了他对最亲爱的母亲怀有的巨大的爱"。(而迟至1529年,查尔斯·布兰登——他在十多年前与玛丽·都铎结婚时,他以前所抛弃的妻子中的第一个还活着——才得到了教皇诏书的最终确认,宣布他与法国太后的婚生子女毫无疑问是合法的。)

但在1528年的夏天,暂时看来,安妮和亨利好像突然碰上了一些倒霉的事;正是这些事件,才有了我们现在这第三组可以确定日期的信件。当时,汗热病[1]暴发,而且致病性极强,亨利和凯瑟琳被送到了

---

1 汗热病曾经于15世纪末、16世纪初在英国广泛暴发,据说亨利八世的哥哥、原本应该继承英格兰王位的亚瑟便是死于汗热病。以出汗为最明显的症状。目前学界对其病因、病理仍没有定论。

相对安全的乡下,而安妮则被送到了希佛堡。有一封信反映了亨利对她健康的担忧,她说的一些话"让我非常不安,感到震惊"。(他最后说,"我希望你在我的怀里,这样我就可以稍微打消你荒唐的想法"。难道她不愿被送走?)他在下一封信惊恐地提到在夜里收到了"最令人痛苦的消息……我的女主人生病了,我对她的尊敬超过了全世界,我渴望她的健康,就像我渴望自己的健康一样,所以我很愿意承受你一半的病痛,让你康复"。安妮确实病倒了,但在亨利派来的医生的治疗下,她活了下来。一封写给"我亲爱的宝贝"的信表达了因见不到她而内心难受,但还是敦促她按照自己的直觉决定在希佛堡休养多长时间:"你最清楚什么空气最有利于你的康复。"

还有更多的消息,通过这些消息可以确定更多信件的日期。教皇被说服了,派了一位枢机主教坎佩吉奥来调查英格兰王室的婚姻问题;亨利给安妮的信中不厌其烦地历数他的行程。其中一封说:"我们最盼望的教皇使节将于本周日或上周一抵达巴黎。"亨利相信很快就能"享受到我渴望已久的东西,这是上帝的旨意,也是我们双方的幸福"。事实上,患痛风的坎佩吉奥在10月抵达时已经生病,这导致了进一步的延误。国王提到"这位好心的教皇使节生病了"的消息,但对安妮的"听天由命"感到欣慰,"用理性的缰绳控制住了你无用而虚妄的想法"。他敦促自己的"好宝贝"在以后的所有行为中都要表现出同样的理性。这种焦虑开始显现了吗?

另外两封信也可能表明两人的关系正在发生变化。根据其中一封信,国王特意给她送去了"一些肉,代表我的名义,这是亨利的鹿

（hart）肉"[1]，希望他们"晚上能在一起"。由于提到了安妮的姐姐的烦恼，这封信可能会被初步确定写于1528年：玛丽的丈夫威廉·凯里在那年夏天死于汗热病，而安妮在这次疾病暴发中幸存了下来。

在另一封无法确定日期的信中，亨利告诉安妮，自从她离开后，他感到"莫大的孤独"。"我觉得这是由你的温暖和我的热切的爱造成的；否则，我没想到这么短的时间（在她离开后这么短的时间内）就让我感到悲伤。"他只简短地写了几句话，因为"我的头有些痛"。显然他们已经过了希望在对方面前表现得完美的阶段，并希望自己"在我爱人的怀里，我相信很快就能亲吻她漂亮的咪咪（Dukkys）"。"咪咪"是俚语，指乳房。但身体上的亲密接触并不是唯一重要的事情。这封信的署名是一种意向性的声明："由过去、现在和将来都是你的人按他自己的意愿亲笔写就。"

从坎佩吉奥开始，每个人给凯瑟琳出的主意都是劝她体面地退隐到一个修道院。这样一来，亨利就可以自由地再婚，因为凯瑟琳可以被视为脱离了世俗世界。（最关键的是，他们的女儿玛丽仍然被视为合法的，她在王位继承中的地位不受影响。）枢机主教引用了路易十二的第一任妻子的例子："法国的一位王后也是这样做的，她仍然受到上帝和那个王国的尊重。"他暗示这个解决方案会让"审慎"的凯瑟琳满意。但凯瑟琳既从政治审慎的角度，也从个人感情的角度，把她的处境看作一场属于她自己的十字军东征。

她肯定认为，她有责任保护丈夫免受安妮的有害影响，有责任保

---

[1] 这里仍是用hart与heart（心）谐音双关。

护丈夫的国家不受正在欧洲蔓延的异端信仰的影响。她毕生所受的教育都让她把做好英格兰王后视为自己的宿命。她年轻时曾在妻子和寡妇之间的不正常地位上有过长期而不愉快的生活经历，她不希望再经历这种生活。

不过，或许这也是亨利咎由自取。如果他对他和凯瑟琳的婚姻关系没有投入那么深的感情，如果这只是国家之间通常的政治伙伴关系，如果他们就像陌生人被推入婚床一样被推入一个短暂的联盟，凯瑟琳大概会有不一样的反应。

第二天，凯瑟琳见到了亨利，要求得到比在英国能找到的更为"不偏不倚的"顾问。她对坎佩吉奥说，"凭着她的良心"，她与亚瑟结婚后还是一个处女，哪怕他们把她"肢解"，她也不会改变"愿终身维持与亨利的婚姻关系，无论生死"的誓言。此外，她手中还有一件武器，那是在已故西班牙大使的档案中发现的一份文件：当时的教皇发给斐迪南和伊莎贝拉，批准凯瑟琳与亨利结婚的文件副本，无论她是否已与亚瑟圆房；查理五世的现任特使宣布，该文件"包含了王后的全部权利"。

1529年5月31日，坎佩吉奥的传票发出了。亨利和凯瑟琳应当在6月18日星期五在伦敦的黑衣修士修道院的教皇使节法庭上首次正式出庭。这次诉讼完全是出于国王的良知，他的内疚不是来自"任何肉体上的淫乱，也不是出于对王后的人格或年龄的不悦或厌恶"。

亨利派了代理人出庭，凯瑟琳本人却在顾问、四位主教和一众侍女的簇拥下出人意料地登场了。她"悲伤而严肃地"宣读了一份她在两天前记录并公证过的上诉书——请求让她的案件在罗马审理，而不是受制于英国法庭可疑的裁决。

第三部分 1525—1536

凯瑟琳的上诉申请书被坎佩吉奥和沃尔西拒绝了。几天后,她和丈夫在法庭上见面,很显然,凯瑟琳在使用戏剧性套路的能力方面不愧是一个真正的都铎家族成员。她从座位上站起来,走过去跪在丈夫的脚下。"陛下,我恳求你,为了我们之间所有的爱,也为了对上帝的爱,让我得到公正对待。"

请给我一些怜悯和同情,因为我是一个可怜的女人,是一个生在您领土之外的陌生人。我在这里没有可靠的朋友,更没有公正的顾问。唉!陛下,我在哪里冒犯了您,或是在哪些事上让您不悦呢?我一直是您真正的、谦卑的、顺从的妻子,一直顺应您的意愿,竭力讨您的欢心……我从来没有发过怨言,没有给过您脸色,也没有表现出任何零星半点的不满。

她继续说自己为国王生了"许多孩子,尽管上帝让他们离开了这个世界"。

当您一开始拥有我的时候,我请求上帝为我做证,我是一个真正的处女,没有被男人碰过。请用您的良心判断这是真是假。

如果您在法律上有任何正当的理由可以指控我,无论是不诚实还是任何其他婚姻上的障碍,尽可以把我驱逐出去,我甘愿冒着巨大的羞耻和不光彩离开。如果没有什么正当理由,那么在这里,我最卑微地恳求您,还是让我继续保持我以前的地位吧。

亨利两次试图扶起她,但直到她说完这番话,她才站起来,行了一个很低的屈膝礼,向门口走去。尽管传令官请她回来,她还是继续往前走:"对我来说,这不是一个公正的法庭,因此我不会在这里逗留。"

凯瑟琳展现的形象就像在亚瑟王宫廷中的那些被侮辱的女人一样,是个落难的女子。但在她的悲情中有很尖锐的一点:亨利和他的大臣们应该考虑"她的国家和她的亲属"的声誉。

而实际上,她赢了。7月23日,也就是枢机主教们应当做出裁决的那一天,坎佩吉奥却将此案正式提交给罗马。其结果将是国王和教皇之间的主权角力,这将决定英格兰未来几个世纪的命运。

安妮毫不怀疑这些麻烦应该归咎于谁——凯瑟琳本人。那年秋天(查理五世的新任大使尤斯塔斯·查普斯报告说),在亨利毫不明智地被诱导与他妻子直接交锋后,安妮因感觉不安全而歇斯底里地破口大骂:"我不是告诉过你,只要你与王后发生争执,她一定会占上风吗?我看总有一天,你会被她说服,把我赶走……唉!完了,我的时间和青春就这么白白浪费了。"

凯瑟琳现在有了一个近在咫尺的新盟友。外交家和人文主义者查普斯热心地参与进来,他将在凯瑟琳的余生成为她的支持者(并在她死后拥护她的女儿玛丽)。但是,尽管她赢得了当前这场战役,但面对来自多个方面的压力和对手,她注定无法赢得这场战争。

如果需要证明事态变得多么严重的话,不妨瞧一瞧枢机主教沃尔西的命运,由于他没能帮亨利摆脱困境,哀叹道:"由于害怕惹得安妮女士不高兴,没有人敢和国王说话。"在黑衣修士修道院听证会之后的那个秋天,亨利的这位曾经的全能大臣被指控犯有"蔑视王权罪"（praemunire，主张教皇的权威高于国王的权威），被剥夺了政府职务、权力和财产。由于未能从曾经很乐意利用他的外国盟友那里获得支持，他被迫隐退到约克，此时他仍然保留了约克大主教的位子。威尼斯人报告说，他垮台的速度，"可以说超过了他以前暴得大名、飞黄腾达的势头"。次年10月，沃尔西被捕并被带往南方，死于前往伦敦的途中。

在这一阶段——在马丁·路德最初将他对教皇做法的批评钉在一座教堂门上差不多十年之后，还没有明显的迹象表明亨利和安妮的婚事将导致英格兰与罗马教廷的决裂。毕竟，援引教皇的判决，就像在黑衣修士修道院所做的那样，隐含着对教皇权威的承认。但现在，由于罗马在"国王的大事"上似乎冥顽不灵，事态即将发生变化。

在任何时候，我们都不可能将个人或政治野心与宗教激情分开，而这两者都将与安妮的故事密不可分。1529年11月3日，亨利召开了后来被称为"宗教改革议会"的会议，在五年多的时间里，议会将就国王与教会的关系问题进行辩论。一个月后，托马斯·博林被封为威尔特郡伯爵，在仪式之后的宴会上，他的女儿安妮坐在优先于其他所有贵妇（甚至国王的妹妹玛丽）的席位。

关于安妮·博林，我们确切知道的少数几件事之一就是她的宗教信仰的重要性。但是，在英国新教存在近500年之后，要区分安妮的影响和她的意图是很难的。查普斯会义愤填膺地宣称博林家族"比路德本人更路德"，而在安妮女儿的统治时期，福克斯的《殉道者之书》则将安妮描绘成一个新教的女英雄（这是她转变为传奇人物的早期例子）。

11 "我们想要的结果"

有不少贵妇尽管对改革天主教会的弊端（而非参与"宗教改革"运动）很感兴趣，但同时仍是天主教会忠诚的女儿（正如贵妇们曾经也是清洁教派的推动者）。她们中表现最突出的是弗朗索瓦一世的姐姐纳瓦尔的玛格丽特，她寻求的是一种不像罗马教会的仪式那么烦琐、更偏重精神层面的模式。她的著作在16世纪30年代初被谴责为异端，但玛格丽特最终还是重申了她对天主教会的忠诚。虽说安妮曾以十字军东征式的热忱控告她所认为的腐败或有害的仪式，我们也要看到，直到生命的最后时刻，她都在按照天主教仪式践行她的信仰。

然而，正是安妮，甚至在黑衣修士修道院摊牌之前，就向亨利八世提供了一本由流亡的威廉·丁道尔出版的禁书《基督徒的服从以及基督徒统治者应如何治理》中的有用段落。信仰的问题可能与政治和实用性的问题相结合，因为这本书质疑教皇是否应被视为每个国家的终极宗教权威。相反，它建议臣民对统治者负责，而统治者只对上帝负责。

为了让亨利注意到这本禁书，安妮与她的一位侍女玩了一把宫廷游戏，让亨利以为是他自己发现了这本书。安妮把书借给了她的侍女，这位侍女的情人"在恋爱把戏中"抢走了书，并公开阅读它，以至于这本书被没收并交给了沃尔西，安妮就顺其自然地去找亨利抱怨。她的努力得到了回报。亨利说："这本书是写给我和所有国王看的。"

在黑衣修士修道院的听证会后不久，剑桥大学的学者托马斯·克朗默被介绍到了宫廷，他提出了一个有用的建议，即应向欧洲的各个大学征询教皇对君主发号施令的权力是否有任何神学依据。在1530年的春天，一个接一个的大学机构——巴黎的、奥尔良的、博洛尼亚的——给了亨利他想要的答案。6月，他收到了《神学大全》（*Collectanea Satis Copiosa*）[1]，这是一部《圣经》和历史材料的汇编作品，证明了教皇不一定是至高权威。查理五世的大使查普斯惊恐地警告说，如果"（威尔特郡）伯爵和他的女儿"（安妮·博林和她的父亲）继续掌权，他们将"使这个王国完全脱离对教皇的效忠"。

这句话本意是指责，实际上却一语成谶。1531年2月，亨利八世要求教会当局承认他是"英国教会和神职人员唯一的保护者和最高首领"。查普斯报告说，安妮·博林"眉开眼笑，就像她真的上了天堂一样"。

宗教改革问题与亨利八世——他相信自己有这个资格——想要建立一个亚瑟王曾经拥有的那种帝国的渴望紧密相连。1531年1月，诺福克公爵以亚瑟王的先例为由，在查普斯面前为国王的行为辩护：亚瑟王的印章（诺福克说）说他是"不列颠、高卢、日耳曼和达契亚[2]的皇帝"。（西班牙大使闻言说，很遗憾他们没有把他也称为亚洲的皇帝。）

亨利统治时期的某些最新进展给了他一个新的理由，使他得以把自己塑造成亚瑟王的继承人，亚瑟王不是打败了罗马帝国吗？这一胜利是亚瑟王故事中经常出现的元素（尽管我们今天对此已经忽视），但马洛里在他的版本中突出表现了这一情节；此外，还把它与亨利五世的胜利联系起来。人文学者们并不看重早期编年史家所钟爱的亚瑟

---

[1] 这本书的拉丁文书名直译就是"大全集"的意思，与阿奎那著名的《神学大全》（*Summa Theologica*）不是同一本书。

[2] 位于今罗马尼亚一带的古代王国。

王传说，例如波利多·维吉尔的《英国史》（*Anglica Historia*）最终于1534年出版，但只保留了亚瑟王故事的基本提要而已。（在未来的岁月里，新教的道德家对马洛里的故事几乎没什么好感：伊丽莎白一世的导师罗杰·阿斯哈姆抱怨说，在马洛里的《亚瑟王之死》中，最高贵的骑士被认为是那些"以最狡猾的手段犯下最肮脏的通奸罪行"的人。）但在接下来的几年里，古典学家约翰·利兰在亨利国王本人的赞助下，写了几篇论文，愤怒地驳斥维吉尔摒弃亚瑟王传说的做法。

然而，对于亨利与罗马决裂产生的政治影响，信息仍然是混杂的。1531年1月，憎恨安妮的查普斯还是将她描述为"比狮子还凶狠"，公开谈论她对西班牙王后的蔑视。可是，在1531年春天，甚至在亨利宣布他的宗教至高无上的时候，他仍把凯瑟琳的女儿玛丽带到宫廷，并骄傲地向众人炫耀。她的哈布斯堡亲戚的大使们感到放心，觉得亨利不会走向任何极端的地步。

1531年5月底，亨利再次派人试图劝说阿拉贡的凯瑟琳安静地离开，但失败了。被派去劝说她的贵族之一是萨福克公爵查尔斯·布兰登。作为国王阵营的人，他曾支持亨利维护自己的权威，但他的妻子，前法国王后，却完全站在了凯瑟琳一边。事实上，萨福克家族对安妮·博林表现出的敌意足以使王室兄妹之间出现裂痕。这场斗争将会变得很肮脏：当布兰登试图挖出安妮早年生活的故事时，安妮则指责他与自己一个前妻的女儿有"乱伦关系"。

凯瑟琳仍然保留了她王后的身份，与国王一起在各地出席活动，不过安妮也可能是随行的一员。1531年7月初，他们三人都在温莎。但在7月14日，亨利和安妮骑马去切特西修道院打猎，而凯瑟琳则被命令留在原地。随着夏季的结束，凯瑟琳被送到了赫特福德郡的莫尔

第三部分 1525—1536

庄园,而她的女儿玛丽则被命令送到里士满。她们再也不会被允许住在一起了。

圣诞节时,安妮和亨利一起来到格林尼治,住在王后的房子里,有一大群贵妇陪伴。亨利退还了凯瑟琳送给他的礼物,但欣然接受了安妮送来的一套精美华丽的外国制造的野猪矛。作为回报,亨利给了她一个挂满金银布的房间。但根据爱德华·霍尔的记录,"所有的人"都宣称,凯瑟琳和她的侍女们不在场,"没有欢乐的气氛"。

第二年春天,即1532年5月,英格兰的神职人员正式承认亨利为他们教会的首领。相关文件是由沃尔西的一个前仆人递交给国王的。这个仆人最终证明了自己的价值,似乎已经准备好接替他前主人的位子。他的名字是托马斯·克伦威尔。[1534年,克伦威尔被任命为国王的首席秘书,查普斯写道,他"的地位已经在所有人之上,除了某(安妮)女士……现在,不通过克伦威尔,没人可以做成任何事情。]

当月,托马斯·莫尔辞去了大法官的职务,因为他无法接受亨利对教皇权力的篡夺。罗切斯特主教约翰·费舍尔只是最著名的反对国王行动的神职人员之一。8月,坎特伯雷的大主教——苍老疲惫的威廉·沃勒姆去世,当年冬天,其位置由福音派的克兰默接任。契约正在打破,甲板正在清理,骰子正在掷出。而且(不妨说完这套陈词滥调!)有些事必须舍弃。

马洛里在他的《亚瑟王之死》中抱怨说:"现在的人恋爱不到七天,就要满足所有的欲望……但旧时的爱情并非如此。因为男人和女人可以在一起相爱七年,他们之间没有任何淫欲。"具有讽刺意味的是,在1532年才开始或恢复完全的性关系之前,亨利八世和安妮·博

11 "我们想要的结果"

林等待爱情圆满、克制自己欲望的时间,几乎恰恰是七年。

也许安妮觉得只有怀孕才能促使亨利采取最后的步骤,与罗马和凯瑟琳断绝关系;也许两人都意识到时间已经不多了。安妮毕竟已经过了30岁;要生育的话,按照当时的标准已是大龄产妇了。然而,很典型的是,游戏的下一阶段却是在隐秘的筹谋和公开的仪式活动相交织的情况下进行的。

10月,根据英法联盟的要求,亨利前往加莱与弗朗索瓦一世进行会谈。安妮也去了。法国人承认安妮是他们在英国宫廷中最有话语权的代言人,而法国的支持也使她在王室婚姻这场国际游戏中成为更有信誉的玩家。威尼斯人把一个谣言当成了事实(凯瑟琳是对此信以为真的人之一)来传播,他们将在加莱结婚,也许弗朗索瓦会出席仪式并给予祝福,表示承认这桩婚事。(威尼斯特使还报告说,有传言说凯瑟琳的小姑玛丽"坚决拒绝"参加婚礼;而令安妮失望的是,法国王室的贵妇们也拒绝出席婚礼。)

这次访问中,刚被册封为彭布罗克女侯爵的安妮戴上了从阿拉贡的凯瑟琳手中抢来的王室珠宝。凯瑟琳抗议说,交出这些珠宝装点一个成为"基督教世界的丑闻"的女人,这违背她自己的良心。(不公平的是,这批珠宝甚至包括凯瑟琳从西班牙带来的一些。)安妮和她的侍女戴着面具参加了两位国王的晚宴,受到了法国宫廷男士的热烈欢迎。可能是在加莱,也可能在漫长的、被暴风雨耽搁的回家之路上,她最终还是和亨利睡在了一起。霍尔和桑德都说,就在他们返回的当天,在多佛,这对夫妇举行了一个私密的结婚仪式。

次年1月底,在伦敦,亨利和安妮悄悄地举行了另一场婚礼。先前传闻的二人在多佛举行婚礼可能只是一个故意散播的谣言,以确保

· 207 ·

没有人质疑安妮这时猜测自己也许怀上的孩子的合法性。到2月底，她怀孕的消息已经传开了。4月，亨利的四位高级官员——其中包括深感尴尬的查尔斯·布兰登——到凯瑟琳在乡间的软禁之处探望并告诉她，她不再是王后了；她的许多仆人和财产都将被剥夺。5月，克兰默以他作为新任英国教会首席大主教的名义，宣布凯瑟琳与亨利的婚姻无效，而安妮则成了亨利的合法妻子。

6月1日，安妮被加冕为王后：与阿拉贡的凯瑟琳在25年前经历的小规模婚礼和华丽加冕仪式的模式一样。虽然当时没有人能够猜到，两人之间并不仅仅有这唯一的相似之处。

6月底，玛丽·都铎去世了。她的丈夫查尔斯·布兰登的信早就反映了对她健康的担忧。随着安妮的崛起，玛丽逐渐退居到自己的庄园。她越来越直言不讳地表露对这个新来者的厌恶：前一年，威尼斯大使报告了她的"侮辱性言论"。玛丽死后10周，布兰登与他的被监护人、年轻的女继承人凯瑟琳·威洛比结婚了。

在苏格兰，玛格丽特·都铎逐渐接受了安妮成为英格兰新王后的现实。她从未像玛丽一样与凯瑟琳关系那么密切。鉴于凯瑟琳现在基本上相当于一个囚犯，安妮的王后之路似乎已经打扫干净了：众所周知，安妮·博林只做了差不多1000天的王后。

12

"至福"

1533—1536年早春

安妮·博林的加冕典礼持续了四天，这大概对任何人来说都会很累，更不用说一个进入怀孕后半期的妇女了。但这是安妮的胜利；事实上，这场大典既是庆祝她的贞洁，也是庆祝她的生育能力。这是基督教女性的两张面孔，也是安妮的人物形象中最有争议的两个方面。

第一天，安妮被护送到伦敦塔（按照传统规定），并在泰晤士河上举行了水上庆典，人们几乎从未见过甚至也未听说过这样的盛况。伦敦同业公会的50艘大驳船金箔闪耀，铃铛叮当作响，船内挤满了奏响嘹亮音乐的乐师。游船队伍由一条喷吐火焰的机械巨龙领头，然后是王室和朝臣的驳船：约有300多艘。

第三天，伦敦塔里举行了48小时的仪式后，在返回威斯敏斯特教堂的队伍中，安妮身着银白色的衣服，乘坐由披着白色锦缎的小马拉着的白色轿车；她的标志是白色的猎鹰。为这次活动所创作的诗句强调了这一点。

勇猛无敌，

无可挑剔，

第三部分 1525—1536

> 白色猎鹰在飞翔,
>
> 贞洁贤淑,
>
> 谁也不如,
>
> 像处女一样光亮。

然而,她自豪地展示了她膨胀的腹部。毕竟,王后经常代表圣母马利亚。庆典回顾了圣母马利亚本人的母亲圣安妮的"多产"。"安妮王后,当你生下有国王血统的新儿子时,你的人民将拥有一个金色的世界!"

也许是为了象征安妮可能怀上的儿子,迄今为止只有君主才能佩戴的圣爱德华王冠被临时戴在她头上一会儿,然后用更轻的冠冕代替。但这确实寓示着她在王室中的地位得到了提高,几乎就像安妮的宫廷淑女的有力角色给了她男性一般的力量似的。这只是安妮的王后生涯中将会面临的一系列问题和挑战的开始。

安妮选择了"至福"的座右铭:也许是对亨利为她所做的一切的认可,但也可能是一种源于不安全感的耀武扬威。大使查普斯报告说,大街两旁观看她的加冕仪式的人群都显得很沮丧,不过他的信件(也是我们研究安妮王后生涯的主要信源之一)都渗透着他和他的主人查理五世的敌意。

9月7日,安妮生下了一个女孩,而不是大家期望已久的男孩,这无疑让父母感到失望。但父母双方都表现出乐观的态度:在一个健康的女儿之后肯定会有健康的儿子,孩子被命名为伊丽莎白,以亨利的母亲(也与安妮的母亲同名)命名。为迎接王子诞生的比武大会被取消了,但事先写好的宣布信被发出去了,信中的"王子"(prince)改成了"公主"(princess),法国大使是洗礼仪式上的贵宾。

安妮似乎在1534年的夏天流产了,不过(就像凯瑟琳的几次怀孕一样)有不确定的成分。在春天,她有身孕是众所周知的:埃尔瑟姆的育婴室正在准备中,而且直到6月,有人还说她"肚子很大"。然而,并没有关于她流产的消息,不过在9月,查普斯给他的主人查理五世寄去一份奇怪的信,信中说亨利开始怀疑安妮是否怀孕了:

> 自从国王开始怀疑他的夫人(安妮)是否怀孕后,他与宫廷中一位非常漂亮的女士重叙旧情,并且比之前更加亲密了;由于该夫人想赶走这位女士,国王非常生气,告诉他的夫人,他为她所做的一切,她完全应该觉得知足,如果她真要赶走那位女士,早知道她是这样的醋罐子,他就不会为她做那些了,她应该记得自己的出身,还有别的几件事。

查普斯务实地说,对此"不宜过于重视,考虑到该国王反复无常的性格和该夫人的手段,她很清楚应该如何拿捏他"。

然而,正是以安妮怀孕为前提条件,议会于1534年3月通过了第一部《继承法》,每一个重要人物都要对该法进行宣誓,宣布安妮·博林是亨利的合法妻子,他们的孩子是王位继承人。前公主玛丽被要求放弃自己的头衔,而被取代位置的凯瑟琳丝毫没有减弱她对自己是亨利妻子的信念,她在安妮加冕的那个月里还写到了"在这之前,我和他之间的伟大爱情……我对他的爱情如同以往一样忠实和真挚"。

第三部分 1525—1536

安妮发誓要让凯瑟琳的女儿玛丽做自己的女仆,否则就要玛丽嫁给"某个小厮"。据传安妮曾说:"她和我势不两立,一定要拼个你死我活。"但是,尽管她的报复行为在历史上备受负面评价,亨利也同样不能忍受对他权威的任何蔑视。阿拉贡的凯瑟琳写给她女儿的信,字里行间反映出她相信她们的生命可能处于危险之中。

> 女儿,我今天听到了这样的消息,我确实意识到,如果这是真的,全能的天主考验你的时候到了;我对此非常高兴……如果灾难降临,要忏悔赎罪;首先要清洁自己;听从主的诫命,只要主给你恩典,你就一定要严格遵守诫命,这样你就会得到主的庇护……我们通往天国的道路上总是充满困难。

那年11月,《继承宣誓法》要求宣誓人"忠于安妮王后,相信并认为她是国王的合法妻子和英格兰的合法王后,并完全认为凯瑟琳王后为国王生的玛丽女士是私生女,在良心上没有任何顾虑"。它还要求他们宣誓放弃认可"外国当局或权势"。

托马斯·莫尔和约翰·费舍尔主教都拒绝签字,并被送入伦敦塔。1534年,亨利通过了《叛国法》,将"恶意否认"王室至高无上的地位定为死刑。莫尔和费舍尔在1535年夏天被处决;尤其是莫尔之死,更是一件震动了几个世纪的丑闻。

安妮与亨利的关系在某种程度上继续沿袭着它的老路:无论是热烈还是冷淡的时刻,都异常激烈。就连查普斯都把他们之间的许多争吵描述为仅仅是"情人之间的口角",来得快,去得也快。然而,有

12 "至福"

两个新的因素，他们必须与之抗争。

当然，从公共意义上讲，安妮的地位因她的婚姻而得到了极大的提高。她现在是英格兰的王后。但是，作为妻子，她很难再玩官廷式的可望而不可即的把戏，而怀上国王的孩子则为其他女人取代她的位子开辟了道路。当安妮质问亨利他对另一个女人的兴趣时，亨利愤怒地告诉她要"闭上眼睛忍着"，就像"更高贵的人"——阿拉贡的凯瑟琳——做的那样。她完全可以用安德烈亚斯的规则之一来反驳："不爱的人才不会嫉妒。"但安妮实际上已经不幸落入了近四个世纪后人们所描述的处境：与情妇结婚的男人为自己留下了寻找新欢的空间。安德烈亚斯写道，"婚姻并不构成不再去爱的正当借口"。但他设想的这种爱，其对象是在婚姻之外，与婚内的爱不是一回事。

1535年2月底，查普斯写道，亨利现在迷上了"妃子的一个表妹，公主（玛丽）现在的女管家的女儿"。此时，玛丽的管家是托马斯·博林的妹妹安妮·谢尔顿，我们认为她有两个女儿为安妮服务：玛格丽特（玛奇）和玛丽。她们中的哪一个被认为是亨利的情妇，取决于一封写得很潦草的信，里面的名字可以认作"玛格"（Marg），也可以认作"玛丽"（Mary）。确实有人认为她们实际上是同一个人，不过我们很快就会看到更多关于玛丽的消息。有可能安妮又一次怀孕了，而霍华德家族则积极推动亨利与谢尔顿家女儿的关系，把事态控制在家族内部。

这些事情并不一定重要，它们符合官廷行为的传统。但它们确实表明，安妮在适应她所处的新环境以及官廷传统所规定的规则方面遇到了困难。毕竟，只是由于亨利的爱，她才得以成为王后的；因此，与以往的王室配偶不同，她没法对亨利的拈花惹草置之不理。或许她和阿拉贡的凯瑟琳都因王室婚姻中掺杂了宫廷规则所带来的困惑而苦恼。

但在1535年，当安妮的姐姐玛丽·博林的肚子越来越大，导致她与相对卑微的朝臣威廉·斯塔福德的秘密婚姻暴露时，安妮和凯瑟琳之间的地位差异就很明显了。与她工于心计的妹妹[1]相比，玛丽经常被认为是头脑简单的女子（如菲利帕·格雷戈里的小说《另一个博林家的女孩》和随后的同名电影中的形象），但玛丽写给托马斯·克伦威尔的长信（她希望他能代表她进行交涉）是非常富有表达力的：

> 他（斯塔福德）还年轻，爱情战胜了理智；就我而言，我看到他为人如此诚实，我爱他就像他爱我一样；我曾被束缚着，很高兴能获得自由……我也许能找到一个出身更好和地位更高的男人，但我向您保证，我再也不会遇上一个能如此爱我的人。

玛丽也许有点尖锐地说："我宁愿和他一起讨饭，也不愿成为最了不起的王后。"设想一下，安妮和亨利的越界婚姻开启了所有其他的可能性，不算是异想天开吧？但就安妮现在是王后、处于社会等级制度的顶端而言，她姐姐嫁给一个地位低下的男人是一种尴尬。玛丽的行为提醒了全世界，博林夫妇——他们立即与犯错的女儿断绝了关系——并不是王族。

在未来的几个月里，还是让玛丽待在王后的官室外更安全吧。

---

[1] 关于安妮和玛丽谁是姐姐，谁是妹妹，并无定论。译文采用了更常见的说法。

安妮非但没有放弃她的宗教改革主张，反而坚持让她的侍女们每天都参加神圣的仪式，还责备她的一位谢尔顿家的表亲在宗教文本中乱写诗。一些主教因年老退休、去世等因素（以及费舍尔被处决）使得一些职位出现空缺时，她便支持福音派教会人士的候选资格。然而，宗教观念有分歧的两派人士显然都有夸大她的热情的动机。苏格兰宗教改革人士亚历山大·阿莱士告诉安妮的女儿伊丽莎白说："英格兰的真正宗教始于你母亲，终于你母亲。"而查普斯同样认为"妃子"（他这样称呼安妮）的异端学说和做法是"路德教在这个国家传播的主要原因"。

事实上，安妮并不是马丁·路德的追随者，但她确实支持研究和传播《圣经》文本，并揭露了旧教会神职人员的迷信活动。王后身份给了她新的机会。我们看到安妮积极赞助调查人员，他们发现海勒斯修道院里永远呈液态的"圣血"实际上是鸭子的血；她自己也访问了锡永修道院的修女，责备她们道德堕落以及仍然在诵读拉丁文赞美诗。

1535年，调查人员对英格兰各地的修道院进行了全面检查（"访问"），一些规模较小的修道院已经被安排强制关闭。而那些不愿意看到老一代传统消失的人找到了一个近在眼前的替罪羊。"指责女人"是一个熟悉的套路：约翰王的妻子曾被指责造成了约翰王的失败，安茹的玛格丽特也被指责造成了亨利六世的失败。

而在欧洲其他地方，反对变革的抵制运动已经开始。法国的纳瓦尔的玛格丽特与尼德兰的匈牙利的玛丽（她接替她的姑姑奥地利的玛格丽特成为摄政王后），她们的信仰都带有改革性质，都因此面临着压力。两人都急忙表明，她们从未脱离过天主教。对安妮来说，不可能有任何这样的选择:她作为亨利合法妻子的地位取决于对教皇权威的拒绝。无论如何,毫无疑问,她认为自己在宗教事务上起了带头作用,是在履行一种道德义务,履行作为王后和宫廷模范的职责。卡斯蒂廖内曾写道,如果没有女性,不仅生活会缺乏"魅力",会变得"粗野",而且"如果我们真正考虑事实的话,我们也会认识到,在对重大问题的看法上,她们不但不会分散我们的注意力,反而会唤醒我们的思考"。但在其他方面,安妮立场中的反常现象却越来越难以调和。

除了宗教之外,安妮的宫廷也乐于讨论爱情游戏更为理智的方面。1530年,亨利的妹妹玛丽曾经的家庭教师约翰·帕斯格雷夫出版了一套卷帙浩繁的语言学习指南,其中用了很多文学上的例子,以促进人们对法国宫廷文学的认识。1532年,一位名叫威廉·蒂恩的朝臣得到亨利八世的积极批准,出版了《新版杰弗雷·乔叟:从未刊印过的作品》,不仅包括乔叟翻译的《玫瑰传奇》,还包括理查德·罗斯翻译的《狠心的女人》(*La Belle Dame Sans Mercy*),被错误地认为是乔叟的作品。第二年,有记录表明蒂恩担任了安妮的司库之一。*

安妮的管家写道:"至于在王后宫室里的消遣,从来没有这么多姿多彩。如果你们当中有哪个要离开的时候觉得那些青睐你的女士会因为分别而惆怅,我从她们的舞步中可看不出这一点。"安妮是一个特别娴熟的乐师,她会演奏鲁特琴、长笛和雷贝琴,这是她当初在奥地利的玛格丽特宫廷里学到的技能,玛格丽特是音乐的主要赞助人之

---

* 蒂恩的侄子将是郎利特庄园的建造者。

一。就连对安妮不抱有同情的乔治·卡文迪什也会写道:"当(安妮)气定神闲地用她的双手演奏,用她的嗓子歌唱时,演奏与歌声与她甜美的容颜相得益彰,就像三重和声中的音符那样和谐一致。"

同样对安妮不抱同情的天主教徒简·多默后来描述了王后宫室里的"假面剧、舞会、话剧以及种种感官上的乐趣,在这些方面(安妮)有一种特殊的优雅,一种对肉体欢愉的诱惑,终将招来耻辱"。以后世的眼光来看,在那里进行的游戏似乎是致命的:由于我们对这些游戏的了解主要来自安妮失势后的说法,它们也就显得更致命。但这些迹象当时是否已经存在了呢?

安妮可能还记得卡斯蒂廖内宣称的宫廷女子的矛盾任务是"恰到极致,不可越界"。安德烈亚斯在12世纪制定的宫廷爱情规则也同样自相矛盾。一方面,这些规则似乎允许调情,也许安妮希望通过跟别人调情来激起亨利的嫉妒。(规则22:一旦对情人产生怀疑,将会助长嫉妒和爱的感觉。)然而,这些规则也提供了严厉的警告,如果安妮读过它们的话:

17.新欢迫使旧爱让位。

28.最轻微的猜测都会迫使恋人对他爱的对象滋生黑暗的想法。

还有一篇很少被讨论的文本,可以追溯到安妮·博林做王后的时期,它反映了安妮的王后身份——就像亨利的王位——在多大程度上建立在历史(故事)观念上。但它也反映了一个王后的成功最终取决于一件事:生下一个继承人。《嘉德黑皮书》制定了嘉德骑士团的规则和仪式,保存在温莎的圣乔治教堂,可能由佛兰德艺术家卢卡斯·霍伦布特制作于1534年。书中插图展示了创立该骑士团的国王爱德华三世和他的王后菲利帕主持仪式的情景,国王和王后在骑士中尤其引人注目。

> 因为迄今为止,当举行比武大会、各种娱乐活动和公开表演时,高贵和勇敢的人会在其中展示他们的力量和武艺,王后、宫女和其他出身显赫的妇女与年老的骑士,以及一些被选中的传令官通常会……观看、辨别、赞同或反对可能做的事情……用他们的话语和神态鼓励和激起人们的勇气。

为了展示嘉德骑士团的历史,《嘉德黑皮书》所描绘的国王形象之一是亨利八世,插图刻画了其红金色胡须和其他可辨识的特征,装扮为骑士国王亨利五世,阿金库尔战役的胜利者。但是王后的形象呢?最近的研究表明,该形象描绘的大概是菲利帕王后,戴着一个刻有"AR"字母(代表Anna Regina,安妮王后)的吊坠,而她和随从则穿着16世纪30年代的时装。

埃诺的菲利帕在英国历史上被铭记,是因为傅华萨[1]称赞过她的温柔和礼貌——她曾为加莱被判刑的居民求情而出名[2]。当然,还有她的生育能力。她有8个子女幸存,这些子女的后代将是"玫瑰战争"的

---

[1] 让·傅华萨(Jean Froessart,约1337—1405),法国中世纪著名编年史家,神父,著有《编年史》。菲利帕是他的赞助人,他从1361年起直到她去世都担任她的秘书。
[2] 1347年,爱德华三世在攻陷加莱后,威胁要处死抵抗的六名市民,因王后的求情而赦免了他们。

12 "至福"

主要参与者。很明显,安妮在这方面要赶上她才行。

1535年年初的某个时候,安妮可能流产了,而这次怀孕促进了国王对她谢尔顿家表妹的感情。对亨利来说,这种情境他非常熟悉。那年早些时候,一位法国特使报告说,安妮向他倾诉,她忧心忡忡地发现自己"被毁了,失败了"。她不能畅所欲言,不敢以书面形式表达她的恐惧……"这位女士不放心"。

然而,在1535年夏天,这对王室夫妇访问索恩伯里城堡时,有人描述他们"很快乐"。当然,这可能只是一个表面的美好现象。这次出巡还包括在沃尔夫庄园——约翰·西摩尔爵士和他女儿简的家——逗留了一周。但到了1535年秋天,安妮又一次怀孕了。换句话说,亨利和安妮的婚姻生活是否已经出现了严重的问题,或者第二年发生的令人震惊的事件是否真的如晴天霹雳一般突如其来,这一点还很不清楚。

具有讽刺意味的是,在1536年的头几个星期,正是阿拉贡的凯瑟琳的去世为安妮的失势提供了一个背景。凯瑟琳是因疾病(可能是癌症)而去世的,但不可避免地传出一些谣言。长期以来,她一直坚持由她信任的几个老仆人来做饭,因为她害怕中毒。她把自己禁闭在一个房间里,对亨利安排在她身边的新仆人不屑一顾,认为他们是"狱卒和密探"。她的生活就像她年轻时所经历过的那样,成了沉闷的噩梦;但这次不会有王子来救她。她的王子正是她的看守。

意识到自己命不久矣,凯瑟琳给亨利写了一封令人不快的遗书。她声称"最亲爱的主人、国王和丈夫"优先考虑的不应该是世俗事务,以及"对你身体的照顾和呵护",而是"你的灵魂的健康和保障"。她原谅了他所做的一切,并祈求上帝也能这样做。"最后,我发下誓言,我渴望见到你,胜过一切。"她带有挑战意味地签名为"王后"。亨利和安妮一起庆祝了她的辞世。但安妮接下来却顾虑重重:查普斯报告说,她"经常哭泣,担心他们会像对待好王后那样对待她"。事实上,凯瑟琳的死将被证明有如在池塘中投掷石子一样引发一系列涟漪效应。

1月29日,就在凯瑟琳葬礼当天,安妮又灾难性地流产了。胎儿是个男孩。五天前,亨利在比武中受伤,一些历史学家认为可能是大脑皮层的挫伤导致他的统治方式和性格发生了重大变化,不过他腿上的另一处伤痛从未完全愈合,也可能是原因之一。安妮将自己身上刚刚发生的悲剧事件归咎于听到亨利受伤消息后的震惊;还有亨利对另一位女士的兴趣给她带来的苦恼。(天主教的宣传家声称,安妮曾目睹亨利与简·西摩有不正当的亲密关系。)但不管是什么原因,所有人都知道正如查普斯所说的那样,她"得救的希望被流掉了"。

据查普斯说,亨利曾对安妮讲过一句不祥的话:"我看上帝不会给我男孩了。"在这种境况下,提到神明有着非同寻常的意义。很容易让人想起他与凯瑟琳婚姻的结局。安妮的道德价值遭到了怀疑:在人们看来,归根结底,她不是一个好到足以让上帝赐予她儿子的女人。

如果说英国王后的历史为安妮提供了典范让她选择——其中一组是百依百顺的贤妻良母,另一组则是女巫和荡妇——安妮的气质,以及她登上王后之位的途径,肯定会让她归入后者的行列……被人看成实实在在的女巫和荡妇。有人告诉查普斯,亨利曾对一个男廷臣说,他是被"sortilèges"引诱到这场婚姻中的。对于"sortilèges"这个词,是应该翻译成巫术,还是仅仅翻译成预示,即安妮有望生下儿子,还存在一些疑问。但是，正如我们所看到的，上个世纪的其他王室妇女也曾被指控使用巫术。

安妮显然知道她势力薄弱。这年1月，她完全改变了态度，发出命令，不再强迫前公主玛丽承认她同父异母的妹妹伊丽莎白在地位上比她高。此外，安妮肯定也意识到（正如乔治·怀亚特所说，当她"肚子又大了，因此不适合调情"时），亨利已经被她的一位侍女简·西摩吸引。1535年10月，一位法国访客来到英国宫廷，报告说亨利对安妮的感情"大不如前，而且逐日减弱，因为他有了新的恋情"。

安妮播下了她自己被抛弃的种子。同样的规则上的变化使她登上王后之位成为可能，也将为简·西摩、凯瑟琳·霍华德、凯瑟琳·帕尔开辟道路……宫廷爱情不过如此：具有讽刺意味的是，本应提升女性地位的信条最终却让她们变得可有可无。

13

"有污点的王后"

1536年4月、5月

宫廷爱情的辞藻,以及它对女性主导地位的名义上的强调,掩盖了安妮的崛起是如何的冒天下之大不韪。但在安妮的失势方面,如同她的崛起时一样,宫廷爱情为其他力量的运作提供了途径。

安妮的失势也同样受到国际环境变化的影响。凯瑟琳死后,她的外甥查理五世——正如亨利在早些时候相当粗暴地向查普斯说明的那样——没有理由再为英国事务操心了。亨利可以再次与查理建立外交关系,而不必再与查理的小姨重续前缘。如果说有什么妨碍的话,现在的困难是安妮的亲法形象。

长期以来,法国的文化理念对英国人既有着强烈的吸引力,也引发了他们的某种排斥感。几年前,人们曾担心亨利的一些"奴才"(侍从)在盲目模仿法国人的生活方式,这导致了英国宫廷对内部进行了一次清洗和整顿。甚至也有可能是由于对之前那些占主导地位的法国王后——伊莎贝拉、玛格丽特——的记忆,大家对这位法国化的安妮产生了担忧。

但法国并没有像安妮所希望的那样完全支持她做王后。说到底,她根本就不是王室中人。他们不愿意在亨利废除婚姻的问题上与教皇交涉，而且（令安妮失望的是）他们显然仍认为已被官方宣布为私生女的玛丽公主——他们认为她可以嫁给他们的王储——比安妮的孩子伊丽莎白的地位要高。甚至对伊丽莎白与弗朗索瓦的小儿子联姻的提议，法国人的态度也一直不温不火。到了1536年春天，势力薄弱的安妮发现对亲帝国的政策要做出支持的姿态，才足够明智。4月18日，查理五世的大使查普斯不得不策略性地做了他长期以来避免的事，在安妮王后经过小教堂时向她致意，彼此交换"礼貌所要求的敬意"。

但这些信号是相互矛盾的。4月24日，亨利签署了一份委托书，要求克伦威尔调查"未知的叛国阴谋"。他有可能已经在早些时候询问过结束婚姻的前景。但是，在签署完该委托书的第二天，他就在给一位海外大使写信，说"有可能，也有迹象，上帝会通过我最亲爱的、完全心爱的妻子，王后……赐予我男性继承人"。

换句话说，我们不清楚亨利是对安妮感到厌倦，还是恰恰相反：他对她的坚定承诺威胁到了英国宫廷中的其他人。然而，在接下来的一周里，事态加速恶化了。

正是在安妮的麻烦逐渐增多的这几周里，宫廷立法没收了较小的修道院的财产。但是，安妮在没收所得应归何处的问题上与托马斯·克伦威尔发生了冲突。

迄今为止，她与克伦威尔的利益是一致的，但现在出现了分歧。安妮的兴趣在于教育和社会改革，克伦威尔的兴趣则在于加强君主制，而将修道院的财富转入国王的金库，可以大大增强国王的权力。

围绕安妮的失势的争论中，焦点之一是其主要推动者是克伦威尔还是国王。查普斯后来报告说，克伦威尔称"自己设计和策划了该事件"，但其语境也许表明亨利已经授权他这样做。如果克伦威尔现在把安妮视为他的敌人，他会认为她是一个危险的对手：许多人认为正是这个女人扳倒了他的老主人沃尔西。就像她伟大的传记作者埃里克·艾夫斯所说的那样，安妮"成了反对派的领袖"，令人难忘。但是，只有当安妮的倒台也使博林派的其他人倒台时，才能拯救克伦威尔。而且，正如宫廷政治中经常出现的那样，两个截然不同的团体为了某种共同利益而短期合作，成了同路人。3月3日，爱德华·西摩被任命为枢密院成员；他（以及他的妹妹简）现在可以更方便地进入亨利的房间。

1536年4月2日，安妮的牧师约翰·斯基普在国王的枢密院成员面前布道，描述了亚哈苏鲁国王如何被他邪恶的枢密大臣哈曼说服，差点屠杀了犹太人，只是由于王后以斯帖求情，犹太人才幸免于难。哈曼很容易被人认为是在暗指托马斯·克伦威尔。安妮显然知道有危险需要避免，而且她是不会从任何对抗中退缩的，这是她的天性。但这一次，她的招数并没有奏效。

4月的最后一天——五朔节前夕——时间巧得可怕，事态发展的速度也极其惊人。安妮和亨利之间发生了对峙：亚历山大·阿莱士后来向伊丽莎白一世描述说，"陛下最虔诚的母亲把还是小婴儿的陛下抱在怀里，站在窗前，向最高贵威严的国王——陛下的父亲乞求……国王的表情和手势都清楚地表明，他正在发怒"。

同一天，安妮恳请朝臣亨利·诺里斯在她的牧师面前发誓，说她"是个好女人"。为什么需要这样做呢？诺里斯（怀亚特称他为"温柔的诺里斯"）在宫廷中被认为是一个低调的重要人物：既是安妮的核心圈子人物之一，又是国王的"厕倌"——亨利最信任的人之一。他也是博林派的首要成员,因此是克伦威尔要打压的潜在目标。

就在前一天,安妮还在和诺里斯谈论他对玛奇·谢尔顿的慢吞吞的追求。她对他说:"你就指望着等别人死了你好顶替上去;因为要是国王有个三长两短的,你就想得到我。"也许安妮在宫廷调情方面不再像之前那么机敏了。在匿名的中世纪传奇《埃德》(*Yder*)中,亚瑟王想知道如果自己死了,圭尼维尔会嫁给谁。当她承认是埃德时,亚瑟王就开始着手毁了他。更关键的是,根据亨利于1534年通过的《叛国法》,暗示伤害国王的言论是叛国罪。

也是在那个关键的4月30日,亨利决定推迟他与安妮计划的加莱之行。但是,与箭在弦上的紧张气氛相矛盾的是,庆祝五朔节的比武大会仍然举行了,国王和安妮都照常主持大会。五朔节,是宫廷爱情的节日。正如怀亚特诗中所写的那样:

> 你们这些在恋爱中幸运和富足的人
> 过着寻欢作乐、心满意足的生活,
> 起床吧,真害臊,别这么贪睡和懒惰,
> 起床吧,起来庆祝五朔节这吉日良辰!
> 就让我躺在床上梦见不幸,梦见厄运,
> 就让我在这里回忆那些不快乐的往事,
> 那些发生在五朔节再平常不过的经历。
> 我就是这样一个爱神从未眷顾过的人。

乔治·博林担任一队的首领,亨利·诺里斯担任另一队的首领。据尼古拉斯·桑德的描述,安妮把自己的手帕扔给诺里斯,让他擦拭额头上的汗水，因而使亨利相信了他们的通奸行为。不可否认确实发生了戏剧性的事件：在比赛进行到一半的时候，有人给亨利带来了一个消息，而后他突然离开了现场。安妮可能不知道这是她最后一次看到丈夫了。

亨利有可能已经从宫廷乐师马克·斯米顿那里听到了大量供词。因为4月30日那天还发生了其他事情：斯米顿被带到克伦威尔府上接受审问，并承认（或者说吹嘘）曾与王后发生过三次性关系。

这样的指控非同寻常；斯米顿（他比安妮身边的高级侍从更势单力薄）可能是在压力下，或在酷刑下做出了这样的供词。他的身份不详，可能来自佛兰德，据说是一个木匠和一个女裁缝的儿子。

或许是安妮在无意中引发了一连串灾难性的事件，使她和她最亲近的几个人陷入通往耻辱和死亡之路的境地。她讲述了最近的一次交流，似乎表明马克按照宫廷爱情传统对她苦苦追求，而她则尖锐地责备他，说这是他这个普通仆人没有资格玩的游戏。

西班牙的匿名作者的《编年史》(*Cronica*)编造了一个淫秽的故事（和其他天主教宣传品一样），将安妮描述为性侵犯者。它描述了马克被赤身裸体地藏在安妮卧室外的一个壁橱里，这个壁橱是用来存放甜食的，而安妮则用"来一点橘子酱"这句话作为暗号，让一个名叫玛格丽特的老侍女放他出来。

在漫长的宫廷爱情的艺术传统中，别的诗歌作者也曾对其他女士毕恭毕敬地倾诉相思之情，也没有人认为这是多么糟糕的事。是什么让玫瑰园里的叹息之梦沦落到这步田地，使人做出如此无耻下流的推测，认为有皮条客，无疑还有贿赂，然后是野兽般的疯狂迅速的秘密性交？是由于马克（或安妮）的身份低微才捏造了这样的细节吗？还是说整个宫廷爱情的梦幻游戏最终失去了它原有的芬芳？

13 "有污点的王后"

还有消息来源描述了对王后的其他指控，这些指控是由安妮家族中的其他成员提出的，甚至有安妮的嫂子简·罗克福德，乔治·博林的妻子。一位伍斯特夫人在自己被指控行为不检时，曾感叹自己的错误与王后的错误相比不算什么；另一位温菲尔德夫人在临终前坦白了她所知道的事情。但正是斯米顿的招供给了克伦威尔他所需要的东西。5月2日，即比武大会后的第二天，安妮被传唤到枢密院接受由她的舅舅诺福克公爵主持的调查，他们告知她被指控与斯米顿、诺里斯以及另外一个人通奸。

在他们从五朔节的比武中骑马离开时，国王已经逮捕了诺里斯，向他承诺如果他认罪，就对他宽大处理：诺里斯提出要通过比武审判来证明自己的清白。事实上，所有那些与安妮一起被指控的人都坚定地宣称他们（和她）是无辜的，只有倒霉的斯米顿除外。当安妮被驳船带到伦敦塔时，她抱着一个虚幻的希望，即国王这样做只是为了测试——"证明"她的价值：这是宫廷爱情的一个常规套路。她还不知道，她被指控的第三个通奸对象是她的亲哥哥乔治。

在伦敦塔水门潮湿的台阶上，安妮跪了下来，祈祷道："耶稣在上，发发慈悲吧。"伦敦塔的总管威廉·金斯敦爵士描述了她从"号啕大哭"转为"放声大笑"的过程。她问自己是否会被关进地牢；而事实上，她被带到了此前为她的加冕礼而重新装修过的王室住所。在那里，她开始疯狂地梳理自己最近的所作所为。安妮这样做的时候，周围都是被安插在那里的侍女，以捕捉每一个可能对她不利的字眼。

安妮依然保持着她的机敏，但表现出了一种狂热的情绪。她问起那些因为她而被囚禁的人，以及谁在为他们铺床，她打趣说，如果他们不知道如何编草席（pallets），可以改为编歌谣（ballads）。正如一位监视她的女士（她的姑妈安妮·谢尔顿）刻薄地告诉她："就是因为你老想着这种事儿，才会落到这步田地。"她甚至不顾一切，冒着让人相信她会巫术的风险，肆无忌惮地预言如果她死了，七年内都不会下雨："7"是一个魔法数字。

大多数历史学家都认为没有理由相信安妮犯有通奸罪（更不用说巫术了）。别的先不提，她和所谓的情夫在其所述的时间和地点根本就没有在一起。只是，亨利确实相信这些指控吗？事件的模式确实表明这对亨利是一个突然的、令人震惊的启示：如果说亨利心狠手辣地吩咐克伦威尔编造不利于安妮的证据，这并不符合他的性格。那么，设想他在某种程度上说服自己相信了这些指控倒是更容易一些。

一旦有个念头在脑子里扎下根，亨利的固执就会排除一切怀疑。沃尔西曾经警告过另一位大臣，"在你把某个想法灌输进他的脑子之前千万要小心谨慎，因为你永远不能再把它抽出来"。但是，亨利的内心深处到底潜伏着什么，使他能够如此彻底、毫不留情地改变对他所爱的女人的看法呢？

他有一种突然抛弃以前宠爱的人的习惯——其中就包括凯瑟琳和沃尔西——同时，也许还有一种惩罚性的冲动，曾经的感情有多炽热，这种冲动就有多强烈。尽管后世经常谴责亨利八世的无情，但他对安妮的抛弃在最怨恨和最痛苦的意义上是一个情感问题。对她的指控不仅涉及她对婚姻法律的背叛，也包括她对国王的爱情的背叛。指控声称，她从来就没有真心爱过国王。

然而，也许最终安妮的失势暴露了一个不同的真相，关于亨利，也关于宫廷爱情。归根结底，国王的浪漫只关乎自己，他更关心的是自己的感受和需求：或许就像在他之前的那些文学爱好者一样。在这种关系中，女人可以掌握权力的想法不过是一种幻觉，就像被太阳驱散的晨雾一样没有实质意义。

然而，尽管如此，浪漫传奇在这里可能还起到一个重要作用，为亨利的轻信提供了先例，抚平他的懊恼。如果说亨利被妻子和他的朋友诺里斯背叛了，那么，唉，亚瑟王也有过同样的遭遇，而且丝毫没有降低他的声望。也许亨利现在扮演的角色已经从求爱者兰斯洛特转变为受伤的亚瑟王……但亚瑟王的故事中还有一个令人信服的教训。

当亚瑟王的骑士联盟因为兰斯洛特和圭尼维尔的爱情而破裂时，马洛里笔下的亚瑟王对失去骑士们的痛惜更甚于失去王后。他说，要找妻子，还有的是。在亨利所处的情况下，以事后的眼光来看，这句话听起来像是一个预言。

宫廷里的其他侍从也被逮捕了。弗朗西斯·韦斯顿一直在与安妮的表妹玛奇·谢尔顿调情，但在王后的责备下，他说自己更爱安妮寝宫中的另一位。当她问那人是谁时，他说："就是你。"这完全属于宫廷传统。事实上，在几个世纪前的散文体《兰斯洛特》中就出现过一个几乎相同的桥段，圭尼维尔王后逼问一个骑士爱她寝宫中的哪一个女人，得到了同样的回答。这应该是无可争议的，特别是由于安妮已经斥责过他。但从字面上看，这可能会对她不利。原本纯粹的、基于情感的宫廷爱情在权力斗争中被扭曲和滥用，现在在克伦威尔的手中，它成了一种达成政治目标的工具。

与韦斯顿、诺里斯和斯米顿一起被关进塔楼的还有亨利的其他家臣：宫廷马夫威廉·布雷顿、托马斯·怀亚特和理查德·佩奇（后两人最终都被无罪释放），以及安妮的哥哥乔治。乱伦的主题在亚瑟王的传说中也有体现：导致卡米洛特衰亡的莫德雷德就是亚瑟王在不知情的情况下与其同母异父的姐姐摩根·勒·费伊乱伦的结果，而莫德雷德本人也经常被写成企图与圭尼维尔乱伦。乔治的名字既增加了安妮被指控的罪行的恐怖性，又使克伦威尔摆脱了另一个威胁。

历史学家雷萨·瓦尼可提出了一个颇有争议的观点，她将后来的天主教徒散播的安妮在1月流产了"一团不成形的肉"的消息，与当时的人认为乱伦或巫术等罪恶行为可能导致畸形胎儿的观念联系起来，认为这是她被亨利抛弃的原因。尼古拉斯·桑德则提出了安妮因为亨利不能生育孩子，转而求助于她的哥哥的看法。而桑德也将乱伦的说法夸大到了令人难以置信的地步，他宣称安妮是亨利与安妮的母亲伊丽莎白·博林的亲生女儿。

5月12日，诺里斯、韦斯顿、布雷顿和斯米顿因叛国罪在威斯敏斯特大厅受审。这四人都不可避免地被认定有罪，并因叛国罪而判处死刑。5月15日，安妮和乔治·博林在由贵族组成的陪审团面前接受了审判。

安妮被指控犯有20项通奸行为，其中三项是乱伦，并被指控犯有谋害国王的叛国罪。为审判准备的起诉书说："每天她都遏制不住强烈的肉体欲望，通过卑鄙的谈话和亲吻、抚摸、赠送礼物以及其他可耻的挑逗手段，虚情假意、背信弃义地拉拢国王身边的仆人做她的奸夫和面首。"

更为露骨的说法还有，她"违反全能的上帝的诫命，违反所有人间的和神圣的法律，勾引自己的亲哥哥侵犯她，把她的舌头伸进他的嘴里,让他的舌头探入她的口中诱惑他"。但正如查普斯所说,乱伦的指控只是基于"推测,因为他曾经和她在一起很长时间,以及其他一些小的愚蠢行为"。

安妮的审判在伦敦塔的大厅举行,那里挤满了大约2000名观众。一位目击者写到,她进入大厅时"仿佛她要去迎接一场伟大的胜利"。温莎的信使查理·威欧斯利(他对安妮·博林的态度通常都不太友好)记录道:"她对所有的指控都做出了明智而谨慎的回答,用她的话为自己开脱,就像她从来没有犯过这样的错误一样。"

她唯一承认的罪行是嫉妒,以及"考虑到国王的仁慈和给我的巨大荣誉,以及他始终对我的巨大尊重",她没有始终用对国王应有的谦卑态度对待他。她说自己是一个好的宫廷情人,但不是一个好妻子。意料之中的是,所有26位陪审团成员都宣布安妮有罪,她被判处死刑,由国王亲自决定是用火刑还是斩首。安妮曾告诉她的丈夫,据预言,有一位英格兰王后会被烧死,但即使是以这样的方式死上1000次,也不会减弱她对他的爱。她还记得被判处火刑的圭尼维尔王后吗?

轮到乔治时,他明目张胆的对抗再次打击了亨利的虚荣心。有人递上一张字条,要求他自己看完后再回答问题。然而,他却大声读了出来。字条指控安妮说她的丈夫"不善于与女人交合,既没有技巧也没有能力"。安妮与乔治的妻子简一起嘲笑国王的衣服和他写的诗("就连这都被他们视为一种重大的罪行",查普斯难以置信地写道)。

乔治也被认定有罪并被判处死刑。

对安妮·博林的判决早已成定局。被雇来斩首的法国剑客已经从加莱出发上路了。最近发现的一份文件显示,亨利制定了这次处决的

第三部分 1525—1536

每一个细节；长期以来，人们一直在讨论到底是什么促使他做出让安妮死于剑下而不是斧头下的史无前例的决定。可能是出于怜悯，让他曾经爱过的女人死得更快点。也有可能是因为剑是骑士法则的终极象征，而正是骑士法则先让他们结合，然后又使他们分裂。也许圭尼维尔的罪恶在文化上激起的强烈震荡在某种程度上影响了亨利的思维方式。

安妮是否期待过自己能像圭尼维尔那样在最后一刻获救呢？威廉·金斯敦爵士报告说，在她被监禁的头几天，安妮似乎"对生活充满希望"，认为她可能被允许进入修道院。这正是阿拉贡的凯瑟琳曾经拒绝接受的命运。但凯瑟琳与安妮不同的是，前者最终还是得到了她强大家族的保护。

从她被捕的那一刻起，安妮就在申辩她的清白："恳求上帝帮助她，因为她没有犯下指控她的罪。""我与男人们的关系是清白的……就像我作为国王的真正妻子，与你的关系是清白的一样。"但她还说，她没有办法证明自己的清白，除非打开她的身体，将她的器官暴露在众人眼前。这很容易让人觉得她是在乖张地戏仿"报花名"，即宫廷恋人从头到脚一部分一部分地详述其情妇的美貌。

在她被处决的前一天晚上，她在接受圣餐之前和之后，"冒着灵魂下地狱的危险"，再次发誓自己是无辜的。在宣判后，她告诉贵族陪审团，她"相信自己被判刑有其他原因"，而亨利后来对简·西摩发出的警告也表明这是真的。

5月17日，被指控与安妮发生过关系的五个人被处决，同一天，安妮的婚姻被取消，她的女儿伊丽莎白被宣布为私生女。安妮被告知自己将在第二天死去。对此，她一直带着歇斯底里的恐惧开玩笑：但

13 "有污点的王后"

愿那个剑客技法高超,她的脖子很细。金斯敦说,这位女士"面对死亡显得很开心"。但之后又在煎熬中度过了24个小时,直到5月19日上午,安妮——环顾四周,似乎她仍然希望有信使带来王室赦免令——走出来登上断头台,面对观看的人群。

她的讲话遵循了当时的惯例,要求以庄严的态度接受命运;承认所有男人和女人在上帝面前都是有罪的(如果不一定是他们被指控的罪行)。如果认为安妮临终前所说的这些话流露出她本人的某些个性,不算是很奇怪吧?

她说:"善良的基督徒们,我不是来这里布道的,我是来这里受死的……如果有人要干预我的事,我要求他们做出最明智的判断。"当她直挺挺地跪在稻草中时,刽子手示意助手分散她的注意力,正如她在恐惧中所盼望的那样,这件事很快就结束了。

在为处决安妮所做的所有精心安排中,没有人想过怎么安置她的遗体。她的遗体被毫不体面地塞进一个箭箱里,而后草草埋在伦敦塔的一个小教堂中,也没有为其立碑。然而,她真正的遗产存在于其他地方——在不断涌现的关于她的大量传说中。

前公主玛丽的内侍赫西勋爵在安妮去世前的几天曾写道:"自亚当和夏娃以来,所有书写妇女恶行的书籍和编年史……我认为,与安妮王后做的事情相比,都算不上什么。"亨利告诉他的女儿玛丽和儿子菲茨罗伊,他们很幸运地逃脱了安妮谋杀他们的邪恶计划。他宣称,他相信安妮和100个男人有过不正当关系,他就此还写了一首诗到处给人看。

关于"不贞的妻子,有污点的王后"(沃尔西的前任侍从乔治·卡文迪什这样称呼她）的传说就这么确立下来。但宗教改革家亚历山大·阿莱士说，在安妮被处决之后，人们对她的同情心逐渐增加。正如一些旁观者在行刑后几天的晚餐上所说的那样，"国王的内侍在寝宫里与女士们跳舞"，妹妹亲吻哥哥，这些毕竟不是什么新鲜事。据阿莱士说，克兰默大主教在安妮被处决前的凌晨清醒过来，流着泪宣布："在尘世做英格兰王后的她，今天将成为天国里的王后。"

也许不论是关于安妮的生活，还是她的死亡，托马斯·怀亚特的话最值得一读。他写下了他在狱中所见的情景：

> 这些血腥的日子让我心碎。
> 我的欲念，我的青春，还有对
> 财产的盲目渴求都已一去不返。
> 渴望向上爬的人也想要回还。
> 确实，王座周围雷声轰鸣。
> 我在钟楼看到这样的情景，
> 在我脑中日日夜夜盘旋。
> 在那里，我探身出了铁栏，
> 无论一切宠爱，荣耀，或威权，
> 王座周围仍然是雷鸣电闪。

怀亚特于6月从塔中获释，但他从未忘记那些没这么幸运的人。

第四部分

——

1536—1558

Not：爱情的痛苦

……请宽恕我的罪行,
因为它出自恋人的热情
还有我心的坚定如一。
那个甜蜜的人是为我而死,
别让我从他身边远离。
——玛格丽特·道格拉斯,《德文郡手稿》(节选)

14

"我忠诚、真实和爱你的心"

1536—1540

1536年6月15日,亨利国王与简·西摩一起参加了庆祝基督圣体节的游行。骑马跟随新王后简的首席女官是国王的外甥女,玛格丽特·都铎与安格斯伯爵不幸婚姻中的唯一的孩子。由于安妮的女儿伊丽莎白被宣布为私生女(凯瑟琳的女儿玛丽也受到了类似冷遇),玛格丽特·道格拉斯很可能暂时会被视为她舅舅的继承人。

就在她的前女主人被处决后不到两星期,简·西摩就成了英格兰王后。然而,这位王后的相貌与她的两个前任完全不同。没有人觉得她有什么美貌可言,这是查普斯的话。众所周知,简倾向于信仰旧教,因此我们本以为查普斯会出于宽宏大量而不吝赞美之词。他对安妮的评价也是如此;但查普斯说,简脸色苍白,而且缺乏风趣。

至于简被人大肆宣扬的美德,他认为"作为一个英国女人,而且在宫廷里待了这么久",她很可能"将保持处女的贞洁视为一种罪过"。他粗俗地暗示她可能有"一个好enigme"——在都铎时代,"enigme"可能指私处或生殖器,也可能指她"善解人意"。但大法官向议会申明,国王"不是为了肉体上的淫欲",而是应贵族们的要求,为了公共利益才娶她的。

甚至在安妮·博林去世之前，查普斯就将简描述为"他（亨利）所服务的女士"，而国王也在一封信中称简·西摩为"我亲爱的朋友和女主人"，署名为"您完全忠诚的仆人"，或者署名为"爱你的仆人和君主"。仆人和君主。他在给安妮的信中没有提到后者。人们可以把这封信、这种关系看作幻想与现实之间的一个中途站。*简·西摩不是什么倾国倾城、喜欢发号施令的宫廷贵妇，但这种幻想仍有其作用。

亨利会称赞简的"温柔、体贴、虔诚、顺从"；不管他决定干什么事，她都"心满意足，完全顺从"。有这样一个故事：亨利（当时安妮还是他的王后）送给简一个满满的钱袋子作为礼物。她先是亲吻了这个钱袋子，然后将其交还给信使，充满感激之情，但又毫不妥协地表示，当上帝赐给她一个好丈夫时，才可收下这样的礼物……一种个人的故作凛然不可犯的姿态，旨在抬高表演者的地位。历史学家（就像简的同时代人一样）仍在猜测，这究竟是她恪守基督教戒律的证据，还是一个受过指点的姑娘为了从她家族的敌人博林家族手中抢走国王而施展的诡计。

关于简的性格，我们掌握的非常有限的证据表明，她既没有受过教育，也没有沉迷于宫廷幻想的倾向。不过也没有人希望她这样。正如一位大臣所说，亨利"从地狱来到了天堂，因为这一个（指他与简

---

*　如果要寻找亨利对宫廷传说和传奇兴趣减少的证据，不妨看看当格拉斯顿伯里的修道院在1539年被解散时，没有迹象表明他特别关照过要好好保存亚瑟王和圭尼维尔的所谓遗骨。事实上，将格拉斯顿伯里可敬的修道院院长绑在木橇上拖到格拉斯顿伯里山顶处刑的事例，被后世视为暴行的典型。

的婚姻）是温柔、甜蜜的，而另一个则是可恨、不幸的"。然而，一旦成为王后，简就不可避免地要在某些压力下做事，而不仅仅是做人：查普斯就积极建议，她应该做一个调停者，成为"和平的"简，尤其是要让国王与他的女儿玛丽和解。

幸运的是，这些都是简愿意去做的。她在玛丽结婚前就曾为她求情，大胆阐释（哪怕面对亨利的冷落）这是保证王室安全的唯一途径。玛丽再次被英格兰宫廷接纳的代价就是她要在宣布她父母的婚姻无效和自己是私生女的文件上签名。但这一代价一旦付出（无论代价有多高），她就会与父亲和解，被宫廷重新接纳。此时安妮的敌对影响已经消失，在不与同父异母的小妹伊丽莎白同住的情况下，玛丽可以允许自己对小妹产生好感。

关于简参与公共事务几乎唯一的记录是，她为1536年秋天奋起反对解散修道院的叛乱者进行了无果的辩护："无论修道院有什么过失，它们都为穷人提供了一定的救助。"并反对亨利身边的新人，特别是托马斯·克伦威尔（他虽然不是神职人员，但在1536年6月却被任命为教会事务的代理副总管）。

首先是在林肯郡，然后是北部地区爆发了大规模的"求恩朝觐起义"（Pilgrimage of Grace），这是都铎时代最具威胁的事件之一。一位法国特使描述说，在起义开始时，简在她丈夫面前跪下来，请求恢复修道院。这种求情可能被看作王后的传统职责，但也可能被看作简拥护教皇的证据。据一位法国外交官说，亨利严厉地警告简要记住"上一任王后就是由于过多插手国家事务而死的"，这句话似乎验证了安妮·博林自己的说法，即她的死因不是她被指控的罪行。叛乱通过野蛮杀戮和各种欺诈手段被镇压了。而简也吸取了一个都铎王朝妇女无法忘记的教训。

简的婚姻未必如后人所描述的那样美满幸福。据称,在公布婚讯的一周后,亨利就把目光投向了其他女性。她能保住王后的地位不是靠政治或人格,而是靠纯粹的生理机能。1537年春天,她怀孕的消息将确保她不会重蹈安妮的覆辙。

与此同时,另一位王室女性似乎也面临着要遭遇安妮的血腥命运的危险。

在16世纪30年代初的英格兰宫廷里,亨利并不是都铎家族中唯一的陷入情感纠葛之人。甚至在安妮·博林不知不觉中为自己的罪名提供证据的时候,另一个浪漫的爱情故事已经在王朝内部上演了。玛格丽特·道格拉斯主要是在她舅舅亨利的宫廷里长大的,是婚姻市场上一颗宝贵的棋子。但和她的母亲一样(用她未来儿媳苏格兰王后玛丽的话说),这个玛格丽特认为自己的心是属于自己的,不愿意让他人干涉或支配自己的感情。她与安妮·博林所共有的,不仅仅是那些见证了如此危险的爱情游戏的王后的宫室。对玛格丽特来说,这些游戏的结局会不会也很糟糕呢?

玛格丽特·道格拉斯生于1515年,值得注意的是,她是在自己母亲疯狂南下逃离苏格兰、刚刚越过边境进入英格兰之后出生的。再晚一个星期,玛格丽特就不是英格兰人了;这一点至关重要。外国人,比如玛格丽特幸存的同母异父的哥哥——年幼的苏格兰国王,按照惯例是不能继承英格兰的土地的,更不用说继承英格兰的王位了。因此,玛格丽特的英格兰国籍使她在英格兰王室的继承问题上极为引人注目。

尽管如此，玛格丽特在她人生前十年或更长时间里是作为苏格兰公主抚养长大的。她在5岁时，就开始与一系列追求者谈判可能的婚事。但是，到了1527年，一切都改变了，玛格丽特·都铎长期的努力终于有了结果，教皇颁布教令，认定玛格丽特·都铎与安格斯的婚姻无效，附带条件是他们女儿的合法性不受该教令的影响。大约在这前后，安格斯将年幼的玛格丽特·道格拉斯从她母亲的手中夺走。不过在1528年，玛格丽特同母异父的弟弟詹姆斯五世从继父安格斯的监管下逃出，开始自己执掌政权。

玛格丽特随同父亲躲在坦塔伦城堡，有消息说安格斯现在已是被剥夺权力的叛国者。詹姆斯正带着一支军队向安格斯进发，并悬赏将年轻的玛格丽特（无论她是否愿意）送回她母亲身边。按照她家族的最佳传统，出现了戏剧性的一幕，安格斯隔着构成英苏边境的特威德河喊叫着要与英国人谈判，好让他的女儿进入英格兰，逃离她同母异父的弟弟。她在英格兰的第一个避难所——诺森伯兰的诺哈姆城堡，待了大约8个月，然后又在贝里克待了一年，实际上是在她的教父枢机主教沃尔西的远程照顾，或者说是保护性监护之下，因为人们担心她会被抢回苏格兰。

幸运的是，沃尔西去世时，玛格丽特的父亲已经完全转向亲英立场。玛格丽特南下来到亨利八世的宫廷，她的舅舅为了纪念这一时刻，为这位长相出众的14岁女孩订购了昂贵的礼服：褐色天鹅绒、黑色缎子的长袍，点缀有深红色和白色装饰物的黑色锦缎衣裙。玛格丽特被送到她的表妹、同龄的玛丽公主家。但是，没过几年，玛丽就被剥夺了特权，甚至被剥夺了公主的头衔，玛格丽特则被带到了宫廷，成为新王后安妮·博林身边的首席女官。

她的忠诚肯定是严重分裂的。她将保持自己与玛丽的友谊，以及她的天主教信仰。但也许玛格丽特早年在苏格兰的动荡生活让她学到了一些东西。她似乎一直懂得如何守口如瓶，并与安妮·博林宫中那些博学多识、情感上富有冒险精神的群体形成了紧密的联系。她还对托马斯·霍华德勋爵产生了感情，他是诺福克公爵同父异母的弟弟，诺福克在安妮·博林的崛起和垮台中都起到了非同寻常的作用。

5月底，在安妮去世几天后，玛格丽特和托马斯签订了一份秘密婚约。1536年6月或7月初，在基督圣体节游行仪式后不久，亨利国王得知了这段恋情。这一事件发生时，玛格丽特刚被人们推测可能成为她舅舅的继承人。而霍华德家族，即安妮·博林的母系亲属，是一个显赫、有野心的派系，足以让人认为托马斯有望登上王位。

亨利将这对夫妇扔进了伦敦塔，他的《褫夺公权法》指控托马斯通过娶一个"假称是苏格兰王后合法女儿的女孩，并试图通过她攫取英格兰王位"。新的律法出台，以确保未经批准与国王的任何近亲结婚的行径会被视为叛国罪。托马斯被判处叛国罪专属的可怕死刑；而且该法令还规定："据此规定，犯有此罪的妇女应面临同样的法律后果和刑罚，并遭受与犯罪男子同样的死亡和惩罚。"

帝国大使查普斯写到，玛格丽特甚至可能遭受犯有叛国罪的女性的命运——被烧死。然而，很快，他就发出另一份外交简报："考虑到没有发生过交合，（玛格丽特）目前已经得到赦免了。"为玛格丽特求情的似乎是托马斯·克伦威尔，玛格丽特写信给他，狂热地保证，"不要认为我（对托马斯·霍华德）还有任何幻想"。在苏格兰，她的母亲，也就是亨利的姐姐，也恳求对她的女儿从宽处理。但对玛格丽特来说，触霉头的是，7月23日，亨利不幸得到了他的私生子亨利·菲茨罗伊突然去世的消息，许多人认为他本来还会将菲茨罗伊立为继承人的。

查普斯相当尖锐地表示，玛格丽特不应该受到太严厉的指责，因为她每天都能看到这种行为的例子，"就在她自己的家庭圈子里"。但也许玛格丽特是以另一种方式追随她的家人——将现实世界与文学幻想中的梦想和欲望混同起来。

所谓的《德文郡手稿》是整个宫廷爱情史上最引人注目的文物之一。这份手稿是一本诗歌杂集，是最初聚集在安妮·博林宫室里的一群聪明、有修养、有魅力的年轻人之间来回传递的一册笔记本。至于该手稿是否包含安妮的亲笔作品，尚存在争议；答案可能是没有。但她播下了种子，这份手稿就是开出的花朵。这群人抄录了令他们印象深刻的诗句（190多首诗中有三分之二以上是托马斯·怀亚特的作品），对它们进行了评论，并加入了他们自己的原创诗作。尼古拉·舒尔曼将《德文郡手稿》生动地称为当时的"社交软件"。她是在2010年前后写下这句话的；如果她在十年后这样做，"实时聊天群组"可能是一个更恰当的比喻。

玛格丽特·道格拉斯是这个小组的主要成员之一，手稿上到处都是她的笔迹。此外还有两个朋友。安妮·博林的表妹玛丽·霍华德，诺福克公爵的女儿，曾与国王的私生子亨利·菲茨罗伊结婚。她的名字缩写M.F.（玛丽·菲茨罗伊）出现在装订好的手稿封面上，她哥哥萨里伯爵的一首诗便是她亲笔抄写的。但更多的笔迹属于玛丽·谢尔顿，安妮的另一个表妹，其母亲是托马斯·博林的妹妹，一首藏头诗的每一节的首字母拼写出了她的姓氏（Sheltun，谢尔顿）。在这首诗的下面——这是某个男性情人称自己"在悲伤中受苦"，恳求回报的诗——谢尔顿写道，"不受欢迎的服务不需要雇用"（由于笔迹不易辨认，这一句也可能是"不受欢迎的青睐不值得雇用"）。*

有一组特别的诗，似乎是在相互酬答，可能反映了玛格丽特·道格拉斯和托马斯·霍华德在伦敦塔中度过的时光；甚至可能是在那里写就，狱卒在默许下帮助两人传递彼此的诗歌。批评家们警告说，不要过于简单地将诗歌里的姿态与现实相提并论。对于都铎王朝的朝臣来说，诗歌本质上是一种表演形式。人们创作诗歌是为了展示自己的才华，诗歌还可以用作宣传工具，旨在产生特定的效果。但在这里，写作与真实事件的联系太紧密了，不容被忽视。

他们的困境本身——得不到满足的渴望——就是遥远的、疏离的宫廷幻想的精髓。正如托马斯所写的：

> 有谁比我更有理由抱怨，
> 或因悲伤和痛苦而哀叹，
> 有谁像我这般爱了又爱，
> 却从未能得偿所愿？

他们交流的一首诗下面画着两支带倒钩的箭——爱神之箭。爱应该是痛苦的。玛格丽特在诗中宣称自己的爱持久不衰，并暗示了对那些禁锢他们的人的蔑视。诗歌也可以作为一种手段，来表达在其他场

---

* 围绕着这首诗，还有玛格丽特·道格拉斯写下的建议"忘掉这回事"，而玛丽·谢尔顿则反驳说"它是值得的"。这听起来像是一种奇怪的现代交流。

合无法安全地直接表达出来的东西。

> 此前从未有女人这么说过，
> 而我要说，满怀着喜悦之情，
> 我所扮演的爱人角色
> 是有生以来最为忠诚的。
> 只是为了我的缘故，
> 他日日夜夜受着剧痛，
> 为了他所受的一切苦楚，
> 爱的浪潮永远汹涌。

作者宣称，根据爱的规则，她把自己托付给这位忠实的情人，也是正当的：

> 谁又有权利阻止
> 我与他海誓山盟，
> 日日夜夜爱他如一，
> 以补偿他的剧痛？

这是对爱情本身的宣言，将为宫廷爱情制定的规则抬高到社会公认的现实准则之上。这并不是玛格丽特向她舅舅亨利表现出的谦卑之态。托马斯的应答承认了他们之间的等级差异，而这也是他们烦恼的原因：

> 承蒙你屈尊俯就我这卑微之人，
> 那就把这份薄礼拿去，
> 我忠诚、真实和爱你的心。

但玛格丽特·道格拉斯真正需要的是向她的国王舅舅证明，她的心对亨利本人是忠实、真诚和敬爱的。她似乎成功了：到了年底，国王已经心软下来，向她的母亲玛格丽特·都铎保证，只要他的外甥女"今后能顺应现实"，他就会对她优待有加。

然而，在苏格兰，玛格丽特·都铎发现她的第三段婚姻是最不幸福的：亨利·斯图亚特，梅斯文勋爵，又是一个喜欢拈花惹草的丈夫，而且对她的钱财挥霍无度。她的儿子詹姆斯五世则让她远离权力。1537年，她的抱怨终于得到了她哥哥宽宏大量的回应。只要她告诉英国使者她发现"马芬勋爵"（梅斯文勋爵，他正在散布她将与安格斯再婚的谣言）在哪些地方对她不好，亨利就会站在她这边维护她的利益。

她再次返回南方的梦想将永远无法实现。玛格丽特母女俩的处境只是由于亨利对英格兰宫廷的最新消息感到高兴才有所好转。

简·西摩作为王后的座右铭是"顺从是本分，服务乃天职"。1537年的夏天，亨利为了这位怀孕已久的王后可以说毫不吝啬，甚至专门给她从加莱订购了鹌鹑，她对此有一种孕妇特有的偏好。而在9月，亨利渴望已久的儿子终于出生了，这也巩固了她的地位。

正如简所希望的那样，婴儿爱德华的洗礼仪式似乎象征着旧教与新教之间的调和。小爱德华同父异母的两个姐姐，大姐玛丽是他的教母，二姐伊丽莎白则托举着蒙在他头上的圣布。亨利的（和安妮的）改革派大主教克兰默主持了仪式。但没过几天，简就因病去世，撇下亨利真诚地为她哀悼。

尽管后人可能不这样认为，但在亨利看来，简·西摩将作为他最重要的王后——作为他儿子的母亲——被铭记；死后，他将埋葬在她的身边。也许从个人层面，也可以刻薄地说，亨利其实是还没有来得及厌倦她。但是，如果简活下来，作为亨利儿子的母亲，她的王后地位将是不可动摇的。

如果说简的出场预示着玛格丽特·道格拉斯的耻辱和被监禁，那么简的退场则将使玛格丽特重获自由。爱德华的出生意味着她不再是英格兰王位的推定继承人。1537年秋天，当玛格丽特和托马斯都在伦敦塔中患了疟疾时，玛格丽特被送到锡永修道院休养。

托马斯·霍华德后来的一首诗大量借鉴了乔叟的《特罗勒斯和克丽西德》，将自己和玛格丽特塑造成了诗中的男女主人公。这首诗呼应了特罗勒斯在得知克丽西德将被送走时的悲伤，并预言性地暗示了自己更黑暗的命运：

然而，当你来到我的墓地，
请记得你的同伴就在这里安息，
因为，我也曾爱过，
可是我配不上那样的福气。

托马斯·霍华德确实没有玛格丽特那么幸运。正如他的侄子萨里

第四部分 1536—1558

伯爵所写的那样:

> 这头温柔的野兽就这样死去,
> 曾经,没有什么能让他离开,
> 现在却心甘情愿地抛洒生命,
> 只因他失去了自己的真爱。

当得知托马斯死于疟疾时,已从疟疾中康复的玛格丽特对这个消息"非常难过"。然而,不到一年,她的舅舅又开始为她,还有他的守寡儿媳玛丽·菲茨罗伊以及小女儿伊丽莎白,物色潜在的联姻对象,作为他外交计划的一部分。而亨利国王本人也必须开始考虑迎娶第四任妻子了。

亨利需要再次结婚,这一点毫无疑问。他现在已有一个王位继承人,即爱德华,但没有其他备用继承人——他自己就是次子(兄长亚瑟早逝)——很难就此高枕无忧。但这一次,命运让他措手不及;在简去世的打击之下,亨利足足花了18个多月的时间才商定了一个合适的新婚妻子,因为耽搁太久,甚至在宫中引发了相当多的疑虑。拖延的主要原因是亨利本人,以及他自己古怪而不合时宜的态度。

据说查理五世16岁的外甥女米兰公爵夫人克里斯蒂娜[1]被认为是亨利八世的新娘候选人。不过,美丽而有教养的克里斯蒂娜曾宣称,

---

[1] 她是丹麦公主,通常称为丹麦的克里斯蒂娜,嫁给米兰公爵后不久丈夫即死去,此时孀居。她是查理五世的妹妹(奥地利的伊莎贝拉)的女儿。也就是说,亨利八世其实是她舅舅的小姨夫。

要是她有两个脑袋,其中一个倒是可以给英格兰国王砍掉。(这个说法虽然颇有名,不过很可能是出于杜撰。)亨利对于和另一个年轻的寡妇玛丽·德·吉斯结亲的提议很感兴趣,她是法国国王的亲戚。他说自己和玛丽应该很般配,因为他俩的身材都很高大。据说,高大的玛丽在都铎王朝的词典中加入了她的词条,她反驳说,虽然她的身材很高大,但她的脖子很细。

玛丽·德·吉斯确实在英格兰事务中发挥了重要作用,但不是以亨利预期中的方式。1538年5月,她嫁给了苏格兰的詹姆斯五世,这让亨利火冒三丈。她不失时机地与玛格丽特·都铎建立了亲密的关系,让本来可能做她大姑子的玛格丽特成了自己的婆婆。玛格丽特再也没有回到她弟弟的宫廷,于1541年在苏格兰去世。

任何想要让亨利另外再与法国王室联姻的想法都因他坚持要与女方见面而破灭。他提议将所有候选女性都带到加莱,这样他就能看看他最喜欢哪一个。法国特使羞辱了他,尖锐地问他是不是想把她们都带到床上试试——这是否就是亚瑟王、圆桌骑士们的行为方式?

克伦威尔一直支持的政治联姻的可能性仍然存在——不是与欧洲天主教的领袖,而是与北方信奉新教的德意志人联姻:与克里维斯的安妮结盟。她的弟弟克里维斯公爵没有参加最近的新教联盟,即施马尔卡尔登联盟。但他们的姐姐嫁给了一个路德教领袖——萨克森公爵。这些听上去都很不错。但安妮是不是也很不错呢?英国特使奉克伦威尔的私人指示被派去了解安妮的"美貌和人品……她的身材、体态和肤色",他回来报告说,"就脸蛋还有整个身体而言",安妮超过了米兰的克里斯蒂娜,"就像金色的太阳超过了银色的月亮"。到1539年3月,谈判已经开始。

第四部分 1536—1558

亨利试图遵循王室规范，缔结一桩基于政治利益的婚姻。这是他六次婚姻中唯一的一次。即便如此，他还是把自己的画家汉斯·霍尔拜因送到了德意志宫廷，为安妮作一幅肖像画，好先睹为快。然而，霍尔拜因绘制的端庄而又诱人的画像，刻意掩饰了安妮的长鼻子，正是这幅画像埋下了麻烦的第一颗种子。

亨利派出的下一批英国使团指出，安妮（还有她的妹妹，另一个候选人）被笨重的德意志宫廷服饰完全遮掩，几乎看不出她们的身姿。德意志特使反问道："什么，你们是想看她们的裸体吗？"英国使团注意到安妮缺乏教育。她能读写自己的母语，而对其他语言一无所知；她的时间主要消磨在缝纫和玩纸牌上；对"美酒佳肴"等"我们英国人的消遣"几乎没有兴趣。此外，在德意志，要是一位贵妇对音乐——宫廷爱情传统的重要媒介——有任何了解，都会被认为"招人非议，一种轻浮的表现"。

但也许是克伦威尔支持的舆论强调了安妮的严肃、善良和温柔的品质。这使她听起来大体上像……简·西摩。也许克伦威尔应该记得，亨利已经从凯瑟琳到安妮·博林再到简——从庄重到活泼，再回到庄重。也许他再次反弹的时机已经成熟？或者甚至有可能，另一个叫安妮的王后的念头激起了他无意识的期望；这另一个安妮会（他可能希望）引入来自海外的文化气息。

1539年10月，克里维斯的安妮开始了她前往英格兰的缓慢之旅。然而，从其12月27日抵达的那一刻起，事情显然不会一帆风顺。

被派来迎接她的英国朝臣们一再重复着这些赞词："善良、温柔"。而且聪慧机敏，能够迅速学会英国的生活方式……亨利满怀期待。也许这就是为什么他决定"为了滋养爱情"，要在沿途给他的新娘一个惊喜。

克里维斯的安妮到底是不是亨利所描述的那个笨拙的、没有吸引力的"佛兰德斯母马"，是都铎王朝历史上一个小小的争论。但她肯定不符合亨利对理想中宫廷淑女的幻想。为了她的到来，亨利做了不少准备，不仅打磨了自己的音乐技巧，还订购了一些艺术奢侈品。在前往罗切斯特的途中，亨利乔装打扮，身边跟着一群朝臣，突然出现在安妮面前，当时她正从窗口观看一场狗斗牛的游戏。他声称自己要将一份来自国王的礼物送给她，并试图偷吻她。英国宫廷里的任何人都可能（也应该）告诉安妮，亨利喜欢玩伪装，尽管事实上他的身高，以及他庞大的体形也很容易被认出。他们可以解释说这是宫廷爱情故事中常见的一个套路。当安妮拒绝了他，未能识破他的伪装来表现出自己的爱慕时，亨利感到很震惊。据一位目击者说，他突然就离开了，而且没有把自己带来的镶嵌着珠宝的黑貂皮交给对方。

玛格丽特·道格拉斯现在已经完全康复了，她被任命为六位"内廷女官"的首领，负责侍奉未来的王后。但是，当王室队伍回到格林尼治时，亨利向周围人表明了他对计划中的婚姻的私人看法："你们喜欢这个女人吗？你们认为她像报告所说的那样美丽吗？"

当促成这桩婚事的克伦威尔急切地询问国王是否喜欢他的新娘时，亨利沉重地回答："一点儿都不像传闻中的那样好。"克伦威尔可能还没有完全领会这一事实，但国王已经开始为自己寻找一条出路。1月3日，他在布莱克希思正式会见了安妮，两人都身着金布。但原定于第二天举行的婚礼并没有举行。

亨利就像一条上钩的鱼一样拼命挣扎，召集枢密院会议寻求合法的方式来摆脱他当前所面临的困境。唯一的可能性取决于安妮是否已经与洛林公爵的儿子预先签订了婚约。她将不得不签署一份庄严的声明，表示没有这样的婚约……她签了字。亨利知道，如果不想让安妮的弟弟加入查理五世的阵营，搞得"天下大乱"，那就没有别的办法了。"除了必须违背自己的意愿，把脖子套在枷锁里之外，难道就没有其他补救措施了吗？"他徒劳地问道。没有了，1月6日，两人结为夫妻。

婚礼庆祝活动遵循了王室的公开庆祝模式：宴会、假面剧和"各种各样的活动"。之后在寝宫里发生的事情，就像阿拉贡的凯瑟琳所声称的大概40年前她与亚瑟那有争议的新婚之夜一样，都以失败而告终。次日早上，克伦威尔战战兢兢地问及事情的进展，亨利回答说："我以前就不太喜欢她，现在更不喜欢她了。我摸过她的肚子和乳房，可以判断，她不是处女。"我们也许可以忽略这一点，如果亨利真对安妮的处女身份有任何怀疑，这会是一个严重的问题，理应对此大做文章。但问题的关键是亨利接下来说的话。"当我摸她的时候，我深深确信，我既没有意愿也没有勇气在其他事情上继续下去。"

我们也许应该记得，亨利已经48岁了，健康欠佳，且越来越胖，腰围比以前大了将近20英寸；我们应该还记得几年前安妮·博林和她哥哥是如何刻薄地谈论他的雄风的。但也要记住，圆房是缔结婚姻的一个重要环节。"我离开她时，她就像我来找她时一样是处女。"国王明确地补充道。

在婚后的第三和第四个晚上，亨利各试了一次，并不怀好意地咨询了他的医生，告诉他们安妮"丑陋可恶"的身体无论如何也无法"激起或挑起"他的欲望。为了证明这不是他的能力问题，他声称自己有过两次梦遗。安妮的王后生涯就以这份令人忧心的临床记录开始了。

安妮希望能在扮演王后这个角色上获得成功。和之前的简·西摩一样,她准备冒着亨利发怒的风险,邀请他现有的子女进宫。和安妮·博林一样,她和他一起参加了五朔节的比武大会;然而,他没有为了安妮骑马巡场,也许不仅仅是因为他那条已然溃烂的腿(在比武中的旧伤从未痊愈)。

但是,安妮和她的侍女之间很快就有了一次透露真情的谈话。她们一直在问,她是否可能怀上孩子;在她们的追问下,安妮告诉她们,国王每天晚上都会和她上床,在问候和告别时亲吻她。不过,正如她的侍女所宣称的,要想生下一个将来会被册封为约克公爵的次子,现在的程度还远远不够。安妮真的这么天真吗?似乎更有可能的是,基于她那站不住脚的地位,她拼命摸索着该对谁说些什么,或者说(鉴于她不懂英语!)整个谈话都是都铎朝廷的好臣子们顺口捏造的,他们有各种动机来暗示国王和王后还没有圆房。

至于国王,他从安东尼·丹尼(他的厕侍,也是他的心腹)那里听到了一些意在安慰但最终却令人不快的大实话。"君主们在婚姻问题上……远远比不上穷人,"丹尼同情地对主人讲,"穷人通常可以自己选择,有这个自由,君主们却只能接受别人给他选的对象。"

或者不去接受,视情况而定。亨利解除托马斯·克伦威尔为他牵头的这桩婚姻的痛苦过程,最终让克伦威尔丢掉了脑袋。1540年6月,这位国王婚姻的伟大撮合者被指控为亨利当局"最两面三刀和腐败透顶的叛徒、骗子和玩弄权术者";也许只是为了让他在帮助结束克里维斯婚姻方面尽最后一次力,才让他一直活到了7月底。*

6月24日,克里维斯的安妮被送出了英格兰宫廷。7月6日(反克伦威尔党现在占上风),她被告知,她与洛林公爵的儿子之前签订婚约的问题仍然让亨利国王很是忧心;她被要求同意对其进行调查。这个决定是不可避免的结局。到7月9日结束时,安妮已经不再是王后了。

她很明智,没有采取什么措施来对抗诉讼,而是顺从于亨利的"仁慈和意愿"。当然,她也没有任何武器可以抗争;此外,她还记得安妮·博林的命运,记得阿拉贡的凯瑟琳的挣扎是何等无济于事。

作为奖励,国王授予安妮"亲爱的姐妹"的荣誉称号。安妮给克里维斯的弟弟写信,告知他在自己与亨利国王的婚姻关系结束之后,她还能有足够的勇气把结婚戒指(庆祝他们"虚假婚姻"的戒指)寄回给亨利,"希望它能被打成碎片,因为她知道这东西没有任何力量和价值"。我们喜欢将克里维斯的安妮想象为未来岁月里自己命运的幸福主宰者。但证据表明,她从未停止过对自己丧失王后地位的痛惜。

与此同时,亨利已经与克里维斯的一位侍女深陷爱河,或者说是坠入情欲之网,抑或踏入热恋迷宫。她便是凯瑟琳·霍华德,安妮·博林的年轻表妹。

亨利八世的第五次婚姻,至少从他的角度看,无疑是出于感情上的考虑。他对自己的"珍宝"着迷不已,但他似乎并不觉得有必要用宫廷文学的陈词滥调来表达他的爱意。如果说宫廷爱情最终是以权力

---

* 克伦威尔下台后,托马斯·怀亚特也差点丧命。第二年他又被关进伦敦塔,罪名是涉嫌与国外的天主教徒打交道,但他真正的罪行可能是他与这位失宠的大臣关系密切。

为主题的幻想曲,那么在国王和这个喜欢卖弄风情的美丽少女之间,权力的天平会倾向于哪边,是没有争议的,也不存在伪装。

尽管如此,从另一个角度来看,凯瑟琳和她的亲戚安妮一样,都是那个仍然有着强大影响力的幻想的受害者。

15

"我就心如死灰"

1540—1547

据后来人说,亨利在对克里维斯的安妮感到讨厌时,第一次见到凯瑟琳时就对她"想入非非"。当亨利中意于托马斯·克伦威尔安排的与克里维斯的婚姻时,凯瑟琳的霍华德家族的亲戚曾举荐她为候选人。到1540年的初夏,这场热烈的婚外情已经进行好一段时间了。

7月12日,议会正式废除了国王与克里维斯的婚约,克伦威尔于28日被处决;同一天,在萨里郡的奥特兰宫,亨利与他的"珍宝"凯瑟琳结婚。她的座右铭是"Non autre volonté que la sienne"——唯君命是从。

历史上对于凯瑟琳·霍华德几乎完全将她的性感作为其最主要的特征,并提出她十分年轻,来为她看似通奸的行为辩解。她太年轻,也许还有点愚蠢,因为就她与其他男人的关系来看,与其说是成年人奋不顾身的巨大激情,不如说是一个少女由于不明白她的行为后果而表现出的蒙昧无知。甚至她那特别娇小的身材也让人更倾向于为她开脱。不管怎么说,有证据表明,至少在某种程度上,她还是试图达到身为王后的职责要求。她努力促进亨利的孩子们与亨利的和谐关系

（尽管最初她与比自己大几岁的继女玛丽有一些相处上的困难）。她行使王后的职责，替托马斯·怀亚特求情，怀亚特才得以被及时地从伦敦塔中释放出来；不过被释放的条件很不寻常，是要他与妻子伊丽莎白·布鲁克和解，对此他并不心甘情愿。他的妻子与霍华德家虽说疏远，也算是亲戚。第二年，曾两次逃脱斧钺之诛的怀亚特死于疾病，只有30多岁。但凯瑟琳的问题不在于她的善意，而在于她的过去，那些亨利不知道的秘密。

凯瑟琳·霍华德的出生日期并不确定。如果能确定那会很有帮助，因为她那扑朔迷离、变化无常的名声，部分取决于她是在十几岁时嫁给亨利，还是以都铎时代的标准来看，以一个相对成熟，因而更有责任感的年轻女子的身份嫁给亨利的。各种说法中，最早的出生日期是1518年，最晚则是1525年，最有可能的是1521年至1523年。与安妮·博林一样，凯瑟琳也是显赫的诺福克公爵的外甥女，但她是十个孩子中的一个，来自枝繁叶茂的家族树上的一个非常小的分支。她在1539年年末来到宫廷，对宫廷生活"既喜欢又渴望"。

她曾在继外祖母诺福克公爵夫人苏塞克斯的霍舍姆或兰贝斯的家中度过了八年的成长岁月。根据后来透露的消息，公爵夫人在那里只是偶尔管教一下她们。几乎没有证据表明凯瑟琳在书本学习方面有什么收获；不过，可能是为了让她适应宫廷生活，有个名叫亨利·马诺克斯（Henry Manox）的人被雇来教她音乐，教她弹奏维吉那琴。

马诺克斯后来说自己爱上了她，并多次与凯瑟琳幽会。当公爵夫人发现此事时，她打了这个女孩"两三下"，并禁止他俩单独在一起。但马诺克斯并没有夺走凯瑟琳的处女之身，夺取她童贞的是霍华德家一个年轻的亲戚弗朗西斯·德勒姆。他来到公爵夫人的家里，很快就成了少女的闺中密友。

当凯瑟琳来到宫中时,她的亲戚没人觉得凯瑟琳的过去对于让她接触亨利国王有何妨碍。然而,即便国王不知情,有一些人却知道她的过去。他们中有几个想挤进新王后凯瑟琳的宫室,好捞上一笔;他们的窃窃私语,在最好的情况下是犯傻时口无遮拦、不小心泄露了信息,最坏的情况则是企图敲诈。

他们中最危险的,或者说看起来最危险的,就是爱吹嘘的弗朗西斯·德勒姆。当王后的一位门卫约翰斯先生责备德勒姆越权时,德勒姆夸耀道:"我是王后委员会的成员,有权自由活动;在他(约翰斯)认识王后之前,我就是王后的闺中密友,等王后忘记他时,我仍会是王后的心腹。"不过,凯瑟琳无意中积累了越来越多对自己不利的更严重的证据。

与马诺克斯或德勒姆之间的任何事情都是在她与国王结婚之前发生的;而对你未来的丈夫隐瞒你以前生活的一切并不是一种罪行,至少当时还不是。但在1541年宫廷北巡之前,凯瑟琳已经与亨利的一位侍从(也是她母亲那边的另一位远房亲戚)建立了危险的亲密关系,他就是年轻英俊的托马斯·库尔佩珀。

库尔佩珀当时二十五六岁,在国王的恩宠下可谓平步青云。有人说他继承了亨利·诺里斯的位子(鉴于诺里斯的命运,这可不吉利)。但库尔佩珀可能有一段不光彩的过去。有个和他同名的人——他和自己的哥哥同名——侵犯了一个公园看守人的妻子,而"他最放荡的三四个随从则遵照他的吩咐抱住她",但之后被赦免了。这又是一个显示了强烈阶级偏见的例子,只有贵妇才算人,而这种阶级观也是骑士精神准则的基础。

王室的这次北巡由于库尔佩珀和凯瑟琳王后之间的几次私人会面而被铭记。在布鲁尔圣殿骑士团教堂，他从后楼梯潜入她的卧室；在庞特福雷特城堡，她闩上门与他在房间幽会；在林肯附近的庚斯博罗老厅，他们进行了四个小时的交谈。他们的会面由乔治·博林的遗孀简·罗克福德夫人提供方便，并为他们通风报信。对凯瑟琳的起诉书描述了"简·罗克福德夫人这个老鸨"是如何为他们的幽会提供便利的，从晚上11点到凌晨3点，在"一个秘密、污秽的地方"——一间厕所。

历史的定论与其说是取决于有关这些幽会的说法，不如说是取决于凯瑟琳写给库尔佩珀的一封信。不过，即便是对这封信，也可以有两种解读。

凯瑟琳在信中宣称，"我从未如此渴望见到你并与你交谈"。但有人认为，这并不是出于任何激情，而是他们有紧急事务要解决，甚至可能是库尔佩珀威胁要揭露凯瑟琳过去的不检点行为。

也许同样的解释也适用于这一句："我永远相信你会像你跟我保证的那样。"甚至这封信的署名"你的终生挚友"也在当时的标准表达范围之内。当时的信件经常被当作文艺辞藻的练习来书写，其夸张的抒情语句来自修辞学或诗歌。凯瑟琳·霍华德和托马斯·库尔佩珀都发誓他们没有发生过性关系——尽管库尔佩珀后来承认他打算对她"干坏事"，"而且王后对他有同样的意图"——而历史学家也倾向于相信他们。

宫廷生活就好比一个由各种影响力和庇护组成的不稳定的等级金字塔。生活在宫廷的一个年轻男子会有很多和性无关的理由，希望接近王后。当然，凯瑟琳更高的地位，对保密的要求，利用中间人罗克福德夫人,甚至描述库尔佩珀生病(相思病),这些都符合宫廷爱情的传统。或许有人会说凯瑟琳·霍华德没有受过足够的教育,不了解这种游戏,但这种说法忽略了宫廷诗通常是以歌曲的形式表现出来的。如果说我们对凯瑟琳有什么了解的话,那就是她接受过(教师是马诺克斯!)音乐方面的指导。

然而,如果把凯瑟琳写给库尔佩珀的这封关键的信看作宫廷爱情的修辞练习,那么它只能说明这个梦想已经变得多么堕落。有一句话很难与这一理论相协调:"一想到我不能总是与你在一起,我就心如死灰。"她是否只是想玩玩宫廷游戏,但玩得很不熟练?(不过,四个小时的时间只用来谈话?在一个厕所?真是很难想象。)

罗克福德夫人在这里似乎扮演了一个奇怪的角色:建议年轻的王后"让男人们看看她"(因为反正他们也要这么做);鼓励她与库尔佩珀会面,说他"一片赤诚,绝无他意"。而凯瑟琳在某种意义上似乎已经拒绝了这个提议:她告诉罗克福德夫人,自己不想再与库尔佩珀见面,她不希望发生这种"轻率的事"。

然而,直接将凯瑟琳带入危险境地的并不是库尔佩珀或罗克福德夫人,甚至也不是德勒姆,而是曾经在凯瑟琳外祖母家的少女闺房中与她同住的一个女孩。她想在王后宫室中获得一个职位,分享她以前室友的"了不起的命运"。这个女孩向她的哥哥说起了王后以前的"轻率行为"。她的哥哥(一个与保守的霍华德派系敌对的宗教改革者)向克兰默报告了此事。大为震惊的大主教别无选择,只能采取行动。

11月2日,当亨利去做弥撒时,他发现克兰默在他的座位上留下了一封信,描述了凯瑟琳婚前的一些事。他的第一反应是不相信,但在接下来的几天里，更多事实一一被揭露，就像多米诺骨牌倒下一样，只是速度更慢而已。马诺克斯被带去问话，他交代了自己与凯瑟琳相处时的一些细节。德勒姆也被带来问讯，他透露了他们经常同床共枕，"有六七次……赤身裸体"；而关键的是，当他进入她的寝宫时，他曾希望能再次与她发生关系。11月6日晚，亨利将凯瑟琳留在汉普顿宫，前往白厅宫参加特别召开的枢密院会议。面对揭露出来的事实，他泪如雨下，据说他要求给自己一把剑，好亲手杀死凯瑟琳。

更糟糕的事情还在后面。11月11日，可能是在酷刑下，弗朗西斯·德勒姆说出了托马斯·库尔佩珀的名字。三天后，凯瑟琳的侍从被解散，本人则被带到锡永修道院。经讯问，她承认与库尔佩珀有过三次幽会，但"发誓"否认他曾经碰触过她的"任何裸露部位"，除了她的手，他在那次厕所会面结束时亲吻了她的手，并说他"不会奢望再进一步"。同一天，库尔佩珀被带到了伦敦塔。亨利又一次被他最亲近的人背叛了，就像亚瑟王被兰斯洛特背叛一样。

但有迹象表明，亨利在最初的暴怒过后，他曾倾向于宽恕。被指控的凯瑟琳哀叹说，她"对世俗荣耀的欲望蒙蔽了双眼"，因而没有告诉亨利她"以前的过错"，但否认与库尔佩珀有过越轨行为。毕竟，如果她已经嫁给了德勒姆（誓言和圆房将构成具有约束力的婚姻预约），那么她就从未与国王结过婚，也不可能对国王不忠。有消息称，她可能会被判处监禁了事，或认定她与王室婚姻无效，甚至被完全赦免。

安妮·博林从被指控到被处刑，只用了两个多星期的时间，至于凯瑟琳，则用了两个月。德勒姆和库尔佩珀于12月10日被处决（库尔佩珀被减刑为斩首,但德勒姆却遭受了绞刑、开膛取出内脏、肢解等一整套可怕酷刑)。然而,直到次年1月下旬,针对凯瑟琳·霍华德的起诉书才被通过;2月,她和简·罗克福德都被判处死刑。

很可能是主导枢密院的宗教激进分子推动了亨利对她的起诉,并确保她不会受到实际的审判。新的法案通过了,规定任何女人在不披露其过去错误的情况下嫁给国王都犯了欺君之罪。大法官在议会中关切地指出,凯瑟琳因此"没有为自己澄清的权利",但事实上,她似乎没有寻求任何权利,甚至拒绝公开审判。2月10日,凯瑟琳被从锡永修道院带到伦敦塔;1542年2月13日,她被斧子砍了头:这次没有法国剑客。查普斯听说,头一天晚上,她要求把垫头砧带到她的房间,以便她提前练习得体地行事。她做到了:一位观察者记录说,她临终的表现够得上一个"最虔诚的基督徒"。西班牙的《编年史》中的记载大概只是一个传说,说她临终前大声呼喊:她以王后的身份死去,但她宁愿以库尔佩珀妻子的身份死去。这很浪漫,但也很要命。

查普斯记录了亨利在凯瑟琳去世前几天的悲愤:他表现得"对失去她的痛惜更甚于对他前几任妻子的过错、死亡或离婚的惆怅";也许正如大使一针见血指出的那样,因为(与简那次一样)他还没有定好下一个结婚候选人。但也许国王是在哀悼爱情本身的死亡,哀悼他失去了作为忠实恋人的角色。

然而,也许凯瑟琳的垮台和被处决的残酷确实再次显示了浪漫爱情是如何变质的,以及在一个真正的权力几乎总是归属于男性的时代,女人不得不为之付出代价。凯瑟琳·霍华德还曾卷入另一个爱情故事中:一出再次以玛格丽特·道格拉斯为核心人物的戏码。尽管这个故事与凯瑟琳的罪行相比平淡无奇,但主人公也是命悬一线。

玛格丽特在凯瑟琳的宫室中担任重要职位,并且是在那次致命的北方之行中陪伴她的四位女官之一。当凯瑟琳还没有坐稳她的王后宝座时,玛格丽特又坠入爱河。她与霍华德家族的另一个成员发展出了一段浪漫的感情,此人就是查尔斯·霍华德,小王后凯瑟琳的哥哥(同时也是玛格丽特以前的恋人托马斯·霍华德的侄子,不过年龄不一定比他小多少)。

1541年11月,与凯瑟琳的通奸暗示一前一后爆出的还有一个奇怪的(或者说是透露真相的)消息。11月10日,就在克兰默大主教审问王后的三天后,查普斯给匈牙利的玛丽写信说查尔斯·霍华德"被禁止进入国王的房间",法国大使在第二天也说他"被无故驱逐出宫廷"。

鉴于国王对霍华德家族的两位王后的痛苦失望,其家族背景不可能起到帮助作用,但真正的问题还是在于一个潜在的王位继承人在未经批准的情况下筹划结婚。幸亏事态还只是发展到筹划这一步。当查尔斯逃到国外时,玛格丽特被命令离开宫廷,前往诺福克公爵在肯宁霍尔的宅邸,与她的朋友——诺福克公爵的女儿玛丽(也是《德文郡手稿》的合作者)为伴。这是个很轻的惩罚。也许是亨利对凯瑟琳的极度痛苦和失望,促使他对较轻的过错手下留情。

国王的秘书指示克兰默,他应该"向(玛格丽特)宣布,她对国王陛下太不谨慎,自轻自贱,第一次是和托马斯勋爵,第二次是和查尔斯·霍华德勋爵;在这一点上,你应该小心地指控她过于轻率,最后,建议她谨防第三次犯错"。

第四部分 1536—1558

在以后的生活中,玛格丽特确实多次发现自己被当局下令监禁;仍是因为未经批准的婚姻问题。但是,与宫廷故事中的其他女性不同,她总是能东山再起。第二年夏天,她又回到了亨利的第六任王后凯瑟琳·帕尔的内廷中。1543年7月12日在汉普顿宫的小礼拜堂里悄悄举行的婚礼上,她负责为新娘捧婚纱。

凯瑟琳·帕尔出生于一个显赫的朝臣家庭,当年约克和兰开斯特两大家族起纷争时,她的祖先在两边阵营都有人。父亲托马斯·帕尔早在1516年就被派去护送逃亡的玛格丽特·都铎从苏格兰南下,母亲莫德·格林则是北方重要的土地继承人。

更重要的是,莫德曾是阿拉贡的凯瑟琳的女官之一;而亨利的第一位王后几乎肯定是他最后一位王后的教母。1517年,凯瑟琳·帕尔5岁时,她的父亲死于瘟疫。母亲莫德从未再婚,她与王室的女主人保持着密切关系的同时,在指导年轻人品德、博学、语言和宫廷礼仪方面也有了一定的名气。如果说亨利的前两个妻子都是聪慧和有教养的女人,那么他的最后一个妻子正好跟她俩构成了"三人组"。

凯瑟琳·帕尔引起亨利注意之时,她刚满30岁,是个寡妇,且不是新寡,而是再度守寡。她17岁时嫁给了出身良好、家境殷实的爱德华·伯格爵士,但他在四年后去世,没有留下孩子。几个月后,她又嫁给了约翰·内维尔,拉蒂默勋爵,一个有两个孩子的鳏夫,比她大20岁。内维尔家族是英格兰北方最强大的家族之一,但约翰却与这个充满挑战的时代格格不入。

拉蒂默在天主教的"求恩朝觐起义"中发挥了主导作用。但他随后退出,回归王室阵营,留下凯瑟琳在他们约克郡的家——斯内普城堡面对叛军的愤怒。凯瑟琳本人可能已经从她父母和王室教母的天主教信仰转变为热忱的新教信仰。后来,她生动地描述了她那颗"顽固、冷漠和倔强的心"的转变过程,但没有说明转变的时间。不过,她和其他新教徒的关系可能对丈夫在叛乱平息后免于最严重的惩罚起到了作用。

1543年3月,拉蒂默去世。凯瑟琳的两次婚姻,我们会认为都是出于理智而非感情。她的第三次会不会幸运呢?她心仪的男人不是年迈的亨利国王,而是托马斯·西摩,已故王后简·西摩风度翩翩的弟弟。虽然只是第四个儿子,但他姐姐与国王的婚姻(并成功生下一个继承人)确保了他的迅速升迁,亨利本人也欣然赞扬过托马斯"前途远大"和"优点显著",以及"活力充沛"。

后来凯瑟琳写信给西摩说:"我一心一意要嫁给你……除了你,我谁都不愿嫁。"但有一种力量,即使是一个令人敬畏的女人面对它时也必须屈服,那就是国王的意志。

起初,亨利的感情和兴趣并没有完全集中在凯瑟琳·帕尔身上。有人说他和克里维斯的安妮又在一起了,也有人说他对一位叫安妮·巴塞特的女士有意,此外还有人说他看中了托马斯·怀亚特的妻子,即将成为寡妇的伊丽莎白·布鲁克(查普斯提到她时说她是一个"漂亮的年轻姑娘",说明他可能把她与她的侄女混淆了)。我们对亨利向凯瑟琳·帕尔求爱的细节知之甚少,如果这可以称之为求爱的话。她接受国王的求婚是出于一种信念,即这是上帝的旨意;也许是一种希望,即她的地位的提高有助于促进宗教改革。她给西摩写的信中表露出了她内心的纠结。但最终,"(上帝)通过他的恩典和至善,使看起来不可能的事情成为可能:那就是让我彻底放弃自己的意愿,而甘心追随他的意愿"。

无论如何,要说"不"是非常困难的。

就在7月12日举办婚礼的几天后,亨利的重要秘书托马斯·威约斯利(Thomas Wriothesley,曾是克伦威尔的跟班,却是一个虔诚的保守派)写道,凯瑟琳"因其美德、智慧和温柔,与陛下最般配,我相信陛下的前任妻子里没有一个比她更合他的心意"。在亨利身体状况最糟糕的日子里,他不得不坐于轮椅被人推着巡游宫殿,这时的凯瑟琳更像一个保姆而不是妻子,历史上也常常这样描绘她。但事实上,她甚至可能奢望过为他生孩子。外国游客会描述她"活泼而讨人喜欢的外表",以及她那件金色间着深红色的华丽礼服;财务记录显示了她对鞋子、鲜花和香熏油的酷爱。

这次,没有盛大的仪式来庆祝这一结合——没有像凯瑟琳·霍华德那样的水上游行,当然也没有加冕仪式——但是两人巡游各地,时间比原定计划大大延长(部分原因在于伦敦的瘟疫一直持续到秋天)。有一阵子,亨利的子女也参加了巡游。玛丽只比凯瑟琳小4岁,而且宗教信仰迥然相异,但她俩与阿拉贡的凯瑟琳的共同关系在她们之间建立了纽带。凯瑟琳成功地在亨利的整个家庭营造了一种更愉快的氛围:爱德华这个被珍视的继承人,在自己的住所得到了细致入微的照顾,写信给凯瑟琳称她为"最亲爱的母亲";还有伊丽莎白,很早就表现出对学问的兴趣,凯瑟琳也加以鼓励。迄今为止,伊丽莎白一直由一位名叫卡特·阿什利(Kat Ashley)的女教师指导,当她与爱德华两人的仆从会合时,也许爱德华的教师也会给她上些课,但现在她——已经可以流利地说多种语言——有了自己专门的教师。

1544年年初,新的《继承法》取代了1536年的《继承法》。该法案规定,有鉴于"全能的天主的唯一意愿"是否会让国王与他的第六位王后有更多子女。同样,有鉴于上帝的意愿是否让现年6岁的爱德华将来有自己的孩子。如果两者都没有的话,在爱德华之后,玛丽和伊丽莎白将相继恢复她们的继承位序。

1544年春天还发生了一件重大的事情。就像他执政之初一样,亨利决定参战,再次与哈布斯堡家族结盟对抗法国人。就像他之前留下阿拉贡的凯瑟琳作为摄政王一样,他这次也让他的妻子代理国内事务。7月7日,枢密院宣布:"国王陛下决定,当他不在时,由王后殿下摄政。"她将由一个五人委员会提供建议,但国王的事务将以她的名义通过。

凯瑟琳写给在外的亨利的一封信中说:"我如此爱戴和渴望的陛下您不在身边,让我对任何事情都没有兴趣,在听到您的消息之前总觉得不安。"她甚至写道,"我看重陛下,就像我看重每天恩赐我各种好处和礼物的上帝一样。"这些是宫廷爱情的陈词滥调,不过凯瑟琳更像是求爱者。

相比之下,亨利在法国时写给她的一封长信,却兴致勃勃地大谈特谈外交往来大使和军械装备的事儿,最后是"就此搁笔,亲爱的",署名"你亲爱的丈夫亨利王"。不会再自称"你的仆人"——而且他"忙得不可开交",信中的大部分内容都不是他亲手写的——但这封信显示了尊重和爱意。

凯瑟琳的地位在这个对她的宗教信仰构成威胁的时期格外重要。在她结婚前的几个月里,已经出现了一股针对宗教改革的反叛势力,特别是反对宗教书籍在平民百姓中传播。正是在这种紧张的气氛下,凯瑟琳王后不仅开始阅读这些书籍,还亲自创作了几本这样的书。也许是在摄政期间品尝到了权力的滋味,她由此变得大胆;此外,随着时间的推移,她内廷的仆从人员更换了不少,凯瑟琳现在身边围绕着一群和她一样满怀宗教改革热情的女性。9月底回国的亨利可能会为此感到惊奇。

1545年6月,皇家印刷商出版了凯瑟琳的《祈祷或冥想(触动天堂冥想的祈祷)》,由她"从神圣著作中搜集摘录的"片段整理而成,这是凯瑟琳以她的名字署名出版的第一本书,也是英格兰女性以自己名字署名出版的第一本书。这本书反响不错;她的继女伊丽莎白把它翻译成了拉丁文,她在凯瑟琳的宫廷生活中学到了很多东西。也许是反响太好了?凯瑟琳的丈夫亨利渐下决心(正如他在1545年圣诞节前夕通知议会的那样)要严格限制英语版《圣经》的流通,因为他看到上帝的话语"在每个饭店和小酒馆里被人争论、吟诵、歌唱和叫嚷"。两个月后——肯定不是巧合——接替查普斯的新任帝国大使报告了"这里关于新王后的传言……萨福克夫人被人津津乐道,而且非常受恩宠"。而事实上,当时查尔斯·布兰登刚刚去世,他的遗孀凯瑟琳·威洛比和凯瑟琳·帕尔一样是个伟大的宗教改革者。

有一次,凯瑟琳去看望久病缠身、脾气暴躁的国王,她很不明智地把话题转向了宗教。她离开后,亨利抱怨说:"要让女人成了教士,你就听她们叨叨吧。"这一说法来自后来约翰·福克斯(John Foxe)宣传新教的著作和他的《殉道者之书》;福克斯还说,保守派的加德纳大主教鼓动国王,让他对改革派感到"愤怒和不悦"。大概亨利越来越容易受他周围的人操纵。但可以肯定的是,接下来的事情——正如福克斯所讲述的——是一场怪异而令人担忧的游戏。

亨利允许加德纳逮捕凯瑟琳的那些积极推行宗教改革的侍女,没收她们的书籍，并将王后本人送入伦敦塔。但国王把这个计划告诉了他的医生，而医生又转告凯瑟琳，劝她"谦卑地服从"国王；她就去找她的国王丈夫。当亨利试图挑起一场关于宗教的讨论时，凯瑟琳没有吞下这个诱饵。她没有自己的意见，在她看来，她大智大慧的丈夫是她"唯一的精神支柱……仅次于上帝"。如果她曾经与丈夫有过争论，那也只是为了让他忘掉腿部溃烂的痛苦……这既否定了她自己的原则，也放弃了她作为一个宫廷淑女有权提出要求的道德高地，但这也许救了她的命。亨利问道，原来不过如此？你猜怎么着，亲爱的，他们重归于好了。

第二天，她正和国王在花园里散步，威约斯利和一队卫兵带着凯瑟琳的逮捕令来了。亨利对他大发雷霆，认为他是个恶棍、畜生和傻瓜。凯瑟琳赢得了这场游戏……她真的赢了吗？亨利是否一直在和她玩宫廷爱情中常见的考验游戏的一个变态版本？在都铎家族中，对宫廷角色扮演的迫切要求做出反应时，是否确实有施虐倾向？（在未来的岁月里，伊丽莎白也会被认为像一只猫一样喜欢施虐。）果真如此的话，两个人都赢了。亨利赢得了凯瑟琳的顺从，而凯瑟琳只需要在有限的时间内忍气吞声。1547年1月28日，亨利驾崩了。

临死前几天，他最后一次处决了一个人：萨里伯爵，诗人亨利·霍华德（诺福克公爵的儿子）。罪名是叛国罪，而这一指控显而易见是为了掩盖他血统与王室太近的真正罪过。诺福克公爵原本也应该被处决，但由于亨利的驾崩而得以幸免。不过，如果说英格兰近期的未来取决于亨利的子女，那么《德文郡手稿》的另一位幸存合作者仍将发挥作用。

第四部分 1536—1558

16世纪40年代，另一个故事与凯瑟琳·帕尔的王后生涯同步开展：玛格丽特·道格拉斯在经历了那些跌宕起伏的爱情纠葛之后，终于为了她舅舅的外交政策而嫁了出去。她的新郎是马修·斯图亚特，伦诺克斯伯爵，一个对苏格兰王位有继承权的贵族，他在苏格兰的动荡局势中扮演了一个重要角色。

苏格兰再次成为一个被派系撕裂的国家，由一个婴儿统治着。1542年11月，英国在索尔韦莫斯战役中取得压倒性胜利，随后苏格兰国王詹姆斯五世去世，由他刚满一周岁的女儿玛丽继位。苏格兰贵族中的亲英格兰派迅速安排这位婴儿女王与亨利的小儿子爱德华订婚，并将整个国家作为她的嫁妆，但她的母亲玛丽·德·吉斯却为玛丽寻求与法国联盟。可以预见的是，亨利怒气冲天，导致了英格兰的入侵，所谓的"粗暴求婚"，苏格兰的大片土地都遭受了战火的洗礼。

但亨利在伦诺克斯身上找到了另一件武器，因为伦诺克斯决定跟英格兰联姻。1543年夏天，玛格丽特·道格拉斯得知，作为对伦诺克斯效忠英王的认可，亨利同意将她嫁给伦诺克斯。

对于这件婚事，双方都存有疑虑。亨利对于让伦诺克斯拥有玛格丽特所代表的重要家族血统而有所顾虑，而伦诺克斯则在犹豫与太后玛丽·德·吉斯结婚是不是获得苏格兰权力的更快途径。1544年，经过双方艰难的讨价还价，交易完成了。

一份苏格兰报告称，伦诺克斯"深爱"着他从未见过的玛格丽特。不过，也许，毕竟这个联姻有一些浪漫因素。在亨利认可的协议中，若要玛格丽特嫁给伦诺克斯，他需履行某些"契约"，其中包含了以下令人吃惊的条件："因为我已经向外甥女承诺，永远不会强迫她嫁给自己不喜欢的人,而鉴于他们从未见过对方,我不知他们在一起时会否喜欢对方",所以"现在不能轻率处理这个婚约的相关事项"。

伦诺克斯必须通过为这位女士的舅舅亨利服务来赢得他的"窈窕淑女",他必须拿出一份适当的彩礼,但这条款听上去似乎他还必须赢得这位女士的芳心……也许从某种程度上说,亨利只是找了个借口来吊伦诺克斯的胃口;但不管怎么说,他找的这个借口仍是值得注意的。1544年5月,伦诺克斯与亨利的正式协议仍然以他和玛格丽特见面时应"同意并喜欢在一起"为条件。

伦诺克斯被描述为非常英俊,在法国宫廷熏陶了十年之久,而且"在贵妇眼中非常讨人喜欢"。1544年夏天,伦诺克斯来到英国宫廷,把他在苏格兰王室的权力转让给了亨利国王,双方似乎都对另一方很满意。通过"一个不可分割的结",双方都同意了这桩婚事。最后,有着狂风暴雨般情感经历的玛格丽特终于找到了一份让社会认可的爱情。事实证明,她和伦诺克斯的伴侣关系将持续近30年(并且通过他们的儿子达恩利勋爵与苏格兰女王玛丽的婚姻,帮助形成了现在英国王室的血统)。

人们很容易觉得,几个世纪以来的宫廷爱情的布料终于被亨利妻子们的漫长历史磨薄磨光了。亨利一再试图将游戏与政治现实紧密结合起来,这给两者都带来了难以承受的压力。但也许还发生了别的事情。也许中世纪的宫廷传统惯例正在磕磕绊绊、零零星星地纳入我们称之为浪漫爱情的这个更广阔的领域;这种浪漫爱情仍然可能会发生越轨、造成麻烦,却更适宜于为持续的婚姻生活服务。

在白厅宫举行的庆祝玛格丽特结婚的宴会,玛格丽特本人可能出席了,也可能没出席(她可能被凯瑟琳王后招待,不过她们的行踪并没有被记录)。但可以肯定的是,玛格丽特的表亲,即亨利的三个子女都在场:爱德华、玛丽和伊丽莎白。爱德华、玛丽的统治期似乎代表了宫廷爱情故事的某种中断,然而很明显的是,浪漫情怀仍然驾驭着都铎王朝。

16
"可耻的诽谤"
1547—1553

亨利八世由他9岁的儿子爱德华六世继位。老国王那日渐衰颓的庞大身躯，似乎比他年轻时的辉煌形象更能体现他的残暴权威，而现在王位却传给了一个脸色苍白的小男孩。亨利的遗嘱规定，如果爱德华死后无子，亨利的大女儿玛丽应在他之后继承王位。而如果同样的命运降临到玛丽头上，那么伊丽莎白应该继位……但前提是，这两个女儿都不能在未经遗嘱执行人同意的情况下结婚。

这16位遗嘱执行人以及在爱德华未成年期间的国家执政者将由两个人主导。第一个在政治上崭露头角的人——小国王的大舅爱德华·西摩——迅速自封为萨默塞特公爵（和护国公）时，至少还有血缘关系和习俗的支持。

而随着爱德华短暂的统治时间的推移，另一位出现在台前的人将更加令人惊讶。约翰·达德利是埃德蒙·达德利的儿子。埃德蒙作为亨利七世敛财政权的替罪羊，在亨利八世登基时（与理查德·埃普森一起）被捕并被处决。然而，在埃德蒙·达德利的遗孀与爱德华四世的私生子亚瑟·金雀花结婚后，亨利八世对她的儿子约翰——军人、皇家仆从和比武大会明星——青眼有加。在亨利统治的最后几年里，约翰·达德利凭借其才能迅速升迁。1544年，他率领军队击溃了苏格兰，然后横扫南方，在英吉利海峡对岸取得了更大的胜利。达德利是一位宗教改革者，甚至比爱德华·西摩更为彻底：因为与小国王关系密切，故而更有优势。

就我们对这位热忱的小新教徒爱德华六世的了解来看，即使他活得更久，他也未必会有很多时间沉溺于宫廷幻想。在宗教改革的头几十年里，人们对爱和性有了新的热情，否定了圣奥古斯丁关于性必然是罪恶的训令。迪尔马德·麦克库洛赫称之为"性革命"。然而，性被安全地供奉在婚姻殿堂内……整个北欧的新教徒都购买了马丁·路德夫妇的版画，马丁之前是修士，而他的妻子则是前修女卡塔琳娜·冯·波拉，他与她进行热烈的饭后辩论（他戏称她为"路德博士"），并在八年内生了6个孩子。即使是这种家庭化的爱情也很可能与宫廷幻想势同水火。不过，路德已于1546年去世。而反宗教改革运动的兴起，即1545年特伦特会议召开后由天主教徒发起的反击，将使人们看到天主教徒和新教徒在竞争，看谁能表现出更严格的性道德。

事实上，爱德华的浪漫倾向从未被证实。另外，对于他的姐姐伊丽莎白来说，她弟弟在位的第一年期间发生了一段插曲，可能影响了她以后与男人的一切关系。

1547年1月，父亲亨利去世时，伊丽莎白只有13岁，她被送去与继母凯瑟琳·帕尔一起生活，当时凯瑟琳在切尔西安家。但在那年春天，凯瑟琳以令人咋舌的速度开始了另一场秘密婚姻。在亨利国王看中她之前，托马斯·西摩就是她心心念念、梦寐以求的男人。而托马斯对他做了护国公的哥哥如此青云直上难免心怀不满，尽管作为一种小恩小惠，他被任命为英格兰的海军大臣。*谣传说，他只是在自己最初的希望——与两位公主伊丽莎白和玛丽其中一人结婚——受阻后才选择了凯瑟琳太后。当他与凯瑟琳结婚时——在短暂的时刻，他们似乎很幸福，因为她怀上了他的孩子——这最初的希望似乎从未消失过。

我们从伊丽莎白的家庭女教师卡特·阿什利和侍从官托马斯·帕里的证词中了解到了切尔西府上的情况，这些证词是在施压下做出的。他们讲述了海军大臣是如何在清晨冲进伊丽莎白的寝室，拉开少女的被单，"做出一副要扑上去的样子"，而她则慌忙溜开。

卡特·阿什利对西摩说，他做得太过火了，因为"这些事情招人议论，我家主人也被人说三道四"。西摩气愤地回答说他绝无恶意。事实上，正如卡特所言，太后本人有时也会加入西摩对其继女的恶作剧，帮着他在床上给伊丽莎白挠痒痒。

托马斯·西摩在盘算什么？他到底有没有企图呢？正如尼古拉斯·索克莫顿爵士所说的那样，他"勇气可嘉，风度翩翩，仪表堂堂，声音洪亮，但有些外强中干"。同样难以确定的是伊丽莎白的感受——惊恐、诱惑、渴望？可能三者都有。她试图（她的仆人们也这么说）躲藏，回避这个处在她继父位置上的男人，试图逃离。然而，当有人提到他的名字时，她会"面露喜色"。她喜欢听人赞美他。

但在1548年春，太后"怀疑海军大臣过于频繁地接触伊丽莎白公主殿下……突然出现在他们面前，当时他把她抱在怀里，没有其他人在场。因此，太后与海军大臣和公主殿下都闹翻了"。凯瑟琳此时已

---

* 凯瑟琳在描述护国公明显不赞成他弟弟这门大好亲事时颇为可爱地写道，幸好他们不在同一处，"否则我一定会咬他一口！"

经怀有西摩的孩子5个月之久,这就为把伊丽莎白送到卡特·阿什利的姐妹家提供了借口。继母和继女之间的通信给了她们会重新亲近的希望,但在8月30日生下一个女婴的几天后,凯瑟琳患上了产褥热。她在伊丽莎白15岁生日时去世。

那时,伊丽莎白也病了。她的一生都被神经性疾病暴发所困扰,表现为偏头痛、恐慌症和月经失调。但当时的一些人却就这些症状得出了不同的诊断,私下说伊丽莎白流产了西摩的孩子。伊丽莎白恳求允许自己到法庭上驳斥这些"可耻的诽谤"。后来又有了其他传言,说一个乡下稳婆被叫去给一位很年轻而且明显是贵族的女士接生,说这个孩子出生后就被杀死了。这一切都没有任何真凭实据,而这些有关秘密怀孕的捕风捉影的说法将在未来继续困扰着伊丽莎白的女王生涯。

凯瑟琳死后,西摩再次开始寻找妻子。此外,他还在更加疯狂地寻求某种方法把他哥哥拉下台,夺取他自认为在王国所应有的地位。这不会是一个男人最后一次眼巴巴望着伊丽莎白,既感受到其个人魅力,也察觉到了政治机会。可是,在1549年1月,当西摩试图劫持小国王时,当局逮捕了他。对他已知同伙的盘问势在必行,而他觊觎王室婚姻的叛国野心现在已是路人皆知的秘密。

伊丽莎白最宠爱的侍从被带到伦敦塔,被指控煽动支持西摩,而她的官室则由罗伯特·泰尔维特爵士接管,他得到枢密院的指示,要取得西摩叛国行为的证据,不知是否也包括伊丽莎白的叛国行为?泰尔维特自信地,而且是残酷地说,他很有把握"让她吐出全部真相"。但伊丽莎白保持着头脑清醒(从而也保住了自己的脑袋),否认她或她的家人有任何未经官方批准就结婚的念头。她惊恐的仆人们无不支持她的说法。泰尔维特心里蛮不是滋味,报告说他们都"众口一词"。最后只有托马斯·西摩在3月底被关进了监狱,被指控犯有33项叛国罪。

接下来的几个月里,事件的发展令人目不暇接。那年夏天,罗伯特·凯特(Robert Kett)领导了一场叛乱,反对圈地运动以及由此导致的乡村贫困。约翰·达德利按照护国公爱德华·西摩的吩咐,着手平息叛乱,他以残酷无情、雷厉风行的手段完成了任务。但不知何故,在他的军队解散之前,到了秋天,爱德华本人也步弟弟托马斯的后尘进入了伦敦塔,而达德利(不久后被封为诺森伯兰公爵)则开始主政。

与此同时,伊丽莎白则退居到自己家中(她宠爱的侍从重回她的身边),过着小心翼翼的学习生活。她的导师罗杰·阿斯哈姆(Roger Ascham)描述,每天开始先是研读希腊文《新约》,然后学习希腊文学和拉丁文学,以及现代语言的口头练习。卡特·阿什利的丈夫约翰后来回忆了以伊丽莎白为中心的小群体"自由畅快的交谈"和"井然有序的讨论",以及"友好的团契"与"愉快的研习"。而事实上,她一定会从最近的经历中了解到,谈话最好不要太自由。不过,她还得到了什么别的教训呢?

在伊丽莎白的一生中,她总会被那些具有豪侠气质的男人所吸引。但西摩事件只能在她的脑海中强化性与危险之间的联系,这种联系始于她母亲和继母的命运,而这种联系对许多宫廷故事中的女主角来说都是显而易见的。阿斯哈姆不仅称赞她的学识,还称赞她的衣着简约优雅,如果她现在投入国王"亲爱的节欲姐姐"的角色中,那就不足为奇了。对她的政治前途来说,也许她学到的最有用的一课,就是在悬崖边上的表演艺术。

它起了作用:1549年,伊丽莎白进入王宫参加了圣诞庆典,用帝国大使的话说,她比她姐姐玛丽更受爱德华的青睐,因为她"更对他们的脾气"。在1550年的圣诞庆典上,该大使注意到她"带着一大批侍从和女官"来到伦敦,由国王的100匹马护送,并受到枢密院的正式欢迎。因为她接受了新的宗教,"成为一位非常伟大的女士",故而为她专门举办了游行庆祝。她终于获得了她父亲遗留给她的大片土地的所有权。

相比之下,玛丽的处境则随着她弟弟的统治而每况愈下。爱德华登基后,在克兰默大主教的主持下,迅速进行了全面的宗教改革:移除圣像、十字架、摧毁彩绘玻璃窗和十字梁隔屏,甚至否认基督会"亲临"弥撒。玛丽写信给她弟弟表达了自己的惊愕,说自己将继续做一个"孝顺的子女",坚决服从父王所实行的温和的改革,直到她弟弟"达到谨慎持重的年龄"。在她所继承的大片土地上,她的家臣也都还按照旧的宗教仪式进行活动。

玛格丽特·道格拉斯的家庭也是如此。伦诺克斯夫人很快就意识到,自己作为一个天主教徒,尽管不是教皇派,她是不受新国王爱德华政权青睐的,便退居到约克郡的家族领地。她的几个女儿都夭折了,她一门心思投注在儿子达恩利勋爵身上,亨利国王去世时达恩利已经1岁了。在苏格兰,她的父亲安格斯已经投靠了亲法派,但她的丈夫伦诺克斯却在边境以北站在英格兰的阵营,并在战场上证明了自己的价值。无论如何,玛格丽特足够有用,足够谨慎,而且往往隔着足够的地理距离,因此爱德华政府对她不闻不问。而玛格丽特的老朋友玛丽公主的情况却有所不同。

新政权起初甚至不愿意挑战玛丽，默许她私下听弥撒，尽管他们没有提供她所要求的书面许可。爱德华似乎一直在他周围人所鼓动的改革热情和他对玛丽的感情之间犯纠结。他的枢密院意识到她的哈布斯堡家族的亲属在海峡另一边虎视眈眈。但是，随着玛丽自己的宫室成为心怀不满的天主教徒的集结地，她的反对者们正在进一步推动改革。到1550年，她开始担心自己可能不得不逃离这个国家。她的表姐——匈牙利的玛丽有三艘船在埃塞克斯海岸附近等候，以便在必要时帮助她逃跑。

1551年3月，当她来到伦敦时，她和伊丽莎白一样，由一大群侍从陪同，但她的随从每人都带着一串天主教念珠。很快，匈牙利的玛丽就给帝国大使写信说，如果玛丽被禁止做弥撒，即使是私下里的弥撒，她也可能不得不忍受；但如果她弟弟的政府试图强迫她接受"错误的做法仪礼……她宁死不屈才好"。

也许是政治上的顾虑阻止了任何人走向极端。英格兰和西班牙属尼德兰同样都依赖两国之间的羊毛贸易。但很快另一个问题就浮出水面。

1552年春天（这年春天，伊丽莎白带着更多的随从来到宫廷里），爱德华得了麻疹，然后又得了天花。他似乎很快就康复了，但随后再次病倒。随着秋天的到来，宫廷内部明显发现，这个发烧和咳嗽的小国王病得很重，很可能得了结核病。根据亨利八世的遗嘱条款，玛丽仍然是她弟弟的继承人。爱德华14岁时，他的顾问官们开始让他参与更多的国家事务，时间进入1553年，他的健康状况日益恶化，爱德华自己决定，他的王位不应该传给天主教徒玛丽。不太清楚的是，他为什么不让信奉新教的伊丽莎白继位。无论如何,答案可能隐藏在寝宫墙后。

爱德华为他激动的法官们给出的官方理由是,伊丽莎白和玛丽一样,是个私生子。而且,她是安妮·博林的女儿,而安妮"水性杨花,与一些朝臣勾搭成奸,不敬重她的丈夫,那位如此强大的国王"。伊丽莎白听到这句话时的心情可想而知。但真正的原因更可能是伊丽莎白自己的未婚状态:爱德华担心她会嫁给一个天主教王子,使得英格兰由此被迫回归天主教。爱德华的麻烦,就像他父亲先前那样,没有任何男嗣——一个既不容易受丈夫影响,也不会继承夏娃之罪的男性继承人。

唯一的解决办法——既然所有的候选人都是女性——就是找到一个安全的已婚者,而且丈夫是新教徒。爱德华毫不犹豫地排除了亨利的姐姐玛格丽特的天主教后裔。(亨利在他的遗嘱中也做出了同样的决定,如果他自己的三个孩子都没有子女的话。)苏格兰女王玛丽现在被送到了法国,作为下一任法国国王的未来妻子在那里接受抚养;而玛格丽特·道格拉斯也顺利地在4月获得了访问遥远的苏格兰和她的亲戚的许可。

现在就剩下亨利八世的妹妹玛丽的女儿们了(她们自己也只有几个幸存的女儿)。爱德华本人在1553年春末起草的"继承计划"首先将王位留给了弗朗西丝·格雷(娘家姓布兰登)的"男性继承人"(长子),如果没有任何这样的继承人出现,王位就传给弗朗西丝的长女简·格雷*的男性继承人。

---

* 简的父亲是伊丽莎白·伍德维尔第一次婚姻的后裔。

15岁的简就像她的表叔爱德华国王一样，是热忱的新教推动者，而大家也曾一度认为她可能会嫁给爱德华国王。但就在几天前，简·格雷已经嫁给了诺森伯兰的儿子吉尔福德·达德利（他只是达德利家族中的第四个儿子，但他的哥哥们都已经结婚了）。而她的妹妹凯瑟琳则在同一仪式上嫁给了英国一个首席贵族的儿子威廉·赫伯特；最小的妹妹玛丽则已与另一人订了婚。

但人们很快就发现，简的婚姻来得太晚了，无法及时生下男孩来继承爱德华的王位。1553年6月，也就是婚礼后一个月，爱德华对"继承计划"做了最后一次书面修正，承认了失败：王位将传给"简夫人及其男性继承人"。不过，除了被视为传承都铎王朝血脉的肉身工具之外，简·格雷是什么样的人呢？

英国王室成员中，很少有人能像阿基坦的埃莉诺和简·格雷如此迥然不同。然而，两人不仅是历史上的真实人物，也在文学和传说中扮演着重要角色。埃莉诺的形象是喜欢无事生非、挑起争端；简的形象则首先是一个受害者，而且是被动的。这在过去使她更吸引人，尽管我们今天可能会寻求一种不同的解读。

我们对简的印象——她舅公亨利去世时她才9岁——主要来自三年后她与伊丽莎白的家庭教师约翰·阿斯查姆的一次谈话。阿斯查姆去莱斯特郡布拉德盖特的格雷家做客时，发现简独自一人在读柏拉图，"就像读薄伽丘的滑稽故事一样兴致勃勃"。她的父母出去打猎了，但她很开心，因为只要她和他们中的任何一个在一起：

> 不管我是言谈，还是静默，不管我是坐立行走，还是饮食起

居,不管我是高兴还是悲伤,不管我是在缝纫、玩耍、跳舞还是做其他任何事情,我都必须一丝一毫不逾矩,甚至像上帝创造世界一样完美,否则我就会受到尖锐的嘲弄、残酷的威胁,唉,有时还会掐我、拧我、打我……感觉就如身处地狱一般,直到我必须去找艾尔默先生(她温和的导师,阿斯查姆的朋友)才罢休。

在这段对话中,她的母亲弗朗西丝·布兰登被描绘成一个残酷、强硬的泼妇,而简则被描绘成一个脸色苍白、有点一本正经的学习典范。阿斯查姆暗示说,她甚至是一个比伊丽莎白更出色的学生(他在《教师》一书中发表了这段对话,旨在倡导更亲切的教学方法)。

现代研究让我们对这段历史有了更细微的认知,不过基本观点可能没有改变。简的18岁的丈夫吉尔福德·达德利经常被认为是一个暴徒,但当时的人将他描述为一个"体面、高尚、英俊的绅士",而简不管对他感情如何,似乎接受了他作为她的丈夫。但是,当爱德华在7月6日痛苦地死去,吉尔福德·达德利的父亲诺森伯兰宣布简为女王时,她听到这个消息后泪流满面,跪在地上,甚至哭着说(据教皇特使报告),合法的继承人不是她,而是玛丽女士。然后,她恢复平静,向上帝祈求"恩典,使我能够凭借他的赞许和荣耀来治理这个王国"。换句话说,就是要让英国保持新教信仰。

但简和她周围的人在做打算时,都没有考虑亨利八世遗嘱指定的继承人。他们没有考虑过玛丽。

甚至在宣布简为新女王的时候,玛丽——在爱德华驾崩的消息公之于众前就有人秘密提醒过她——已逃到了东安格利亚,在那里她拥有土地和支持者。7月10日,新宣布的女王简按照仪式被隆重地送到伦敦塔(这不仅仅是一个几乎无法攻克的堡垒,而且是君主在加冕前的传统暂住所)。但当天晚上,枢密院收到了玛丽的一封信,要求"你们对上帝和我的忠诚",这让他们大为震惊。

新政府还面临着更多的问题。伦敦民众在被当局一口气通知了爱德华驾崩和几乎不为人所知的简女王登基的消息后,没有表现出欢迎这种废黜亨利王的女儿们的行为。半个世纪后,人们会说,詹姆斯国王没有像伊丽莎白女王那样"安抚"民众。也许诺森伯兰也低估了被追求者的反抗能力,未能理解浪漫爱情和强奸之间的区别。

简本人在伦敦塔内,在劝说之下才去试了试王冠的大小。她(根据意大利人的说法)已经明确表示拒绝将她丈夫吉尔福德立为国王。其他人都以为吉尔福德会成为国王,帝国大使的一封快信中称他们"新国王和王后"。但简坚持认为她有王室血统,而吉尔福德没有。伦敦政权的核心部分出现了问题。相比之下,在东安格利亚,人们的热情却很高涨。

当玛丽在萨福克郡固若金汤的弗拉姆林汉城堡竖立起她的军旗时,许多人都涌向了那里。在海上,一些王室的舰船也投奔了她的阵营。正如热那亚商人巴普蒂斯塔·斯皮诺拉所报告的那样:"人民的心与西班牙王后的女儿玛丽在一起。"7月20日,她从城堡里骑马下来视察她的部队(事后看来,这一幕让人想起后来的蒂尔伯里演讲)。当诺森伯兰亲自北上与她对峙时,他自己的部队却一哄而散。

与此同时,在伦敦,议员们将伦敦塔交给了玛丽的支持者。简一直在发出,或者说是以她的名义发出宣布她的"王室头衔和尊严"的诏书,要求她的臣民抵制"玛丽女士"的要求。但这种呼吁丝毫没有说服力，也许就连简自己都觉得难以服人。20日，玛丽被宣布为女王，在接下来的两天里，帝国大使报告说，街上到处都是"欣喜若狂"的人。简的父亲扯下了她头上的王冠，并告诉她从今以后她应该满足于私人生活。简的回答是，在接受王室荣誉时，她"犯了严重的罪，对自己施加了暴行。现在，我愿意并服从自己灵魂的驱使，放弃王位"。她仍然留在伦敦塔里：不再是君主，而是囚犯。

玛丽追随了她外祖母伊莎贝拉的脚步，她是西班牙的勇士女王，但也追随了她祖父亨利七世的脚步。和祖父一样，她既通过血统，也通过武装胜利，更重要的是，通过民众的拥护赢得了王位。然而，和亨利七世一样，在后来的几个世纪里，她也没有因此得到相应的声望。罗伯特·温菲尔德（Robert Wingfield）在他的《玛丽女王传》（*Vita Mariae Angliae Reginae*）一书中写道，她的功业"本应被评判和认为是艰巨无比的，而非仅仅依靠女人的大胆"。但是，作为英格兰的第一位女王，她会如何利用神话故事，还有待观察。

17

"丈夫可以做很多事"

1553—1558

8月3日,玛丽正式进入伦敦,她的妹妹伊丽莎白骑马紧随其后。如果亨利的两个女儿需要对外表现出团结和睦的话,现在正当其时。9月底,伊丽莎白在加冕礼的路上再次骑马跟在姐姐后面。玛丽从不玩宫廷爱情的老套路——她有自己的一套行为准则——但她意识到有必要掌握君主制的骑士精神。

她的加冕仪式传递出了一种奇怪的混杂信息。前一天,她被人用轿子抬着穿过街道,而不是像国王那样骑马。她的头发披散着,象征着传统女性的贞洁和生育能力。一位男性贵族代表她主持了册封15名新的巴斯骑士的仪式:成为巴斯骑士,是迈向正式骑士的关键一步。然而,第二天,她由手捧国剑的阿伦德尔伯爵头前带路,来到威斯敏斯特教堂,在接受涂圣油和加冕后,穿戴上了所有与仪式相关的服饰和物件。不过,她没有把金马刺[1]系在脚后跟上,只是摸了摸它们。虽然她的右手拿着国王的权杖,但她的左手也拿着"王后加冕用的权杖,顶端有鸽子"。

---

1 加冕礼上的金马刺象征着王权与骑士制度的紧密联系。

还有两件事是玛丽必须要迅速解决的。第一个是她的婚姻问题。在童年时期,她当然已经订过几次婚了。事实上,一个威尼斯人描述了亨利八世曾利用她的婚姻承诺与他国建立联盟,就好像她是用来捕鸟的诱饵一样。但后来,亨利宣布她和伊丽莎白是私生女,让她们丢掉了结婚的机会,但也可以说免于包办婚姻,而包办婚姻是公主们通常的命运。

玛丽似乎一直认为她需要与一个男人分享她的君权,她同时代的人都会全心全意地赞同这种观念。她宣称,作为一个普通人,她"更愿意保守贞洁,直到生命的尽头",但她听从了表哥查理五世的意见,即"政府的大部分工作由一个女人来承担是很困难的"*。

在英国,玛丽的首要候选丈夫是埃克塞特侯爵夫人的儿子、爱德华四世的曾孙爱德华·考特内。但该家族坚定的天主教信仰(以及他们的王室血统),导致他们在亨利八世时代失宠。20多岁的考特内在伦敦塔里度过了他的成年生活,他不能为玛丽的统治提供任何支持。

追求玛丽的另一位首要候选人则没有这样的缺点,尽管他比37岁的玛丽年轻了10岁。玛丽的女王身份还没宣布,就有人建议她嫁给西班牙的菲利普,她以前的未婚夫查理五世的儿子;10月底,她接受了这个提议。两周后,议会提交了一份请愿书,要求她重新考虑在王国境内选择结婚对象,但玛丽在感情上一直效忠于她的西班牙家族。值得注意的是,同样作为都铎家族的成员,她对议会请求的答复与其说是诉诸政治术语(有个强大的西班牙盟友是多么有益),不如说是诉诸她的个人感情。她不无争议地宣布:"在这种情况下,如果个人可

---

* 不过,哈布斯堡王朝却因女性摄政者而引人注目,详见拙著《女王的游戏》(*Game of Queens*)。

17 "丈夫可以做很多事"

以遵循自己的喜好行事,君主也理所应当享有同样的自由。"

但从一开始,与西班牙人联姻的想法就招致了公众的强烈反对。因为这种排外情绪,1553年12月,在伊丽莎白离开宫廷后的几周内,有人便借她的名头(如果不是更严重的话)掀起了一场叛乱。

"怀亚特叛乱"旨在让伊丽莎白取代玛丽,因其煽动者——曾为安妮·博林写诗的托马斯·怀亚特爵士的儿子而得名,他与自己父亲同名。叛乱者声称他们是为了防止英格兰"被异国人霸占",成为庞大的哈布斯堡帝国的一部分,并计划在全国各地举行一系列联合行动。但走漏了风声,传到当局那里,只有怀亚特的军队在1554年1月底向伦敦进发。

玛丽骑在马上向她的军队发表演讲。她告诉将士们,她在加冕时就与她的王国结了婚,"我戴上了这枚结婚戒指,从来没有也永远不会把它摘下"。虽然"我无法形容母亲对孩子的爱有多么自然,因为我从来没有孩子,但如果可以像母亲爱她的孩子一样爱自己的臣民,那么请你们放心,我,你们至高无上的君主和女王,确实发自内心地爱着你们,恩宠你们。我不能不认为你们也这么爱我"。

她补充说,她"既不是那么渴望结婚,也不是要完全遵从我的意愿,非要有一个丈夫不可"。只有在特别符合"整个王国的利益"的情况下,她才会结婚。玛丽的演讲表明她同时扮演着几个不同的女性角色。在对守卫圣詹姆斯宫的士兵讲话时,她用骑士的话语表达了她的请求,激励他们,称他们为"她唯一信任的绅士"。

士兵们坚定不移,而伦敦市民也集合起来支持女王。武装叛乱很快就平息了。但这场阴谋是否与王位有关,还有待考察。在怀亚特的

第四部分 1536—1558

军队溃散两天后,三位枢密院官员和一支士兵分队来到了伊丽莎白的府上。

在玛丽执政的头几周,姐妹之间团结和谐的表现并没有持续多久。除了婚姻,玛丽需要解决的第二个问题是宗教。她开始时很小心谨慎。进入伦敦两星期后,她发布公告说,虽然她本人一直信奉"上帝和世人都知道她从幼年起就一直信奉的宗教(天主教)",但是,由于"她的仁慈和宽容,殿下不打算强迫她的任何臣民信奉这种宗教,直到达成普遍的共识后才会下达进一步的政令"。

但玛丽也写信给教皇,声称"教皇陛下没有比她更满怀敬爱的女儿"。她告诉一个外国人,她希望能恢复教皇的权威,但目前这种事情还不宜公开谈论。伊丽莎白也同样不露锋芒。9月,伊丽莎白与她的姐姐进行了一次谈话,在谈话中,她辩称"她是在信奉(新教)信条的环境中长大的",自己对天主教信仰只是不够了解,而非敌视。她要求得到导师指点,几天后,她正式参加了玛丽的皇家礼拜堂祷告仪式,但带着一种故意的"痛苦忍受的神色",向她的支持者传达了一个秘密信息。但是,妥协的道路越来越走不通,因为在欧洲大陆,反宗教改革积聚了反对新教的力量,其中马丁·路德的宗教改革思想也逐渐被加尔文和瑞士宗教改革派更严厉的教义所取代。

当吓坏了的伊丽莎白被带到法庭接受审讯时,很明显,所有曾经试图篡夺玛丽继承权的人现在都被认定为危险分子,必须遭受处决。尽管诺森伯兰在玛丽登基后便迅速被处决,但当时并没有对简·格雷(诺森伯兰试图将其扶植为政治傀儡,但这位女王的统治仅持续了九日)和她的丈夫施加可怕的刑罚。现在,情况发生了变化。

17 "丈夫可以做很多事"

2月12日上午,吉尔福德·达德利被斩首。教皇特使以浪漫风格报告说,吉尔福德在临刑前一晚求见简,希望"最后一次拥抱和亲吻她",但简拒绝了,说这可能会让他们的情绪过于激动,无法保持冷静,最好还是把他们的思绪转向上帝。*当简接近生命的终点时,她的言辞越来越有宗教意味。她严厉地警告妹妹凯瑟琳,死亡和审判在等着她;如果她向天主教妥协,"上帝会弃绝你,缩短你的寿数"。她给父亲的最后一张字条上说她和丈夫将一起从有限的生命迈向永生。签名是"简·达德利"。

简眼睁睁地看着吉尔福德的尸体被送了回来,"他的死尸被扔在一辆车上,头裹在一块布里"。一小时后,就轮到简了。断头台上,这个17岁的女孩终于无法继续维持庄重镇定,围巾蒙住了她的眼睛,她摸索着垫头砧,挣扎着调整自己的衣服,等待斧头落下。"求你快点把我送走。"她恳求刽子手说。

与此同时,在白厅宫里,调查仍在进行,无休无止。最终没有证据证明伊丽莎白知情或同意武装叛乱。尽管如此,3月17日,她仍被指控犯有阴谋罪。第二天,枢密官来带她去伦敦塔,但她恳求允许她先向自己的姐姐提交请愿书。这封信为她争取到了转机,3月19日,即棕榈主日,她的船才顺流而下前往伦敦塔。就物质上而言,她的监禁条件并不苛刻。她有四个房间和十几个仆人。只不过这些房间当初是为安妮·博林的加冕仪式而重建的,安妮在被处决前也住在这里。

伊丽莎白在伦敦塔中的痛苦经历很可能——这对她未来的几年产生了重要影响——促进了她与另一位被关押在那里的人的亲密关系。

---

* 在博尚塔——伦敦塔中关押达德利兄弟的那些房间里——有两处刻字,写的是"简"(JANE),估计是由一个囚犯刻下的。

罗伯特·达德利和他的哥哥吉尔福德一样，是被处决的诺森伯兰公爵的排行比较靠后的儿子，因为参与了企图让简·格雷登上王位的阴谋而与他的兄弟们一起被监禁。他和伊丽莎白也许早已相识，因为罗伯特曾服侍过她的弟弟爱德华。

多年来，作家们对伦敦塔厚重的墙壁背后绽放出浪漫爱情之花的想象进行了大量的发挥，但实际上，在塔中是不可能幽会的。然而，共同经历了危难和囚禁的人，可能会因为彼此在困境中的情感共鸣而被吸引在一起。当初，安妮·博林听说她的哥哥乔治也在伦敦塔里时，她曾说："很高兴我俩挨得这么近。"

这一次，对伊丽莎白的监禁并没有持续很久。怀亚特在4月11日被处决时，他在断头台上的发言完全为她洗刷了罪名。她在监禁期间所面临的限制和严苛条件逐渐减少。5月初，当新的守卫出现在伦敦塔时，她的反应是惊恐失措，并问简·格雷的断头台是否还在那里。但这些守卫是来护送她出去的。她于5月19日离开伦敦塔，留下达德利一家人还关在里面。

就伊丽莎白所知，事情还没有结束。当她离开伦敦塔后躺在里士满宫时，她对仆人说，这个晚上，"我想自己死定了"。对暗杀的恐惧绝非捕风捉影：她在宫廷里的对头曾希望把她送到庞特弗莱茨城堡，理查二世就是在那里被谋杀的。实际上，她被软禁在伍德斯托克，不至于特别不舒服。但这一经历既塑造了她的人格，也对形成她的政治素养起到了帮助作用。

终其一生，伊丽莎白的一个关键身份是——无论她是否喜欢——新教的女英雄。这是一个她在性情上倾向于抵制的身份：它透露着将

17 "丈夫可以做很多事"

她带入危险境地的各种迹象。在被迫的情况下，在玛丽的整个统治期间，她都会参加天主教的弥撒。然而——正如玛丽让议会宣布亨利和阿拉贡的凯瑟琳的婚姻有效一样——只有根据新教规则，伊丽莎白才是合法的，才能够在继承位序中占有一席之地。

帝国大使很早就报告说，玛丽想剥夺伊丽莎白的继承权，因为她的"异端观点和非法身份，以及与她母亲相似的特点"。玛丽希望她的继承人是玛格丽特·道格拉斯，她已经对玛格丽特表示了极大的偏爱。帝国大使指出，玛丽仍然对"安妮·博林的阴谋诡计"以及对自己母亲造成的伤害耿耿于怀。

玛丽是通过骑士式的冒险赢得王位的；尽管她的角色不是女士/奖品，而是骑士/竞争者。而在她统治期间，她在公共场合发表的言辞既没有使用她妹妹伊丽莎白运用自如的宫廷爱情辞藻，也没有通过它们来合理化自己的统治，这也就更加引人注目了。但是，就年轻的玛丽对宫廷爱情现象的认识而言，她一定认为这是一种不光彩的游戏——一种非法武器，一种潜在的致命的愚蠢行为。不用说，这也是敌人安妮的武器。

玛丽所寻求的，是一种既满足个人需要也被社会认可的爱情。一种平等的伙伴关系，一种限制在婚姻范围内的幸福生活。会不会是玛丽的态度刺激了她的妹妹，使宫廷爱情成为伊丽莎白的武器库——她的身份的一个重要组成部分？我们永远无法知道，在她们的父亲生前，在她们共同起居生活的那些漫长的日子里，她们是否曾经谈论过书籍、诗歌、思想，但这肯定是有可能的。

7月底，在温彻斯特大教堂，玛丽一世与西班牙的菲利普结婚。

仪式非常隆重，新郎和新娘都穿着白色和金色相间的衣服（不过，玛丽选择了一枚朴素的金戒指作为她的婚戒，因为她说古时候姑娘们结婚都是这样的）。但在幕后却有一场尴尬的谈判。

早在菲利普到来之前，玛丽就告诉帝国大使，在私下里，她会敬爱和服从她的丈夫，"但若他想干涉英格兰的内政，她绝不允许"。玛丽的大使奉她的议会之命强调，"如果两国联姻，英格兰政府应始终由女王陛下而不是亲王来管理"。加德纳主教宣称，菲利普"应该是个臣民，而非君主，女王应该像现在这样统治一切"。为了安抚公众，1月时官方公布的婚姻条约煞费苦心地列出了所有的限制性条款，这些条款确实将菲利普的权力限制在一定范围内。但与此相对的则是，社会把妻子服从于丈夫认为是理所当然的事，还引发了人们情感上的忧虑和紧张。

正如法国的亨利二世所说，一旦菲利普与玛丽结婚，"丈夫可以通过妻子做很多事"。他说，一个女人"很难拒绝她丈夫恳切要求去做的任何事情"。他还说，他知道婚内权威"对女人来说非常强大"。旧的天主教婚礼仪式上，玛丽承诺要"百依百顺和唯命是从……无论是在精神上还是肉体上"；不过，这些信息仍是含混不明的。

在仪式之后的宴会上，玛丽·都铎是用金盘子上菜，而西班牙的菲利普只用了银盘子。菲利普搬进了曾经被称为王后居室的房间，玛丽则住在国王的房间里。结婚两天后，菲利普向玛丽的枢密院保证，他可以提供建议，但在任何问题上，"他们必须征询女王的意见，而他会尽力协助"。但玛丽坚持认为，对于枢密院所讨论的事宜，菲利普应始终拥有知情权，所有枢密院文件都应由他和她本人签字。哈布斯堡的谈判代表坚持认为，在官方文件上，菲利普的名字应该排在玛

17 "丈夫可以做很多事"

丽的前面——"受天主恩宠的菲利普和玛丽，英格兰国王和女王"。他们声称，"无论是世俗还是神圣的法律，还是殿下的威望和声誉"都不允许将他的名字放在后面。但英国议会拒绝授予菲利普并肩王头衔。

而且，在个人层面上，玛丽建立的联姻不可能实现她所寻求的浪漫爱情和幸福家庭生活的结合。帝国大使报告说，当首次向玛丽提及婚姻问题时，玛丽的反应是激动紧张的笑。她要求在做决定之前先看一下对方的画像。她向查理五世传话说："如果菲利普想要谈情说爱，这不是我想要的，因为正如陛下所知，我已经过了多情善感的年龄，而且我从未有过恋爱的念头。"但她的举动表明情况并非如此。

就菲利普而言，他本人并不渴望与这个比自己大11岁的他父亲的表妹结婚。后人把年长的菲利普描绘成一个沉闷的宗教狂。与此相反，刚来到英国的菲利普热爱音乐和比武，就像一个派对王子。尽管玛丽坚持认为，正如她告诉威尼斯大使的那样，她的丈夫"没有与其他任何女人有过风流韵事"，但事实上，菲利普是个花花公子，他乐于在欧洲各地扮演向女子献殷勤的角色。在米兰的一次宴会上，他让最可爱的女士们喝他杯子里的酒，享受她们赞美自己在比武场上的英勇表现；在班什，在一场精心策划的骑士表演中，他是骑士中的一员，他们必须克服前进道路上的障碍，从黑暗之塔中救出囚犯。在布鲁塞尔，他曾举办过一场宴会，庆祝爱神的死亡和重生。而西班牙贵族们也热衷于骑士精神，当发现菲利普和玛丽的婚礼是在温彻斯特举办时，他们做的第一件事就是寻找亚瑟王的圆桌。

菲利普在英格兰给许多人留下了深刻的印象。伦诺克斯家族的一名仆人指出，他面容"俊朗，前额宽阔，有一双灰色的眼睛，鼻梁挺直，颇具男子气概"，他的身材匀称，"大自然无法再造出比这更完美的人体模子了"。另一位观察者说，他"胃口很好，机智伶俐，性情温和"。此外，他还准备遵循既定的惯例，为这桩实用主义的婚姻披上骑士精神的外衣，扮演满怀爱心、殷勤备至的配偶角色。

一位西班牙人将菲利普和玛丽描述为"世界上最幸福的夫妇，相爱之情无法言喻。国王陛下和她形影不离，在路上时，他总是伴在她身边，帮助她上马和下马"。然而，他不是那么热情地补充说，女王"一点儿也不漂亮：身材矮小，与其说是胖，不如说是皮肉松弛……她是一个完美的圣人，而且穿着很糟糕"。菲利普的心腹鲁伊·戈麦斯在家书中写道，他的主人"正竭尽所能地对（玛丽）示好，以便尽职尽责"。菲利普"深知，这桩婚姻不是为了肉体上的欢愉，而是为了恢复王国的荣耀"。

这段婚姻乍看起来确实会达到其首要目的，即生下一个天主教继承人。秋天，玛丽确信她怀孕了。1555年4月下半月，伊丽莎白应召从伍德斯托克来到汉普顿宫。人们理所当然地认为她将见证姐姐的胜利。然而，她所见证的，却是玛丽的悲剧，以可怕的慢镜头徐徐展开。

月底，有传言说女王生了个儿子，全国钟声响起，喜气洋洋。但这只是个误传，或许是流产？玛丽仍然处于痛苦之中，腹部仍然鼓鼓的，她——可怜地、尴尬地——仍然怀着希望。她在产房里等待了整个5月……6月……7月。渐渐地，哪怕她自己也已经意识到，这是一次假怀孕。或者，正如法国大使在5月初听说的那样，整个事情，包括膨胀的肚子以及其余一切，都是"某种可悲的疾病"造成的。8月，玛丽悄悄地离开了她的产房。

她发现等待她的是更多的坏消息。她的丈夫为履行家族职责，回到欧洲大陆，他的父亲查理五世正计划退位，把西班牙及其广阔的外国领土都交给菲利普。（神圣罗马帝国皇帝的角色将由查尔斯的弟弟斐迪南担任。）十有八九菲利普响应这个召唤时心里并没有不情愿。玛丽现在已经快40岁了，她的孕产历史似乎大概率与她母亲的情况差不多。玛丽与他话别，在公开场合表现得很坚强，私下里却泪流满面；威尼斯大使听人说，她的悲伤"对于一个深陷爱河的人来说可以想象到"。正如玛丽以前的老师维维斯警告年轻女性（他说，她们比男性更容易被情感所驱使）那样："你有权让爱情进入你的生活，可一旦你让它进来，你就不再属于自己，而是属于它。你不能按自己的意愿把它赶出去，但它却能任意把你从自己家里赶出去……"

玛丽给她出于功利的婚姻带来了不利的、实际上招来严重后果的情感包袱。她和自己的父亲一样，犯了一个错误，在本应是政治权宜之计的事务上寻求浪漫。或许玛丽的羞辱和愤怒，她的"眼泪和悔恨"，对于伊丽莎白而言是另一种教训。10月，她得到了离开宫廷的许可，不是去伍德斯托克，而是去她自己在哈特菲尔德的庄园，在那里开始了未来三年内基本上是等待的游戏。

两姐妹之间的分裂以及两种信仰之间的对立正变得越来越明显。1555年2月，火烧异教徒的行动开始，玛丽因此获得了她在后世的绰号——"血腥玛丽"。近300人在痛苦中死去：这对玛丽本人来说可能是一个不愿接受的意外之事，她把这种野蛮的惩罚假想为一种短促而猛烈的警告措施。

《殉道者之书》的作者约翰·福克斯后来所做的描述——当火"烧

到他的双腿和肩膀时,他就像没有感觉一样,在火焰中洗手,就像在冷水中洗手一样"——无法掩盖可怕的现实。克兰默大主教是最可怜的牺牲者之一:玛丽登基时,他被关进监狱,在恐惧中公开宣布放弃新教信仰,就在面临火刑的那一天他收回了自己的悔过声明。而新教信仰名义上的首领仍然是女王同父异母的妹妹。

伊丽莎白也是不在英格兰境内的菲利普不得不争取的一个对象——在哈布斯堡的政策中要利用的一颗棋子。除此之外,还有别的吗?有传言称,菲利普对身材苗条、充满活力、红头发的伊丽莎白情有独钟。当然,随着菲利普长期在国外,玛丽的悲伤——威尼斯人称她"极其需要"他——转化成愤怒。有人说她对着菲利普的画像破口大骂,也有人说她曾一怒之下把镜子扔到了房间的另一头。玛丽在一封提到菲利普关于伊丽莎白的计划的信中写道,自己很容易"为你感到嫉妒和不安"。

不过,政治因素足以促使菲利普在玛丽统治的剩余时间里保护伊丽莎白。如果玛丽女王没有留下子女就驾崩,受欢迎的天主教继任者不是玛格丽特·道格拉斯,而是14岁的苏格兰女王玛丽,她被视为王储的未来新娘,在法国宫廷接受抚养。而西班牙也不希望看到英格兰王位传给一个完全支持法国的继承人。1556年11月,伊丽莎白受邀回宫过圣诞节,希望她能通过与西班牙的菲利普的一位天主教表亲——徒有头衔的萨伏伊公爵结婚,从而转向支持西班牙的利益。但伊丽莎白这次来访的时间很短——在12月的第一周,她已经在返回哈特菲尔德的路上——这表明她肯定毅然决然地拒绝了这一结婚提议。

1557年春天,菲利普回到英格兰。法国和西班牙又开始呈现剑拔弩张的敌对状态,他希望既能确保英格兰站在西班牙一方作战,又能在联姻问题上对伊丽莎白施加压力。法国大使警告伊丽莎白,有人阴谋策划用武力把她带到国外。其他求婚者有唐·卡洛斯,菲利普与第一任妻子所生的十来岁的有精神病的儿子;还有瑞典的王储(即将成为国王)。对于前者,伊丽莎白"直截了当地说,她不会结婚"——"哪怕有人替全欧洲最伟大的王子提亲,我也不会嫁"。对于后者,她说自己很喜欢自己的单身生活,不想改变现状:因为"我自己觉得,没有什么比这更好的了"。也许,面对翻来覆去的胁迫,她只能无休止地重申自己的立场,这一事实本身就增强了她的信念。不过,此时,她肯定已看到自己登上英格兰王位的真正的机会在她眼前晃来晃去,吸引着她。而这是一个她不愿意与他人分享的位子。

菲利普回到英格兰的主要目的,正是他与玛丽结婚时大家所担心的:把英格兰卷入一场海外战争。议会和民众都非常不情愿。法国大使宣称,女王在他们的愿望和菲利普的愿望之间纠结,正处于"要么自己的精神崩溃,要么她的王国崩溃"的边缘。但玛丽向议会阐述了"她对丈夫的服从,以及他根据人间的也是神圣的法律对她享有的权力"。6月,一名信使被派往法国宫廷,扔下铁手套——表示提出挑战。亨利二世不屑一顾地宣称:"由于该信使是以一个女人的名义而来,他没有必要再听对方说什么……想想看,当一个女人发起挑衅我的战争时,我该怎么应对。"

菲利普于7月离开多佛,带着一支6000人的英国军队。玛丽此后再也没能见到他。1558年1月,法国人占领了加莱——英格兰仅存的在欧洲大陆的前哨,这对玛丽女王和整个国家来说都是巨大的羞辱。几年后,托马斯·史密斯爵士回忆说:"我从未见过英格兰这么力量薄弱、军资缺乏、士气低落、财富流失……这里就只有罚款、砍头、绞刑、分尸和火刑，除了苛捐杂税，沿街乞讨，以及丢掉我们在海外的据点。"

　　唯一值得庆幸的是，那个月玛丽觉得可以告诉菲利普，他去年夏天来访时使她怀孕了。但很少有人与她有同样的信心。到了4月，玛丽自己也知道弄错了。到了夏天，她显然已经病入膏肓：可能腹部有肿瘤。而根据父亲的遗嘱条款，伊丽莎白仍然是玛丽的继承人。

　　威尼斯大使在前一年写道，伊丽莎白作为玛丽的继承人，现在是"众目所瞩，人心所向"。在哈特菲尔德的三年里，伊丽莎白并没有闲着。她一直在建立一个由她的朋友和支持者组成的网络，其中包括威廉·塞西尔，这位受过剑桥大学训练的官僚和坚定的新教徒，将成为未来几十年首屈一指的政治家。他们中还有罗伯特·达德利。伊丽莎白后来说，他为了给她筹钱而卖掉了自己的土地。

　　10月初，玛丽女王的病情恶化。10月28日，她在自己的遗嘱中增加了一条附录。她承认自己还没有"自己的亲骨肉"，因而做出让步，在没有继承人的情况下，由"本王国法律规定的下一个继承人"来继位。十天后，她被要求承认，这句话明确意味着由伊丽莎白继位。11月17日清晨，玛丽悄然驾崩。玛格丽特·道格拉斯是她葬礼上的主要哀悼者。

　　历史学家威廉·卡姆登（William Camden）写道，虽然伊丽莎白25岁开始执政时还很年轻，但她"身处逆境坚定不屈，世间罕有其匹者"；伊丽莎白在她执政的头几年发表的一篇祈祷文中描述了她的厄运：

> 当我被敌人的各种圈套包围、流离失所时，你一直保护我，使我脱离监禁，摆脱最极端的危险；尽管我在最后一刻才获得自由，你却把皇家的主权和威严托付给我。

正如伊丽莎白所言，上帝"不希望我做一个来自平民百姓中最卑贱的女孩，在贫困和邋遢中悲惨地度过一生，而是希望我掌管你指定的王国"。现在，到了实现这一天命的时候了。

为了做到这一点，伊丽莎白将尽其所能运用她的全部技巧。她同父异母的姐姐曾作为英格兰的第一位女王执政，但玛丽是在她的神父——教皇的终极精神权威下来统治的，更不用说她在世的丈夫可能的权威。而伊丽莎白将做一些更具颠覆性的事情——借助于一种本身就颠覆了男性统治的教义。英国最后一位中世纪的君主将激活——采用、改编——过去时代的文化和社交模式，来掩盖她对国家政权所做的具有革命性质的改变。如果宫廷爱情看起来即将结束其漫长的历史，那么恰恰相反，此时它将获得重生。

第五部分

—

1558—1584

Amor de lonh：可望而不可即的爱

我虽悲伤，但不敢表现我的不悦；
我虽钟情，却被迫只能假意憎恨，
我虽溺爱，但不敢明明白白诉说；
内心喋喋不休，表面却不闻不问；
我渴望、煎熬，却装作冷若冰霜，
背对真实的自己，扮成另一副模样。

——伊丽莎白一世，《恨别离》

18

"将来的国王"

1558—1563

　　这一天是伊丽莎白的胜利之日。近五年前,她曾作为假释囚犯离开伦敦塔,仍然担心自己有性命之虞。1559年1月14日,她骑马离开伦敦塔(按照传统,新君主要在伦敦塔短暂停留),前往威斯敏斯特,在第二天举行加冕仪式。她自己也很快注意到了过去和现在之间的鸿沟。毕竟,这增强了女王作为上帝拣选之人的感觉,她宣称,上帝拯救她,就像拯救但以理(Daniel)脱离狮子坑一样。

　　她身着23码的金银布,白色鼬皮镶边,光彩照人。她坐在御辇巨大的绸缎垫子上,由两头骡子拉着巡城。39位身着金布袖子的深红色衣裙的女士跟在她身后——也跟在身着红、金双色相间礼服的罗伯特·达德利后面,他以御马官的新身份紧随女王的御辇。

　　伊丽莎白在加冕巡游途中遇到了一系列庆祝活动和化装表演。在恩典堂街,她见到了第一个庆祝活动,称为"玫瑰庆典"。在一个代表都铎王朝的三层高台上,站在第一层的是亨利七世和约克的伊丽莎白,用红白玫瑰作为象征可说是恰如其分。在他们上面,一朵象征都铎王朝的玫瑰后面站着的是亨利八世和安妮·博林,他们最终还是团聚了。(也许这也是安妮的胜利之日吧。)在最高层,则站着伊丽莎白本人。当然,她是独自站在那里。至少目前是这样的。

只是用后世的眼光来看,才会将伊丽莎白与童贞紧密联系起来。当她在1558年登上王位时,这一点对同时代的人来说还很不明显。

伊丽莎白后来嘲弄地说:"世人有一种颠扑不破的观念,认为女人不嫁人就没法活。"神圣罗马帝国皇帝的特使很快就向他的主人保证,她应该("女人就是这么回事")渴望"嫁人,靠丈夫养活。因为她希望继续做姑娘家而不结婚是不可能的"。这是她姐姐没有为她打破的一个障碍。

玛丽·都铎的天主教信仰和天主教婚姻使英格兰再次与欧洲大部分国家建立了亲密的政治和宗教联系。伊丽莎白的新教信仰则让她的国家又回到了由她们父亲引发的孤立状态。(也许正是这种政治上和某种程度的文化上的孤立,使得在别处逐渐消逝的宫廷爱情的精神仍然笼罩在英格兰的海岸。)当务之急是为英格兰寻求安全保障。伊丽莎白的一位外交官说,英格兰就像"两条狗(法国和西班牙)之间的一块骨头"。对她同时代的大多数人来说,显而易见的途径是去缔结一桩划算的跨国联姻。用威廉·塞西尔的话说,它是女王和王国"唯一已知和可能的保证"。

事实证明,作为女王和未婚女性,伊丽莎白将打破两种传统模式。从她登基后,最初地位还不稳固的日子开始,她就需要在展示她的女性君主形象方面发挥出比通常更多的技巧。

她将采用现有的准则来实现这一点(通常是节俭务实的方式)——不仅仅是宫廷爱情的准则,当时机成熟时,她还借用了《圣经》中的女英雄、贞洁女神狄安娜以及至为关键的童贞女玛利亚的形象。然而，伊丽莎白的统治权来自对教皇权威的拒绝。对于那些认为她父母的婚姻无效的天主教徒来说，她根本就不是合法的女王。在法国，国王亨利二世宣称他的儿媳玛丽·斯图亚特才是英格兰的合法君主。而新教对妇女权力的态度问题仍在磋商之中。

在诸多抨击天主教女性统治者玛丽·都铎和玛丽·德·吉斯的新教宣传家中，约翰·诺克斯只是其中之一。他曾在《吹响反对女性丑恶统治的第一声号角》一文中活灵活现地说，给女人戴上王冠，就跟"给不听话的母牛背上套上马鞍"一样不可理喻。这是"对良好秩序的颠覆，对所有公平和正义的破坏"——"女人统治和管理男人，是一件最违背自然的事情"。现在，和其他很多人一样，诺克斯要重新考虑自己的立场了，他写信给瑞士神学家约翰·加尔文讨论这个问题。而加尔文的观点向来是，生活在女性君主的统治下"不亚于做奴隶"。

其中一个解决方案是将伊丽莎白看作一个特殊的女人。宫廷淑女的地位高于其他同性；同样，加冕典礼的游行队伍中扮演的《圣经》女英雄，如犹滴、以斯帖和底波拉，也以各自象征性的方式高于其他同性。但这仍然是一个令人不安的妥协。

在玛丽女王去世后的四天内，11月21日，西班牙大使写信给菲利普二世说："一切都取决于这个女人（伊丽莎白）会找谁做丈夫。"他力劝菲利普做她的丈夫，但西班牙人必须迅速行动，因为伊丽莎白和她的大臣们"可能会听从任何来商讨联姻事宜的大使的意见"。三周后，即12月14日，他再次写道："每个人都认为她不会嫁给外国人，他们也不知道她究竟喜欢谁,因此每天都会传出一些谁会成为她丈夫的新说法。"但他也写道,菲利普勉为其难地向她求婚,只是"为了服务上帝",阻止新女王在英格兰的宗教政策方面做出任何改变。伊丽莎白抱怨菲利普缺乏热情,没有接受求婚。

在接下来的几个月里,确实出现了许多其他候选人。在较近的求婚者中,47岁的阿伦德尔伯爵和外交官威廉·皮克林爵士也许从来不可能是候选人,但阿兰伯爵——苏格兰王位的继承人,信仰新教,因此自然成了心怀不满的苏格兰贵族中的核心人物——可以为英格兰提供有用的制衡,以对抗法国在英格兰边境以北长期占据的优势。瑞典的埃里克在玛丽时代就曾追求过她,现在开始了他的第二次追求;神圣罗马帝国皇帝(查理五世的弟弟斐迪南)也推荐了他的一个小儿子。

由于伊丽莎白宣称不愿意嫁给一个她从未见过的男人,神圣罗马帝国方面的求婚以失败而告终。伊丽莎白发誓说——也许是想起了她父亲与克里维斯的安妮的经历——她永远不会信任肖像画,并告诉她的瑞典追求者,"我永远不会与一个素昧平生的男人结婚"。她调皮地建议大公来英国考察。

神圣罗马帝国皇帝后来抱怨说,这种决定"完全出人意表、没有先例,我实在不敢苟同"。但伊丽莎白在这一点上的坚定立场,是她更广泛态度的一部分,而这也同样令她同时代的人感到困惑不解。用大使一封信中的话来说:"没有什么能让她考虑结婚,她甚至不愿谈论婚事;除非某个人能让她喜欢到要谈婚论嫁的地步,以至于她会渴望她目前不想要的东西。"从某种意义上说,16世纪的观点是支持她的,因为人们认为女性的性高潮是受孕的必要条件,所以,找到一个称心合意的丈夫是获得继承人的最可靠途径。尽管如此，西班牙大使还是表达了普遍的看法，他宣称伊丽莎白"说的是最荒诞不经的话"。

在伊丽莎白登基后不到三个月，下议院起草了一份请愿书，敦促她尽快结婚，以确保将来能有继承人。如果她仍然"未婚，而且似乎还是处女"，那就"与公论背道而驰"。当然，他们这时设想的路线和形象，正是她将来所选择的……但在当时，她的推辞可能会被认为是少女故作姿态的高傲，只是宫廷游戏中的一种套路而已。在她统治的最初年月里，真正阻碍伊丽莎白缔结跨国联姻的，是一个更为具体的形象——一个身材高大、肤色黝黑、英俊不凡的形象：罗伯特·达德利。

作为御马官，罗伯特·达德利享有一个独一无二的特权，可以经常陪在伊丽莎白身边。当然，其他一些将成为伊丽莎白王权核心的人物已经聚集在她身边，其中最主要的是威廉·塞西尔，他将成为她当政期间的伟大政治家。但塞西尔的特长是在为官方面——典型的文臣（在宫廷故事中略显可鄙的形象），总是与骑士相对立。

正是罗伯特时常陪伴着伊丽莎白，与她一起骑马、跳舞，并负责她的安全；他激发了伊丽莎白个性中自由奔放的一面。正是罗伯特，战战兢兢而又心悦诚服地描写她在马鞍上是何等胆气过人——她如何让他从爱尔兰订购了"上好的骏马"，并且"不惜一切去尝试，能跑多快就跑多快"。正是罗伯特，这个武艺高强的骑士曾在伊丽莎白登基时举行的比武大会中崭露头角、赢得人们的关注。正是罗伯特采用了五月花的五瓣形态——五叶梅作为自己的另一个象征。正是罗伯特代表着快乐和感性。

他们的浪漫关系迅速发展。在她成为女王的第一个春天,西班牙大使就写道:"罗伯特勋爵如此受宠信,以至于他可以随心所欲地处理事务。甚至有人说,女王陛下日日夜夜都去他的房间拜访……"9个月后,该大使的继任者又写道:"我这位罗伯特大人,从他身上一眼就能看出未来国王的影子。"

虽然罗伯特·达德利是个已婚男子,但他的妻子艾米并没有参与丈夫的宫廷生活。他们似乎很小就结婚了,如今早已没了最初的激情。西班牙大使曾写道,"他们说,罗伯特妻子的一个乳房患有疾病"。一位驻欧洲的使节也报告说,艾米"已经病了一段时间",如果她去世,各界人士都认为"女王很有可能以(达德利)为丈夫"。

帝国大使写道:"人们普遍认为,女王不结婚要归咎于他。"说达德利和女王有"默契",将在艾米死后结婚。但他说,英格兰不会对这样的婚姻等闲视之:"如果嫁给这位罗伯特大人,她会四面树敌,以至于她可能在某天晚上躺下的时候还是英格兰女王,第二天早上起来时就成了普通的伊丽莎白夫人……"

伊丽莎白从前的家庭教师卡特·阿什利跪下来恳求自己以前的这位学生跟别人结婚,终结这些流言蜚语,"她跟女王陛下说,女王与御马官的关系引发了许多流言蜚语"。她也许可以补充说,伊丽莎白正面临着克里斯蒂娜·德·皮桑所警告的那种情况:通过提拔一个男人,让自己的名誉岌岌可危。伊丽莎白的回答(既是回答卡特,也是回答欧洲那些搬弄是非者)是:她需要罗伯特,因为"在这个世界上她有那么多的悲伤和磨难,而快乐却很少"。她问,她身边总是围绕着侍女,怎么还会被怀疑有什么不正当的行为?她曾对一位西班牙特使说:"我并非生活在一个角落里,成百上千双眼睛在盯着我。"但事实上,伊丽莎白的确经常与她的大臣和高等朝臣单独密谈,罗伯特就是其中之一。

看来大家都普遍觉得,不幸的艾米·达德利可以被漠然置之——她会以某种方式悄然消失在人们的视野外。但是,当艾米·达德利真的退出舞台时,所引发的丑闻至今仍在回响。1560年9月8日,艾米·达德利被发现死在她所住的牛津郡房子的楼梯底部,脖子断了。

对于艾米的死因,从以往到现在有四种可能的解释:自杀;自然原因,可能是死于意外或疾病;死于想要指控罗伯特·达德利的人之手;被罗伯特·达德利派去的杀手杀害(他本人当天远在宫中)。每一种猜想都有相应的旁证,但要视情况而定。支持自杀的证据:艾米的女仆谈到了她的女主人的绝望情绪,谈到了艾米是如何跪在地上祈求上帝让她脱离苦海。而且,对于一个都铎王朝的贵族来说,最不寻常的是,那天艾米解散了所有的随从,独自一人留在房间。支持自然死亡的证据:那些关于她健康状况不佳的传闻(任何疾病都需要用药物治疗,而药物本身比疾病的破坏性更大)。不过,如今人们更感兴趣的是关于谋杀的猜想,而在1560年也是如此。

显而易见的结论就是正确的吗?当然,法国的玛丽·斯图亚特就是这么想的,她讥笑说,英格兰女王想要嫁给御马官,而御马官谋杀了自己的妻子好给女王让位。在英格兰,由验尸官组成的陪审团迅速做出了艾米是意外死亡的裁决。但随着消息在欧洲传得沸沸扬扬,法国官廷里的大使尼古拉斯·索克莫顿爵士给塞西尔写信说:"到处都能听到可耻、恶毒的传言……让我脸红耳热、毛发倒竖。"

但是,与此相对的是,达德利作为足够成熟的政客,肯定知道会发生什么:围绕艾米之死的丑闻非但不会促进他与女王的婚姻,反而会（至少在短期内）终结他和伊丽莎白结婚的可能性。在这一事件中，从艾米的悲剧中获利的是另一个人。过去，罗伯特·达德利和威廉·塞西尔一直在竞争伊丽莎白面前的话语权，而达德利一直占上风。在艾米去世之前，塞西尔本来已经失宠。而在艾米死后，他重新手握大权。当然，在这种情况下，塞西尔真的会不顾达德利乃至伊丽莎白的声誉，冒险下令杀人吗？他的办公桌上将会堆满大使们的信件，哀叹那些"可耻、恶毒的传言"。

现在，对艾米的死因仍无法下定论。我们需要考虑的是伊丽莎白的反应——她的反应并不像某些人认为的那样像一个痴情的年轻女子，而是符合一个女王的身份。她把达德利送出宫廷，等待进一步调查。她当然接受了这个不言而喻的事实：与他结婚（目前）是不可能的。

几个世纪以来，许多人把这看作伊丽莎白的悲剧。但也可以用非常不同的眼光来看待此事。伊丽莎白在1559年告诉议会，她从最初"懂事的年龄"起，"就选择了我现在所过的这种生活，我向你们保证，到目前为止，这种生活最能满足我自己，我相信也最能为上帝所接受"。罗伯特·达德利本人也支持这一点，他后来说，他从伊丽莎白8岁起就认识她了——从那时起，她就发誓永不结婚。

伊丽莎白在1559年的议会上说，如果对大好联姻的野心、对统治者意志的顺从或对危险的恐惧，"能够迫使或说服我放弃这种生活，我现在就不会是你们看到的这种状态"了。但她一直"坚持这种决心"。最后，她说："对我来说这已足够：一块大理石碑将宣称，某女王于某年至某年在位，终其一生都是童贞女。"然而，过了近20年后，她的议员们才被迫接受这一事实。

几年后，大概随着艾米·达德利之死的丑闻逐渐淡出人们的记忆，1563年1月的另一个议会将再次敦促伊丽莎白结婚：明确地说，她可以嫁给任何人。"无论陛下选择谁，我们都会以谦卑和恭敬的态度宣誓并承诺尊重、爱护和服务他，这是我们义不容辞的职责。"政治家和民众都渴望继承人确定后所带来的保障，为此甚至会接受达德利作为伊丽莎白亲生儿女的父亲。这是明确授权给伊丽莎白，如果她愿意，她可以选择达德利，但伊丽莎白没有接受。事实上，在艾米死后的那段时间里，她的言谈举止并不像一个失去了所有希望的女人，而是一个在某些情感方面获得胜利的女人。

要求伊丽莎白结婚并生下继承人的压力并没有减少，更何况宫廷里还有其他人贪婪地觊觎着她的王位。伦诺克斯夫人玛格丽特·道格拉斯拥有一对王牌，那就是她的儿子——现在有两个——有权继承英格兰和苏格兰的王位（通过他们的父系血统）。1561年，法国新国王弗朗索瓦二世的去世让苏格兰女王玛丽成为寡妇，使得这位声称自己拥有英格兰王位合法继承权的最著名的天主教徒成为焦点。玛格丽特立即开始策划玛丽和她自己的长子达恩利勋爵之间的婚姻，尽管这一想法在一段时间内不会有结果。

玛格丽特的天主教徒身份既是一个优势，也是一个弱点；这吸引了那些拒绝新教女王的人，但也给了塞西尔一个严密监视她的借口，以至于玛格丽特抱怨说，她感觉自己几乎像个囚犯。果不其然，在1562年年初，塞西尔的一个耳目提供的情报导致玛格丽特和她的丈夫实实在在地蹲了几个月的大牢。伦诺克斯夫人不仅被指控与外国使节有潜在的叛国行为，她还与"巫女和占卜师"有勾搭。但是，玛格丽特·都铎的后代并不是唯一在伊丽莎白惊恐的视线中出现的幽灵。

还有个可能的新教对手是简·格雷的妹妹凯瑟琳·格雷。1561年，伊丽莎白得知凯瑟琳在去年秋天与赫特福德伯爵爱德华·西摩秘密结婚，他是护国公萨默塞特的儿子和继承人。毫无疑问，这是一场因爱情而缔结的婚姻，从他们的来往信件和多次激情约会（有人做证）就可以看出来。但伊丽莎白确信这桩婚姻的缔结（正好发生在艾米·达德利死亡事件发生后）也是为了让凯瑟琳抢夺自己的王位；当她和赫特福德在伦敦塔中被囚禁时，她生下了一个儿子，更是加深了这种疑虑。

对凯瑟琳的疑虑一度使伊丽莎白对斯图亚特家族的苏格兰女王玛丽觊觎王位的表现几乎可以说热心起来，甚至对伦诺克斯家族也是如此。18个月后，赫特福德夫妇的罪行因另一个孩子的出生而变得更加严重（赫特福德贿赂了两名塔楼守卫来偷偷打开他们的门）。他们被转移到远离彼此的乡村房舍。凯瑟琳——另一个都铎家族的浪漫主义者——狂热地给赫特福德写信，说她"对我可爱的床伴有无穷无尽的爱，我曾经满心欢喜地躺在他身边，以后还会与他同床共枕"。她充满希望的预言并没有实现。五年后，她死了，仍然被囚禁着，再也没有见到她的丈夫。

但那时，凯瑟琳的妹妹玛丽·格雷，格雷三姐妹中最小的一个，也同样秘密结婚了，尽管她的伴侣的地位与姐夫迥异。她的丈夫托马斯·凯斯是女王的侍卫官，地位比玛丽低得多。（塞西尔写到，他是宫廷中个子最高的，而玛丽则是最矮的；西班牙大使形容她身材矮小、丑陋、驼背）。有可能，就像一个多世纪前的凯瑟琳·德·瓦卢瓦一样——也像她自己的母亲弗朗西丝·布兰登一样，她第二次结婚的对象是自己的马厩总管——玛丽认为与一个永远不会成为王室配偶的男人联姻没有什么风险。如果她这样想，那她就错了。玛丽被软禁了七年，直到托马斯死后才被释放，托马斯的健康状况没能支撑他在舰队街监狱更严酷的环境里活下去。确实，伊丽莎白不但在爱情的危险性方面吸取了一些教训，也为别人提供了不少教训。

尽管她的政治顾问都力劝女王结婚，但除了独身主义，任何其他选择都存在政治风险。丈夫与在位女王的关系是一个令人烦恼的问题。*与外国君主结婚会危及她国家的自治权：当初她的弟弟爱德华在遗嘱中没有将他尚未婚配的两个姐姐列为继承人，担心"彻底颠覆我们国家的政权，这是天主所不允许的"。她们的父亲亨利曾写道，他担心，如果一个女人有机会执政，"她不可能一直没有丈夫，而根据上帝的律法，丈夫必须成为她的统领和首脑，这样最终就将统治王国"。当玛丽·都铎与西班牙人的婚姻将英格兰拖入一场并非由她引起的战争时，所有这些阴郁的预言似乎都成了现实。

与臣民结婚会给国家带来派系纷争的风险，正如边境对面的玛丽·斯图亚特很快就会发现的那样。此外，它还是没有回答根本性的问题：在这个大家都认为丈夫应该对妻子发号施令的时代，一个女王如何能够既掌握统治权而又结婚呢？1565年，苏格兰女王嫁给了达恩利勋爵，后者认为这理所当然地让他成了并肩王，获得了至高无上的地位。达恩利对玛丽说："即使我的出身更低，但我也是你的丈夫和领袖。"

这一观念在当时非常普遍，以至于引起了一些同时代人的困扰。约翰·艾尔默（John Aylmer）在回应约翰·诺克斯的"第一声号角"

---

* 即使在君主立宪制时代，当维多利亚女王与阿尔伯特亲王结婚时，以及后来的伊丽莎白二世与希腊的菲利普亲王结婚时，又有人表达了跟围绕16世纪女王的婚姻同样的一些担忧。

一文时,曾试图将已婚女性统治者的地位合理化,但并不怎么令人信服。"你说,上帝指定她要听从丈夫……因此她不能成为首领。我同意,就婚姻关系和妻子的职务而言,她必须听从丈夫,但作为政府首脑,她可以对丈夫发号施令。"他声称,她在"婚内事务"上可以是他的下级,但在"国家管理"上则是他的领导。然而,这是一种难以自圆其说的主张。

伊丽莎白不想结婚,可能还有其他个人原因。她早期的经历让她把性和婚姻都视为危险的事;从她母亲的命运(以及在安妮之后,她的亲戚凯瑟琳·霍华德的命运)到托马斯·西摩的求爱所带来的破坏性后果,皆是如此。在哈特菲尔德庄园度过的少女时光里,她身边的侍女个个都有多灾多难的婚姻史;而作为女王,她也目睹了首席贵族诺福克公爵有三个妻子都在产床上丧生。难怪她曾对法国大使说,当她试图下定决心结婚时,"就像我的心被从身体里扯出来一样"。

许多年后,伊丽莎白告诉苏塞克斯伯爵,她对婚姻的厌烦程度与日俱增,"个中缘由,哪怕她有一个孪生灵魂,她也不愿向其吐露,更不会向一个活物道明"。在伊丽莎白生命的最后阶段,她的教子约翰·哈灵顿(John Harington)爵士这样写道:"在思想上,她一直对婚姻感到厌恶,而且(正如许多人以为的那样)在身体上也对之有一些不适。"有一种猜测来自西班牙大使,他在伊丽莎白登基后不久报告说,"基于(我的耳目)最近传达给我的某个情报,我相信她不会生孩子",而剧作家本·琼森在她死后声称,"她身上有一层膜,使她无法与男人发生亲密关系"(他补充说,"尽管为了快乐,她试过很多男人")。然而,当时的猜测不像后世那样集中在伊丽莎白"童贞女王"的声誉方面,而是集中在她究竟是不是一个处女。在这个阶段,大家对她可能的情人的身份已是心知肚明。

多年以后,当伊丽莎白垂垂老矣,法国的亨利四世会开玩笑说,欧洲最大的谜题之一就是伊丽莎白女王是否还是处女。(他的岳母凯瑟琳·德·美第奇曾警告伊丽莎白,要攻击一个有权势的女人,最好的方式就是通过"可耻的流言蜚语""捕风捉影的诽谤")。伊丽莎白国内上上下下各色人等确实会散播一些恶毒的传言,甚至有人说,她只要在夏天去巡游,就会秘密生下一个孩子。

但在她当政的这个阶段,这是一个迫在眉睫的问题,而不仅仅是一个被人说三道四的流言。帝国特使在评估伊丽莎白是否可以当一个合适的新娘时,得出结论说,虽然"女王陛下对罗伯特勋爵恩宠过当,有损她的声名和尊严",但伊丽莎白的侍女"都以所有神圣之物发誓,女王陛下肯定从未忘记过她的荣誉"。总的来说,其他大使都赞同这一点。

1562年秋天,伊丽莎白得了天花,病情十分危险。正如她后来所说:"死神攫住我的每一个关节。"她认为自己即将面对造物主的审判,于是借此时机宣布,"尽管她爱过并且一直深爱着罗伯特勋爵,但上帝为她做证,他们之间没有任何不正当的关系"。

虽是这么说(正如伊丽莎白的父母所发现的那样),宫廷爱情的规则可能提供了一个对正当性的特别定义。伊丽莎白还不切实际地要求,如果她死了,罗伯特·达德利应当做护国公——而且,她要求给他的私人仆从一大笔钱,这似乎是为了让该仆从继续保守秘密。

谣诼纷纭,久久难以平息。比如,16世纪80年代,出现在西班牙宫廷里、名字很有趣的"亚瑟·达德利",他自称是罗伯特和伊丽莎白的儿子。不过,即使是西班牙人也无法相信"亚瑟·达德利"的说法;事实上,无论伊丽莎白和罗伯特在私下里享受怎样的爱情游戏,都很难相信生性谨慎的伊丽莎白会让自己面临婚外孕的风险。

如果说在艾米·达德利死后的几年里,伊丽莎白与罗伯特·达德利的关系稳定下来,这并不完全正确。在16世纪60年代和70年代,关于他们可能结婚的猜测——或者反过来,关于他们之间可怕争吵的传言——会不断地涌现。16世纪60年代初,有人说伊丽莎白实际上已经秘密嫁给了罗伯特。她戏谑地告诉西班牙大使,她的侍女一直在问是否要亲吻达德利的手。但几周后,瑞典外交官罗伯特·凯尔(Robert Keyle)报告说,女王"在会客厅(所有贵族都在那里)告诉他,她不会嫁给他,也不可能嫁给像他这样身份低微的人"。

这将达德利置于一个非常尴尬的处境。对伊丽莎白来说,他们之间的关系,是她应对一长串外国王子的外交求爱时所利用的工具。当她需要表现自己可以被追求时,她会把达德利看作一个长期受苦的仆人;当任何外国追求者即将接近胜利时,她又会告诉大使们,罗伯特是她唯一会爱的男人。达德利对她非常明显的追求,突出了她备受推崇的贞洁:正如安妮·德·博杰所写的那样,如果没有人围攻城堡,那么保卫城堡又有何价值呢?

她把他用作自己的障眼法——还记得但丁与另一位女士建立关系,好让大家不会注意到他对贝雅特丽齐的爱吗?——也许还把他当作自己的出气筒。胡萝卜加大棒,恩威并施:她仍然拒绝授予他贵族身份,但她在所有的宫殿里都给他安排了与自己相邻的房间,她还给了他年金和房产。让"亲爱的罗宾"始终在她身边,扮演着准伴侣的角色,这对伊丽莎白再合适不过了。他不会成为并肩王,也不会与她建立婚姻关系，更不会拥有主导权。

"我不能没有罗伯特大人，因为他就像我的小狗，只要他一进房间，大家就会猜测我本人就在附近。"她曾经不无羞辱之意地说道。在这种情况下，也许罗伯特和伊丽莎白的其他朝臣迫切需要找到一种方式，来表达他们对这位时而高高在上、时而冷漠无情的女王的持久顺从。在未来的漫长岁月里，罗伯特·达德利基本上——尽管他无疑认为偶尔在她背后搞点小花招也是必要的——对伊丽莎白和她的王位一直保持着坚定无私的忠诚。但对于这种忠诚，他们越来越需要寻求一种合适的表达方式。

19

"心满意足"

1563—1575

如果说伊丽莎白在位的最初几年大家谈论的话题都与传统婚姻（或爱情故事）有关，那么随着时间的流逝，就需要为伊丽莎白的未婚女性君主身份，也许还要为她用来维持君主地位的情感机制找到一种公开说辞。宫廷爱情——加上伊丽莎白自己的曲解——将提供这样的说辞。几乎在每一点上，宫廷爱情的规则都比别的规则更适用于伊丽莎白和她的朝臣之间的关系——它能解释这种关系的性质。

宫廷爱情文学中的淑女反复无常、吹毛求疵，喜欢考验她的恋人对自己是否完全忠心不贰。而反复无常和吹毛求疵正是伊丽莎白的性格特点。宫廷爱情文学至少在字面上似乎将权力让给了女人，实现了角色转换，这在一个执政女王的复杂地位中有所体现。作为君主，她被认为有"两个身体"——两种身份：一个是有血有肉的女人；另一个是没有性别，或被认为是男性的、君主制的典范。伊丽莎白习惯性地称自己为"君主"。随着她的统治时间的推移，批评家们会抨击妇女身着马甲、坎肩等男性服饰的趋势，而这种趋势都是由女王本人引领的。（女人真的穿上了长裤？阿基坦的埃莉诺也曾因为穿上男装叉开双腿骑马而受到批评。）

诚然，最初的宫廷爱情故事的女主角都是已婚女士。但那时，伊丽莎白（就像她之前的玛丽）会把自己想象成嫁给了自己的国家，并会展示象征着与国家结合的戒指。而且，如果说宫廷文学中的淑女都是地位更高的女士，因而能够施恩布德，那么没人会比在位的女王拥有更多施恩布德的权力。更重要的是，宫廷淑女应该树立一个卓越的道德楷模，如果她的崇拜者能学习她的榜样，就能提高自己的骑士地位。而再也没有比一个通过加冕仪式嫁给上帝、通过修辞和情感表达嫁给国家的女王的道德地位更高的了。卡斯蒂廖内的《廷臣论》在伊丽莎白执政三年后由托马斯·霍比爵士译出，宣扬宫廷淑女应该被完美的廷臣所爱，"而她也应该投桃报李，反过来爱他，这样两人的关系就可以达到琴瑟和谐、绝对的完美"。

尽管像约翰·诺克斯这样的新教教士可能会否认女性（夏娃的罪恶之女）拥有任何道德权威的观点，但伊丽莎白从她父亲那里继承的教会认为，神圣之爱与凡俗之爱共同指向尘世统治者——上帝在人间的代表。贝雅特丽齐和劳拉分别为但丁和彼特拉克所扮演的精神导师的角色，对于一个作为国家楷模的受膏女王来说再理想不过。随着她的执政时期的发展，这将使整个英格兰成为伊丽莎白的宫廷情人。

伊丽莎白的朝臣们对她的效忠，本来是出于正常的臣对君的义务，但由于宫廷爱情的理念，这种效忠便带有一种精神层面的崇高色彩。宫廷爱情也为伊丽莎白自己的行为——其行为既是出于策略，也是出于个人气质——提供了一种可接受的解释。历代的史学家都将其行为视为不愉快的性欲受挫的结果。（弗洛伊德时代的解释转移了焦点，但没有真正改变基本假设）。然而，从宫廷爱情的角度看，她的所作所为更像是一种艺术表现。

但是,在不更换演员的情况下,这出戏能演多久呢? 16世纪60年代的一个夏天,伊丽莎白在她的法文版《圣咏集》的扉页上写了一首诗:

> 无论是罗圈腿,浑浊的眼睛,
> 抑或是身体哪个部位畸形,
> 其丑陋不堪的程度,
> 都比不上内向、多疑的心灵。

威廉·塞西尔的一条笔记表明,这是出于对罗伯特·达德利的恼怒而写就的。虽然嫉妒(如果安德烈亚斯可以相信的话)是宫廷爱情故事的一个重要组成部分,但伊丽莎白现在觉得有必要向罗伯特表明,他不是唯一的候选人……也许在必要时,她可以没有他。

早在1561年,当丧偶的苏格兰女王玛丽从法国回到她的家乡时,伊丽莎白第一次感受到了政治对手的存在。"一个岛上有两个女王……"玛丽接下来会嫁给谁,这对英国的政策产生了迫在眉睫的战略影响。如果苏格兰与法国或西班牙联姻,英格兰北部边境将受到强大的外国势力的威胁。

作为伊丽莎白的王室血亲,苏格兰女王最渴望被指定为伊丽莎白的继承人。伊丽莎白决心避免让玛丽在英国事务中占据显要地位,以免带来潜在风险,同时又利用这种令人心动的可能性作为诱饵。她试图控制玛丽对丈夫的选择,坚持认为玛丽应该选择来自伊丽莎白自己国家的人。但两位女王之间的关系在个人和政治层面都很复杂。

19 "心满意足"

玛丽比伊丽莎白小9岁，经常被视若后者的女儿，但她俩的往来也经常表现得如情侣一般，玛丽会亲吻伊丽莎白送给她的戒指，并发誓自己永远不会摘下它，就像她丈夫弗朗索瓦送给她的戒指一样。事实上，两个宫廷之间流传着一个玩笑——只要其中一个能变成男人，这样伊丽莎白和玛丽就可以喜结良缘了！

然而，1563年，伊丽莎白却提议让罗伯特·达德利成为玛丽的丈夫。她终于赐给他一个贵族身份——莱斯特伯爵——让他更适合做新郎，但这仍然是一个近乎侮辱的建议，苏格兰女王不可能同意。人们看到伊丽莎白在授衔仪式上公然逗弄罗伯特，"把手放在他的脖子上，笑眯眯地逗他"。

也许伊丽莎白的羞辱性建议在促使玛丽与达恩利勋爵结婚方面起了作用，而这正是达恩利勋爵的母亲玛格丽特·道格拉斯长期以来孜孜以求的。玛格丽特因为参与安排这桩婚姻而被送回了伦敦塔。但这场婚姻很快就被证明是灾难性的。在1565年春天的婚礼后的几个月内，观察者瞠目结舌地报告说玛丽已经开始讨厌她的丈夫，而达恩利则试图坚持主张他觉得理所应得的并肩王的权力，这凸显了当政女王结婚会带来的问题。

一个重大的未解之谜是，以美貌著称的玛丽——而且据说是多情善感——为什么没能在宫廷爱情故事中成为主角？在统治苏格兰的早期，她在某种程度上已经落入这个陷阱，按照纯粹的宫廷传统，接受了诗人皮埃尔·德·查斯特拉德的渴慕。但查斯特拉德似乎把这当成了鼓励。他两次被发现躲在女王的床下，第二次被发现后拖去处死时，他仍然在表白自己对"如此美丽而又如此残酷"的女主人的崇拜。

如果玛丽需要一个教训，她应该在这件事上学到——考虑到当时查斯特拉德携带着武器，就更值得警惕。他躲在她的房间里似乎有可能是为了刺杀她——不管是出于误入歧途的激情还是隐藏在宫廷爱情外衣下的政治动机。（或者也有可能，他躲在那里是为了制造不道德性行为的证据来诋毁她。）但是，如果猜测——尽管后来几个世纪，她的形象被赋予了浓重的浪漫色彩——在法国长大的玛丽本人已经采取了更实际的态度来对待这些事情，这不算是凭空臆想吧？她是在著名的、美丽的戴安娜·德·普瓦捷身边长大的，而戴安娜曾经做过一个，不，两个法国国王的情妇；玛丽目睹了她的公公亨利二世在一场比武中受伤而死。她的少女时代被两个女人支配着——她的母亲玛丽·德·吉斯在苏格兰摄政，而她的婆婆凯瑟琳·德·美第奇则行使实权。结果似乎是，她看穿了宫廷爱情的本来面目——一场游戏。

与此同时，在英格兰，伊丽莎白将罗伯特·达德利献给玛丽的特别举动在国内产生了另一种影响。也许这开始让新册封的莱斯特伯爵相信伊丽莎白不会嫁给他，因为在1565年夏天，他正与另一位红发美女调情。莱蒂丝·诺里斯（Lettice Knollys）是女王的表外甥女（莱蒂丝的母亲是玛丽·博林的女儿），当时也是已婚。人们关于莱斯特伯爵的婚事的讨论似乎就这么悄悄地结束了。但也许这就是为什么在1565年，人们可以看到"被深深冒犯"的伊丽莎白本人与托马斯·赫尼奇调情。这个年轻人的家族曾长期为都铎王朝效忠，他本人则在五年前开始侍奉女王。

但赫尼奇并不是最新登场的主角。这个角色属于另一个人，赫尼奇后来会在宫廷政治的大型游戏中支持此人，而且他将被证明是伊丽莎白统治时期的一位特别的宠臣。

19 "心满意足"

克里斯托弗·哈顿是北安普敦郡一位不出名的绅士的第三个儿子,生于1540年,在父亲和兄长都去世后,尚未成年的他就继承了家族产业。在牛津大学学习了一段时间后,他的监护人把他送到了律师学院,在那里,他是1561年内殿律师学院圣诞狂欢的"游戏大师"。他可能因此在20岁出头就引起了女王的注意,当时他还没有机会从事他所学的法律行业,但他大约在30岁的时候就进入了历史舞台。

他第一次进宫的日期没有记录,但罗伯特·纳恩顿爵士在17世纪初写道,他是"由于加里亚德舞[1]跳得好"被传召进宫的,正是他的舞蹈技艺——以及"高大而匀称"的身材——首先引起了女王的注意。正如威廉·卡姆登所说,"他年轻有活力,面容清秀标致,身材高挑,得到了女王的青睐,女王让他进了享有年金福利的五十人绅士团"。从此,他成为内廷侍从,女王不间断地授予他领地和政府职务:1568年他获得了收益不菲的租赁权,此后几乎每年都有更多的土地和职务(尽管还是次要的职务)。1571年,他成为议员,并在第二年作为一名足够显赫和富有的朝臣,为女王献上一份漂亮的珠宝作为新年礼物。

他收到的赏赐当然足以引起莱斯特伯爵的嫉妒,据说他提议要引进一位比哈顿更会玩乐的舞蹈大师。言外之意是此乃该年轻人唯一的名声所在。但事实上,哈顿最吸引人的特质之一似乎是卡姆登所说的"谦恭有礼、温柔可亲的举止"。每个伊丽莎白时代的重臣都可能被恳请他向女王说情的信件所包围,而由古文物学家尼古拉斯·哈里斯·尼古拉斯于1847年编辑的《克里斯托弗·哈顿往来书信集》一书,字里行间洋溢着一种温暖的信心,让所有向哈顿请托的人都会觉

---

[1] 当时流行的一种活泼轻快的舞蹈。

得他很愿意为人排忧解难。正如诺福克公爵后来在他被处决的前夕写给他10岁的儿子的信中所说,哈顿先生是"一个了不起的老朋友"。

在伊丽莎白看来,他写的信肯定令人愉快、热情洋溢。当疾病迫使他离开宫廷时,他给她写道:"哪怕死亡,不,哪怕是地狱,也不能迫使我哪天再离开你身边,委屈我自己。"

> 上帝保佑我回来。我将履行这一誓言。我赖以为生的人不在我身边。我渴望那个我赖以为生的人,我离你越远,就越是感到这种渴望……但愿上帝让我和你在一起,哪怕一个小时也好。我的理智被各种思绪淹没了。我对自己感到惊奇不已。我最亲爱的温柔的女士,多担待我吧。激情战胜了我。我写不下去了。爱我吧,因为我爱你。

在另一封信中,他劝她:"永远活下去,最出类拔萃的宝贝;爱某人吧,以显示你对上帝的感激之情,他费心费力将你塑造得如此完美。"用如此矫饰的语言表达的爱慕之情也许令人难以置信——但在哈顿,就像在莱斯特伯爵身上一样,时间会证明这种夸大其词也伴随着看似真实的感情。

托马斯·埃利奥特(Thomas Elyot)在1531年出版的颇具影响力的著作《行政官之书》(*Book Named the Governor*)中,将统治者时刻警惕的朋友和顾问描述为他的"耳目和手足"。伊丽莎白称莱斯特伯爵为她的"眼珠子",在他们的信件中经常由一个潦草的符号来代表,而哈顿现在则是她的"眼皮"。伊丽莎白不停地使用绰号(通常是动物化的绰号,而且一般是比较驯服的或威胁性较小的动物)可能确实是贬低她身边男人的一种方式，使他们各安其位。但在这里，她使用"眼珠子"和"眼皮"的昵称也许反映了她希望这两位男士合作无间。在未来的岁月里，围绕在伊丽莎白身边的第一代宠臣中最引人注目的几个——莱斯特、塞西尔、哈顿——将克服重重困难实现某种程度的合作。

莱斯特现在在欧洲被称为"伟大的勋爵"。因为伊丽莎白赐予他财富，使他有能力对处在无尽的食物链下端那些嗷嗷待哺的人仗义疏财、广施恩惠。他如今已经成为一个政治实体，有自己要操心的事情和偏向的政策，和其他国家保持着密切的关系，建立了自己的线人网络。1562年，在伊丽莎白患天花后，他被任命为枢密官，成为英国大部分事务所依赖的极少数人中的一员。

然而，和其他宠臣一样，他身上仍然存在一个关键的反常现象：他的权力、财富、行政能力最终只依赖于一件事——他对女王的影响力。甚至对其他大臣来说，他最大的作用就在于他支持和驾驭女王的能力：这种对他的角色的看法可能对他的男子气概构成挑战。*难怪，当伊丽莎白的第一批宠臣急于为他们屈辱的地位披上更宜人的骑士精神外衣时，人们会发现他们经常聚在一起争吵不休——也许是为了寻求安慰。

另一个新角色要登场了；只是与哈顿不同，大家都讨厌他。年轻的牛津伯爵是一个很有魅力但靠不住的人物。1571年，21岁的他来到

---

* 正如几个世纪后，菲利普亲王扮演的主要角色是为伊丽莎白二世提供关心、陪伴等情感支持；据说对于这一传统的本应由女性扮演的角色，他的内心颇感挣扎。莱斯特在塑造伊丽莎白一世的公众形象方面具有特别重要的意义，而菲利普在他妻子执政的最初几年也同样重塑了她的君主形象。

英格兰宫廷；他在12岁就继承了父亲的爵位，这意味着他几乎不需要凭借舞蹈技巧来吸引女王的注意。

伊丽莎白女王和威廉·塞西尔（现在一般称他为伯利勋爵）是他的前监护人，牛津伯爵受过良好教育，在音乐、古典文学、现代语言和宇宙学方面都有所涉猎。他在比武方面特别有天赋，以此让女王对他青眼有加。此外，他还是一位颇有名望的诗人，也是戏剧的赞助人——因此有说法认为他实际上是莎士比亚作品的真正作者。牛津伯爵还资助了一系列欧洲大陆"骑士传奇"的翻译工作，他本人也是伊丽莎白时代早期宫廷诗社的领袖。

有记载称，女王"对他的一表人才、舞姿潇洒和勇气过人，都格外喜爱……如果不是因为他性格轻率多变，他很快就会比他们中的任何人都受宠"。但牛津伯爵确实是个反复无常之人。他在十几岁的时候，就杀了伯利勋爵的一个仆人，尽管这个丑闻被掩盖了。哈顿警告伊丽莎白要小心"野猪"——女王给牛津伯爵取了这个绰号——它的獠牙可能会毁坏良田和撕裂人的身体，可以说他所言不虚。相比之下，还是羊更乖（在伊丽莎白赐给哈顿的一连串绰号中，经常用到的是"Sheep"或"Mutton"），"羊的牙齿不会咬人"。

事实上，仅仅几年后，牛津伯爵就逃离英格兰前往欧洲大陆；也许只是为了逃避他的债主。但也可能是出于他对天主教的同情，甚至可能是由于更具体的事，比如说卷入了他的亲戚诺福克公爵的笨拙的叛乱阴谋。

16世纪60年代后半期，玛丽·斯图亚特在苏格兰的统治迅速瓦解。1566年年初，玛丽性情多疑、反复无常的丈夫达恩利勋爵与人合谋杀害了她的国务大臣大卫·里齐奥。仅仅一年后,达恩利被杀,玛丽也被怀疑是同谋犯,并因与博思韦尔伯爵"闪婚"而让民众更为反感,人们普遍认为博思韦尔是这一事件的主谋。

当时,伊丽莎白写给玛丽的信反映了她对女王姐妹关系的弊端的认识:其中一位女王的失败或道德败坏对另一位女王构成了潜在的风险。不过,1568年,当被废黜的玛丽越过边境向南逃到英格兰寻求庇护时,对伊丽莎白来说问题变得更加严重了。

以诺福克公爵为首的约克委员会震惊于所谓的"首饰匣里的信"(事实上几乎可以肯定是伪造或篡改过的),这些信似乎证明了玛丽是博思韦尔的长期情人和帮凶。针对此事的诉讼反映了对通奸的严苛的道德观,与宫廷幻想毫无关系。但玛丽随后在英国的近20年的囚禁生涯里,如丽莎·希尔顿(Lisa Hilton)所言,年轻的英国天主教徒会向这位著名的、美丽的苏格兰女王献出"他们的生命作为爱情信物"。

北方诸侯的叛乱把麻烦推到了顶点。他们早就对伊丽莎白身边的暴发户心怀不满,1569年,这些老派的、倾向于天主教的贵族发起了一次声势浩大的武装暴动。他们未能将玛丽送上伊丽莎白的宝座,但他们的暴动与另一个计划牵连在一起——他们认为玛丽应该嫁给诺福克公爵,伊丽莎白的亲戚和首席贵族。苏格兰女王对此热烈支持,她给诺福克写信,就像给丈夫写信一样,并为他绣了一个满怀恶意的图案,即一把刀修剪着一株枯萎的藤蔓(指代没有孩子的伊丽莎白)。诺福克的参与被当局发觉,在北方诸侯纵马南下之前他就被关进伦敦塔。然而,此事也残酷地揭示了诺福克及其亲戚——还有玛丽构成的威胁。

叛乱被野蛮地镇压。主要的反叛头目逃到了国外,而诺福克则在第二年夏天被释放,软禁起来。但事件并没有就此结束。1570年初春，教皇发布了逐出令（Regnans in excelsis[1]），剥夺异教徒伊丽莎白"对她的王国的假想权力"。这使英国的天主教徒陷入了进退两难的地步——也让伊丽莎白置身于严重而持久的险境之中。

1571年春天，玛丽写信给诺福克，告知了里多菲阴谋（以其主要策划者，一个意大利的政治代理人命名）的细节，到了秋天，诺福克又被关进伦敦塔。1572年1月，诺福克在一个由贵族组成的陪审团面前受审，对他的判决一直都毫无疑问，不过要到6月伊丽莎白才允许执行死刑：这是她在统治时期执行的第一次斩首。

诺福克的处决与后来在1572年夏天发生的事情相比简直微不足道，但二者都在不同程度上反映了欧洲社会因宗教分裂而动荡不安的情况。8月，在法国，这种分裂达到一个可怕的程度。胡格诺派即法国新教徒的领袖海军大臣科利尼（Admiral Coligny），被包括吉斯家族（苏格兰女王的亲戚）和太后凯瑟琳·德·美第奇在内的法国天主教势力暗杀。

在这场被后世称为"圣巴托洛缪大屠杀"的血洗中，大约有一万名新教徒被杀害。暴力事件在法国肆虐了数周甚至数月——并改变了欧洲的宗教格局。伊丽莎白听到这个消息后让整个宫廷为之哀悼，她的宠臣和大臣们，作为忠实的新教徒，全都坚定地力挺她。

菲利普·锡德尼，莱斯特伯爵的妹妹玛丽的儿子，当时也陷入困境。莱斯特伯爵还没有自己的继承人，一直对"我的宝贝侄子"抱有最热烈的感情。现在，刚从牛津大学学成归来的年轻的锡德尼，发现自己在巴黎即将卷入暴力事件，不得不在弗朗西斯·沃尔辛厄姆的家

---

1 这句拉丁文的本意是"在至高处统治"。

里避难。这一经历永久地影响了他的世界观和价值观，也影响了沃尔辛厄姆。

1572年秋天还发生了一件事，在世界舞台上也许可以忽略不计，但在我们这个语境中却很重要。廷臣兼诗人爱德华·戴耳（Edward Dyer，今天人们最熟悉的是他的"我的思想对我来说是一个王国"这首诗）写信给他的朋友克里斯托弗·哈顿，就女王的行为提出了他的忠告："虽然她作为一个女人屈尊纡贵，但我们不能忘记她的地位，以及她作为我们君主的本质。"

戴耳告诉哈顿，任何试图挑战这种等级制度的人都应该非常谨慎，恐怕女王会认为对方试图"禁锢她的幻想"。戴耳建议，还有其他更好的方法来对待她，"承认你对她的职责所在"，并且"永远不会深深地谴责她的不足之处，而是愉快地赞扬她身上本该有的品质，就好像她已经拥有这些品质一样"（真是一种巧妙的手法）。

王室宠臣，就像赛马一样，背后往往有一群资助者和驯兽师的支持。戴耳警告哈顿不要纠缠不休，不要指指点点、拈酸吃醋。但戴耳信中最引人注目的一句话是："虽然一开始女王陛下讨你欢心的时候（以她得体的方式），她确实担待了你一些不知轻重的行为，可一旦她得到了想要的东西，如今心满意足了，你还那样的话只会对你有害，不会有好处。"

心满意足？伊丽莎白得到了"她想要的东西"？也许这并不奇怪，即使在当时，也有人认为哈顿（正如一位反对伊丽莎白的阴谋家马瑟所言）"在内廷向女王陛下请托太多，如果她像有些人说的那样贤良淑德，这已经远远超过合理的程度"。哈顿本人也可以说是促成了这种幻想。他曾寄给她一枚据说可以防治瘟疫的戒指,并写道,这枚戒指是要戴在"甜美的双乳之间"。

不过,仔细审视哈顿的信件,几乎没有任何疑问,这种性暗示只是一种愉悦的幻想。他最慷慨激昂的爱的宣言,实际上是向伊丽莎白求婚……而这几乎不可能。如果说与有爵位的莱斯特结婚会对伊丽莎白不利的话,那么与克里斯托弗·哈顿结婚——在她于1577年册封克里斯托弗爵士之前他甚至连"爵士"都不是——将是对她王权的一种侮辱。事实上,可能正是因为伊丽莎白知道哈顿不可能有这么大的野心,所以才会享受他的口头爱情游戏。

伊丽莎白的其他朝臣和外国大使如果真的以为哈顿已经获得了对女王的性支配权的话,他们对待哈顿难免会惊慌失措、小心翼翼,但他们并没有这样。桃色语言在当时很流行,弗朗西斯·培根就曾写道,伊丽莎白擅长"让仆人们既感到满足又渴望更多"。

戴耳力劝哈顿走他指出的道路,并保证:"你的位置会让你受到崇拜,你的存在会受到青睐,你的追随者会站在你这边,至少你的敌人不会胆大妄为,你会明智地利用一切优势,并合理正当地达到你自己的目的。"这句"合理正当地达到你自己的目的"是关键。显然,戴耳所考虑的不仅仅是哈顿个人的晋升。尽管哈顿主要不是因为政治建树而名垂后世,但这并不公允。他在个人领域度过了自己的学徒生涯,但伊丽莎白随后就开始把他作为职业政客来利用——就像对莱斯特伯爵那样。

在未来的年月里,哈顿将证明自己是一个重要的议会演说家,是伊丽莎白在下议院的代言人,甚至是伊丽莎白和议会之间的媒介。在1576年的议会会议上,他被任命为涵盖港口、铸币、女王的婚姻等各种事务的委员会的成员。1577年,他成为内廷的副总管、骑士、枢密院成员。(他还是马丁·弗罗比舍试图寻找从大西洋至太平洋的西北通道这类探险航行的重要资助者,这些航行也得到了包括莱斯特伯爵和牛津伯爵在内的其他主要政治家的支持。值得注意的是,伊丽莎白的所有宠臣都对海外探险抱有强烈兴趣,也许是为了摆脱她的控制吧!)

也许现在应当从新的角度来考察伊丽莎白与她的宠臣之间关系的性质——考察性吸引力和政治手段之间的平衡。伊丽莎白的所有个人宠臣也都是她最有用的政府仆人,但这种角色的重叠——在伊丽莎白和我们的时代之间那些对她吹毛求疵的世纪里——曾被视为她的女性弱点的例证:即使是她,也会被不值得信任的男人玩于股掌之间。

长期以来,厌女者的假设是,伊丽莎白——即使是伊丽莎白!——让她的心(或是别的身体部位)支配了自己的头脑。人们担心的是,那些一开始因其个人魅力而受到君主关注的人可能会赢得不应有的政治影响力。统治者的宠臣及其可能掌握的影响力,一直是个复杂的问题——而当统治者是一位女性,社会上也公认男性应当支配女性时,情况就变得更复杂了。国王可以支配他宠爱的大臣处理公务,找情妇来享乐;如果像爱德华二世那样打破界限,就得付出代价。但现在,对一个女性统治者而言,谁能知道界限在哪里?

伊丽莎白究竟将多少权力让渡给了宠臣,是一个有争议的问题。罗伯特·纳恩顿写道:"我的结论是,她(伊丽莎白)是握有赏罚大权的绝对的女主人,她施与恩惠的那些人从来都不过是仰人鼻息的租户,只能仰仗她君王的意旨和自己的谨小慎微,才能有立足之地。"伊丽莎白的政治家福尔克·格里维尔同样(他将女王与她的继任者詹姆斯进行对比,后者确实看起来更容易受到一系列年轻英俊男子的摆布)写道:"与一些现代君主允许他们的宠臣拥有的广泛权力相比,这位女王似乎一直牢牢把握着她的权杖,不过度放权于宠臣。"

更重要的是,就宫廷生活而言,宠臣可以为君主效犬马之劳:统治者可以利用他们来施恩布德;他们可以做君主的传声筒和代理人,必要时当替罪羊。正如伯利勋爵的一位追随者约翰·克拉珀姆所说:"她很少或从不拒绝任何向她提出的请愿……但请愿者会从别人那里收到拒绝的答复;这是一项吃力不讨好的工作,通常由地位最高的人执行,他们经常为许多自己没有过错的事情承担罪名,这样君主就不会受到指责。"(某种程度上,安妮·博林是为亨利做了替罪羊。)

也许,我们不应该把她的宠臣看成她的弱点,而是应该问,伊丽莎白是只会被那些外表出众的人吸引,还是也能欣赏那些才华出众的人。她至少能够让男人们各展所能。随着历史的发展,有时候人们认为伊丽莎白本人对其统治时期的成就功不可没,有时候人们认为她只是大臣们的招牌和幌子。但是,在自己周围组建这样一支团队——指挥他们持续为国家效力,把他们整合成一个协同合作、高效运转的国家机器——是她最重要的天赋之一。

当然,莱斯特伯爵对哈顿的敌意在哈顿和蔼可亲的态度面前逐渐消散了(就像他与伯利勋爵建立了合作关系一样)。莱斯特在给女王写信时的语气现在几乎变成了家常式的。也许正是宫廷游戏的奢侈,让这些人在某种程度上与它保持疏离。或许,经过这么多年尽心尽力的效劳,莱斯特的注意力至少开始转到另一个方向。

老一辈人的爱情逐渐淡出人们的视线。1571年,玛格丽特·道格拉斯因其丈夫伦诺克斯伯爵遇刺身亡而悲痛欲绝。伦诺克斯作为自己和玛格丽特的幼年孙子詹姆斯六世的摄政者,一直居于苏格兰,王室珍藏中的伦诺克斯珠宝是他们永恒爱情的见证。心形盒式项链吊坠打开后,可以看到两颗被箭射穿的心,和MSL——玛格丽特和马修·斯图亚特·伦诺克斯(Margaret and Matthew Stuart Lennox)的首字母缩写——以及只有"死亡才能解除"这段婚姻的誓词。当时詹姆斯国王只有5岁,他的祖父被射中背部并被带回斯特林城堡,在他弥留之际,他托人向他的"玛格"传达爱意。

玛格丽特的悲痛"凄楚而永恒"。她现在失去了她"最宝贵的安慰":她的儿子和她的"伴侣"。但对伊丽莎白来说,玛格丽特的尾巴上还有一根毒刺。1574年年底,玛格丽特与都铎王朝另一位伟大的女族长哈德威克的贝丝合谋,安排自己的小儿子查尔斯·斯图亚特和贝丝的一个女儿结婚。鉴于查尔斯的王室血统,这是一件国家大事。玛格丽特说这只是两个年轻人自己的事,是他俩"自己的意愿"——查尔斯"爱得如此之深,没有她就会犯病",但女王和枢密院对这样的辩解不以为然。玛格丽特又一次被软禁了。她抱怨道:"我三次入狱,都不是因为叛国,而是因为恋爱的事儿。"

她很快就被释放了,大约三年后在她自己位于哈克尼的宅子里去世。她的儿子先于她而去,但查尔斯的妻子生下了一个女儿——阿贝拉·斯图亚特(Arbella Stuart),她将来有可能成为伊丽莎白女王的继承人,登上这一令人目眩神迷、充满危险的位子。而在她的堂兄詹姆斯的统治下,她又会因为一场未经批准的婚姻被关押进伦敦塔……也许——不过这是另外一个故事了——通过玛格丽特,都铎王朝的一些浪漫主义情调一直流传到了斯图亚特王朝。

20

"违背我的本性"

1575—1584

1575年夏天,伊丽莎白女王骑马来到她赏赐给莱斯特伯爵在沃里克郡的豪宅——凯尼沃斯,迎接她的是饰演亚瑟王故事的庆典游行队伍。湖中仙女在一个"火炬闪耀、可以移动的岛上"穿过大湖向她走来,向伊丽莎白保证,虽然自己从亚瑟王时代起就一直守护着这座城堡,但现在它属于女王。有人听到伊丽莎白嘟囔说,她还以为自己早就已经拥有它了。

后来出版的关于这两周的访问纪事表明,凯尼沃斯的"君主之乐"几乎可以与"金缕地"之会相媲美,包括狩猎、盛宴、乡间体育竞赛,以及由意大利烟火专家提供的最好的烟火表演。当伊丽莎白欣赏莱斯特新造的花园,但对从她的居室(这些房间装饰着桃红色和紫色的银线织物)看不到它表示遗憾时,莱斯特随即让人在她的窗下连夜建造了一个复制品……不管可信与否,至少在他的一位侍从的记录中是这么说的。

但在她访问期间,精心策划的娱乐庆典也处处冲击着伊丽莎白的眼睛和耳朵,敦促她走向婚姻殿堂。就连时钟表盘上的指针都停在两点钟,以示"成双成对,无独有偶"。

莱斯特是否真的相信这系列盛大的娱乐活动会打动伊丽莎白嫁给自己？毕竟，那一年，画家祖卡洛受委托为女王和莱斯特伯爵绘制了双人肖像，就好像他俩已经建立了亲密关系。但他肯定已经放弃了所有念想。在女王访问凯尼沃斯之前的某个时间，莱斯特与另一位女士道格拉斯·谢菲尔德订了婚——或者，如她后来宣称的那样，是一场秘密婚姻；他与谢菲尔德后来有了一个儿子。

莱斯特在凯尼沃斯主办的这些娱乐活动不仅意在推动女王的婚姻，也倾向于促进军事行动：这在娱乐活动的情节中常常表现为处于险境之中的女子，需要为她遮风挡雨的男性拯救。女王最了不起的手段之一是利用一种"货币"——不同于男性的兄弟情谊、比武大会上的嘉奖——来协调王室的恩宠和赏赐的交接，这对她的女性君主政权是有效的。但她周围的人同样能够为政治议程披上骑士精神的外衣。1575年，莱斯特强烈渴望能率领一支军队前往尼德兰，那里的荷兰新教徒正承受着西班牙天主教统治者日益加大的压力。

至少这一次，伊丽莎白没有吃这一套。在凯尼沃斯的访问结束后，她策马而去，撇下莱斯特雇来的温顺的诗人在那里气喘吁吁地吟咏称颂婚姻胜过童贞的诗句。她这种抗拒不仅是反对所费不赀的对外战争，也是对这种版本的骑士精神强加给她的清规戒律的否定。作为当政女王，她是一个既具有男性特征又具有女性特征的人物。她需要同时成为故事中的男主角和女主角。

莱斯特伯爵在这段烦恼不断的日子里写给尼古拉斯·索克莫顿爵士的一封信显示了他——哪怕是他！——在一些无意冲撞发生后感到的苦闷。"不少人犯了过错都得到了宽恕，而我只希望这一件事能被宽恕——最好是被忘掉。如果这么多天的殷勤招待和这么多年的侍奉

（还不）足以证明我不可动摇的忠诚，经受住了考验，那么我不知道该怎么看待过去女王陛下对我的所有恩宠，如果我的第一次疏忽（就导致了）前功尽弃。"

他与女王的关系一直都会有明显的低迷时期，但现在他们之间交流的语气却变得动辄易怒；也许是因为莱斯特对女王的任何奢望都开始消失了。或者，他慢慢意识到了女王利用他的伎俩——和无情——每当面临外国求婚者施加的高压时，就会把他搬出来作为她"官宣"的仰慕对象，但她从来没有考虑过与他结婚。

三年后，在1578年的夏天，伊丽莎白访问了罗伯特·达德利的另一处府邸——伦敦东部的旺斯特德。在为她策划的娱乐表演中，有一出戏是两个人竞相向五月女士求婚。风度翩翩的守林人和弱不禁风的牧羊人显然是在影射莱斯特伯爵和伯利勋爵，而守林人唱的歌则让人想起怀亚特写的关于伊丽莎白母亲的诗：

在蛮荒的森林里我有两千头最狂野的鹿，
我可以带走它们，但你，我却不能抓住。

当娱乐表演结束时，伊丽莎白收到一串玛瑙项链，形制设计得有点不知好歹，像天主教的念珠。莱斯特告诉她，自己每天在祈祷时说到"我们的天父"时，后面又加上了"和伊丽莎白"这几个字。莱斯特现在把自己想象成"好人罗伯特"，伊丽莎白的数珠人，"在他孤独的散步中，一遍遍念诵'万福马利亚'"。但这听起来是一种双重的讽刺。

一方面，莱斯特总是比女王更热衷于新教，他与清教徒也走得越来越近。另一方面，任何重复的仪式性求爱都掩盖了他与伊丽莎白的关系已经实实在在地发生了变化。就在几周前，莱斯特秘密地与莱蒂丝·诺里斯结婚，这是多年前他曾与之调情的那位女士，后来成了寡妇。他们的确结婚了，并在秋天举行了正规的婚礼，这完全不同于他之前与道格拉斯·谢菲尔德的假定的"婚姻"，道格拉斯后来在压力下否认了这场婚事。

6月，克里斯托弗·哈顿在给莱斯特的信中提到了女王"极为忧郁"，梦到了几次"可能伤害到她的婚姻"，这只是巧合吗？伊丽莎白能够在需要的时候假装不知情——坚定地把幻想当作事实——这是她的宫廷策略成功的关键。

但是，莱斯特在旺斯特德送给伊丽莎白的那件形似天主教念珠的礼物也许在另一个方面有非同寻常的意义。16世纪70年代中期，英格兰步入了将伊丽莎白塑造为圣母马利亚化身的文化和政治建构阶段。当天主教神圣联盟的舰队在1571年击败奥斯曼帝国的舰队时，人们宣布真正的胜利者是圣母马利亚。而天主教反宗教改革运动则发起了对圣母的重新崇拜。

许多用来代表伊丽莎白的符号——玫瑰、珍珠、月亮、星星、凤凰和白色貂皮——也被用来代表圣母马利亚。在中世纪晚期和都铎王朝时期，对圣母马利亚的崇拜在英格兰特别流行；圣母的形象特征常被用于描述女王的品质，甚至安妮·博林也使用过。

伊丽莎白去世后，她将被誉为第二位圣母，就如圣母马利亚生下了基督本人，伊丽莎白带来了基督的真正福音。伊丽莎白作为君主，从她统治之初就承担了某些宗教职能，但随着16世纪70年代转入80

年代,对她作为圣人或女神的宣传就有了不同的语调。现在,"童贞女王"这个词开始流行起来。在她四十五六岁的时候,女王已经过了生育期,而似乎一旦女性的一种形象标签(作为生育者的母亲)不再适用于她,就迫切需要另一种标签。

甚至每年为伊丽莎白登基日举行的庆祝活动也被称为"女王圣日",有布道和敲钟等宗教活动。难怪伯利勋爵会把女王访问他在西奥巴尔德的府邸写成是对他家宅的"圣化"。人们佩戴着有女王肖像的饰品,就如以前佩戴圣像一样。正如一位朝臣后来所言,"我们不崇拜圣人,但我们在女王时代向女士们祈祷"。

乔治·高尔(George Gower)为伊丽莎白绘制的"持筛肖像"可以追溯到1579年,女王手中醒目的筛子暗指被诽谤的童贞圣女图希亚,她手持满满一筛子水穿过罗马街道而滴水不漏,此举证明了她的贞洁。贞洁的神秘力量得到了历史的认可:圣杰罗姆将马利亚的童贞与她带来的生命礼物联系起来。从女圣徒到卡米洛特的纯洁骑士(这些年,人们对女王的祖先亚瑟王的兴趣达到了一个新的高峰,塞西尔府上的一卷谱系图仔细点明了他们之间的联系),世界充满了性美德的形象。"处女"(virgin)这个词就来自拉丁文的virtus(力量),而伊丽莎白也会运用她的贞洁形象来传达力量,而不是少女的柔弱。

我们很难确切知道谁是这种形象塑造的幕后推手。但我们确实知道,传说——故事——造就了伊丽莎白精神世界的一部分。当她告诉法国大使,她曾试图成为苏格兰女王的好母亲(母亲、导师的形象),但玛丽的阴谋把她导向"一个邪恶的继母"——这显然是指童话故事中的反派形象。在伊丽莎白与苏格兰大使詹姆斯·梅尔维尔爵士的对话中,她询问她和玛丽哪个更美、更高、更有音乐天赋——很难不把这看作对《白雪公主》中邪恶王后那句"魔镜魔镜告诉我,世上最美是何人"的呼应。

总而言之,正是令人陶醉的情感、文化乃至政治的交融,为伊丽莎白恋爱史上的最后一次巨大危机铺垫了道路:女王与法国王室联姻的问题。

早在1570年,就有人提议让伊丽莎白与年轻的法国国王查理九世的弟弟安茹公爵亨利三世联姻。亨利比伊丽莎白小20岁,是个喜欢滥交的双性恋者,而且是个狂热的天主教徒。尽管如此,连莱斯特似乎也准备让步:"我们的基业需要婚姻才能传下去。"欧洲的权力平衡,即法国和西班牙之间长期以来不稳定的天平,正在向后者倾斜,故而法国和英国一样,都需要盟友。

然而,两个主要当事方都特别不情愿,1571年12月,法国人建议伊丽莎白改嫁给安茹公爵的(年龄更小的)弟弟弗朗索瓦,即阿朗松公爵。阿朗松在宗教信仰方面没有他哥哥那么严苛,对女人更感兴趣,就像英国大使所说的那样,"不那么像头骡子"。但所有关于婚姻的磋商都因1572年的事件而暂时搁浅:圣巴托洛缪大屠杀。那时候不适合讨论与法国天主教王子的婚姻。

然而,几年之后,气氛已足够缓和,伊丽莎白和阿朗松[*]之间的婚姻问题被再次摆上了桌面。鉴于天主教神父对英格兰的渗透越来越多,以及尼德兰的局势也趋向恶化,那里正在进行的新教起义导致西班牙派遣军队前来镇压,就在英吉利海峡对岸扎营,英格兰对盟友的

---

[*] 在1574年查理九世去世、亨利三世继承法国王位时,阿朗松继承了亨利以前的安茹公爵头衔。然而,为了不至混淆起见,我将继续称他为阿朗松。

需要显而易见。与法国人联姻的问题将使她的大臣们产生前所未有的分歧——但这种分歧与伊丽莎白自己头脑中的矛盾相比,根本不算什么。

按照16世纪王室的规则,这本应是一件关乎国家利益而非牵涉个人感情的事。但是,伊丽莎白(与她的祖先一样表现出了不合时宜的担忧)宣称,为了让她自己"满意",她要亲自见见阿朗松本人。她不准备完全从政治角度来看待这桩联姻,在她一次情感失控的爆发后,莱斯特被迫警告沃尔辛厄姆"不要让女王陛下揣度你太过于怀疑法国人对她的爱"。

1579年1月,阿朗松的私人特使和密友让·德·西米埃(Jean de Simier)来到了英格兰:正如威廉·卡姆登所描述的那样,"他是一个出类拔萃的朝臣,对爱情游戏、有趣的花招和宫廷调情非常娴熟"[*],西米埃很快就博得了伊丽莎白给他的昵称:"猴子"(法语:singe)。与此同时,他的主人阿朗松的信辞藻华丽,洋溢着浪漫深情,伊丽莎白说这样的文字应该雕刻在大理石上,而不是仅仅写在羊皮纸上。

双方进行的谈判涉及的都是实际问题。法国人要求把阿朗松加冕为国王,"这是关乎我们王权的事"。但至少在伊丽莎白一方,这桩婚姻仍有强烈的个人因素。她坚持认为,法国人已经通过信件和"最恳切的话语和保证……明确表示他唯一追求的不是我的财富,而是我本人"。

也许,她决心让自己在45岁的时候看起来仍是一个具有吸引力且备受欢迎的人,这也是一个好机会,可以挫挫此时已婚的莱斯特的傲

---

[*] 西米埃优雅的外表下隐藏着一段暴力史。他刚刚杀了自己的弟弟,因为弟弟和他的妻子有染——很像但丁《地狱篇》中的那对罪恶的恋人!

气。这可能是西米埃出的高招：有说法认为，是他在1579年7月向伊丽莎白透露了莱斯特与莱蒂丝·诺里斯秘密结婚的消息。无论伊丽莎白此前是否已经有疑心，这一众所周知的事实都让她怒不可遏：正如她所写的那样，鉴于诺里斯家族"与我有血缘关系"，故而更加恼火。明智的顾问劝说伊丽莎白遏制住了她的第一个冲动，那就是把莱斯特关进伦敦塔里。不过，下个月迎接求婚者阿朗松到来的准备事宜也都就绪了。

从一开始，这次访问就带有宫廷幻想的色彩。阿朗松经过彻夜旅途劳顿，在凌晨赶到格林尼治后，恨不能（据西米埃说）马上就去拜访伊丽莎白并亲吻她的手。在众人力劝之下，他才不情不愿地上床休息。他宣称："但愿是在你身边才好。"当他们在那天晚些时候见面时，伊丽莎白说她"平生从未见过一个比他更讨人喜欢的人了"；果不其然，正如大家提醒过她的那样，阿朗松个子矮小，脸上还有麻子，但是，在公开的示爱表现中，他颇能取悦人，很快就成了伊丽莎白的"青蛙"。然而，在阿朗松到达英格兰十天后——让莱斯特和哈顿大感欣慰的是——他的一位朋友去世了，阿朗松只好回到法国。

伊丽莎白给阿朗松写的信，看起来似乎真情流露（也许她用法语给他写信这点就很重要）。"我最亲爱的，我现在给你一面正直无私的镜子，好让你清楚地看到我的愚昧……看看我对你的爱把我带到了什么地步——竟至于做出违背我的本性的行为。"不过，就如对待她自己的朝臣一样，她的信到最后又切换成责备的口吻。她在1582年写道："在我看来，当回顾我们之间的交往历史时，你很乐意事无巨细地告诉我，你为了我而承受了多少风险、损失和阴谋诡计……我想，国王准会认为我是个主动追求男子的女人,这对一个女人来说可真算个好名声!"

阿朗松也不甘示弱,他声称自己每天在她的画像前祈祷;他写的信,正如法国特使骄傲地称颂的那样,"炽热得足以让水燃烧"。伯利勋爵非常赞同这桩婚事,他不断向伊丽莎白施加压力,巧妙地提醒她,这可能是她把握爱情的最后机会;甚至连莱斯特都离开了她;如果没有替代者,她将会"孤孤单单,哪怕有一百人在身边"。

不过,也有其他声音对这场婚姻表示反对,而且是更公开的反对。当清教徒约翰·斯塔布斯写了一本题为《即将吞没英格兰的血盆大口》的小册子时,阿朗松才刚刚穿过英吉利海峡回到法国。除了指出根本问题——英格兰与外国联姻等同于臣服,将天主教君主等同于暴政者——他还不客气地暗示,女王年龄太大,且从未生过孩子,怀孕和分娩对她来说可能更加困难,阿朗松寻求与一个比他老得多的女人结婚,可能只是出于功利动机。他写道,伊丽莎白正被"蒙着眼睛像一只可怜的羔羊一样被带到屠宰场"……然而,现实里却是斯塔布斯被带到了威斯敏斯特宫的绿地,在那里被砍掉了右手,周围的人群用沉默表示了抗议。

斯塔布斯远不是唯一的批评者。另一位是莱斯特的外甥菲利普·锡德尼,他得到了舅舅的强烈支持。锡德尼在给伊丽莎白女王的公开信中谈到了她与法国人的婚姻,认为阿朗松对她的感情忽冷忽热,没有真正领略"陛下外表和心灵的完美"。锡德尼的这封信只在私人和贵族圈子里流传,故而他不可能像斯塔布斯那样遭受可怕的惩罚。但也有一位朋友建议他考虑一下,如果真到了被迫流亡那一步,他应该何去何从；而锡德尼后来也确实隐退到了威尔顿，他妹妹玛丽·彭布罗克伯爵夫人的家就在那里。

10月，女王向枢密院征求意见时，莱斯特和哈顿召集了大多数枢密官反对这场婚姻，而伯利则带领小部分枢密官表示赞成。在经过整整13个小时不间断的辩论后，他们得出的是一个悬而未决的裁决，这让伊丽莎白心烦意乱。她含泪说，她本来以为"大家会普遍要求她继续推进这场婚姻"。11月10日，她告诉枢密官们"她已经决定结婚"。11月24日，她同意由她和西米埃（作为阿朗松的代理人）签署结婚协议，然而（正如她给阿朗松写的那样，"我最亲爱的"），条款给了她两个月的时间说服臣民认可这桩婚事并"欢欣鼓舞"。

但这两个月过去之后，人们开始觉得伊丽莎白是在吊法国人的胃口，就像她长期以来对待莱斯特那样（如今他痛苦地抱怨说，多年来他一直"跟奴隶差不多"），她对阿朗松也是欲迎还拒。伯利勋爵大为惊慌，警告她这种做法的危险性："那些想戏弄君王的人，最终自己栽了跟头。"但话又说回来，当伊丽莎白戴着阿朗松送的青蛙珠宝，公开亲吻他送给她的手套，并写了一连串的信赞扬他的"忠贞不贰"时，阿朗松本人却没有表现出急切的愿望来推动他的求婚。1580年8月，是欧洲的政治局势促使伊丽莎白邀请法国专员前来讨论婚约条款。但当他们还没有出发时，威尼斯驻巴黎大使听说阿朗松（尽管他自己是天主教徒，但他当前在尼德兰率领尼德兰新教徒作战）记起了伊丽莎白"年事已高，形容丑陋"。

1580年9月，哈顿给女王写信说："长期以来陛下都在跟爱情和野心作战，它们是拖累人的心灵的激烈情感；但我最亲爱的君主，现在到了屈服的时候，否则这种爱情会让您为自己和您的基业陷入内心的

挣扎与不安。"他的信一开始是这样描绘自己的:

> 作为您最忠诚的奴仆,怀着对您的崇敬之情,跪在您面前;怀着与在上帝面前同样的谦卑,以最尽责和感恩的态度,我献上我自己,我的生命,以及我的一切,以不可动摇的信仰和诚意,为您服务,鞠躬尽瘁,死而后已。

哪怕伊丽莎白真的是一尊神,哈顿言辞中毕恭毕敬之态也无以复加了。但同样值得注意的是,就政治和个人野心而言,哈顿和莱斯特对与法国联姻的态度变得不像大家所料的那样一贯反对。在情感上,也许甚至有一种感到解脱的因素在悄悄发挥作用。

1581年1月,终于传来了法国专员上路的消息。3月,他们抵达英格兰,迎接他们的是一系列热烈的庆典。5月,在比武场上演了象征性的"胜利",骑士们试图攻打无瑕美人的堡垒。当乐师在堡垒土丘内演奏时,欲望之子向堡垒的墙壁投掷鲜花和"小点心",而大炮则在发射香粉。与近60年前的绿色城堡之围不同的是,美人成功地抵御了攻击。她的一队骑士冲进比武场来保卫城堡,一个穿着蛇皮的骑士(一个手持女人脸图案盾牌的医生跟随着他)被女王的护卫亨利·李爵士打败。仅就此而言,信息很明确:伊丽莎白不会接受阿朗松,也就是这条草里的蛇……顺便说一句,这场戏是由菲利普·锡德尼写的。

而伊丽莎白似乎已经接受了这个信息。她关注的是那些几乎无法解决的政治方面的老问题,例如阿朗松的宗教信仰,以及担心英国被卷入对西班牙的战争。此外,还有一些私人层面的忧虑:她对年龄差异的担心。有一阵子,她似乎决定要签订一个不涉及婚姻的条约,即一个简单的国际联盟协议;而下一刻,她又让专员们拟定婚姻条款,但规定阿朗松必须亲自前来确认。

她给阿朗松传达的信息也同样自相矛盾。在一封信中,她警告他,"她的身体属于她自己"——尽管她的灵魂"完全献给了他"。这表明伊丽莎白仍然试图成为——正如纳恩顿所描述的那样,"掌握恩宠大权的绝对的女主人"。但她的信件也会发出迥然不同的声音:"先生,我最亲爱的,请原谅这个可怜的老妇人,她对你的爱(我敢说)不亚于你能找到的任何年轻女子……她克制着欲望,希望能得到以某种方式为你服务的恩典。"这听起来有点像宫廷规则被颠覆了。伊丽莎白把自己比作一只挨打受伤的狗,需要阿朗松的关心和呵护,而他无法置之不理。阿朗松是她遇到的第一个地位近乎平等的来自王室的严肃求婚者。

当伊丽莎白派沃尔辛厄姆去说服法国人相信她的诚意时,他写信给伯利勋爵说:"如果催促女王陛下结婚,她似乎更倾向于结盟,而如果有人提议结盟,她又表现得倾向于联姻。"被激怒到忍无可忍的沃尔辛厄姆补充说,与这桩差事相比,要是她把自己送进伦敦塔,他反而会认为这是"君恩浩荡"。

1581年秋天,阿朗松回到英国,又开始了一轮交换礼物的仪式。他给伊丽莎白带来一枚钻石戒指;她的回礼(带着略微有些复杂的象征意味)则是一把能开启英格兰王宫每个房间的钥匙,以及一把镶有珠宝的火绳钩枪。据传言,她每天早上都会在床上跟他喝杯肉汤,另外,西班牙大使听说,当他们单独在一起时,伊丽莎白"就像任何女人对男人一样"向阿朗松发出山盟海誓。但只有在他们独处的时候才这样。

法国大使想方设法催促女王表态。在白厅宫的长廊里碰上她和阿朗松一起散步时,他趁机说,法国国王想听女王亲口表达她的意向。女王回答说:"你可以写信告诉国王:安茹公爵(阿朗松)将成为我的丈夫。"她转向阿朗松,亲吻了他的嘴唇,并摘下她手上的一枚戒指,交给他作为信物。她又把朝臣们叫到身边,当众又说了一遍自己的誓言。据说,莱斯特和哈顿都泪流满面。

但是到了晚上,她又改变了想法——也许这样更明智?或者是伊丽莎白内心对婚姻的抵触最终再次压倒了她?第二天早上,她派人去找阿朗松,告诉他,若是再经历两个这样的不眠之夜,她就会躺在坟墓里了,思前想后,她终究还是不能与他结婚。

这并不是故事的结局。当伊丽莎白犹豫不决时——当阿朗松流连在英国,嘀咕着"女人总是轻浮善变"时——显然,双方都能得到他们最想要的东西,而不必身心俱疲地将这种爱的幻想变成现实。

英格兰与法国的和解已经吓坏了西班牙,不再那么气势汹汹地轻启战端,而作为离开的补偿,阿朗松从英格兰赢得了大量资金,以支持他在尼德兰的军事行动。西班牙大使听说,当交易达成时,伊丽莎白在自己的寝宫里高兴得手舞足蹈。1582年春,阿朗松的海岸饯别之旅宛如一场盛会,人们很快就听到伊丽莎白叹息说,她希望她的"青蛙"能再次在泰晤士河里游泳。

她的诗《恨别离》(*On Monsieur's Departure*)可能就写于此时。虽然从某种意义上说,这是一种文学才能的展示,但她的作品集的编辑们指出,不同于面向公众而作的书信和演讲稿,伊丽莎白为数不多的诗作都被她小心翼翼地保存起来、秘不示人。这很难让人不去怀疑那些巧妙的彼特拉克式对句也反映了她自己内心的真实冲突。

> 我虽悲伤，但不敢表现我的不悦；
> 我虽钟情，却被迫只能假意憎恨；
> 我虽溺爱，但不敢明明白白诉说；
> 内心喋喋不休，表面却不闻不问；
> 我渴望、煎熬，却装作冷若冰霜，
> 背对真实的自己，扮成另一副模样。

爱情抑郁症被认为是一种极端之热情和极端之冷漠并存的情感表现，而爱情，在其宫廷意义上，据说会使人成为自己的反面。正如安德烈亚斯所说："我们称之为维纳斯的美神，没有矛盾就无法生存。"乔叟在翻译彼特拉克的诗作时，为英国人描述"这种奇妙的疾病"，他写道："我死于热中之冷，冷中之热。"怀亚特的诗也描写了这种极端的对比。伊丽莎白是在一个早已确立的文学传统中写作。但她刚刚遭遇了现实。

护送阿朗松回尼德兰的是莱斯特。后来，由于他离开得太久，哈顿不得不惊慌失措地写信召唤他早日回国，好安抚情绪暴躁的女王。游戏的主导权又回到了通常那些玩家手中。但他们这次还能继续玩下去吗？

也许莱斯特现在不愿意再继续扮演伊丽莎白的求婚者了。当他们关系融洽时，他所向往的角色类似于伊丽莎白的兄弟（如果女王与阿朗松结婚，法国人也愿意让他维持这一地位）。她是一个缺少血亲的女子，尽管他们等级悬隔，但他们之间的关系已经非常亲近，就像家人一样。可是，在1581年夏天，当莱蒂丝生下一个儿子（丹比勋爵）时，莱斯特似乎已经实现了每个贵族的目标：他自己的家族，能够世代传承的权势。难怪他越来越不愿意在女王故意不理会他这件事上迎合她。

他写给女王的一封信——可能是在1583年，在挫败了又一起针对她生命安全的阴谋之后——表达了一种极端虔诚的宗教情感，至善的上帝从那么多魔鬼的手中拯救了她："您可以看到坚守对上帝的信仰是多么重要；他对忠诚之人的奖赏超过了其所应得的，同时也可以经常看到他是如何惩罚那些伪善者的。"

长期以来，历史上的一个常见误解是将莱斯特以及伊丽莎白的其他宠臣描绘成私下里野心勃勃，因而不问是非的花花公子。事实上，莱斯特与清教徒团体有着长期的联系：他是一个爱国者，也是女王的信徒，但他是否会认可但丁所熟悉的人类之爱通向神圣之爱的柏拉图式理念，这一点值得怀疑。也许，甚至可以说他日益虔诚的宗教信仰改变了他对自己被要求扮演的其他角色的态度。

伊丽莎白的其他昔日的宠臣也没有给她带来多少满足感。牛津伯爵在回到英国后，与一群贵族天主教徒结识，1581年春天，他的情妇安妮·瓦瓦苏尔，伊丽莎白的侍女之一，在女王的宫殿里生下了他的私生子，他的命运又一次急转直下。两人都被关进了伦敦塔，尽管牛津伯爵很快就被释放，并被迫与他的妻子——伯利勋爵的女儿和解，但丑事已经败露，覆水难收；而他与安妮的一个亲戚发生的武装打斗则引发了后来一系列冲突，堪比《罗密欧与朱丽叶》里蒙太古和凯普莱特两大家族间的宿怨。

牛津伯爵的老对手锡德尼也在某种程度上与宫廷疏远了。大概在1580年前后，锡德尼在威尔顿开始写他的《阿卡迪亚》，弗吉尼亚·伍尔芙说，这部田园传奇"潜藏着所有英国小说的种子"。它可能含有若干对伊丽莎白女王的隐晦的影射，而且是不留情面的：热衷于鬈发和涂脂抹粉的年华已逝的女人们，被自己的虚荣心和欲望所束缚的女王们。

就伊丽莎白而言，尽管她会偶尔派遣锡德尼执行某些外交任务，但从未完全喜欢过他；也许她意识到了他那彬彬有礼的表面下所隐含的批评，或者感觉到他的浪漫吸引力对自己构成了一种潜在的危险。锡德尼的传奇和女王的故事一样长盛不衰，这在很大程度上是由于他对莱斯特的妻子莱蒂丝的女儿佩内洛普·德维尔的爱。

佩内洛普本来有可能做锡德尼的新娘，但在1581年她来到宫廷后不久，就嫁给了里奇勋爵——"富有的（rich）里奇（Rich）勋爵"。在随后的某个时间点，（遵循最好的宫廷传统，一旦她嫁作他人妇，他就可以安心为她写诗了？）锡德尼开始为她创作伟大的十四行诗系列《阿斯特罗菲尔与斯特拉》（*Astrophil and Stella*）。这些诗对激情之痛苦展开了感人至深的分析，使人们长期以来一直认为她实际上是他失去的爱人或已婚的情妇。但凯瑟琳·邓肯·琼斯提出了这样一个问题：他是否真的深爱着她，或者"整个阿斯特罗菲尔与斯特拉的恋情是否只是一种文学游戏，其中现实生活中的参与者都清楚地知道是怎么回事"。伊丽莎白在玩宫廷游戏方面比任何人都更娴熟，但随着她统治时间的推移，出现了一个问题。到底是她身边的男人，还是她自己，最容易陷入这种宫廷游戏？

另一个女人在打破伊丽莎白试图营造的虚幻的生活环境方面也功

不可没。16世纪80年代初，囚禁中的日益愤懑的苏格兰女王玛丽给伊丽莎白写了一封（未注明日期的）"丑闻信"，后来在伯利勋爵的文件中被发现。

理论上讲，玛丽写这封信是为了澄清对她的指控，即她与自己的看守什鲁斯伯里伯爵有染的丑闻，后者是著名的哈德威克的贝丝离异的丈夫。但她急于把这个丑闻之球踢到伊丽莎白的宫廷，让什鲁斯伯里伯爵夫人也卷入麻烦中。

贝丝（玛丽写道）说过，一个伊丽莎白曾向其许诺结婚的人"曾无数次地以夫妻之间才会有的亲昵与你谈情说爱。但毫无疑问，你和其他女人不一样……你永远不会失去恋爱的自由，总是可以和新情人卿卿我我"。

玛丽指责伊丽莎白对西米埃有"多种不检点的行为"，试图引诱阿朗松上床；说她追求哈顿，直到他被迫离开宫廷，徒劳地想维护自己的体面。伊丽莎白，就像她的母亲——也像某些版本的圭尼维尔——被塑造成性掠夺者，是追求者而不是被追求者。玛丽还说，伊丽莎白的朝臣们在对她阿谀奉承时，常常不得不转过身以掩饰自己的笑声。如果女王读了这封信，这无疑会对她视自己为备受追捧、令人无限向往的宫廷淑女的形象造成打击。传统观念认为，由于伊丽莎白没有表现出受到这样的伤害，所以她应该没有看过这封信，伯利勋爵可能对她隐瞒了这封信。不过，女王的天赋之一就是在了解某些事情确实存在的同时，又可以选择性地忽略或回避它们。在她之前的几位英格兰君主发现，这是任何中世纪君主最有用的天赋之一，在这一点上，伊丽莎白也是她前任君主的真正继承者。

事实上，到了16世纪80年代，玛丽关于伊丽莎白和莱斯特的指控已经严重过时了。在双方都活着的时候，没有什么可以结束他们的关系。但有些事情已经发生了重大变化。

宫廷爱情的旧梦为莱斯特与女王的长期关系提供了一种解释——确实使其持久性成为可能。但就其性质而言，这两个人的关系起初是由他们迫切需要满足的真实的希望和欲望构成的，后来则转变成了一种日常的、几乎是准婚姻式的家庭成员关系。当莱斯特也在寻求一种实际的、经法律认可的、能让他后继有人的婚姻时（也许还有一个男人在16世纪所期望的在家庭中的优越地位），伊丽莎白则被迫承认梦想和现实之间的差异。也许这正是她暴怒的根源所在。

莱斯特从来没有自然地成为宫廷恋人，他只是艰难地扮演了这个角色。哈顿的信件显示，他在宫廷语言和爱情幻想方面要比莱斯特更进一步，但最终，哈顿最突出的也仅仅是他对伊丽莎白真挚而持久的感情。纳恩顿写道，哈顿曾经说过，女王确实是在垂钓男人的灵魂，她的诱饵如此甜美，没有人能够逃脱她的情网。虽然这种描述听起来很可怕，但没有人怀疑哈顿其实非常乐意献上自己的灵魂。

然而，在未来的岁月里，新一代人将把这种宫廷崇拜的幻想推到最高点；这种提升，也许就连伊丽莎白自己都不会完全相信。在这一过程中，他们将暴露出现实的空洞：浪漫幻想的背后是权力的强制和个人的野心，并没有想象中的那么令人愉快。

第六部分

———

1584—1603

Congé：告别诗，在游吟诗人中特别常见

当我年轻貌美，受到万众青睐，
很多很多人都企图得到我的爱。
但我对他们都不屑一顾，回答他们说：
"走开，走开，到别处去，不要再来烦扰我。"

我不知曾让多少人痛哭流涕；
也不知多少人在长夜为我叹息。
但我越发傲慢、不可一世，回答他们说：
"走开，走开，到别处去，不要再来烦扰我。"

这时，美丽的维纳斯的儿子，那骄傲的胜利者
说："好姑娘，既然你对求爱者如此故作冷漠，
我就拔掉你的翎羽，让你再也不能说：
"走开，走开，到别处去，不要再来烦扰我。""

他说完这些话，我的心中就有了这样的转变，
从那以后，无论黑夜白天，我再也不得安眠。
瞧，我现在这样的境地，我真后悔从前说：
"走开，走开，到别处去，不要再来烦扰我。"

——《结束》，伊丽莎白一世，约16世纪80年代

21
"这首老歌"
1584—1587

尽管阿朗松已跨海而去，16世纪80年代的伊丽莎白仍然保持着饱满的状态和高昂的气势。哪怕是1583年9月她的50岁生日，也没有严重挫伤她的信心。历史上也不乏先例：一则亚瑟王故事描述圭尼维尔说，她虽然已经过了50岁，但仍然是世界上最美丽的女人……也许她生育期的结束带来了一种自由，使其免受那些年里催她结婚的合理要求的压力；这是一个机会，也是迫在眉睫的需要，来重新定义她的身份。另一方面，对她周围的男性来说，时间流逝的意味则大不相同。莱斯特、哈顿和其他人对无休止地玩同样的游戏（发起仪式性的追求以及争风吃醋）越来越力不从心。

1584年夏天，在短短几周的时间里，三起事件——有三人离世——使每个人的立场变得更加鲜明。6月10日，在尼德兰，阿朗松公爵去世。伊丽莎白在给凯瑟琳·德·美第奇的信中说，他母亲的悲痛"不可能比我自己的更深……除了死亡，我找不到任何安慰，只希望死亡能让我们很快重聚。夫人，如果你能看到我的内心世界，你看到的会是一具没有灵魂的躯体"。尽管伊丽莎白对阿朗松求婚一事态度复杂，但她这番话并非完全没有诚意。

第六部分 1584—1603

阿朗松的去世使尼德兰新教徒感到失落，他们失去了那个曾给他们带来外援希望的人物。仅仅一个月后，新的打击又来了——新教领袖奥兰治的威廉被一个天主教狂热分子暗杀，据推测，他是西班牙雇用的刺客。在英格兰，莱斯特远未放弃他在英格兰政治事务中的显赫地位，也未放弃由他率领一支军队去援助尼德兰的新教徒的野心。现在，这件事似乎比以往任何时候都更加紧迫。

但就在几天后，7月还未结束，莱斯特收到了第三个来自家庭的打击——他的尚年幼的继承人丹比勋爵夭折了。当丹比生病的消息传来时，莱斯特正在农萨其宫苑中。他没有向女王正式请假，而是径直赶往旺斯特德，赶到莱蒂丝身边。莱斯特的父母对他们"高贵的小鬼"非常宠爱。

哈顿给他写了一封安慰的信："发自内心拥戴你的人，何止数百万，我以灵魂保证，他们爱你，并不亚于爱自己的孩子或兄弟。因此，大人，请抛开悲伤，与我们一起欢聚，我们都会为见到你感到欣喜。"莱斯特感激地回信："你美好的友谊永不缺席。"但莱蒂丝现在已经40多岁了，而他自己的健康状况也不佳，莱斯特知道他可能已经失去了建立名门望族的机会。这使得他家族中年轻的男性成员变得更加重要，包括他的外甥菲利普·锡德尼；还有他的继子，有关这位继子的故事，我们很快就会讲到。

在未来的岁月里，随着年龄的增长，伊丽莎白的形象越来越不能反映她的真实面容——将成为一种精心设计的隐喻式的幻象，就像任何宫廷爱情诗歌里理想化的、虚构的对象一样，不具备真实的身份。但她身边的男人们既缺乏她那种让大众相信她青春永驻的能力，也不能像她那样通过化妆打扮来维持外貌年轻。哈顿和莱斯特一样，都是未老先衰。一位外国访客将女王的第一代宠臣描述为"迷人的白发老绅士",他们现在无法与女王的精力相匹配,也不能再讲那些她所需要的听起来情真意切的甜言蜜语。

而一些来到宫廷的新人则可以从容应对。

关于沃尔特·罗利(Walter Ralegh)*——那时他还不是"沃尔特爵士"——最著名的一个故事,仅有一份来自托马斯·富勒(Thomas Fuller)[1]的记录,而富勒是在故事发生后约25年出生的。"从爱尔兰来到英格兰宫廷的罗利上尉穿戴整齐(当时他的衣物相当于他的重要财产),发现正在散步的女王遇到一个潮湿的地方,似乎对经过那里颇有顾虑。这时,罗利迅速把他豪华的新毛绒斗篷脱下来铺在地上;于是,女王轻轻地踩了上去。"宫廷服装惊人的制作费用为这个故事增添了几分趣味——大家会相信这个故事,说明了罗利浮夸卖弄的名声众所周知。

沃尔特·罗利确切的出生日期很难确定,尽管他的传记作者安娜·比尔认为很可能是在1554年。他不属于早年生活会被记录下来的精英阶层。他是德文郡一个普通绅士的第五个儿子,而他父亲之前已经有两个家庭需要供养,他的母亲也同样需要抚养前一段婚姻留下来的儿子。

不过,我们确实知道,罗利完全是为了给自己寻找出路,在当时

---

* 他把自己的名字拼成Ralegh或Raleigh,同时代的人则使用过包括Rawlie在内的十几种不同的拼写方式,这给注重用词的伊丽莎白时代的人们提供了机会,针对他有时表现出的粗鲁风格玩一些双关的文字游戏。詹姆斯一世在见到他时开玩笑说:"我只是粗略地(rawly)听说过你。"

1 托马斯·富勒(1608—1661),英国历史学者。

第六部分 1584—1603

的人都觉得年龄还很小时就去参加了法国宗教战争，很可能加入了他的表哥亨利·查普诺恩的部队。1569年10月，他曾在普瓦提埃附近给人写信，那里的新教势力（他是其中的一员）正在从天主教政府的地盘撤退。终其一生，罗利证明了自己使剑和笔一样运用自如。值得注意的是，超越英国国境的冒险经历在罗利的职业生涯中占据着很大比重，在伊丽莎白晚年时期的其他一些人物来说也是如此。这就像一扇门被硬顶开一样，打破了信奉新教的英国与信奉天主教的欧洲大部分地区的强制性隔绝，从长远来看，也终结了一些陈旧的文化传统。

1570年的和平意味着英国军队从法国撤回，结束了他们的军事行动；对罗利来说，也意味着好几年的默默无闻。但在1579年，麻烦又一次带来了机会。爱尔兰——这个常年出麻烦的地方——爆发了叛乱，在第二年夏天部队集结时，"罗利上尉"也带领着他的百来名士兵渡过了海峡。

在罗利到达后不久，他麾下的部队对屠杀斯梅尔维克的败军负主要责任。他毫不在乎战争的严酷现实，英国人对他们认为跟野蛮人差不多的爱尔兰人展开残酷杀戮，他也毫无愧疚。正是罗利同母异父的兄弟汉弗莱·吉尔伯特将整个村子的村民都斩首，并把这些人头挂起来装点在通往他军营的路上，以便更好地震慑当地的酋长。但罗利写给国内的报告显示，他对爱尔兰局势的方方面面都有清醒的认识，而且他还把这些报告寄给了女王的首席情报收集官弗朗西斯·沃尔辛厄姆。坦率的报告与政治建议融为一体。因此，当1581年12月沃尔特·罗利被派回英格兰时会留在宫里，也就没那么令人惊讶了。下令让他留下的正是女王本人。

他并不是一个完全的局外人。他庞大的家庭有其优势，有些成员现在已经成了有头有脸的人物。此外，罗利的母亲出生在查普诺恩家族，这个家族曾培养出伊丽莎白喜爱的女家庭教师卡特·阿什利。但是，正如很难完全解释罗利在传说中的突出地位——除非像丘吉尔一样，历史会因为他本人就是历史写作者而偏爱他——要理解罗利所拥有的明显的社会和政治影响力的背后机制并不容易。终其一生他都没有成为枢密院成员，按照伊丽莎白时代的说法，枢密院成员的身份通常是在政治上成就非凡的标志。

然而，他对伊丽莎白的吸引力是显而易见的。尼古拉斯·希利亚德（Nicholas Hilliard）在1585年绘制的一幅小像显示，罗利戴着巨大的白色轮状皱领，头发上插着鲜花。据罗伯特·纳恩顿爵士回忆，他"风度翩翩，英俊潇洒，身材修长，妙语连珠，当机立断，谈吐大胆而雄辩"，还说他"通过勤奋"使"自然禀赋"得以完美展现。罗利皮肤黝黑，身高6英尺（约1.83米），有一副自然卷曲的胡须——男性魅力的象征！——反映了他遏制不住、肆无忌惮的个性。我们又回到了老问题上：伊丽莎白最看重的是他的男性魅力，还是他政治上的作用呢？

纳恩顿回忆，罗利"在顷刻间就赢得了女王的青睐，她为他的口才所倾倒，喜欢听他应她的要求所作的解释。而事实是，她非常尊重罗利的智慧和见解，就像对待神谕那样。这让其他人都感到烦恼"。不在宫廷的莱斯特听说罗利在宫中对他说三道四的消息后大为震惊（因为罗利曾经卑微地承蒙莱斯特的赞助）。甚至连女王的教子约翰·哈灵顿爵士也对这位新人做出尖锐批评：

> 他称颂她的言谈，赞赏她的面容，

> 自称是她的臣仆，仰仗她的恩宠。
> 因此，当他用阿谀涂抹他的言辞
> 自称奴才时，反而成了我们的主子。
> 通过唱"哆来咪发唆"这首老歌，
> 他不受控制地得到他想要的一切。

1583年3月，罗利已能给汉弗莱·吉尔伯特写信，并送给他一件女王的珠宝。5月，他给伯利勋爵写信谈到了牛津伯爵持续不断的麻烦事儿，作为伊丽莎白的首席大臣，伯利认为寻求罗利的帮助很重要。当牛津伯爵获准回到宫廷时，罗利被描述为"一个了不起的中介"。确实，这个说话仍然带着西部乡下口音的青年现在已然飞黄腾达。

1584年，一位外国访客记录说，女王"据说现在对（罗利）的爱超过了其他所有人；这可能是真的，因为两年前他几乎一个仆人都雇不起，而现在靠着女王的慷慨，他可以雇500个"。伊丽莎白把位于斯特兰德的达勒姆宫赐给了他，这是一座名副其实的宫殿（爱德华六世曾住在那里，简·格雷也曾在那里结婚），罗利用从世界各地掠夺的珍宝、瓷器和"杂色丝绸"装饰这里，极尽奢华之能事；他在那里组织了一个非凡的思想家圈子，包括数学家和天文学家托马斯·哈里奥特、哈克卢特家族[1]、占星家约翰·迪。伊丽莎白早先送给罗利的礼物中有一项是探索新世界的专利，他希望在那里以女王的名义建立一个

---

[1] 以理查德·哈克卢特（Richard Hakluyt，约1552—1616）为代表的哈克卢特家族对地理学和探索发现抱有极大兴趣，写作出版了不少地理学著作，并赞助海外探险和殖民活动。

殖民地"弗吉尼亚"(Virginia，童贞女)。在约翰·迪和理查德·哈克卢特等敏锐的帝国主义者的支持下，他建立了命运多舛的罗诺克殖民地，位于今天的北卡罗来纳州。此外，他在爱尔兰拥有庞大的地产，并希望在那里建立一个英国殖民地；他还拥有销售葡萄酒的专利，拥有出口绒面呢的许可证……在一个喜欢眼红别人的宫廷里，罗利没什么朋友，这一点儿也不奇怪。

早在1582年年底，赫尼奇就警告过克里斯托弗·哈顿，"水"("沃尔特"[1]·罗利)在"如此寒冷的季节不合时宜地更受欢迎"。哈顿也给女王送去了具有暗示意味的礼物，包括一本书、一把匕首和一个小水桶……女王则回赠了一只鸽子：这只诺亚曾经从方舟放飞的鸟，向诺亚表示不再需要害怕洪水上涨。伊丽莎白的"羊"从女王那里获取了一条更让他放心的消息，她说水和水产并不像某些人想象的对她吸引力那么大，"她的食物一直是肉多于鱼"。但几年后，随着事态进展，哈顿发现罗利已占据了曾经属于他的房间，这让他大为受伤。

哈顿给女王送去一条象征真爱的情人结，(赫尼奇向他保证)伊丽莎白发誓说她"宁愿看到罗利被绞死也不愿意把他和你放在同等位置"。但事实上，哈顿写给伊丽莎白的信——就像之前的莱斯特写给伊丽莎白的信一样——已经不再情意绵绵，变得更加务实，更倾向于争吵和道歉。

他在1584年写给伊丽莎白的一封信中，为"没有及时恭候陛下"冒犯了她而道歉，申明"在上帝面前，我一直以全部的信仰和诚意亦

1　"水"(water)和罗利的名字"沃尔特"(Walter)谐音。

步亦趋追随陛下、热爱陛下",但还是直截了当地告诉她,他"过于妄自尊大"不无理由。哈顿越来越像一个政治家。他在议会上发表了一次"超过两小时"的演讲,主题是关于来自西班牙的威胁,给议会留下了深刻的印象。显然,在娱乐和奉承方面,通往伊丽莎白的道路对新人是开放的。1585年,伊丽莎白册封沃尔特·罗利为"爵士"。而由于莱斯特像哈顿一样现在有了其他顾虑,罗利的晋升之路也就更通畅了。

1585年,莱斯特实现了他长期以来的梦想,即率领一支军队帮助解救西班牙统治下的尼德兰境内被围困的新教徒。唉,尼德兰的战事几乎是一场灾难。女王曾多次犹豫是否允许他前去,说自己不能没有他,直到莱斯特给沃尔辛厄姆写信说他"厌倦了生活和一切"。

"我明白女王陛下会试探我有多么爱她,以及怎样才能让我不去国外为她服役。"他抱怨道(十年后,他的继子埃塞克斯几乎完全重复了这些话),"但我决定,任何世俗的尊重都不能让我放弃履行对她忠诚的职责,尽管她会表现出对我的厌恶,因为我根本没有感受到她对我的爱意或恩宠。"当他允许阿谀之风吹到他头上——在尼德兰像准国王一样受到欢迎,在娱乐活动中被誉为"亚瑟再世",并接受了总督的头衔时,情况变得更糟了。

伊丽莎白的反应是勃然大怒。"我居然被你利用,真是自轻自贱……我从未想到(若非亲眼所见,亲身经历),一个由我擢升至高位,受到我破格恩宠、高于这片土地上任何其他臣民的人,会以如此卑鄙的方式违背我的戒令,而这一事项是如此攸关我的荣誉。"莱斯特被刺到了痛处。"至少我认为,在她听取我的解释之前,她绝不会如此谴责任何其他男人……为了我对她和国家的忠实、真诚和热爱的心,我完蛋了。"

当然,这种敌意并没有持续下去。3月底,罗利(莱斯特曾向他写信要求得到特种部队的支援)向莱斯特伯爵保证,"女王已经回心转意,而且,感谢上帝,她现在已经心平气和,你又是她'可爱的罗宾'了"。到了4月,女王给莱斯特的下一封信仍然口气高傲,但也意在和解。"值得信赖和受人尊敬的表兄和枢密官,我向你问好。在世人看来,当双方都被诽谤时,协商总是极其艰难,我们俩之间的争执也是如此……"

在政治方面,事态就不那么乐观了。莱斯特设法组建的部队状态欠佳,装备也很差,而他本人也没有重要的军事经验,不是西班牙指挥官、伟大的帕尔马公爵的对手。不过,在1586年的大部分时间里,他的手下还是成功地抵挡住了西班牙人的攻势。至少伊丽莎白还是以她往日熟悉的语调写信给他:"罗宾,我担心你会因我信中的胡言乱语而认为这个月的仲夏之月让我的大脑着了魔。"她在信末说:"现在我要搁笔了,我想象我还在和你面谈,因此不愿意说再见,(眼睛的符号),尽管我永远祈祷上帝保佑你免受一切伤害,并从所有敌人手中拯救你,我对你的胼手胝足、日夜操劳表示千恩万谢。如你所知,永远不变的,E. R."

但在1586年9月,莱斯特的外甥菲利普·锡德尼悲惨地死于祖特芬战役,他因受伤而得了坏疽,慢慢走向生命的终点。有传说称锡德尼将自己的水让给一个垂死的士兵,这进一步为这位国家英雄增添了传奇色彩。他是早期呼吁英国参与国际新教运动的人之一,1585年锡德尼被任命为尼德兰法拉盛的总督。如今,他的遗体被运到那里安

第六部分 1584—1603

放,然后被运回国埋葬在圣保罗大教堂。成百上千的伦敦人沿街观看送葬队伍,一个侍从骑着他的马,拖拉着一根断了的长矛。

然而,另一个人也将在那场蔚为大观的葬礼队伍中扮演重要角色,是作为骑士精神和新教英雄的锡德尼的衣钵传人。就在祖特芬战役之后,莱斯特伯爵觉得此时在战场上册封他的继子埃塞克斯伯爵为爵士正好合适。

第二代埃塞克斯伯爵罗伯特·德维尔,生于1565年11月10日——也可能是在1566年或1567年的同一天。德维尔家的先祖曾随征服者威廉来到英格兰,后来德维尔家有人曾在博斯沃思为理查三世作战,但这个家族之后便效力于都铎一系,罗伯特的父亲沃尔特也因为他的忠诚而在1572年被封为第一代埃塞克斯伯爵,尽管这个头衔并没有带来相应的财富。此时,年轻的罗伯特正在斯塔福德郡的查特利家族宅邸接受悉心教育,学习内容包括拉丁文、舞蹈、写作和剑术。

1573年,罗伯特的父亲自愿参加了镇压爱尔兰叛乱的任务。将新教和似乎是文明化的影响强加给野蛮的、信仰天主教的爱尔兰人的圣战,是伊丽莎白时代大部分首席顾问官所偏爱的,更何况这个动荡的国家很容易为英格兰的天主教敌人提供一个从后方袭击的门路。但当埃塞克斯在都柏林的城堡去世时,却引得谣言四起。

症状表明埃塞克斯患了痢疾,但他本人却怀疑"我喝的东西里有一些坏东西",他的医生给他服用了独角兽之角(实际上是独角鲸的牙)的粉末,那是众所周知的解毒特效药。人们不仅怀疑埃塞克斯夫人,即美丽的莱蒂丝·诺里斯,长期以来一直与莱斯特有染,而且有流言称埃塞克斯不是小罗伯特的真正父亲,莱斯特才是。莱蒂丝是一个特别强势的女人,她的儿子将成为她生活的重心,也是他的姐姐多萝西和佩内洛普——那个因为菲利普·锡德尼的"斯特拉"而闻名的佩内洛普——生活的重心。但是,验尸结果表明,莱蒂丝丈夫的死属于自然死亡;她10岁的儿子由他的新监护人伯利勋爵照料,之后按部就班进了剑桥大学三一学院。

但莱蒂丝与莱斯特伯爵的婚姻很快就将另一重要的影响带入这位年轻伯爵的生活。1581年,埃塞克斯从剑桥大学获得文学硕士学位后,去了彭布罗克郡的兰菲村居住,他后来说,他本来很可能"决意过一种隐居的生活",但他的继父莱斯特对他另有所图,将其带入英格兰宫廷。年轻的埃塞克斯来得正是时候,在1584年女王登基日周年庆典的比武大会中,他与15名挑战者搏斗,用断了57支长矛。然而,这次入宫并没有持续多久。1585年,当莱斯特启航前往尼德兰时,他也带着埃塞克斯一同前往。祖特芬战役之后,在菲利普·锡德尼死后,他们两人再度启程回国,以面对新的威胁。

对英格兰而言,来自国内和国外的天主教敌人从来都是紧迫的威胁。与以往一样,现在麻烦的中心人物仍是苏格兰女王玛丽。1586年下半年——莱斯特在尼德兰的战场形势急转直下的那几个月——也正是巴宾顿阴谋被揭露的时候:一群英国贵族青年头脑发热,试图在一支外国军队的帮助下将玛丽送上伊丽莎白的宝座。

弗朗西斯·沃尔辛厄姆的密探很早就知道这个计划,甚至还推动了这个计划,目的是给苏格兰女王提供足够的绳子,让她把绞索套在自己的脖子上。他们的计划奏效了:到了秋天,巴宾顿和他的同谋者被判处可怕的叛国罪的死刑,也有证据表明可以对玛丽采取行动了。

第六部分 1584—1603

莱斯特从尼德兰被匆匆召回,以在女王统治的危机时期握住她的手予以安慰和支持。但伊丽莎白所有的第一代宠臣——莱斯特、哈顿、牛津——都是将玛丽送上断头台的背后主谋,玛丽·斯图亚特最终于1587年2月8日在福瑟林海城堡被斩首。她没有像安妮·博林那样,用骑士的标志——剑来结束生命。这位基督教世界中最浪漫的女王的死亡就是一场普通的处决,而在最后则带上一抹黑色喜剧的色彩。当刽子手拿起玛丽被砍下的头颅,宣布所有跟伊丽莎白女王作对的敌人都会落得这般下场时,这颗顶着灰色短发的头颅却掉在地上滚到一边,留下他高举着一顶红色假发。

玛丽成功地施展了她的魔力,在恐怖场景中做出一个历史性声明。当她的侍女脱下她的罩袍时,她穿着深红色的衬裙站了起来:这是代表天主教殉道者的颜色。但这就是她所选择的,让她的传奇故事在未来几个世纪流传的象征画面。这是一个宗教故事,而不是浪漫的或宫廷的故事。

也许伊丽莎白对她的姐妹女王之死的悲痛并不完全是假装的,但是,在对那些据说未经她同意就执行了死刑令的大臣们进行了适当的冷处理后,对立和忠诚的宫廷之水就淹没了玛丽被砍下的头颅。然而,在国外,情况却有所不同:如果玛丽可以被塑造成天主教殉道者,西班牙的菲利普也用她的名义筹备强大的无敌舰队,那么伊丽莎白则越来越被塑造成欧洲新教的捍卫者。

在法国,纳瓦尔的亨利,胡格诺派的法国王位竞争者,慷慨激昂地请求伊丽莎白的援助,但他是用宫廷爱情的语言来提出请求的。这位战士女王尚未被人当作一个普通女人来追求过。伊丽莎白没有直截了当地表态支持,就像宫廷淑女谨小慎微、一点点地接受恋人的追求、委身于对方；而胡格诺派此时的绝望，就像情人在爱情中的绝望。

  如果年轻的埃塞克斯伯爵认为自己是新教事业的新一代骑士捍卫者，那么他应该侍奉的女主人毫无疑问就是伊丽莎白，女王陛下。

22

"冷酷的爱"

1587—1590

　　如果说莱斯特把他的继子埃塞克斯带入宫廷,是为了对抗罗利对伊丽莎白的吸引力,这个计划似乎奏效了。1587年5月,有说法称:"当(女王)出宫时,只有埃塞克斯大人才能接近她……晚上,大人与她打牌,或玩这样那样的游戏,直到早上鸟儿唱歌时,他才回到自己的住处。"埃塞克斯和他母亲一样留着红褐色头发,有一双跟伊丽莎白一样的黑眼睛,他热情洋溢、体格健壮;在他光彩外表和年轻魅力的掩饰下,他的自负和野心还不明显。他身材高挑、动作笨拙、舞姿呆板,衣着随便,这种"新鲜感"正好迎合了对传统宫廷礼仪和奉承已然厌倦的女王的口味。她称他为"野马"。

　　尽管他们的年龄相差悬殊,埃塞克斯还是像他的长辈们那样对伊丽莎白极尽阿谀奉承之能事。不管潜在的现实是什么,这(和阿朗松的求爱一样)绝不会表现为一个有魅力的年轻人和一个能提拔他的老女人之间的一场交易。当莱斯特渡海返回尼德兰时,他留下了埃塞克斯,后者现在住莱斯特的房间,靠近女王的寝宫。

　　然而,事情并非一帆风顺。早在7月,埃塞克斯就大胆抗议罗利对女王的影响力太大了。埃塞克斯在信中说,伊丽莎白拒绝会见他的妹妹多萝西，多萝西因一场未经批准的婚姻而激起女王的愤怒，埃塞克斯对女王的"借口"感到不满。"借口"这个词用在女王身上很有意思……她的"野马"显然是吃到燕麦后而欢闹不已。

埃塞克斯激动地告诉伊丽莎白，她冷落了多萝西，"只是为了取悦那个无赖罗利"。他抗议说，女王似乎"不能忍受任何针对他的言论……不管我是有不屑于与他争宠的理由也罢，还是我因全心全意为一个敬畏这种人的女主人服务能找到安慰也罢，我就是要让她知道。"

当年青一代的宠臣争吵不休时，老一代的宠臣则在不断前进。哈顿已完全转变为娴熟的政治玩家。1587年，伊丽莎白任命他为大法官，尽管卡姆登报告说法律机构"对此非常反感……然而，他气派十足地待在这个位子上，对于在法律知识方面的不足之处，他努力通过公平和正义来弥补"。具有讽刺意味的是，罗利也将成为议会的中坚力量。

据说大概在这个时期，罗利和女王展开过一段诗歌对答，表现了两人之间的权力平衡。罗利先开始：

> 命运带着我的爱人去了别的地方，
> 我生命中的快乐，我灵魂的天堂。
> 命运带走了你，我的公主，我的甜心，
> 我尘世的欢乐，我真正幻想的女主人。

伊丽莎白的回答以一个贬损的绰号开始：

> 唉，愚蠢的哈巴狗，你怎么怕成这样？

> 不要悲伤,我的瓦特,也不要如此懊丧。
> 无常命运的巨大力量和阴谋诡计
> 也不会使我的心对你有轻视之意。

在这里,伊丽莎白把自己说得甚至比"命运"更强大,她最后屈尊劝告罗利鼓起勇气:

> 振作起来吧,不必担惊受怕,
> 你越是无畏,就越兴旺发达。

这有点像罗利第一次入宫时他们之间著名的交流。据说罗利在一面窗户玻璃上写道:"我渴望攀登,但又害怕跌倒。"对此,女王反驳道:"如果你勇气不足,干脆就不要爬了。"1587年,伊丽莎白承诺让罗利担任她的禁卫军队长这一重要职务(尽管一些事件——尤其是哈顿决心坚守这一位置不放手——意味着他在几年后才得以担任这一职务)。她也让埃塞克斯继承了莱斯特的御马官之位。这两个角色都能让其与君主有特别密切的接触。

1588年,随着西班牙无敌舰队的逼近,当女王在蒂尔伯里发表著名的演讲时,莱斯特和埃塞克斯骑马护卫在女王的两侧。伊丽莎白本想在南岸驻足,这样离战场更近一些,但莱斯特以长年来的热情和宫廷式奉承力劝她不要这样做。

他写道:"最神圣、最珍贵的莫过于陛下的贵体,这是我们如今在这个世界上最为关心之事,每念及此,都战战兢兢;尤其是当陛下以自己高贵无畏的勇气来到王国边境,迎接您的敌人,保卫您的人民，微臣更是惶惶不安。亲爱的女王陛下，我不能同意您这样做。"这使得蒂尔伯里这个地名，以及伊丽莎白在那里的演讲，都被载入了史册。

伊丽莎白将莱斯特的保护式幻想作为话头并由此展开：

> 我亲爱的子民，有些关心我安全的人劝我留意，不要置身于武装的人群之中，担心可能发生哗变。但我告诉你们，只要还活着，我就不会怀疑我忠心耿耿、满怀爱国之情的百姓……因此，我此时到你们中间来，不过是为了娱乐和享受[1]，我决心在激烈的战火中与你们同生共死，为了我的上帝，为了我的祖国，为了我的百姓，将我的荣耀和我的热血付诸尘土。
>
> 我知道自己只是一介弱质女流，但我有着国王的铁胆雄心，有着英格兰国王的铁胆雄心——对敢于进犯我王国边界的帕尔马或任何欧洲君主，我都嗤之以鼻……

她说，自己将成为部队的"将军、法官和犒赏者"。她确实这样说过吗？这段讲话没有直接的目击者记录。但丽莎·希尔顿注意到了另一个版本——诺福克教堂的一幅现代绘画下面的文字——更激进地提到了性别问题："敌人可以因为我是女人而挑战我，但我同样可以打破他们那一套，因为他们只是男人。"

不过，女王演讲内容的官方版本是由莱斯特伯爵手下的随军牧师莱昂内尔·夏普记录，然后印刷出来，于一周内就在欧洲散播开来。

---

[1] 在另一版本中，这一句是："不是为了娱乐和享受，而是……"

夏普描述伊丽莎白像"全副武装的帕拉斯（雅典娜）"一样在她的队列中穿行。她特意把她的侍女甩在身后，骑着马在队列中前进，就像20年后卡姆登所说的那样，女王踱来踱去，"有时像个女人，但很快其神态、步履又宛如一个军人"。

只是到了后来，才有编年史家描述了她戴着头盔和胸甲这一流传后世的形象，但这一观念在当时已经广为人知。一位大使曾经报告说，伊丽莎白一直在练习骑战马，以率领军队对抗西班牙，就像一位现代翻版的布狄卡女王[1]（或如下文会提到的布里托马特——或者实际上如阿拉贡的凯瑟琳或安茹的玛格丽特）。

事实上，因伊丽莎白的话而群情激奋的军队并没有真正上战场。当她在蒂尔伯里发表演讲时，西班牙舰队已经被驱散，与其说是英国人努力的结果，不如说是得益于"上帝之风"。但当时没有人知道这一点。传言都指向了另一个方向——西班牙侵略军正在纷纷登船出发。几周后，英国才能确定西班牙遭遇了天灾。

但是，除了庆典之外，女王"虚弱无力"的女性身体让她表现不出君主好战、阳刚的一面。近30年来，莱斯特一直支持着她，在需要的时候替她出头；现在，他似乎将这个角色分了出去。主持胜利庆祝活动的是埃塞克斯。莱斯特和女王一起从窗口观看。但几周后，莱斯特死于一场突如其来的疾病，让伊丽莎白失魂落魄、心烦意乱。

西班牙密探的报告称，她把自己关在房间里"有好几天"，拒绝（沃尔辛厄姆写道）"让任何人接触她"，也拒绝处理任何事务。她在给什鲁斯伯里的信中说，"除了让我的意志服从于上帝的必然安排，

---

[1] 凯尔特人部落首领，于公元61年起兵反抗罗马人的统治，兵败后自杀。

任何安慰都不能弥补我的损失"。莱斯特留给"最亲爱的、最仁慈的君主一串美丽的白色珍珠,数量有600颗,她是我最美丽、最尊贵的女主人,在我心中的地位仅次于上帝"(他的遗嘱执行人之一是克里斯托弗·哈顿,"我亲爱的老朋友")。

莱斯特写道:伊丽莎白不仅提升了他的地位,"还让我获得了诸多荣誉,并以她的仁慈和慷慨在各方面支持我。像我这样的卑微之人,对至尊至善的陛下的最好报答,主要是向上帝祈祷她的安康,只要我一息尚存,我从来没有忽略过,就如为我自己的灵魂祈祷那般珍重。在我的一生中,为她服务,让她满意是我最大的快乐所在,即便上帝降旨要我去死,结束为她服务的这一生,我也心甘情愿"。

将这份用最高尚的辞藻表述的遗嘱与莱斯特在死前——在他意识到自己即将离世之前——写给伊丽莎白的简短、家常式的书信对照阅读,很给人启发。女王"可怜的老仆人"在去往巴克斯顿接受药浴疗法的路上,想知道"我亲爱的女主人怎么样了,她最近的病痛是否得到了缓解,这是当今世上我所祈求的最重要的事情"。在信的结尾,当他发誓"我谦卑地亲吻你的脚"时,这几乎可以说是对宫廷传统的一种温和的戏仿。伊丽莎白把这封信放在床边,贴上她亲手写的标签"他最后一封信"。双方都可以说是真情流露。

莱斯特把自己塑造成伊丽莎白的宫廷情人——不是以梦想家的方式,而是以务实的方式。但事实上,他一直是她的盟友、仰慕者、护花使者和心腹知己。如果说莱斯特把他的继子带到宫廷作为他的替代者(埃塞克斯给他写信时的签名是"竭诚为你服务的,你的儿子"),埃塞克斯和悲伤的伊丽莎白都会努力维持这种假象。

第六部分 1584—1603

16世纪80年代即将结束时,英格兰宫廷生活就像一场战斗:一场围绕伊丽莎白女王心智与情感的激烈较量。埃塞克斯伯爵罗伯特·德维尔有一张了不起的王牌,那就是伊丽莎白对已故的罗伯特·达德利的爱。在埃塞克斯早年的全盛时期,人们猜测他"如果再过几年,就足以担当起莱斯特的声誉和影响力"。此外,宫廷里的其他人也愿意临时与埃塞克斯结盟,只是为了对抗无处不在的罗利:当埃塞克斯向罗利发起挑战,希望通过一场决斗来解决两人之间的纠纷时,枢密院大臣(包括伯利和他崭露头角的儿子罗伯特·塞西尔)掩盖了这桩丑闻。

到1588年圣诞节,伊丽莎白已经从莱斯特去世的悲痛中恢复过来,重新与埃塞克斯玩起了纸牌游戏(尽管在他抱怨罗利的影响时仍然会怒气冲冲地回应)。1589年1月,女王将莱斯特享有的利润丰厚的甜酒农场(征税权)授予他。当1589年,罗利又回到了爱尔兰时,许多人把这归功于埃塞克斯的影响。

但是,埃塞克斯的崛起并非板上钉钉。他显然是个"阴晴不定、反复无常"的人,并且野心勃勃,他希望成为莱斯特的后继者,不仅在宫廷中获得女王的恩宠,而且在国际事务方面占据重要地位,成为对抗西班牙的菲利普的新教英雄。1589年4月,弗朗西斯·德雷克向亚速尔群岛扬帆起航,其目标是拦截从新世界返航的西班牙船只,以及帮助葡萄牙王位觊觎者从西班牙手中夺回对该国的控制权。埃塞克斯未经允许就驰骋到海岸边,与德雷克的舰队一块儿起航,错过了伊丽莎白在他身后发出的一封怒不可遏的信。"你突然不顾一切地抛下我,擅离岗位,你不难想象此举是何等有悖情理,对我而言是何等的冒犯。你本来不配享有我赐予你的巨大恩宠,这使你轻忽怠慢了你的职责。"她宣称自己不打算容忍"这种无视规矩的行为"。

她在给舰队指挥官的信中说,"这可不是孩子的把戏"。从某种意义上说,她把这些事当作小孩的淘气行为。女性统治者通常要面对的一个老问题,就是如何对待那些在战场上固执己见、难以妥协的军事人员。就伊丽莎白所面临的这种情况,也许这是她能做出的最好的处置方式。在这次行动中,埃塞克斯是涉过没肩的水第一个上岸的人。女王在他7月回到诺苏赫时宣称,这"不过是一场年轻人的突袭"。

埃塞克斯很可能是在这个时候委托尼古拉斯·希利亚德为他绘制了一幅微型画像。《玫瑰花丛中的年轻男子》这幅画展示了一个迷人的优雅青年形象,身着伊丽莎白习惯穿的黑、白两色的衣服(白色——代表纯洁的颜色),若有所思地靠在一棵缠绕着野蔷薇的树干上,手搭在心口上。野蔷薇是女王最喜欢的花,树干可能象征着坚定不渝。

但也有一些解释认为,树干高耸的(男性)力量代表了女王的双重性,即既是女性又是男性的观念。还有另一种说法,埃塞克斯可能是在以一种自以为是的方式,邀请女王(野蔷薇)将自己缠绕在他坚固可靠的身躯(树干)上吗?罗利的一幅画像显示,他也穿着黑白相间、镶嵌着珍珠的衣服,斗篷上缝着月光一样的纹路,在一道彩虹下——绣着"Amor et Virtute",即爱与美德。

埃塞克斯已经在宫廷中博得了花花公子的名声。1590年春天,他向菲利普·锡德尼的遗孀弗朗西丝·沃尔辛厄姆求爱并秘密结婚。这段婚姻吸引他的可能是她与锡德尼的关系——埃塞克斯是锡德尼的崇拜者,弗朗西丝(France)的优雅魅力……或者还有她父亲弗朗西斯(Francis)爵士建立的间谍网络,现在已经到了可利用的时机了。4

月，弗朗西斯·沃尔辛厄姆的去世留下了权力真空，埃塞克斯决定顺势取而代之。

他的婚姻秘密在10月就被揭露，那时弗朗西丝很可能已经怀孕6个月了。女王偶然发现此事，"大动肝火"，一是因为这桩婚事没有经过她的同意，二是因为她觉得埃塞克斯娶了地位比他低的女子。然而，约翰·斯坦霍普饶有趣味地指出，伊丽莎白的反应"比人们想象的要温和得多"。她是否已经私下意识到，到现在为止，她的朝臣们所表现的忠诚实际上是虚伪的？埃塞克斯建议他的妻子从宫廷隐退，这让伊丽莎白感到很欣慰——让她欣慰的也许还有这样一个事实，即尽管他们的儿子在次年1月出生，埃塞克斯并没有表现出受到婚姻誓言约束的迹象。

他在积极与外界联系。童贞女王在位后期的最大问题是继承问题。（历史上伊丽莎白一直活到1603年，但当时的人如果知道这一点也许会大为惊奇。早在1589年，埃塞克斯就写到，她活不了多久了。）最好的但远非唯一的候选人是苏格兰的詹姆斯六世，埃塞克斯给他写了不少加密的信：根据16世纪的规则，这种接触可以算作通敌叛国。

他在信中把自己描述成一个"疲惫的骑士"，他目前的生活状态不亚于"被奴役"：在密码表里，他用"维纳斯"指代伊丽莎白，用"维克托"（胜利者）指代詹姆斯。几乎同样惹人非议的是，他还与法国的胡格诺派国王亨利四世通信，亨利四世当时正与主宰他的国家的天主教联盟开战，并急于得到英国的援助，而伊丽莎白本人却不愿意给予援助。亨利对埃塞克斯的称呼是"我的表亲"。埃塞克斯甚至可能对女王敏感的年轻亲戚阿贝拉·斯图亚特献殷勤，许多人料想她会继承女王的宝座。

然而，伊丽莎白绝不想现在就撒手人寰。这些年来，人们对仙后格罗丽娅娜（Gloriana）[1]崇拜的速度加快了。1590年，女王的年度登基日庆祝活动是由亨利·李爵士组织的比武大会，他在自己的退休仪式上称赞伊丽莎白是"时间和年龄都不能使其衰老"的童贞圣母。埃塞克斯穿着闪闪发光的黑色盔甲出场，披着一件绣有大量珍珠的大衣。乌黑的马拉着大车，埃塞克斯坐在车里，背对着打扮成"阴郁的时间"的车夫。

在这个来自彼特拉克的标准寓言中，肉欲之爱被贞洁所征服，死亡被时间、名声和永恒所征服。伊丽莎白对埃塞克斯援助法国新教徒的热情感到愤怒，没有理会他的庆典活动。但从某种意义上说，埃塞克斯是否在自愿为年迈的女王辩护，以对抗时间本身呢？

伊丽莎白对埃塞克斯的感情，是否只是一个老女人对一个漂亮面首的可笑激情——而他是在玩世不恭地利用它呢？有人认为，署名为"埃塞克斯"的许多信件实际出自他的秘书之手。或者，他对伊丽莎白的吸引力源于他扮演着类似儿子的角色，女王如此三番五次地原谅他，是否出于没有得到满足的母性？这可能有一定道理，但如果是这样，这个故事就有了乱伦的成分。

尽管披着宫廷爱情游戏的外衣，在埃塞克斯的信件中也不难发现一些真情实感，即使这些情感未必是信件里夸张的赞美中所宣示的情感。当他和伊丽莎白互相写信时，他们似乎都在探索自己在这个世界上的位置，探究各自的身份。埃塞克斯想或不想将伊丽莎白作为自己的情感伴侣，这都有可能，但他确实渴望某种东西，迫切地渴望。而

1　斯宾塞《仙后》中的主人公，名字是荣耀的意思，隐喻伊丽莎白，详见下文。

在这场贪婪的争夺权力的斗争中,一个朝臣会使用任何可以利用的武器,甚至……比如说,诗歌?

1589年,当沃尔特·罗利从爱尔兰回到宫廷时,陪同他的是埃德蒙·斯宾塞——伦敦一个制布商的儿子,他从剑桥大学毕业后在爱尔兰担任行政职务。作为影响甚广的《牧人日历》的作者,他在诗友中颇有名气,但他另一部作品《赫伯德大妈的故事》所讽刺的宫廷中人就未免太多了……现在,斯宾塞又有了一次赢得女王青睐的机会。他于1590年出版的史诗《仙后》的前三卷将女王与"亚瑟王子"的婚姻作为其核心构想。在当时都铎王朝的晚期,伊丽莎白一世的声誉仍然可以通过亚瑟王主题的幻想作品来提升。

> 她是强大的精灵女王,
> 我盾牌上有她美丽的背影;
> 她是优雅和贞洁之花,
> 在整个世界闻名遐迩。

从骑士传奇的角度来看,精灵(小仙女)不无好处:早期的圭尼维尔一度被塑造为精灵,经常被来自异世界的情人绑架,而且早期的传奇故事往往将剑与巫术结合起来。但是,如果说《仙后》是对宫廷爱情故事最后一次伟大的文学致敬,那么它远非一种简单的或全心全意的致敬。

斯宾塞写道,《仙后》"从头到尾都贯穿着寓言的元素,或者说它的构思和主题深刻而复杂"。他计划用12卷来阐述亚里士多德所提出的12种美德。这部宏大的诗篇在斯宾塞去世时还没有完成,也让世人对他的最终意图产生疑问。但是,已经完成的六卷本围绕着圣洁、自律、贞节、友谊、正义和礼节等美德展开,每卷都有大约6000行——每卷包含12个诗章,每个诗章的情节都足以写成一部中篇小说——而斯宾塞创作的诗节则刻意设计得徐徐铺开、具有探索性,就像亚瑟骑士的探险一样。

这部长诗充满了各种象征意味,评论家们仍在努力发掘其含义。但在寓言的一个层面上,可以将诗中各个人物与伊丽莎白及其朝臣进行简单的对应。显然,伊丽莎白是派遣亚瑟王子执行骑士任务的仙后,但她还对应着其他人物。少女乌娜以其美德驯服了一头狮子,她代表了真理,但因此她也象征着新教教会,也许还对应着伊丽莎白在年轻时作为新教公主的身份。通过这种解读,斯宾塞书中著名的比武大会将伊丽莎白的教会塑造成了一个需要赢得的阵地。亚瑟王子不仅代表卡米洛特的亚瑟王,而且代表美德本身,对应着伊丽莎白宫廷里的新教贵族领导人,例如莱斯特和埃塞克斯。

亚瑟的侍从蒂米亚斯通常被视为沃尔特·罗利的象征。在史诗的第4卷(于1596年出版,当时罗利因非法婚姻而失宠),当蒂米亚斯所爱慕的贝尔菲比看到他和另一位女士在一起时,从此拒绝了他。不幸的蒂米亚斯也被象征着诽谤的怪兽咬伤,这个怪兽被巧妙地命名为"明目张胆兽"。

贝尔菲比代表着贞洁,她和乌娜一样,是伊丽莎白的另一个化身。斯宾塞称好多角色都是女王的"镜子",但这些"镜子"似乎更像是游乐场里的哈哈镜,夸张地扭曲了照镜人原本的形象。比如,伊丽莎白化身为老迈的辛西娅,受到变化或"无常"的影响;化身为狄安娜；化身为梅西拉，这位热爱和平的女王主持了对杜伊莎的审判，狡诈的女巫杜伊莎通常被影射为苏格兰女王玛丽。但在拉迪贡德身上也可能有伊丽莎白的影子，这位憎恨男人的亚马孙女王俘虏了骑士阿尔特加尔，并让他穿上了女人的衣服。阿尔特加尔最终被他的情人布里托马特救出，她是一位代表贞洁的女骑士，因此布里托马特也是伊丽莎白的化身。看来，斯宾塞这个热诚的新教徒既赞扬了布里托马特/伊丽莎白对尼德兰的军事援助（梅西拉送亚瑟去救"贝尔格"女王），又痛惜他作品中的一些女主人公似乎对她们周围的男人产生了消极的影响。

C. S. 刘易斯以及此后的其他评论家都认为宫廷爱情在这部作品中被刻画为美德的敌人。作为代表贞节的形象，布里托马特的敌人是马莱卡斯塔和布西拉内，刘易斯将他们与宫廷爱情对应起来。美丽但不贞洁的马莱卡斯塔统治着丘比特主宰的欢乐城堡，而周围那些溺爱她的骑士"简直就是《玫瑰传奇》里的人物"。巫师布西拉内则统治着一座可怕但充满诱惑的城堡，那里上演着丘比特的假面剧。刘易斯说，这些假面剧表现了"麻风病人中的伊索德、在树林中陷入疯狂的兰斯洛特、火刑柱上的圭尼维尔或成为修女和忏悔者的圭尼维尔的所有悲哀"。

在斯宾塞的作品中，备受赞誉的贞节"原来不是指童贞，而是指高尚的爱"——最终指向婚姻中的爱："浪漫激情与基督教一夫一妻制的胜利结合。"在刘易斯看来，斯宾塞将宫廷爱情视为贞节的敌人——他写的是"婚姻的浪漫与通奸的浪漫之间的最后斗争"。

这是否就是尽管斯宾塞被推荐给了伊丽莎白——为她朗读作品，并获得了年金——但他从未获得过宫廷职位的原因呢？但是，尽管他除了利用宫廷之外别无选择，但斯宾塞对宫廷并无好感：在经济困难的年代，宫廷是一个奢侈的世界，一个由老女人领导的年轻人的世界。在《科林·克劳斯重返家园》中——其标题借鉴了斯凯尔顿的一首诗——他明确表达了自己对宫廷的感受。他很快就回到了爱尔兰，结果在八年后，他自己却被爱尔兰军队赶出了他城堡里的家。

斯宾塞——这个如此憎恨宫廷的人，这个为宫廷爱情写下挽歌的人——与伊丽莎白的所有主要朝臣都有联系，这也许很能说明问题。除了莱斯特和罗利给他恩惠外，克里斯托弗·哈顿也是《仙后》的致敬者之一。1599年，斯宾塞在伦敦死于瘟疫，埃塞克斯出钱为他在威斯敏斯特教堂举行了葬礼，在那里，他的诗友们将笔纷纷投进他的坟墓，以示尊敬和怀念。

在这个日益幻灭的时代，斯宾塞同时代的许多人与他对宫廷的感受一样。年轻人试图通过控制一个有权势的牢骚满腹的女人的感情来换取外面世界，即军事世界的权力时，未免感到束手束脚和郁郁不得志。在16世纪90年代，这种愤怒在文学作品中不怀好意地表达了出来。也许在宫廷爱情中一直存在着一股性挫折的毒流，这意味着对宫廷女主人的怨恨的毒素，她的影响既可以赋予她的仰慕者力量，也可以削弱他们。现在，这一点已然凸显。

沃尔特·罗利本人也是一位诗人，他是伊丽莎白晚年兴起的"宫廷诗人派"成员之一。

> 女人们确确实实滥用了
> 爱，或者说"爱"这个词，

> 靠着它,许多幼稚的欲望
> 和自负都轻松得以开释。
> 然而,爱是心灵中
> 永久燃烧的火焰,
> 不病、不老、不死,
> 本性永不改变。

他为伊丽莎白写了首赞美诗,称她是他"生命的灵魂和我灵魂的天堂/我唯一的光和我真正幻想的女主人"。但是杰梅茵·格里尔指出,罗利的一些诗歌的夸张言辞与他表达真情实感的话语形成了鲜明的对比,例如他在认为自己会被处决的前夕写给妻子贝丝的信:"用配得上你的勇气,温柔地忍受我的毁灭吧……"正如罗利在另一首诗中所写的那样,激情就像洪水和溪流一样——"浅水流淌响叮咚,深水涌动寂无声"。

宫廷诗人们开始反对恋爱。在反驳托马斯·赫尼奇赞美爱情的诗中,罗利对"虚假的爱情,你这个谎言的神谕……心灵的狂热"敬谢不敏。埃塞克斯伯爵同样以没有歌唱"淫荡的相思病小曲/为满足爱幻想的耳朵的骗人的把戏"而感到自豪。至少在这一点上,埃塞克斯和罗利是一致的。即使是埃塞克斯也转向了写诗,他不仅表达了宫廷情感,还表达了它们的反面。一首据说由他创作并由约翰·道兰谱曲的歌(未注明日期)是对宫廷爱情伦理的否定,流露着一种精致的痛苦之感。

> 她会不会用美德的外衣为我的过错开脱?

22 "冷酷的爱"

我已知道她刻薄寡恩，莫非还要对她亲热？
那消失在烟雾中的，可是熊熊烈火？
我是否一定要赞美那不结果实的枝叶？

不，不，如果哪里影子代替了实体，
而你的视力模糊，你难免受人轻忽。
冷酷的爱就像写在沙滩上的文字，
或是像连串的泡沫，在水面上漂浮。

你可愿意永远这样被人欺骗？
明知她永远不会为你昭雪，
如果你不能征服她的意愿，
你的爱将永远没有结果。

宁可死一千次，也不愿意
活着，而忍受这样的折磨。
亲爱的，但愿你记得为了你
心满意足去死的，正是我。

现在，海浪涌上岸来，把沙滩上的那些文字冲走了。

23

"困惑与矛盾"

1590—1599

  16世纪80年代既是伊丽莎白统治时期的巅峰,也是临界转折点。不过,该时期的戏剧是由一帮新演员来出演的。伊丽莎白一世成年后最重要的情感关系肯定是与莱斯特伯爵罗伯特·达德利之间的关系。然而,尽管莱斯特如此重要,他却在伊丽莎白统治期间最初几十年的编年史中几乎不见踪影。莱斯特的影响力,就像许多女性后妃一样,主要是在幕后:即使不是字面意义上的"枕边风",也是比喻意义上的"枕边风"。那些年里,英格兰整个的政治和社会生活都"围着女王转",莱斯特(和哈顿一样,当然还有伯利)最终也满足于此。

  后来的宠臣们则大不相同。埃塞克斯似乎占据了主导地位,事实上他也决心这样做。罗利则以另一种方式成为引人注目的人物。可以说,这些后来的宠臣更加主动地维护自己的阳刚形象:除了用文学的方式,他们不太愿意在其他方面采取宫廷爱情的姿态。

  1591年11月,享年51岁的克里斯托弗·哈顿去世,宣告了一个时代的结束。他的最后几个月都花在了重要的政治事务上,这表明他已经远离了早年"跳舞迷"的角色。他对一群清教徒领袖的检举,反映了他在调查和起诉那些威胁到女王的人的过程中一次又一次地发挥了主导作用（就像一名身着便装的骑士）。

英格兰宫廷正在经历一场人员更迭。在短短三年多的时间里，不仅莱斯特和他的弟弟沃里克伯爵去世了，他们的同僚、重臣弗朗西斯·沃尔辛厄姆和长期担任财政大臣的沃尔特·米尔德梅（Walter Mildmay）也相继去世。伊丽莎白每年都会失去一位枢密官。即使是牛津伯爵，虽然他的寿命会比他的王室女主人更长一些，但从16世纪80年代末开始，他就远离了宫廷生活及那些"爬虫"，而更喜欢他的"乡村缪斯"和他的戏剧团体的活动。只有威廉·塞西尔和伯利勋爵留了下来。

但是，当埃塞克斯和罗利争夺女王的关注和政治权力时，他们都意识到了另一个威胁。威廉·塞西尔的儿子罗伯特——矮小，驼背，和他父亲一样精明——永远不会成为浪漫游戏中的竞争者，他和埃塞克斯或罗利的关系也并不都是针锋相对。埃塞克斯在一定程度上是在威廉·塞西尔的呵护下成长起来的，而在另一边，在世纪之交的终局对决中，罗利将与罗伯特·塞西尔结盟以消灭埃塞克斯。人们在回顾历史时，往往倾向于简单地将历史人物的立场视为固定不变的，但在现实中，宫廷政治中的盟友关系经常发生变化，就像海浪来临时的沙滩一样易变。

但是，塞西尔父子——"笔杆子"、官僚，在宫廷故事中作为骑士对立面的文员——确实一直代表着一种更加注重文官行政管理、不太强调军事力量的英格兰的未来发展图景。1591年5月，女王访问了伯利在西奥巴兹（Theobalds）的富丽堂皇的游乐宫，这表明她非常重视这一点。她册封年轻的罗伯特·塞西尔为爵士，暗示他很快就会进入枢密院任职。

然而，到了6月，伊丽莎白同意让埃塞克斯领导军事行动，帮助新教徒亨利确认他对法国王位的权力要求。伊丽莎白给亨利写信提到了埃塞克斯："您永远不需要怀疑他为您效劳的勇气，我最担心的反而是，作为年轻人，他的轻率会让他过于莽撞……再唠叨下去未免显得愚蠢，不过我还是要向您重申，他需要的是羁勒而不是马刺。"

她总是告诫埃塞克斯不要在战斗中冒险。不妨对比一下三年前的蒂尔伯里，当时是莱斯特告诫她不要冒险——"最神圣、最珍贵的莫过于陛下的贵体，这是我们如今在这个世界上最为关心之事"——来对抗西班牙军队。现在，宫廷爱情的角色好像颠倒了过来，尽管埃塞克斯在这一阶段仍然按照宫廷惯例写作。"我妒忌天下人，而且有理由妒忌，因为其他所有能认清美丑、辨别是非的人都是我的情敌。"

埃塞克斯在法国的军事行动是一场灾难。他带着一队身着橙色天鹅绒服装的侍从，在迪耶普附近迎接他的3000多人的军队。他接到的命令是从天主教军队手中夺回鲁昂，在那里亨利可以确保英吉利海峡港口的安全，从而解除敌方入侵英格兰的威胁。不过，亨利的目标是夺取巴黎；埃塞克斯则更认同一个行动派男同胞的目标，而非一个谨慎的女人的目标，这并不是他最后一次这么干。埃塞克斯和亨利在四天的宴会和跳跃比赛中结下深情厚谊，但埃塞克斯的弟弟（"我家的一半顶梁柱"）在随后的战斗丧生，却没有给英格兰带来显著利益。

埃塞克斯向罗伯特·塞西尔抱怨说，读了女王的责备信后，"我感觉自己的痛苦永无休止。我的悲伤难以言表……请在我和女王之间做出公正的评判，她是不是一位冷漠无情的女主人，而我是不是一个不幸的奴仆"。几天前，他曾写信给伊丽莎白说："您的冷漠虽然让我心碎，却不会减少我的爱意；但我将终生抱怨您的不公，并表白我自己的忠贞。"

埃塞克斯（就像他之前的亨利五世一样）在结束他失败的冒险时，向鲁昂总督发出挑战，想来一场不合时宜的决斗。"我坚称，亨利国王所行之事比你们的联盟更正义，我的女主人比你的更美丽。"这表明他是骑士信条的信徒，而不是一个完全玩世不恭地利用骑士信条的人。然而，这并不意味着他是一个合适的军事指挥官。

伊丽莎白则威胁说，如果埃塞克斯不服从她的命令回国，她就要让他"成为全世界的标杆"。她说，埃塞克斯显然"不太想见她"。但他在写给"最美丽、最亲爱、最卓越的君主"的信中说："您内廷的两扇窗户将是我世界的两极……只要陛下允许我说我爱你，我的幸运就像我的感情一样，无与伦比。如果您剥夺了我的这种自由，您可以结束我的生命，但绝不能动摇我的忠诚，即使您的温柔天性转为极端的冷酷，即使是您这样伟大的女王，也无法令我对您的爱减少一分。"事后看来，他的告白带有苦涩的讽刺意味。

不过在1592年1月，他又回到了宫廷，并憧憬着自己职业生涯的转折点。从1592年年初，埃塞克斯开始真正建立他的朋友和支持者网络。在社交方面，他最亲密的盟友是年轻的新星南安普顿伯爵，他后来是莎士比亚的赞助人；在政治上，他邀请培根兄弟弗朗西斯和安东尼担任他的顾问。培根兄弟敦促埃塞克斯不要只想着在国外征战，而要寻求建立"国内的伟业"。他越来越相信政治家是他可以扮演的另一个角色。哈顿去世后，宫廷中需要新一代领导者，而埃塞克斯最势均力敌的竞争对手罗利此时正处于失宠中。

这年春天，女王发现罗利在一年前与她的一位内廷侍女贝丝·特罗克莫顿（Bess Throckmorton）秘密结婚了——这在两个层面上都是一种冒犯，因为伊丽莎白不仅一直对她的宠臣们移情别恋而不满，而且由于她对自己年轻的侍女代行父母职责，这相当于在履行监护职责方面受挫，而且还是被她最亲近的人所欺骗。1592年3月底，贝丝秘密生下一个男孩（他的教父之一竟然是埃塞克斯伯爵）；4月底，罗利准备进行他最雄心勃勃的一次海军冒险，去巴拿马袭击西班牙装满财宝的舰队——结果却被召回接受正式讯问，被软禁起来，而且让他灰心丧气的是，女王拒绝面见他。

被囚禁的罗利形容自己是"一条被扔在陆地上的鱼，喘着粗气"：确实，女王的恩宠是他赖以生存的氧气。他给罗伯特·塞西尔写了一封信，对自己被疏远表示哀叹，这封信显然是写给伊丽莎白本人看的：

> 在听到女王远离我的消息之前，我从未如此心碎过，跟随她这么多年，我对她的爱是如此深沉，渴望是如此热切……我曾经心醉神迷地看着她骑马像亚历山大一样，出猎时像狄安娜一样，走路像维纳斯一样——微风吹拂着她的秀发，扫过她纯洁的脸颊，就像林中的宁芙仙女，她坐在树荫下就像女神一样，唱起歌来就像天使一样，演奏乐器时就像俄耳甫斯一样。

一切都是徒劳。8月，罗利和他的妻子都被关进了伦敦塔。也许正是从这时起，罗利开始创作他最重要的诗作——《海洋致辛西娅》(The Ocean to Scinthia)。这首长诗的内容极其复杂，但主旨却十分明确。沃尔特·罗利（Wat-Water，水）代表海洋，感叹他与贞洁的月神辛西娅关系的破裂。他所有的命运都依赖这一关系，直到他的"幻想出了错"——爱上了另一个女人？

> 爱情捍卫了谁，命运又会推翻谁？
> 当她一切顺利时，还能有什么差错？
> 当她遇上不快时，哪个帝国能取悦她？
> 没有别的力量能像她这样影响福祸，
> 她给予，她夺取，她伤害，她抚慰。

辛西娅是无所不能的，几乎没有比这对一个朝臣与他那反复无常的女王之间的关系更贴切的描述了。但是，也许罗利的诗也明确表达了他对这种状况的不满？他宣称，他不会改变自己的爱，即使心爱的人已经"不再是一只乳白色的鸽子，而是变成了一头狮子"。但他又改变了想法：难道这一切都是假的？"我的爱是虚假的，我的努力是欺骗的。"他对辛西娅完美品质的长篇颂扬以否定这些品质而结束：

> 这些暴君用枷锁束缚着受伤的臣民
> 不为他们疗伤，也不杀掉他们
> 反而以他们长久的痛苦为荣。

安娜·比尔讨论了这首诗是如何表现爱情的黑暗面的：辛西娅"看似美丽"的外表下隐藏着怎样残酷的一面——把这个全然人性化的女人当作女神是一种"陈腐的修辞"，"那美丽的容颜"最后如何芳华不再……而在伊丽莎白的宫廷中，"最坚硬的钢铁"是如何屈服，"被最柔软的铁锈侵蚀"的。

但是,罗利这次在伦敦塔逗留的时间并不长。1592年9月,有个消息促成了他获释,他筹划远征巴拿马所派出的船只缴获了丰厚的战利品:满载财宝的葡萄牙大帆船"圣母号"。但由于罗利不在,船只抵达港口时遭到了洗劫。

1593年,女王即将在9月迎来她的60岁生日。时局艰难,农业歉收加剧了经济困境,瘟疫流行下的受害者的境况跟伊丽莎白时代的许多退伍老兵差不多,他们服役结束后只能沿街乞讨。1593年7月,亨利四世在法国皈依了天主教,他宣称巴黎值得做一次弥撒。

亨利继续与伊丽莎白玩起宫廷游戏;第二年,他截获了伊丽莎白寄给他妹妹的一幅肖像,声称这幅肖像充满了神圣的气息,他不忍心与这样的美人分离……亨利现在已经把他的小把戏玩得炉火纯青了。一两年前,伊丽莎白的外交官亨利·昂顿(Henry Unton)爵士曾向他展示过她的小像,并宣称他侍奉的"女主人比亨利的任何一位都要出色得多"。亨利四世怀着崇敬的心情亲吻了几次她的小像,亨利爵士则小心翼翼地紧紧护住,并在事后声称这幅小像比他所有的外交辞令都管用。但在宫廷辞令的掩盖下,亨利宗教信仰的转变使英格兰陷入了孤立,伊丽莎白觉得自己被愚弄了。

在这些年里,女王多次陷入抑郁之中,为了寻求慰藉,她翻译了早期基督教哲学家波爱修斯的作品,其中描绘了上帝对他所爱的子民进行考验的情景。(她的祖母约克的伊丽莎白曾为波爱修斯的一卷书题词。)一位宫廷淑女也以同样的方式考验着她的恋人——尽管在他们的关系中,是埃塞克斯一再考验着伊丽莎白的感情。她作为统治者的地位不允许她完全被动地接受爱慕。

1593年2月，女王任命埃塞克斯为枢密官，他公认的铁杆支持者安东尼·巴戈特（Anthony Bagot）报告说："大人面目一新，摒弃了以前年轻人耍弄的所有把戏，他的举止庄重得体，无论是在议会还是枢密院会议上，他的演讲和判断力都深受人们的喜爱。"但与此相对的是，埃塞克斯把任何政治上的失败都视为个人恩怨所致，这一根深蒂固的成见使他越来越难与塞西尔父子同桌议事。

不久之后，当埃塞克斯决心为弗朗西斯·培根赢得首席检察官的职位时，才知道反对他的力量有多强大。他愤怒地对罗伯特·塞西尔说："弗朗西斯的首席检察官一职我势在必得，为此，我不惜动用我所有的力量、权力、威信和人脉。"然而，女王最终把这个职位给了塞西尔推荐的一个更有经验（也更支持塞西尔派系）的候选人爱德华·柯克（Edward Coke）爵士。但那时，埃塞克斯和塞西尔父子已经陷入了另一场争斗，这场争斗可以说是两败俱伤。

通过安东尼·培根的关系，埃塞克斯伯爵建立了一个强大的情报网络，正如他激动地写到的那样，正是其中一个线人首先告发了"一桩极端危险、孤注一掷的叛国阴谋"。这是一起暗杀女王的阴谋，而且可能是由一个近在咫尺的叛徒策划实施的。

当埃塞克斯首次闯入，指责女王信任的医生、葡萄牙犹太人洛佩兹医生密谋加害她时，伊丽莎白感到难以置信。她说他是一个"轻率而暴躁的年轻人"，但埃塞克斯并没有退让，仍坚持自己的看法：据说，这是因为洛佩兹曾为埃塞克斯治疗过一种不太体面的疾病，而且没有替他保守秘密。埃塞克斯对这位老人展开了一场消耗战，洛佩兹确实很有可能把密探作为一项副业——不过是受雇于塞西尔父子。

第六部分 1584—1603

但当1594年春天,埃塞克斯成功地将洛佩兹送上法庭时,他和塞西尔父子竞争的焦点转向了谁能在洛佩兹的定罪问题上赢得更多功劳和声誉。6月,洛佩兹医生(几乎可以肯定他是无辜的,没有什么邪恶的企图)以叛国罪遭受死刑。随着宫廷内部日益分裂成敌对的阵营,埃塞克斯自认为已经高枕无忧。

他似乎仍然拥有个人魅力。1594年的第十二夜[1],伊丽莎白坐在高高的宝座上,衣着华丽,一位旁观者斯丹顿先生说,她看起来"和我以往见过的她一样美丽"。在她旁边的是埃塞克斯,"她经常与他进行亲密而友好的交谈"。沃尔特·布尔奇尔·德维尔(Walter Bourchier Devereux)在19世纪50年代编辑他祖先的文件时,将埃塞克斯写给他的"女主人"的一封没有注明日期的、最耐人寻味的信编在了这个时期:

> 此地虽云乐,我却不能忘记一个人,我曾与她甜蜜相伴,就像最幸福的人得到了最大的满足那样快乐;如果我的马能像我的思绪那样飞奔,我多想让我的眼睛经常看到我心爱的宝藏,就像我的欲望在我丰富的想象里征服你抗拒的意志时取得胜利一样。

和他之前的哈顿一样,这封信的措辞暗示了(肯定是有意的)性征服;同时,和哈顿一样,暗示充其量只是暗示。格雷戈里奥·莱蒂(Gregorio Leti)在1682年创作的《伊丽莎白女王传》(*La Vita della Regina Elisabetta*)描述了一系列大使在伊丽莎白寝宫前厅踱步的情景,

---

[1] 第十二夜是圣诞节后的第十二天,即1月5号,主显节的前一天晚上,主显节是纪念耶稣第一次显圣的节日,东方三博士带礼物到伯利恒朝拜耶稣。

并饶有兴致地讨论她和埃塞克斯（就像之前的莱斯特一样）在紧闭的房门后做了什么。但如前所述，莱蒂的消息来源并不可靠。

1595年的女王登基日庆典上演了一出戏：一位隐士、一位军人和一位政治家试图劝说一位骑士放弃他的爱情，抛弃"她的美德使他的一切思想变得高尚神圣"的女主人，转而去祈祷、从政或打仗，但都徒劳无功。毋庸置疑，骑士"永远不会抛弃他对女主人的爱——他的女主人的美德使他的一切思想变得高尚神圣"。这出戏是由培根编剧的。但1595年，埃塞克斯陷入了很多麻烦，大多是他咎由自取。

几年前，他与女王的侍女伊丽莎白·索斯韦尔（Elizabeth Southwell）有了私生子，现如今才被人揭发。更严重的是，他似乎越来越多地插手危险的王位继承问题。女王歇斯底里地说，在她跟前提王位继承问题就等于把她自己的裹尸布摆在她眼前。苏格兰国王詹姆斯在与伊丽莎白发生争执后，曾向他"最可信赖和最敬爱的表亲"埃塞克斯求助，希望他能劝说伊丽莎白不要听信谗言，而安东尼·培根在苏格兰建立的关系网络则为埃塞克斯与詹姆斯进一步的间接沟通提供了便利。

秋天，一本由化名多尔曼的作者（几乎可以肯定是耶稣会士罗伯特·普森斯）撰写的具有煽动性的书《关于王位继承的讨论》传入英格兰。这本书评估和分析了每一位可能的王位继承者的权利后，倾向于支持西班牙公主（西班牙的菲利普国王的女儿：菲利普本人和他的英国敌人一样，是冈特的约翰的后裔），这也是一个天主教徒很可能会有的取向。但书里同时也呼吁埃塞克斯在伊丽莎白死后扮演国王或女王的缔造者，没有别人"能在决定这一重大事件中发挥更大的作用或影响力"。埃塞克斯本人读到这样一个煽动性的说法时感到非常震惊。他可能确实认为这是为了败坏他的名声,伊丽莎白也足够精明,不会接受这种挑拨离间。尽管如此,一颗种子已经埋下了。

这本书出版后,埃塞克斯立即回到了他在斯特兰德的家中,并患上了他容易患上的一种由心理压力导致的疾病。但很快他又返回宫廷,并一如既往地强烈主张进攻西班牙,支持法国国王亨利。菲利普似乎正在筹备另一个无敌舰队;面对这种威胁,就连塞西尔父子——就像罗利,以及女王的亲戚霍华德勋爵——也认为英格兰是时候亮剑了。*

在埃塞克斯和霍华德的共同指挥下,英格兰舰队于1596年6月1日起航。女王的命令是摧毁西班牙的船只,夺取西班牙的财宝,以填补英格兰空虚的国库。她说,在西班牙领土上建立英国基地是绝对不允许的……埃塞克斯一望见加的斯的土地,就把这道命令置之脑后。英国人确实成功击溃了停泊在港口的西班牙舰队,却任由34艘满载财富的西班牙商船被其指挥官放火焚毁。如果他们能够截下这些船的话,这简直是天大的战利品,而埃塞克斯则率领一支军队登陆夺取了城市的控制权。一份报告描述了他一马当先攀登城墙的情景。征服者不仅放行了城中的妇女,还"允许她们带走自己的所有衣物"。也许骑士精神终究还是有其用处的。

埃塞克斯显然是基于他认为的伊丽莎白作为女性的软弱,给国内的枢密院写了一封慷慨激昂的信,恳求他们将加的斯作为英格兰在欧洲大陆的军事桥头堡,并给予他守城的权力。(他曾在给秘书雷诺兹的信中写道:"我知道,我只有违背她的意愿才能真正为她效力。")当

---

* 事实上,罗利长期以来一直在从事私掠活动——并从中获利——打击西班牙的航运。甚至1595年他在奥里诺科河上的冒险也是对菲利普二世在南美扩张精心策划的反击。

然，塞西尔父子把他的信给女王看了。

女王的命令传回：加的斯将被烧毁，夷为平地，然后被遗弃。埃塞克斯听到这个消息后"不胜悲愤"。他认为这是对他个人的背叛，尤其是女王为了报复他的不服从，还宣布任命罗伯特·塞西尔为首席国务大臣。

埃塞克斯又一次功败垂成了。他没有得到急需的财宝，却带着军事英雄的美名回到了英格兰，然而这在女王眼中并不讨好。她一直都不信任军人，因为他们能率领军队达成她作为女人实现不了的目的，而埃塞克斯似乎越发体现出那种"有毒"的男子气概。

同时代的人也意识到了这种"有毒"的品质。1596年10月4日，弗朗西斯·培根给他的赞助人写了一封建议信（可能寄出了，也可能没有），我们不妨将这封信与四分之一世纪前戴耳写给克里斯托弗·哈顿的信比较一下。培根在信中写道：埃塞克斯似乎在女王看来是"一个天性不服管束的人；他得到了（她的）宠爱，而且深知这一点；他的财产与地位不相称；他声名显赫；他在军事上备受信赖……我估计，对任何在世的君主，尤其是女王陛下这种多疑的人来说，再没有比这更危险的形象了"。埃塞克斯是第一个如此受大众欢迎的王室宠臣，人们从来没有喜欢过莱斯特或哈顿（更不用说盖维斯顿或莫蒂默了）。一段时间以来，佩戴伊丽莎白的小像是一种荣誉的象征，而在1600年，作为时代变迁的一个标志，枢密院不得不禁止出售埃塞克斯和其他贵族的肖像——他们即使不是真正的王位竞争者，也对伊丽莎白作为人民心中的公主的形象构成了威胁。

培根早些时候曾写道，正是女王的不近人情最终促使埃塞克斯

"自怜自爱"。为了他自己的利益,他应该淡化自己的军事野心,更多地参与宫廷政治游戏;他的恭维话应该更热情、不那么流于形式,他的求爱也不应该像现在这样敷衍了事。建议都不错,但埃塞克斯才不会听呢。正如他的新顾问亨利·卡夫(Henry Cuffe)所说,他"什么也藏不住,把爱和恨都挂在脸上"。而这副形象是伊丽莎白所不愿看到的。

年近65岁的女王明显衰老了。从远处看,她依然焕发着青春魅力——一位被她的华丽服饰和珠宝迷住的游客说,她看上去不过20岁。但其他外国访客却形容她的脸"非常苍老。又长又瘦,牙齿又黄又参差不齐……许多牙已经掉了,以至于当她快速说话时,人们不容易听懂"。有说法称,女王在她统治的最后十年里一直不照镜子,但她可不傻,无论是从男人的眼睛里,还是从侍奉她的活泼少女的眼睛里,都能反观到自己早已垂垂老矣。当她的一位侍女玛丽·霍华德穿着一件特别精致的天鹅绒礼服出现时,伊丽莎白的反应是冷嘲热讽。但据说玛丽·霍华德当时与埃塞克斯有染。她真正冒犯女王的可能并不是这件金边礼服,而是她为那个男人而穿这件礼服。除了伊丽莎白·索斯韦尔,埃塞克斯据传还与拉塞尔夫人、伊丽莎白·布里奇斯以及女王的教女伊丽莎白·斯坦利有亲密关系。

罗伯特·纳恩顿爵士后来在谈到伊丽莎白和埃塞克斯的关系问题时写道:"首先,是女王对他过度纵容,人到老年通常会有这样的表现,特别是当她遇到一个令人愉悦且合适的对象时……其次,她的恩宠对象,也就是我的爵爷本人也有缺点,他就像一个在奶水充足的奶妈身上吸奶吸得太快的孩子一样。"如果他们中的任何一方都表现得"更得体一些",事情的发展方向可能会有所不同。由于不讲规矩,他们"就像调音不准的乐器，渐渐变得不和谐"。

不过，他们似乎仍然关系紧密——这自然是出于实际需要，但也是出于某种发自内心的情感。*埃塞克斯和女王的信中都带有一种激烈的情绪，暗示着某种真情实感。其中一封信写道："自从我第一次如此幸福地知道爱情意味着什么，我就从未有过一天，甚至无时无刻不在——能够摆脱希冀和妒忌。只要你对我有情有义，它们就会一直伴随着我，成为我生命中不可分割的一部分。"

但尽管如此，埃塞克斯（就像他的对手罗利一样？）并没有像莱斯特（和哈顿，以及塞西尔父子）那样真正理解或欣赏伊丽莎白。值得注意的是，他敢于用几乎与女王对等的口吻写信给她，而他的前任们从未这样做过。在他看来，优柔寡断和虚与委蛇是纯粹的弱点，而这些弱点在精心调配下，曾是伊丽莎白在政治外交角逐中所运用的最好的武器之一。他是如此的激进张扬，以致宫廷爱情的篝火最终变成了火葬的柴火堆。但是，就像女王日渐稀疏的头发一样，也许宫廷爱情这件礼服本身也磨损得有些单薄了。

与16世纪90年代伊丽莎白宫廷里弥漫的玩世不恭的氛围相比，早年的氛围几乎可以说是天真无邪了。约翰·哈灵顿爵士回忆起当时的某种"倦怠感"："mundus senescit"——世界变得苍老了。问题不仅在于埃塞克斯和塞西尔父子之间日益增长的敌意，还在于诸多年轻人对老妇人执政的公开不满。纵欲的风气暗示着女王已经失去了对"蜂巢"（也就是宫廷）的控制，更糟糕的是，她失去了道德权威，而

---

* 他们的情感是如此发自内心，以至于产生了一种猜测——虽然没有依据，却意义重大——埃塞克斯不仅是伊丽莎白的替代儿子的角色，是让她想起莱斯特的人，而且是她与莱斯特的私生子。

这种权威本应使她在宫廷爱情游戏中的地位神圣化,并使她可以藐视那些怀疑妇女统治权的人。伊丽莎白和埃塞克斯关系的恶化只是更根本的衰落的象征。

埃塞克斯自称是伊丽莎白"最谦卑、最深情的臣子"——或"最谦卑、最虔诚的臣子"——或"陛下所有臣子中最亲近的人",写下一长串信件。他向女王表白自己"最珍贵的、忠诚的和无穷尽的感情"(或他"无穷尽的、纯洁的和谦卑的感情":埃塞克斯在发明新词方面显然已经词穷了)。他请求塞西尔让他的君主知道"我在精神上亲吻她那双美丽、尊贵的手,感觉就像实实在在亲吻到了如此美丽的手一样"。但他向安东尼·培根倾诉道:"我曾以成为女王的宠臣而深感荣耀和尊贵,如今已感到厌倦,就像我以前对成为一个廷臣的所谓幸福感到厌倦那样。"

1597年年初,这对奇怪的人发生了争吵,埃塞克斯回到他的床上,伊丽莎白愤怒地喊道:"我要摧毁他的意志,挫挫他那自命不凡的傲气。"这并非偶然,罗利在经历了漫长的在野生活后,再次回到了宫廷,并重新受到宠信。

6月2日,罗兰德·怀特(Rowland Whyte)向罗伯特·锡德尼报告说,罗伯特·塞西带着罗利面见女王,"女王非常亲切地款待了他……晚上,他和女王一起骑马外出,并与她进行了私人会谈;现在他像往常那样大胆地来到了枢密院"。埃塞克斯用他那偏执狂的眼光看去,敌人无处不在;然而,即使是塞西尔父子,即使是罗利,他也能与他们联合起来推动另一次海上冒险,以对抗共同的敌人——西班牙。

23 "困惑与矛盾"

但是,所谓的"群岛远征"是一场彻底的灾难。跟往常一样,埃塞克斯接到的指令是航行到亚速尔群岛,截获西班牙在夏季的运宝船队,途中尽可能破坏西班牙的港口,据说菲利普正在那里筹备另一支无敌舰队。从一开始,舰队还没有离开英国水域,就遭遇了一系列可怕的风暴。埃塞克斯,女王的"下马"仆人,在困窘中写信给他的女主人还有塞西尔,说他和其他指挥官亟须听到女王"以她一贯的宽宏大量来承受这艰难困厄的开局"的消息。

经历了两个月的等待,英格兰舰队终于离开了港口,但当他们抵达亚速尔群岛时,却没有发现西班牙运宝船的踪迹。一连串可怕的厄运——恶劣天气一直跟着他们南下——再加上罗利和埃塞克斯的争吵,一系列的错误判断使形势雪上加霜。埃塞克斯在给女王的信中写道:远在国外的人(指他自己)只能听凭"诸多报告、解释和指责"的摆布。但伊丽莎白是一位公正的女主人,埃塞克斯在信中希望她会理解自己"对您的服务的真正热忱,对您的命令的完全服从,以及对最亲爱的陛下无与伦比的感情"。写到这里还蛮有宫廷风范,但是结尾却不一样了。"如果您不相信这点,您就是不公正的,您这样也是不对的。"

英格兰舰队最终在10月空手而归,这才知道在他们离开期间,另一支西班牙舰队曾逼近英格兰,只因恶劣的暴风雨天气而被击退。此外,埃塞克斯回国后,发现罗伯特·塞西尔被任命为兰开斯特公国大臣这个美差,另一个竞争对手海军大臣霍华德勋爵则被册封为诺丁汉伯爵和王室事务总长,地位超过了埃塞克斯。埃塞克斯隐退到自己在旺斯特德的宅邸,称病不出,拒绝见客,好长一段日子都闷闷不乐,愤愤不平。他在给伊丽莎白的信中写道:"我被冷淡所挫败,就像以前被美貌所征服一样。"朋友们敦促他回到宫廷,并警告说,即使是最宠信的臣子,一旦不在君主身边,也会让君主以为他把自己忘记了,而君主一旦以为臣子忘记了自己,就会火冒三丈,"君主的愤怒就像狮子的咆哮",但他把这些话都当成了耳旁风。女王怒斥道:"臣子焉能与君主计较!"但最终还是在12月被说服,任命埃塞克斯伯爵为英格兰陆军大臣,恢复了他的特权。但是,看似胜利的结果却严重损害了他的威信。

1598年6月1日,在枢密院的一次会议上,伊丽莎白在选择爱尔兰新总督一事上无视埃塞克斯的意见。他大发脾气,蔑视地看了她一眼,然后不顾所有礼节,故意背过身去。女王也发了脾气,狠狠地打了他一耳光,让他去上吊。他本能地伸手去拔剑——幸运的是,诺丁汉伯爵抓住了他,剑没有出鞘。当卫兵把他带出会议厅时,他大声喊道,哪怕是面对伊丽莎白的父亲,他也不会忍受这样的侮辱。言外之意很明显,他认为女王终究不过是个女人,远不及她的父亲。此后不久,他就发表了那句臭名昭著的评论:女王的性情"和她的躯体一样扭曲"。罗利后来声称,如果没有这句话,埃塞克斯的命运可能会截然不同。

1598年8月,老伯利勋爵威廉·塞西尔终于去世了,在他病重期间,女王曾亲手喂他滋补肉汤。同年9月,西班牙的菲利普也在长期的病痛中死去:多年来,这个人在伊丽莎白的想象中几乎占据了同样重要的位置。新的权力更迭除了使她感到更加孤立,也让她有了更清醒的认识,长期的英、西战争对于双方而言都已耗不起。罗伯特·塞西尔率领代表团前往英格兰的战争盟国法国,讨论和平的可能性。埃

23 "困惑与矛盾"

塞克斯当然非常愤怒，但女王对埃塞克斯的纵容也已经变成了另一种昂贵的奢侈品。据一位观察家在8月30日的报道，伊丽莎白说："他捉弄她够久了，而她也打算捉弄他一阵子，就像他老是看重自己的胆量一样，她也要看重自己的尊贵地位。"

恼羞成怒的埃塞克斯悍然写信给她："陛下，您对我和您自己都犯下了不可容忍的错误，这不仅破坏了所有的感情法则，而且有损您的女性荣誉。"他又带着斥责口气补充道，"我不认为您的想法会如此不光彩，而是您在为此惩罚自己，无论您多么不关心我。"他这么说等于否认了君主和宫廷女主人都该拥有的道德优越感。*

在另一封信中，他宣称："我承认，作为一个男人，我臣服于您的天生丽质，要胜过作为一个臣民服从君主的权力；因为您自己的公正使（君主的权力）局限在法律范围内，而对您美貌的臣服则因我的感情而永无止境。"但现在，他暗示这种臣服已经结束了。伊丽莎白给埃塞克斯捎了个口信，说她珍视她自己正如他看重他自己。不同寻常的是，她居然觉得有必要跟他这样说。

亨利·李爵士建议埃塞克斯请求和解，劝他说："她是你的君主……大人，您要考虑一下她是多么尊贵，您总得和她打交道。"他只是诸多持同样论调的人之一。但埃塞克斯在写给掌玺大臣托马斯·埃格顿（Thomas Egerton）的信中说："我可以满足于为女王陛下做一个文书，但绝不会做一个小丑或奴才。"

"怎么，君主就不会犯错吗？臣民就不会受到不公正对待吗？难

---

* 也许，甚至可以说，宫廷爱情的衰落与对君主的敬畏（这是伊丽莎白的父亲反复宣扬的）程度的下降是同时发生的。如果是这样的话，它在下一个世纪就产生了巨大后果：在这个世纪里，埃塞克斯的儿子将在内战中担任议会派的将军。

道君主所拥有的权力或权威是无限的吗？请原谅我，原谅我，我的好大人，我永远不能认可这些原则。"一位旁观者指出，"现在大家认为（埃塞克斯的尊贵）不仅有赖于女王陛下对他的爱，也有赖于女王对他的畏惧。"但这种局面即将被打破，打破局面的因素就是爱尔兰的形势。

爱尔兰的形势问题长久以来一直烦扰着英格兰。尤其危险的是，爱尔兰顽固的天主教信仰可能会为西班牙大开侵略英格兰的后门。但是，在泰隆伯爵的有力领导下，反对英格兰统治的长期叛乱得到了新的推动。现在，鉴于爱尔兰的反叛形势愈演愈烈，英格兰不得不紧急派出一支军队前往镇压，而埃塞克斯是显而易见的指挥人选。1599年3月25日，女王签署了委任状。埃塞克斯知道这个任务堪比金杯毒酒，但正如他所说的那样，他"以自己的声誉为重，绝不推脱"。两天后，他率领一支庞大的部队出发了，并得到爱尔兰总督的职权。

接下来的六个月（正如埃塞克斯的军事冒险故事中经常出现的那样）是一段非常令人遗憾的传奇。由于指挥官和枢密院在军事行动的各个阶段都存在分歧，由于他所要求的增援迟迟没有来到，由于埃塞克斯在与泰隆实际交战时的异常拖延（伊丽莎白毫不犹豫地责备了他），最初在爱尔兰取得的战果被削弱了。他在给枢密院的信中感叹，"既要取悦女王陛下，还要真正为她效劳，实在难以两全"。

他在给女王的信中写道，"我的思想以悲伤为乐，我的精神因劳累、忧虑和悲痛而萎靡不振，我的心因激情而撕裂"；他说要把自己的灵魂"从可恨的肉体牢笼中赎救出来"。他向"没有闲暇聆听我祈祷的女神"致敬，但这种敬意显然是敷衍了事。伊丽莎白的其他宠臣也曾在信中表达过痛苦的心情,但没人像埃塞克斯这么自怜自哀。

伊丽莎白写给身在爱尔兰的埃塞克斯的信中反映出一种困惑的心情:"在当前的情况下,我不知道该给你什么建议,也不知道该根据你写给我们的信做些什么。"她这封信冗长的篇幅本身就流露了她对自己的命令是否会得到遵守的不确定。到7月底,几乎四分之三的英国官兵要么病倒,要么溜回家,有的甚至加入了叛军……埃塞克斯本人似乎也准备这么做。

因为,当埃塞克斯最终面对泰隆时,他并不是手持利剑,而是同意休战,但他绝对没有得到女王的批准。事实上,在伦敦的一则令人震惊的传言提出了一种难以置信的可能性:埃塞克斯可能会在泰隆的爱尔兰军队的支持下返回英格兰,将他的意志强加于英格兰。

"从你的日记可以看出,你和叛徒(泰隆)在没有其他人在场的情况下交谈了半个小时,"伊丽莎白带着可以理解的怒气写道,"虽然我把王国托付给你,不会怀疑你和一个叛徒勾搭在一起,然而,无论是为了体面合宜、以身作则还是避免嫌疑起见,你都该行事更谨慎些才对,这令我不胜惊讶……"正是这些忧虑、条件和威胁促使埃塞克斯在9月从爱尔兰回国,未经许可擅离职守。他带着一小队随从自海岸飞奔,愤怒的恐惧驱使着他快马加鞭,一大早就到达了农萨其宫苑,"他满身污垢和泥泞,就连脸上都是",震惊的罗兰德·怀特在给他的雇主罗伯特·锡德尼的信中如是说。

他的一小队随从被留在了院子里,以阻挡追兵,他独自一人穿过一个又一个旨在保护女王隐私的房间。毕竟,只有极其英勇的卫兵才敢用他的长戟挡住英格兰军队指挥官的去路。

他进入的是一个女人的世界,一个只有女王的侍女出入的世界。

第六部分 1584—1603

正是她们,在伊丽莎白统治的晚期,在幕后做着艰苦的准备工作,打造出王权的面具。她们把女王裹进紧身胸衣,安上尖尖的三角胸衣;把红色卷曲的假发别在她头上。系上撑起裙摆的裙箍,将袖子系在紧身胸衣上,然后将闪烁着珠宝光芒和布满了刺绣花纹的厚重套裙拖到合适的位置。尽管女王作为女人永远不能穿着盔甲上战场,但她也要套上自己的防护外壳才能抛头露面。

飞边和珠宝是顶层的服饰,脸上要涂厚厚的白粉,胭脂红粉则抹在掩盖黑牙的薄嘴唇上。荣耀女神的幻象打造大功告成。无论如何,这个幻象足以让人假装相信它。

但是,当埃塞克斯一大早闯进女王的寝宫时,她——她自己也承认她"不是喜欢早起的女人"——几乎还没起床。他看到女王满脸皱纹,头发稀疏灰白:这是男人不应该看到的景象。假装她是一个永恒美人的宫廷幻想对埃塞克斯失效了。现在,假象赤裸裸地暴露出来,空洞无物,任人端详。

毫无疑问,女王一定是用尽了所有的勇气,才纹丝不动地端坐在自己的座位上,泰然自若而满面春风地迎接他,伸出手让他亲吻。但话说回来,伊丽莎白·都铎在紧急情况下的表现总是最出色的。

当埃塞克斯冲进女王的寝宫时,没有人知道什么样的危机正在酝酿。即使这不是一场政变,违背命令擅自回国——闯入女王的寝宫——也是对女王权威的令人震惊的侮辱。伊丽莎白曾试图相信埃塞克斯是另一个莱斯特,但此前当她批评莱斯特在尼德兰的行为时,莱斯特的反应与埃塞克斯却是截然不同的。多年前,当伊丽莎白听说暴力分子胆敢闯入苏格兰女王玛丽的寝宫,"好像她是一个妓女一样",

谋杀了她的仆人里齐奥时,她感到非常震惊。现在,伊丽莎白自己也几乎陷入了同样的境地。

她一次又一次地对埃塞克斯的请求让步,让他领导她的军队。每一次,她都不得不点起希望之火,希望这一次——这一次!——他将以谨慎和忠诚的态度领导他们。现在,这团火闪闪烁烁,终于熄灭了。

埃塞克斯从伊丽莎白的寝宫出来,宣称经历了爱尔兰的"麻烦和风暴"之后,他在家里找到了"甜蜜的平静"。他是在自欺欺人。在擅自闯入伊丽莎白的寝宫后,他又在当天中午与伊丽莎白会面,声称伊丽莎白仍然"非常和蔼可亲",但在同一天的第三次会面中,他发现伊丽莎白"态度大变"。埃塞克斯被命令待在自己的房间里,第二天下午,他必须面对枢密院,为自己的行为——"他不服从女王陛下的指示……他蔑视职责,未经准许擅自回国。最后,胆大妄为地闯入女王陛下的寝宫"——尽力辩解:当晚他就被命令离开农萨其宫苑。他和伊丽莎白再也没有见面。

埃塞克斯被下令软禁,甚至禁止给刚生下女儿的妻子写信。与此同时,伊丽莎白的怒火越来越旺。她的教子约翰·哈灵顿转述她的话说:"以上帝之子的名义,我已经不是女王了,那个男人要凌驾于我之上。"与此同时,埃塞克斯则在给她写"世上最悲哀的灵魂的真诚的悔过书"。

有一封信说,由于紧张过度,埃塞克斯得了"结石、肠梗阻和肾病",所以女王在一定程度上又心软了,观察家们注意到,她在谈到他时"眼里含着泪水"。到了12月,因为"他开始浮肿",大家普遍认为"他活不了几天了"。伊丽莎白的反应又是送汤……像火箭一样一飞冲天,又像棍子一样颓然落地:罗利听说女王对他的对手法外开恩,也"病倒了"。

但埃塞克斯似乎一如既往地要罪上加罪。在这个时候,他居然传出了一张自己披挂盔甲的版画肖像,以他的军事功绩为背景,把他描绘为美德、智慧、荣誉的典范,甚至是上帝的选民。难怪女王认为自己才是"不可原谅的错误"的受害者。

> 自从见到陛下以来,我写了很多信,但从未寄给您,这也是其中一封;因为我的一言一行都会受到您的关注,如果随意写信给您,实在太冒失了……陛下应该明白我那充满了困惑与矛盾的心境。我有时想逃跑,有时又想起身披铠甲凯旋来到您面前的情景,那时您亲口下令让我出发,也是您亲手把我送出去的。但上帝知道这不是意外。您可以告诉那些渴望着要我毁灭的人,他们现在占了上风,因为我一时激动,免不了说些鲁莽的话。您得到了您想要的,我也是,如此甚好。
>
> ——埃塞克斯伯爵写给伊丽莎白女王的信,未注明日期

24

"感情是虚假的"

1599—1603

即使这出名为宫廷爱情的戏剧已接近尾声,主角们也不愿意轻易离场。有人说埃塞克斯只有一个敌人——他自己;也只有一个朋友——伊丽莎白女王。现在,这位朋友似乎已经转过脸去了。尽管如此,1600年2月,伊丽莎白还是取消了对埃塞克斯的原定审判,就在审判的前一天晚上。

也许她是被埃塞克斯寄给她的一封油嘴滑舌的信打动了,信中宣称他愿意"谦恭地、毫无保留地"承认自己的罪行,她"高贵和天使般的本性"将通过"陛下的这位曾经幸福过,但现在最悲哀的演说家的舌头来彰显您的仁慈"而得到最好的展现。到了月底,有消息称"我们又会看到他趾高气扬了",并指出"埃塞克斯大人这一周有点疯疯癫癫的"。伊丽莎白仍然不愿意彻底毁了他。他被允许回到斯特兰德的埃塞克斯宅邸,不过由一名狱卒看管,狱卒保管着所有钥匙,并禁止任何来访。

埃塞克斯——"郁郁寡欢、无精打采、深陷绝望"——继续频频哀求。他在信中信誓旦旦地说,自己是"一个卑微仆人,拳拳之心、殷殷之情无人能比";他写到女王"亲切、高贵、神圣的天性"——

"一位淑女、仙女或天使,当全世界都对我冷眉冷眼时,只有她会用亲切的目光注视着我"。

他在信中几乎是让人焦虑地频频提到伊丽莎白"白皙的惩戒之手"——希望亲吻她手里的教鞭。[如果说伊丽莎白不是真正的虐恋女主人(dominatrix),那么也许她具备一些驯兽师(dompteuse)的特质。*]

然而,对埃塞克斯来说,一切都为时已晚:伊丽莎白识破了他虚伪的激情(几个月后,他毫无说服力地表白"对我来说是残酷的,但对陛下您来说却是崇敬的"激情)。埃塞克斯在从加的斯回来的路上就开始撰写为自己行为辩护的文章,现在试图将其发表,但这对他的现状毫无帮助。6月5日,他被沿着斯特兰德街带回埃格顿的约克府,接受女王的枢密官一天的审讯。"从早上8点一直到晚上将近9点,不吃不喝。他在钟旁边跪了足足两个小时。"他的一位支持者愤怒地写道。结果是伊丽莎白在给予他自由的同时,褫夺了他所有职务,并将他永远逐出宫廷。

但真正的好戏还在后头。整个夏天,他再次疯狂地写信给他"最亲爱、最敬仰的君主",恳求她"让我再次匍匐在您的脚下"。到了秋天,伊丽莎白终于决定收回他甜酒农场的征税权,这对埃塞克斯来说是灾难性的:他惊慌失措地恳求说,这是他"维持生计的最主要的收入来源",也是他向债主还债的唯一途径。(他说,除非他的债主们愿

---

* 我在自己的书架上珍藏着一本20世纪60年代的书,其中描述了宫廷恋人如何"表现出一种孩子气或女性化的态度,带有偷窥倾向,并因童年时期被打屁股的记忆而变得更为复杂"。不过,除了嘲弄之外,值得注意的是,安德烈亚斯与哈维洛克·埃利斯(Havelock Ellis)是一致的,将爱情与折磨、快乐与痛苦……联系在一起,并将宫廷女主人视为母性坚韧之爱的终极典范。

意"我用鲜血来还债"。)11月17日,他又拼命地老调重弹:"没有一个灵魂能如此深刻地感受到您的完美,没有什么变化能如此彰显出您力量的影响,也没有哪颗心能如此欣喜地感受到您的胜利。"但这是徒劳的。伊丽莎白是否因为意识到他的表白是如此露骨地指向经济目的,才会愤愤不平的?

据威廉·卡姆登报道,女王曾说过"驯服一匹烈马,必须减少它的饲料"。也许她仍然希望驯服埃塞克斯,事实上,她逼得他铤而走险了。这也是塞西尔可能已经预见到的事。设立陷阱,制造阴谋,给反叛者足够长的绳子让他们自取灭亡,当年老塞西尔就是这么对付苏格兰女王玛丽的,她对伊丽莎白的王位构成了另一个致命威胁。

长期以来,埃塞克斯一直在建立一些危险的联系,对英格兰的政治、外交、国家安全等多方面构成潜在风险。1598年,他再次与苏格兰的詹姆斯六世通信,说要"派使者"去爱尔兰,因为他妹妹佩内洛普的情人蒙乔伊勋爵查尔斯·布朗特已经接管了爱尔兰的军事指挥权。派使者去做什么?蒙乔伊率领军队是要向伊丽莎白施压,让她重新宠爱埃塞克斯,并答应让詹姆斯在她死后继承王位吗?或者,他们是要在伊丽莎白仍健在时,让詹姆斯乃至埃塞克斯本人取而代之?那年秋天(尽管街头的小册子和讲坛上的布道都在宣扬埃塞克斯的权力主张),很明显,无论是蒙乔伊还是詹姆斯,都没有愚蠢到冒这么大的风险来满足埃塞克斯的"私人野心"。

约翰·哈灵顿爵士曾这样评价埃塞克斯伯爵:"他在事业上的野心受挫后很快就会走向疯狂。"哈灵顿在他的日记中记录了埃塞克斯是如何"从悲伤和悔恨突然转变为愤怒和叛逆,这充分证明了他缺乏理智和健全的头脑"。圣诞节前,埃塞克斯戏剧性地写信给詹姆斯,说自己"受到各方的呼吁"要去拯救英格兰,除掉女王身边邪恶的枢密顾问。他这是在给自己的脖子套绞索。

事情的起因是一出戏——一出由埃塞克斯的同谋南安普顿伯爵所提携的一个人写的戏剧。1601年2月7日星期六下午,环球剧院的演员们在经过一番劝说后才出演了莎士比亚的旧作《理查二世》。虽然埃塞克斯的支持者观看了演出,但他本人却没有到场。但该剧的主题——失败的理查用君权神授的观念自欺欺人,却被充满活力的亨利四世取而代之——将包含在埃塞克斯未来几周内受到的最严重的指控里。

埃塞克斯当时真的在策划叛乱吗?聚集在埃塞克斯宅邸院子里的心怀不满者人数之多、火枪上油的消息似乎都在表明是真的,但又似乎不是真的,因为埃塞克斯在那个星期六花了一部分时间在打网球,还举办了一个晚餐聚会。然而,那场戏剧的演出激起了塞西尔和枢密院的关切,并深感不安,以至于派人去找他,也许正是这种担忧引发了第二天的事件。埃塞克斯相信罗利找了一帮人准备暗杀他;也许罗利扮演了一个招人反感的角色。

也有可能是有人故意制造恐慌,促使埃塞克斯在惊慌之下草率起事。周日清晨,罗利在泰晤士河乘小船顺流而下,驶向埃塞克斯的宅邸,并在船上与费迪南多·戈尔杰斯私下会面,戈尔杰斯是埃塞克斯的心腹,也是罗利的远亲。我们只能借助戈尔杰斯的口供得知他们说了些什么,无论如何,戈尔杰斯最终还是指证了他的前主子。

当然,惊慌失措、仓促行事也是埃塞克斯的叛乱显得毫无效率的唯一解释。从埃塞克斯把派来与他谈判的官员关进自己的书房,到叛军休息了三小时吃茶点，以及埃塞克斯换下汗湿的衣服。我们回顾2月8日发生的这起叛乱事件时很难不觉得这是一场闹剧。

他、南安普顿伯爵和大约150名支持者在伦敦街头昂首阔步，号召市民起来捍卫他，但响应寥寥，这让他们感到沮丧。一位叫史密斯的治安官曾许诺要发动市民起义，当此事落空后，埃塞克斯失去了勇气。在他大吃大喝的时候，他的支持者却溜走了。城中设置了障碍物，阻止他沿着舰队街返回，而枢密院则要求埃塞克斯向当局投降。与此同时，女王也享用了一顿丰盛的午餐，她宣称让她登上王位的上帝一定会保佑她。后来，她对法国大使说，如果埃塞克斯到了白厅宫，她会亲自出去和他对质，"以便让他们知道谁才是真正的统治者"。

黄昏时分，叛军乘船回到埃塞克斯的府邸，发现被扣为人质的官员已经逃走，而这座府邸几乎被政府军包围。用书籍和家具匆忙堆起的路障根本无法抵挡从伦敦塔拖来的大炮。埃塞克斯提出休战两个小时，用这段时间烧毁了他最私密的文件，尤其是来自詹姆斯国王的信件，但在晚上10点左右，他投降了，他和南安普顿伯爵一起被押往伦敦塔。叛乱在开始12小时后就结束了，正如一位观察者所说，多亏了"上天保佑，还有国务大臣（塞西尔）行动迅速"。随后的审判将是塞西尔和埃塞克斯之间的交锋。

伊丽莎白在处置威胁她的人或事物时经常拖拖拉拉，惹得她的枢密官们颇有不满。但这一次，一切都在匆忙中进行。埃塞克斯伯爵于2月19日接受审判，政府的重型火炮全部出动。他曾经的顾问弗朗西斯·培根是他的主要指控者。

爱德华·柯克爵士声称,埃塞克斯密谋让自己成为"英格兰国王罗伯特"。埃塞克斯矢口否认:"洞悉所有人内心秘密的上帝知道我从未谋求过英格兰的王位……我只是想安全地与女王会面,这样我就可以尽快向女王陛下倾诉我的悲伤,对抗我的私敌。"

埃塞克斯说,这些"敌人"中最重要的一个就是塞西尔,他曾向自己报告说西班牙公主最有资格继承英格兰王位。这时,塞西尔戏剧性地从屏风后面走出来,反驳了这一指控。

塞西尔说:"我代表的是忠诚,我从未失去过忠诚。你代表的是背叛,你的心已被背叛所占据。我说过苏格兰国王是英格兰王位的竞争对手,也曾说过西班牙国王是竞争对手,而你呢,我说过,你也是竞争对手。你要废黜女王。你想要成为英格兰国王……"

在伊丽莎白漫长统治的前30年里,不只是她,还有她的前任(玛丽),以及所有希望继承或篡夺王位的人都是女性。然而,在伊丽莎白统治末期,这些"竞争对手"中最重要的角色都是男性,这似乎很能说明问题。对埃塞克斯的控诉也很能说明问题,控诉用词近乎性描述,反复强调埃塞克斯冲破"阻力""夺取""占有""驾驭"女王。埃塞克斯仿佛被指控不但违反了国家法律,而且打破了骑士精神准则。

审判结果毫无悬念。埃塞克斯被判处叛国者的死刑——先是绞刑,吊个半死,然后开膛破肚取出内脏,最后再肢解,大卸八块——不过按照对于贵族的惯例,后来被减为简单的斩首。埃塞克斯在伦敦塔度过的最后几天的表现并没有给他增加威信。在歇斯底里的悔恨大爆发中,他不仅谴责自己,还谴责了他的支持者,尤其是他的妹妹佩内洛普。佩内洛普痛苦地回应说,她为他的利益效劳,"不像是他的姐妹,更像是奴隶"。

将近20年后,有则故事说埃塞克斯在临刑前夕想送伊丽莎白一枚戒指。女王曾把这枚戒指作为爱的信物送给他,现在他想把戒指还给女王,以乞求怜悯,却被他的敌人截获。可惜,这个故事只是无稽之谈,没有任何证据支持。但问题是,为什么我们多年来一直对它念念不忘,以至于这枚戒指至今仍陈列在威斯敏斯特教堂伊丽莎白的葬礼遗像附近。

埃塞克斯的死刑是在伦敦塔内私下执行的。伊丽莎白一直担心他的声望会对自己的统治构成威胁,尽管伦敦市民没有参与埃塞克斯的叛乱,但现在已经对他充满了同情。两个刽子手("这样的话,要是一个昏倒了,另一个也可以执行死刑")和他们的"血腥工具"(斧头)都被偷运进了伦敦塔。罗利曾在埃塞克斯的审判中做证,大家本来觉得他会以卫队长的身份参加行刑。而事实上,他在关键时刻退到了军械库,以避免被人指责在垮台的对手面前自鸣得意。但在埃塞克斯追随者的精心策划下,这一指责还是会继续困扰他。

在断头台上,埃塞克斯为自己的叛乱拿腔拿调地自责不已:"这巨大的、血腥的、令人震惊的、让人腐化的罪恶。"几秒钟后,第三斧劈下,他便身首异处。就像她下令处死其他几个人——玛丽·斯图亚特还有她之前的诺福克公爵——那时一样,伊丽莎白在他死前的日子里也是犹豫不决。不过,以她的标准来看,这一次的犹豫是短暂的。

令人奇怪的是,在伊丽莎白身边那些男人的光怪陆离的故事背后,我们很难看到年迈的伊丽莎白的身影。在埃塞克斯最后蒙羞的日子里,女王参加了一场宫廷婚礼,在婚礼上,一个代表"感情"的角色邀请她跳舞。"感情!"女王说,"感情是虚假的。"但女王陛下还是起身与之共舞。我们不妨回忆一下——即使在伊丽莎白统治早期,当所有人都是三句话不离伊丽莎白时——有多少话题实际上都与她的"感情"有关。比如她愿意或不愿意与谁结婚,她是否允许自己拥有性生活。一旦没有了相关可能性,哪怕是一位当权女王,哪怕是这位女王,是否也变得不那么引人注目了呢?

埃塞克斯死后8个月,1601年10月,伊丽莎白发表了她的"黄金演说"。"虽然上帝让我身居高位,"她对她的子民说,"但我认为,我头上这顶王冠的荣耀在于,我是靠着你们的爱才统治国家的。"但议会曾迫使她在专卖权提案上让步,她不得不发表演说安抚议会这一事实本身就反映了一种变化。伊丽莎白和埃塞克斯的宫廷爱情并不是唯一摇摆不定的关系。在她统治的最后几年,伊丽莎白和她的臣民之间的关系也是如此。

法国大使德·博蒙(de Beaumont)描述了女王提起埃塞克斯时满含泪水,她回忆起自己是如何看到他性格上存在的一些固有问题和缺陷,并警告他不要触碰她的权杖。古董收藏家威廉·兰巴德(William Lambarde)记录的一段对话可能表明,伊丽莎白已经意识到她对埃塞克斯的感情,甚至埃塞克斯本人,都是被周围的人以"狐狸的狡诈"操纵的。"狐狸"是伯利勋爵老塞西尔的诨号,埃塞克斯本人也曾用"狐狸"来称呼罗利。

埃塞克斯倒台后,塞西尔抓住机会开始与詹姆斯通信。他使苏格兰国王确信,他与埃塞克斯的关系最初是建立在"我们在不断增长的财富中互惠互利"的基础上的。在与詹姆斯的秘密通信中,塞西尔承

24 "感情是虚假的"

诺,在伊丽莎白驾崩后,自己会迅速扶持苏格兰的詹姆斯坐上英格兰王位。

在失去埃塞克斯后的两年里,伊丽莎白仍能时不时展现出活力和光彩,她与内维尔公爵跳了两支加利亚舞,在她位于奥特兰兹的花园里健步如飞。但她感到"时间匍匐在她的门前"——正如伊丽莎白一直担心的那样,塞西尔并不是唯一一个将目光转向初升的太阳(指新的王位继承者)的人。

1602年11月,有消息称,女王"又有了新欢,据说是克兰里卡尔德伯爵,一个英俊、勇敢的爱尔兰人,据说他很像埃塞克斯",而且他确实娶了埃塞克斯的遗孀弗朗西丝。但德·博蒙说,克兰里卡尔德"很冷淡,不懂得察言观色,好让自己得到提拔"。或者说,他发现自己根本无意于宫廷里的爱情游戏。

伊丽莎白的教子约翰·哈灵顿描述说,在埃塞克斯叛乱之后,伊丽莎白像哈姆雷特一样,将一把生锈的剑插入房间的挂毯中,之后她便越来越多地待在私人房间里。她对一位亲戚说:"我的脖子上好比绑着铁链,如今是时移世变。"1603年年初的几个月里,她显然不久于人世。2月25日,埃塞克斯逝世两周年纪念日这天,女王隐退到她的寝宫,几天后才公开露面,神情忧郁,观察家们猜测她大限将至。女王于3月24日驾崩,詹姆斯的即位"引起的涟漪,甚至不足以摇动一条小船",塞西尔自豪地记录道。

宫廷爱情和都铎王朝的故事还有一段尾声。阿贝拉·斯图亚特——玛格丽特·道格拉斯的外孙女,哈德威克的贝丝的孙女——的生活一直因她与英格兰王室的血缘关系接近而备受关注。16世纪80

第六部分 1584—1603

年代时,阿贝拉只有十几岁,伊丽莎白女王曾玩世不恭地助长过这个女孩可能会成为她的继承人的观念,她对法国大使的妻子说:"总有一天她会像我一样成为一位女主人。但我会先走一步。"不过,在同世纪整个90年代,阿贝拉一直受到祖母的严格看管,远离宫廷和政治舞台,在哈德威克庄园与世隔绝,她形容那里是"我的监狱",以至于到20多岁时还没有结婚。但在1603年的头几周,在伊丽莎白弥留之际,当局惊恐地发现阿贝拉在做一件肯定会被视为争夺王位的事情——试图与另一位可能的王室继承人凯瑟琳·格雷的孙子缔结婚约。

一名政府官员被派往北方进行调查,在压力之下,阿贝拉不仅情绪变得不稳定,甚至理智都受到了影响。但是,在她寄给枢密院的那些滔滔不绝的自我开脱信中,却透露出一个非常有趣的幻想。她声称,她所做的一切都是由于宫廷里一位不愿透露姓名的"最亲爱的人"——一位"与女王陛下关系密切的人"——怂恿她去"尝试"(测试)女王的爱。

阿贝拉说,这个难以想象的情人"对我毫无怨言……(尽管)我对他冷淡、狡诈、傲慢";她把他的爱比作"经过无数次提炼的黄金,除了嫉妒,找不出一点儿瑕疵"。他的主要美德之一是"守口如瓶"——这种谨慎,就像强烈的嫉妒一样,经常被宫廷恋人奉为圭臬。事实上,她所叙述的这段关系在很多方面都完美演绎了宫廷爱情的梦想;酷爱读书、文化底蕴深厚的阿贝拉一定经常读到过这样的梦想。

随着审讯周数的推移以及阿贝拉信件的不断出现,她的假想情人("我的小小情人")多次出现在她的叙述里,她也从未透露他的身份。(迫于无奈,她曾荒唐地宣称那是她的表哥苏格兰国王:一个她素未谋面的已婚男人)。事实上,他肯定是一个虚幻人物,尽管沾染了一个真实人物（已故的埃塞克斯伯爵）的记忆的色彩。她最长、最混乱的一封信（长达7000词）写于圣灰星期三：埃塞克斯伯爵被处死的周年纪念日。

如果阿贝拉是在竞逐王位，那么，她当然失败了。但是，在被新国王詹姆斯召见后，她确实赢得了自由，摆脱了哈德威克庄园以及祖母的监护。毕竟，她们有一个共同的效忠对象。几周之内，新国王匆忙将仍在伦敦塔中忍受折磨的南安普顿伯爵释放，对埃塞克斯的家人大施恩惠——将埃塞克斯称为"为我牺牲的人"。罗伯特·塞西尔作为詹姆斯国王登基的主谋，理所当然地得到了詹姆斯的信任。但早在塞西尔于1612年去世之前，他就开始对自己的前女主人抱有悔恨之情。

在詹姆斯登基后的几个月内，沃尔特·罗利就因涉嫌密谋推翻詹姆斯、让阿贝拉·斯图亚特取代他的王位而接受审判。虽然逃脱了死刑，但他还是被囚禁在伦敦塔长达15年之久——直到1617年才被释放，以便派遣他再次远征南美洲寻找想象中的黄金国度。他没能找到黄金国度，却激起了西班牙的敌意。1618年10月，罗利回国后被处死，成为伊丽莎白时代曾经风光无限的人物中最后一位退场者。

宫廷爱情的信仰成就了伊丽莎白的未婚女性君主制。但具有讽刺意味的是，这样一来也使得都铎王朝的终结成为定局。这一矛盾与宫廷爱情故事本质上的反常完全吻合。伊丽莎白没有子嗣，她的继任者是一个在截然不同的文化传统（严苛的新教环境）中长大的人，甚至不允许天主教会向女圣徒或圣母马利亚表示敬意。从某种意义上说，

第六部分 1584—1603

埃塞克斯所代表的杀伐果决、彰显君主权威的方式,也就是男性化的方式,即将成为未来的发展趋势。

詹姆斯六世和詹姆斯一世[1]本人也会利用古老的传说,他把自己描述成新的"亚瑟王……依靠理所应当的权力来索取我的王位和宝座"。但詹姆斯不喜欢音乐和舞蹈,时常在观看戏剧和假面剧表演时打瞌睡,据说他"非常粗鲁无礼"。他的宫廷成了性放纵的代名词,但他对任何细腻微妙的爱情游戏都毫无兴趣。[*]詹姆斯的影响导致了在接下来的一个世纪里,浪漫的理想——或者说,任何似乎允许女性拥有权力的理想——都没有多少市场。

1928年,莱顿·斯特拉奇(Lytton Strachey)把埃塞克斯伯爵视为中世纪的最后一人,说在他身上看到了"古代骑士精神"的火焰。他在其开创性的传记《伊丽莎白与埃塞克斯》中写道:"通过个人灾难的悲剧特征,我们可以看到一个消逝的世界幽灵般的痛苦。"

丽莎·希尔顿认为:"也许可以把埃塞克斯视为爱情游戏的另一个受害者,就像他之前的安妮·博林一样。"这颠覆了通常认为他利用了伊丽莎白的年迈脆弱来实现自己利益的观点。与历史上大多数男女关系恰恰相反,埃塞克斯并不是伊丽莎白生活的全部,但她最终控制了埃塞克斯的全部生活。然而,回顾历史,我们很难确定这段关系中的权力天平到底倾向哪一方。

我开始写这本书时的想法是,宫廷爱情是野心家(尤其是安

---

[1] 詹姆斯六世本为苏格兰国王,继承英格兰王位后称为詹姆斯一世。

[*] 詹姆斯的个人癖好是狩猎和搜捕所谓的巫师(通常是女性):对她们的迫害将成为天主教和新教的共同特征。

妮·博林和埃塞克斯）随时可以利用的工具。都铎王室才是爱情的傻瓜，他们把本该是一场游戏的爱情当真了。我最终却确信了与此完全相反的观点：都铎王室才是巧妙操纵爱情的人。毕竟，到头来是安妮和埃塞克斯，还有可怜的凯瑟琳·霍华德，给自己招来了致命的后果。

后记

本书记载的故事始于一个不在本书叙述范围之内的人物——阿基坦的埃莉诺。都铎王朝的传奇应该结束于另一位更加著名的人物。威廉·莎士比亚是伊丽莎白统治时期，也是詹姆斯一世统治时期的伟大诗人，他的作品有时遵循宫廷爱情的传统，有时又反其道而行之，有时又大大超越了这种传统。*确实，如果要列举莎士比亚的作品中——无论是严肃的道白，还是温情的嘲讽——与宫廷爱情理论家或都铎王朝名流的作品相呼应的地方，恐怕得另起炉灶再写一本书才行。

《罗密欧与朱丽叶》是浪漫文学排行榜上永恒的第一名，其中充满了宫廷爱情的套路：一见钟情、秘密幽会，以悲剧收场的爱情。然而，莎士比亚对爱情幻想的嘲讽却无处不在："我情人的眼睛一点都比不上太阳……雪若算是白，她的胸就只称得上暗褐无光。"[1] 在《爱的徒劳》中，他笔下的女士们戳破了纳瓦尔国王与侍臣装模作样不近女色

---

* 伟大的约翰·多佛·威尔逊在1935年写道："我相信，正如许多其他人相信的那样，莎士比亚的这一构思（《哈姆雷特》）最初源于他的赞助人（南安普顿伯爵）所崇拜的英雄——才华横溢、郁郁寡欢而命运多舛的埃塞克斯伯爵——的职业生涯和人格特征。"

1 莎士比亚十四行诗第130首。

的誓言,揭露了这种把戏的空洞。*然而……即使在这出戏中,在仪式性浪漫的废墟上,也萌生出了对真正爱情的希望。

莎士比亚的戏剧作品,例如《第十二夜》《皆大欢喜》,常常以爱情的幻想和奇思妙想为开端。这些戏剧的结尾,如果幸运的话,至少开启了一种比幻想更持久的可能性。杰梅茵·格里尔在《女太监》中甚至认为莎士比亚为"新的婚姻意识形态"提供了神话。说到底,这是否就是"都铎时代的贡献"(借用一部受欢迎的BBC系列纪录片名 *What The Tudors Did For Us*)?是莎士比亚觉得尽管宫廷爱情有其不合理之处,但仍为我们提供了一种可以在现实生活中找到共鸣的爱情观念吗?

当然,宫廷爱情的故事不会随着1616年莎士比亚的去世戛然而止,就像它不会因1603年伊丽莎白的去世而结束一样。不过,要追溯它对此后400年文学(哪怕只是英国文学!)发展的影响,恐怕还得再写一本书,甚至三本书。杰梅茵·格里尔在做出本书导言引用的论断后,又对这个故事进行了追溯,从彼特拉克到路德,从文艺复兴到18世纪塞缪尔·理查逊的小说。

宫廷爱情确实有助于小说的形成:这种新兴的文学形式随着浪漫主义时代的到来而现世,并试图将浪漫爱情的理念与婚姻的理念结合起来。但小说作为例证,也表现了宫廷爱情本身的古怪和反常之处,就像花坛中的杂草一样常年萌生不绝。

的确,在接下来的两个世纪里,小说经常甚至主要关注浪漫爱情,

---

* 在1594年圣诞节狂欢期间,也就是莎士比亚可能创作《爱的徒劳》前后,格雷律师学院的法学生在弗朗西斯·培根的主持下组成了一个模拟宫廷,成员们发誓不近女色,此等行径与剧中的贵族们如出一辙。

而浪漫爱情确实为婚姻铺平了道路,并不像格里尔所说的那样,宫廷爱情"与婚姻冰炭不相容"。但是,从每个酷爱读书的女孩所钟爱的文学世界到传统的爱情文学,浪漫爱情的结局往往都与简·爱那句不朽名言"读者啊,我与他结婚了"大同小异。

诸如《安娜·卡列尼娜》《包法利夫人》和《米德尔马契》这样的杰作属于例外,它们探讨了婚内爱情的挑战。也许是基于"幸福的家庭没有故事"的原则(或者至少像托尔斯泰所说的那样,幸福的家庭都是相似的,因此没有个性),很少有人试图给出这个问题的答案。从电影到童话,大部分传统故事都没为婚后的浪漫生活提供一个路线指示图,这与它们的前身,最早的宫廷故事如出一辙。格里尔在《女太监》章末提到"从此过上了幸福生活"的神话,"这不是真的,过去不是,现在不是,而且可以肯定,将来也不会是真的"。好吧,让我们希望它可能是……但我们还是不要依赖宫廷爱情为我们指明方向。

我们需要对这一伟大的幻想给予应有的重视。我们要记住两位伟大作家的话,她俩不仅是伟大的小说家,也是伟大的小说评论家;在几代人经历的社会变革时期,小说将成为一种把女性的梦想和憧憬庄严地载入其中的形式。弗吉尼亚·伍尔芙在《一间自己的房间》中说,评论家们认为这部小说很重要,因为它写的是战争;那部小说不重要,因为它写的是客厅(或塔楼)中女性的情感。她对此深表不满。而简·奥斯汀在《诺桑觉寺》中感叹,小说本身被视为一种不登大雅之堂的形式——隐晦地说,是一种面向女性的形式。

我们需要接受宫廷爱情的长梦在我们所有人心灵中扮演的角色。然后,也许在近千年之后,我们终于是时候祛除幽灵了。甩掉它。

附录：圭尼维尔的多重面孔

在克雷蒂安·德·特鲁瓦将圭尼维尔（Guinevere）[1]推向舞台中心之前，人们已经在多个不同版本的故事里与她相遇；而她将继续占据这一位置。她第一次进入亚瑟王的故事，背景是在一个古早的世界。在这个世界里，作家们甚至不认为有必要用基督教的道德准则来让她承担罪责。

古老的故事萦绕着威尔士山间缥缈的传说气息。圭尼维尔早期的形象通常是一位女巫，一个神奇的女人。她这时的名字格温薇娃（Gwenhwyvar）在威尔士语中是"白色精灵"的意思，而女神有三种化身，如《威尔士三联集》中亚瑟王朝的三王后名单。这个观念则源于凯尔特神话。

在凯尔特王后的现实世界中，圭尼维尔本可以与丈夫平起平坐，像布狄卡（Boudicca）一样领导军队，或像卡蒂曼杜亚（Cartimandua）[2]一样拥有多个情人。即使是在1190年，居住在塞文河上游的教区神父莱亚蒙写下他的《布鲁特》（*Brut*）时——这首叙事诗被称为第一

---

[1] 亚瑟王后的名字在各种版本的亚瑟王故事中有许多不同的发音及拼写方式，其中文译名也多种多样（如格温尼维尔、桂妮薇尔、吉娜薇等），本书选用了最接近其英文发音的圭尼维尔，其各个版本的名字在括号中注明原文。

[2] 卡蒂曼杜亚（活跃于公元1世纪中期）与布狄卡一样，是凯尔特部落首领。

部真正的中古英语文学作品——他笔下的"温哈弗"（Wenhaver）王后所处的世界（感觉像是盎格鲁-撒克逊人的世界）中，女性不仅激励着骑士英勇作战，她们自己也会身体力行做出英勇乃至残忍的事。

圭尼维尔的女侍卫们会在战场上屠杀绑架她的人的军队，而在她丈夫的梦中，她伸出手，把他大厅的屋顶拉了下来，成为愤怒和力量的象征。亚瑟为了报复，将她击成碎片。在后来的《高文兴起记》（*Rise of Gawain*）中，圭多莱纳（Gwendolena）不仅是亚瑟的妻子，还是一位强大的女先知。

在《威尔士民间故事集》（*Mabinogion*）[1]最早的一个故事中，她被列入亚瑟王的财产名单：他的船、他的斗篷、他的王者之剑（Caletvwlch）和妻子格温薇娃（Gwenhwyvar）——"岛上戴金项圈的温柔女子"之一。但即使是这个处于被动地位的圭尼维尔也扮演了一个神话原型的角色。接下来的几个世纪，圭尼维尔屡次成为绑架事件的受害者——而这些绑架事件往往带有超自然的成分。

在兰卡凡的卡拉多克（Caradoc of Llancarfan）可能于1130年至1150年撰写的圣吉尔达斯（St Gildas）的圣徒传中，吉尔达斯来到一个"夏日国度"（可能是现在的萨默塞特[2]？），其统治者梅卢阿斯国王侵犯并带走了"暴君亚瑟"的妻子盖努阿尔（Guennuua），并把她藏在格拉斯顿伯里的芦苇和河流后面，这里的芦苇和河流带有凯尔特

1　Mabinogion在威尔士语中是"青春故事"的意思，最早于14世纪结集。其中前五篇是亚瑟王的故事。
2　萨默塞特（Somerset）前半部分发音与夏日（summer）相同，因此作者有此猜想。格拉斯顿伯里市即位于现在的萨默塞特郡。

异世界王国的一些特征。*随着季节轮替，亚瑟王和他的康沃尔军队花了一年时间才找到她，这一模式在前基督教的神话故事里常常有所体现。

在早期的威尔士诗歌《亚瑟王与圭瓦尔的对话》(*Ymddiddan rhwng Arthur a Gwenhwyfar*)[1]中，梅卢阿斯乔装打扮来到亚瑟的宫廷，因为他听说过圭尼维尔的美貌，"有着母鹿一样楚楚动人眼神的圭瓦尔"。有时，她会被一个精灵情人带走，这个情人来自异世界，在圭尼维尔还是仙女时就爱上了她。她就像一个心甘情愿被劫走的珀尔塞福涅，或狄德丽。[2]

不久后，在一个又一个故事中——无论是法国、德国还是英国的——莫德雷德（Medraut）这个更为世俗的人物，通常被刻画为国王的侄子（外甥）或私生子，也是篡位者，圭尼维尔也是他绑架的对象，不论她是否愿意。

在关于"不列颠岛经受三次肆无忌惮的蹂躏"的三联语中，有一条是莫德雷德来到亚瑟王的宫廷，"把格温薇娃（Gwenhwyvar）从她的王座上拽下来，然后对她大打出手"。另一个说法是，格温赫维瓦和她的妹妹格温赫维法赫（Gwennhwyfach）之间的争吵导致了卡姆兰战役，亚瑟王战死疆场。（"这就是为什么这场战役被称为徒劳之战，

---

* 卡拉多克描述了格拉斯顿伯里是怎样的一个"无法攻克的藏身之处"，部分原因在于它的"沼泽地"——现代格拉斯顿伯里音乐节上的狂欢者对这种现象再熟悉不过了！

1 这首诗的内容其实是梅卢阿斯与圭尼维尔的对话。

2 珀尔塞福涅，希腊神话中宙斯与丰饶女神德墨忒尔的女儿，被冥王哈迪斯劫走后成为冥后。狄德丽是凯尔特传说中的一位公主，因为拒绝一位少年的求爱而被劫持和杀害。

附录：圭尼维尔的多重面孔

它竟是出于这样琐碎的原因引起的。")此时，圭尼维尔的形象已经是一个会招来麻烦的命运多舛的王后，但还不像后来几个世纪那样会背负着性犯罪的重责。

12世纪30年代，威尔士神职人员蒙茅斯的杰弗里将一本不列颠语的"非常古老的"书译成拉丁文，他说，这本书描述了"许多人……津津乐道、口耳相传"的事迹。他的《不列颠列王纪》在很大程度上是虚构的，但仍被认为是亚瑟王故事的第一个权威版本。

杰弗里笔下的亚瑟娶了关胡瓦拉 [Guanhuvara，又称关胡马拉（Gwanhumara）] 为妻，关胡瓦拉是罗马人的后裔，在卡多尔公爵家中长大，是整个不列颠岛最美丽的女人。杰弗里几乎没有描写她的性格，而是长篇大论地描述了她的加冕礼，有四位王后手持白鸽在她面前开路。这个仪式或许暗示着圭尼维尔对王位也有一定继承权——这或许可以解释为什么亚瑟不在时，他的侄子莫德雷德不仅篡夺了王位，还与圭尼维尔通奸乱伦。这一情节可能源于一种古老的习俗，即王位和土地的权力都由女系继承，成功的军事首领可以通过婚姻获得这些权力。当我们看到圭尼维尔在许多早期版本的故事中被丈夫的篡位者占有时，需要意识到，在诺曼征服前的国王埃塞尔伯德（Ethelbald）和克努特（Cnut）也会迎娶他们前任的妻子，以此作为殖民其领地的另一种方式。

但是，这本书也反映了杰弗里本人所处的时代。当时的英格兰正处于无政府状态的内战时期——围绕王位应该由亨利一世的女儿玛蒂尔达还是他的侄子斯蒂芬继承。杰弗里刻意在作品中加入亚瑟前往法国的情节，甚至可能起一种政治宣传作用，旨在鼓励玛蒂尔达的法国追随者。他对亚瑟在凯尔隆的宫廷的描述充满了12世纪的细节，并描述了新发明——马上刺枪比武大会和纹章——部分是由玛蒂尔达的丈夫金雀花引入英格兰的。

杰弗里使用的资料来源之一是《不列颠史》(*Historia Brittonum*)，该书通常被认为是威尔士修士尼尼厄斯（Nennius）在公元9世纪初撰写的（但有些现代学者对此有异议）。尼尼厄斯所处时代的人物和事件可能就有助于他描绘亚瑟王的故事。

尼尼厄斯的写作地点位于威尔士和默西亚的交界处，默西亚是众所周知的奥法（奥法堤坝即因他得名）的领地。奥法在公元8世纪下半叶一直统治着该地区。对于奥法，我们耳熟能详。他在塔姆沃思的大殿，"高高的屋顶镀了金，赏赐部下蜂蜜酒时所坐的座椅上也镶嵌着黄金"；查理曼大帝曾赐给他宝剑；他的影响力不局限于他的王国，还扩展至欧洲大陆，甚至包括罗马教皇。但我们听说最多的是他的王后，著名的美人赛奈斯里特（Cynethryth 或 Cwenethryth）。

法兰克学者阿尔昆要求奥法的儿子和继承人向父亲学习"权威"，向母亲学习"仁慈"。但温多佛的罗杰写到，是她而不是她的丈夫背信弃义杀害了他们的女婿——东安格利亚国王；由于她危险的名声，后来默西亚国王的妻子被禁止授予"王后"的头衔。我们知道，公函是写给他们两个人共同阅读的；奥法打破传统，铸的钱币上不仅有他本人的肖像，也有他妻子的肖像，以这种方式承认了王后的地位，直到今天我们还能把他们认出来。我们还知道，赛奈斯里特在丈夫死后进入修道院，并成为修道院院长……在后来的故事中，圭尼维尔也是如此。

这并不是说奥法和赛奈斯里特"就是"亚瑟王和圭尼维尔。但是，一个在尼尼厄斯的时代如此有名的王后，对于任何回顾英国历史的人来说，都难免会借用她的传奇故事为自己干巴巴的叙述增光添彩。毕竟，这是我们屡见不鲜的模式：历史与纯粹、独特的故事所蕴含的自由奔放的幻想的交叉融合。

人们对圭尼维尔的兴趣从未消失。在1960年的音乐剧《卡米洛特》中，朱莉·安德鲁斯（Julie Andrews）在凡妮莎·雷德格雷夫（Vanessa Redgrave）出演电影之前，就令人难以置信地在百老汇接演了这个角色。最近由她衍生的银幕形象有凯拉·奈特莉（Keira Knightley）在2004年电影《亚瑟王》中扮演的挥舞武器的皮克特公主，还有电视剧《梅林》中的黑人女仆格温；2021年改编自高文爵士故事的电影《绿骑士》中圭尼维尔是一个配角。再往前看，1981年约翰·波曼（John Boorman）导演的电影《神剑》（*Excalibur*）中的切莉·隆吉（Cherie Lunghi）和1995年《第一骑士》（*First Knight*）中的朱莉娅·奥蒙德（Julia Ormond）饰演的圭尼维尔都是比较传统的角色。这还不算，从20世纪80年代初开始出现的大量以此为题材的现代小说，尤以玛丽昂·齐默·布拉德利（Marion Zimmer Bradley）备受关注。不过，她笔下的圭尼维尔却是个软妹形象：其他一些作者的小说从女性主义的角度重新塑造了圭尼维尔，赋予她比最早的原型更强大的力量。近年来，新时代大众文化的兴趣甚至重新赋予她超自然的能力。

《卡米洛特》改编自T. H. 怀特于1958年出版的《过去与未来之王》，怀特借鉴了马洛里的作品。在都铎王朝，马洛里的《亚瑟王之死》一直占据着主导地位，但在之后的两个世纪里亚瑟王的故事相对而言被冷落了。启蒙时代觉得传奇毫无用处，只将其作为一种历史奇观。而到了浪漫主义时代，也就是18世纪晚期，人们对亚瑟王神话以及宫廷爱情故事自然而然产生了新的兴趣。在维多利亚时代——就像12世纪和16世纪一样，这是一个社会大变革的时代——骑士精神的理念重新被发现，并渗透到文化的方方面面。当然，这也是骑士精神能够如此生机勃勃地延续至今的原因。

我们所熟悉的塔楼式建筑只是哥特复兴的一个侧面。沃尔特·司各特爵士的历史小说反映了新的兴趣，但浪漫主义时代也迎来了一个注重事实研究和重新发现的时代，整个欧洲的学者都在寻找他们民族过去的史诗，《贝奥武夫》和《罗兰之歌》等文本重见天日。19世纪20年代，马洛里的《亚瑟王之死》再版了3次；1838年至1849年，夏洛特·盖斯特（Charlotte Guest）女士出版了她从威尔士语翻译的《威尔士民间故事集》——该书写于14世纪末，收录了诺曼征服前的口头流传的故事。其中的亚瑟王（在夏洛特女士看来）是"人们虚构的最崇高的人物"。在19世纪，与先前一样，这种来自鲜为人知的土地上的扣人心弦、回响不绝的凯尔特人的声音在欧洲掀起了一场风暴。1839年，第13代埃格林顿伯爵在他的苏格兰城堡举办了埃格林顿比武大会，骑士们身着精心制作、真材实料的盔甲参加比赛，身着盛装的女士们则为他们喝彩。1865年，约翰·罗斯金在《芝麻与百合》一书中呼吁女性"成为爱人的王后，成为丈夫和儿子的王后，成为更神秘的世界的王后"。（他明确反对这种关系只适用于"情夫和情妇，而不是丈夫和妻子"的观点，而竭力主张婚姻应该是"一种印记，标志着从短期、临时的情感关系向不懈服务、相敬如宾的过渡"。）40多年后，巴登·鲍威尔（Baden Powell）的《童军警探》（Scouting for Boys）号召他的少年骑士们拯救有难的女性，并说其"骑士守则"中的9条规则是由亚瑟王制定的：这是安德烈亚斯或蒙茅斯的杰弗里也会引以为豪的历史幻想。

但是，维多利亚时代对亚瑟王故事的重新发现——就像伊丽莎白时代一样，是在另一位执政女王的统治下，同时也标志着另一个重估女性地位的时代——展现了两种截然不同的面貌。桂冠诗人丁尼生领导了一个文学阵营，将阿尔伯特亲王（维多利亚女王的丈夫）塑造成第二个亚瑟王，但圭尼维尔的故事与丁尼生亲爱的女王的家庭生活故事实在大相径庭！在他的《国王叙事诗》（*Idylls of the King*）中，他让悔过自新的圭尼维尔完全匍匐在亚瑟王脚下，亚瑟王站在道德高地上向她大声斥责，最终"像永恒的上帝宽恕世人"一样宽恕了她。

考虑到圭尼维尔是这么抱怨她的丈夫的：

……冷酷无情、

高高在上、沉默寡言、毫无激情，不像他，

不像我的兰斯洛特。

我们很可能会同情这个圭尼维尔。不过，马上就有人维护她了，而且不仅有来自诗歌领域的支持者，还有来自视觉艺术领域的支持者。

1858年，正当威廉·莫里斯与罗塞蒂、伯恩·琼斯等艺术家用亚瑟王题材的壁画装饰牛津联合图书馆的墙壁时，莫里斯出版了《圭尼维尔的辩白》，这本诗集主要以第一人称讲述了圭尼维尔王后的一生，并将她描绘成一位"从不退缩/而是大胆发声"的骄傲女性。突然间，到处都在传诵她的故事，尤其是因为拉斐尔前派的文艺家们在她身上看到了他们自己复杂恋情的影子。

在莫里斯与罗塞蒂复杂的三角关系中,简·莫里斯(威廉的模特和妻子,罗塞蒂的缪斯和柏拉图式情人)被视为现代的圭尼维尔。拉斐尔前派大谈"灵魂的激情",这种激情可能涉及也可能不涉及肉体的性爱。宫廷爱情重生了,与丁尼生笔下高尚的骑士精神形成了鲜明对比。本杰明·迪斯雷利(Benjamin Disraeli)就采用了这一说法,他引用《仙后》将维多利亚女王描述为"仙女"。

奥布雷·比亚兹莱也热衷于此,他在19世纪末创作了新艺术风格的圭尼维尔题材插图。当时,新的宫廷爱情理念——一种"纯洁的"、与婚姻无关的浪漫,严格来说可能牵涉婚外情或通奸——已经在一个优雅的上流社会小圈子中流行开来。成员包括坦南特姐妹、寇松勋爵、贝尔福勋爵和一些著名的沙龙女主人,他们被称为"灵魂人物"。当伟大的诱惑者(旅行家、诗人、反帝国主义者)威尔弗莱德·斯卡文·布朗特(Wilfrid Scawen Blunt)前往威尔士与灵魂派的一位成员温莎夫人同住时,他们绕着一座中世纪城堡散步,两人都身着白衣,谈论着兰斯洛特和圭尼维尔。

斯卡文·布朗特在谈到亚瑟王传说时写道:

> 故事依然令人动容,依然历久弥新,
> 尽管,我认为,这与其说是由于他们的崇高事迹,
> 由于他们骄傲地佩戴着的徽章,不如说是由于那消逝的
> 兰斯洛特在王后房门前的跫音。

这跫音穿过都铎王朝的宫殿,传到了宫殿外,融入了比武场上的

马蹄声中。它在亨利八世和他的至爱牵手共舞的舞步中回响;当安妮·博林抱着他们的女儿举到亨利面前,试图让他开恩时,在她疯狂的脚步中,在她的裙摆旋转中,也回荡着兰斯洛特的蹬音。凯瑟琳·霍华德试图逃离任何少女都不应该面对的命运,她的小脚嗒嗒作响,与兰斯洛特的蹬音共振。在伊丽莎白与她的大臣们边走边谈时,在她与宠臣们一起散步时(在最后,大臣和宠臣往往是同一个人),他们的脚步声中也能听出兰斯洛特的蹬音。在埃塞克斯从爱尔兰飞奔回来时,他那双沾满泥泞的靴子发出的咚咚声中……

　　兰斯洛特的蹬音似乎在此刻停了下来。然而,时至今日,我们仍能不时听到其余响。

致谢

我首先要感谢的是艾莉森·威尔（Alison Weir），一直以来，她都会慷慨拨冗阅读本书的草稿，并提出许多有益的建议。本书的想法诞生于艾莉森的一辆摇摇晃晃的旅游大巴上，那时我谈起了"都铎王朝的爱情"；而她和尼古拉·塔利斯（Nicola Tallis）都鼓励我进一步扩展这个想法。确实，我还要感谢艾莉森·威尔旅游团的游客，他们现在都成了我的朋友。

这是一部完成于新冠肺炎疫情时期的作品。诚然，它的构思和委托签约是在美好的日子里进行的，那时候我们还能在愉快的午餐会上讨论相关事宜。（在我写这篇致谢辞的时候，我只希望本书能在同样的氛围中出版。）不过，大部分实质性工作都是在隔离状态下完成的，因此我要特别感谢伦敦图书馆的工作人员，他们所提供的服务远远超出了职责范围，即使是最冷门的书卷也不厌其烦地找出来寄给我。疫情导致的一个意外作用，是让我们更加珍惜那些有机会见面的为数不多的几个人：首先当然是我的丈夫德里克·马尔科姆，他出人意料地欣然接受了与来自12世纪的人物一起被隔离的事实。还有我们亲爱的朋友与邻居保罗·路易斯（Paul Louis）和谢巴·丰比亚（Sheba Phombeah），我非常感谢他们的积极支持和不断鼓励。还要感谢简·威廉姆斯（Jane Williams），是她让我保持了健康水准。任何不

致谢

理解彼特拉克式对句概念的人显然没有上过她的普拉提健身课！[1]

在专业领域，我首先要感谢我的编辑萨姆·卡特（Sam Carter），感谢他对这个项目的不懈投入，也要感谢他与寰宇出版社（Oneworld）的同事里达·瓦卡斯（Rida Vaquas），跟我分享了他们关于中世纪的知识。隔离条件下的工作给每个人都带来了额外的负担：对塔姆辛·谢尔顿（Tamsin Shelton）来说，除了要完成校对的常规工作，还要处理我技术上的一些欠缺之处。此外，我还要感谢我的经纪人唐纳德·温彻斯特（Donald Winchester），他一直给予我大力支持。对于至今我所写的包括这本书在内的每一本书，我都要对我的老朋友和同事玛格丽特·加斯金（Margaret Gaskin）表示衷心的感谢，她在塑造、修整、校正和完善我的早期文本的过程中发挥了不可或缺的作用。

像这样一部时间跨度大、牵涉内容广的历史著作，作者只有站在其他历史学者和作者——都堪称"巨人"——的肩膀上才能够完成，而在某种程度上，这甚至可能超出通常的研究要求和挑战。如果我没能正确理解他们的著作，我只有表示歉意；当然，本书存在的任何疏误都归咎于我个人。此外，协助我完成其他有关都铎时期著作的每一个人，基本上都在本书的创作中发挥了作用。然而，这次发生了一件令人痛心的事。在疫情期间，我失去了我敬爱的继父理查德·G.韦斯特教授，他以身示范，一直激励着我努力做到更好。理查德——你永远活在我的记忆里。

1　这里是利用彼特拉克（Petrarch）和普拉提（Pilates）发音相近而开的一个玩笑。

注释与延伸阅读

如果试图为本书编写完整的参考文献或资料注释，附录的篇幅将长得难以想象，我书房地板上堆积如山的旧书残卷足以证明这一点。我之前写过四本关于都铎王朝和前都铎王朝的书，我读过的每一本书，研究过的每一份文献，在本书的写作中都发挥了一定的作用。

在《血亲姐妹：玫瑰战争背后的女人》[(*Blood Sisters: The Women Behind the Wars of the Roses*(HarperPress, 2012)] 一书中，我叙述了1445—1509年这一时期的历史；在《女王的游戏：成就16世纪欧洲历史的女性》[*Game of Queens: The Women Who Made Sixteenth-Century Europe*(Oneworld, 2016)] 一书中，我讨论了从1474年卡斯蒂利亚的伊莎贝拉登基到1587年苏格兰女王玛丽被处死这段时期在政治统治中发挥重要作用的女性。《伊丽莎白与莱斯特》(*Elizabeth & Leicester*(Bantam, 2007)) 则讲述了伊丽莎白一世1588年之前的人生；《阿贝拉：英格兰失落的女王》[*Arbella: England's Lost Queen*(Bantam, 2004)] 通过阿贝拉这位可能继承伊丽莎白王位的少女的故事，探讨了伊丽莎白统治后期的政治。因此，我建议读者参阅每本书的注释和参考书目：这里只能提及与本书最直接相关的著作。同样，只有在我觉得有必要确认文献来源或澄清困惑时，才会给出非常有限的注释。

或者，很简单，在我按捺不住的时候。

导言

"C. S. 刘易斯……将其描述为一种跨越几个世纪的力量":见 C. S. Lewis, *The Allegory of Love: A Study in Medieval Tradition* (Oxford University Press, 1977), p. 4。

"D. W. 罗伯逊抱怨说":见 *The Meaning of Courtly Love*, ed. F.X. Newman (State University of New York Press, 1968), p. 17。

"格里尔指出":见 Germaine Greer, *The Female Eunuch* (Harper Perennial, 2006), p.222。

"戴安娜·斯宾塞的一位朋友透露":见 Tina Brown, *The Diana Chronicles* (Arrow, 2017), p. 66。

第一部分　起源

每部卷首的术语和定义摘自:Bernard O'Donoghue, *The Courtly Love Tradition* (Manchester University Press, 1982)。

1.宫廷作家、宫廷贵妇与宫廷神父

在浩如烟海的文献中,有两本书对我理解宫廷爱情的整体概念尤为重要。按时间顺序排列,第一本是 C. S. 刘易斯所著的 *The Allegory of Love*,我还是学生的时候就读过这本书(初版于1936年,但注释所提到的页码均来自1977年的再版书)。Roger Boase 所著的 *The Origin and Meaning of Courtly Love: A Critical Study of European Scholarship* (Manchester University Press, 1977) 对我产生了不同但同样重要的影响。

在构成 *The Meaning of Courtly Love* 的五篇会议论文中，D.W. Robertson, Jr. 作的 *The Concept of Courtly Love as an Impediment to the Understanding of Medieval Texts* 比较重要。（值得指出的是，20世纪中后期罗伯逊等人对宫廷爱情的否定也孕育了其反驳意见，见 Roger Boase 所著 *The Origin and Meaning of Courtly Love*, p. 122，他指出"对'宫廷爱情'一词的使用存在着疑虑，而本书旨在消除这种疑虑"。）

关于本章讨论的中心文本，克雷蒂安的作品，见 *Arthurian Romances*(Penguin, 1991)，由 William W. Kibler 翻译并附有介绍和注释。又见 *A Companion to Chrétien de Troyes*, ed. Norris J. Lacy and Joan Tasker Grimbert (D.S. Brewer, 2005)。

安德烈亚斯的作品见 *Andreas Capellanus On Love*, ed. and trans. P.G. Walsh (Duckworth, 1982)。

"兰斯洛特和圭尼维尔王后的故事已经被讲过无数次"：关于这点，我在正文相关处及附录已经讲得很清楚了。然而，在亚瑟王文学研究的广阔领域中，对圭尼维尔形象塑造的评价长期以来一直特别零散，需要从对其他以男性为主导的神话（无论是高文爵士的故事还是圣杯故事）的研究中拼凑出来。见 *Women and Arthurian Literature: Seizing the Sword* by Marion Wynne-Davies (Macmillan, 1996); 及 *An Arthurian Triangle: A Study of the Development and Characterization of Arthur, Guinevere and Mordred* (E.J. Brill, 1984) by Peter Korell。（不过兰斯洛特在本故事中不是第三者。）*The Book of Guinevere* by Andrea Hopkins (Saraband, 1996) 较为简短，以图画为主，但很吸引人。在本书即将交付出版时，我发现了 *The Once & Future Queen: Guinevere in Arthurian Legend* by Nicole Evelina (Lawson Gartner, 2017)。如果能早点发现此书的话，我会省去很多工作，不过能在这里推荐这本书我还是很高兴的，特别是由于它引导我进入了女权主义视角下亚瑟王文学研究的整个世界。

"'宫廷爱情'这个词……开始广泛使用"：通常认为是Gaston Paris在1883年发表的文章*Lancelot du Lac: le Conte de la Charrette*中创造了这一术语。批评者认为，该词这么晚近才造出来，说明这一概念在中世纪并不存在。然而，将该词的发明归功于Paris并非完全恰当。中世纪学者Jean Frappier指出，"cortez'amors"一词在12世纪就已使用，而"Amor cortes"一词则在13世纪就已使用。英语中的"courtly love"一词在伊丽莎白时代晚期Sir John Davies的诗作*Orchestra: or a Poeme of Dauncing*中出现过两次。

"当时的人经常拿象棋游戏作为类比来阐释爱情崇拜的某些特点"：见Marilyn Yalom, *Birth of the Chess Queen* (Pandora Press, 2004)。

"C. S. 刘易斯指出，从词源上看"：Lewis, *The Allegory of Love*, p. 2。

"那种新的'自我塑造'"：见Stephen Greenblatt's groundbreaking *Renaissance Self-Fashioning: From More to Shakespeare* (University of Chicago Press, 1980)。

"一种世俗之爱的宗教"：Boase, *The Origin and Meaning of Courtly Love*, p. 85。

"宗教改革的先驱""源于清洁派（Cathar）或阿尔比派（Albigensian）的异端"：见*The Origin and Meaning of Courtly Love*, pp. 77–81。

"爱情的病态性"：见Boase, *The Origin and Meaning of Courtly Love*, pp.62–75对这一理论的阐释。

"正如雷·坦纳希尔所说"：见Reay Tannahill, *Sex in History* (Abacus,

1981), p. 253。

"马歇尔……成为五位国王的左膀右臂": 见 Thomas Asbridge, *The Greatest Knight: The Remarkable Life of William Marshal, the Power Behind Five English Thrones* (Simon & Schuster, 2015)。8个世纪后,由希斯·莱杰主演的好莱坞电影《圣战骑士》(*A Knight's Tale*,2001年)中的威廉·撒切尔的形象就是根据他来塑造的。

"情节进展突然变得太敏感而无法处理": 要将克雷蒂安的作品与马歇尔联系起来,首先要确定他的《兰斯洛特》的实际写作时间比人们认为的(1177年至1181年)稍晚,以及确实存在流言蜚语才行。当然,也存在修改或删节的可能性。

"《兰斯洛特》中,恋人的思考和语言表达受到游吟诗人的歌谣的修辞手法的影响": 见 Matilda Tomaryn Bruckner, 'Le Chevalier de la Charrette', in *A Companion to Chrétien de Troyes*, p. 145: "失去自我、对女士谦卑服务却矛盾地将恋人提升到她的高层次、心与身的分裂、为爱而死、智慧与愚蠢、克制与放纵、痛苦与欢乐的对立,等等。"

"安德烈亚斯的书的前两部分是根据罗马诗人奥维德": 奥维德写了三本书,为如何赢得和留住异性提供建议。安德烈亚斯也同样写了三本书: 但前两本是关于如何赢得爱情及如何留住爱情的(他向一位亚瑟王骑士告诫的规则),第三本则用来谴责爱情。奥维德在后来的作品《爱的治疗》(*Remedia Amoris*)中也做了类似的事情。

2. 现实政治与《玫瑰传奇》

关于阿基坦的埃莉诺非同寻常的生平,见 *Eleanor of Aquitaine, by the Wrath of God, Queen of England* by Alison Weir (Jonathan Cape,

1999）；及同作者跨度更广阔也是最近的 *Queens of the Crusades: Eleanor of Aquitaine and Her Successors* (Jonathan Cape, 2020)。另一本我觉得特别有帮助的书是 *Eleanor of Aquitaine: Queen and Legend* by D.D.R. Owen (Blackwell, 1993)，探讨了埃莉诺的故事中事实与虚构的关系。关于法国的伊莎贝拉，见 *Isabella: She-Wolf of France, Queen of England* by Alison Weir (Jonathan Cape, 2005)。Lisa Hilton's *Queens Consort: England's Medieval Queens* (Weidenfeld & Nicolson, 2008) 对我也裨益良多。

关于《玫瑰传奇》，见 *The Romance of the Rose: Frances Horgan*(Oxford University Press, 1994) 的新译本。

"出生于泽西的诺曼底诗人韦斯"：在改编杰弗里以编年史为基础的故事，以迎合更优雅的盎格鲁－诺曼读者的品位方面，韦斯迈出了第一步。战斗场面减少了；韦斯将亚瑟王描述为"爱神旗下的情人"之一；女士们被塑造为既是激励者也是奖赏者；还有那一系列悲惨的少女，她们的凄凉遭遇引发了书中大多数的探险……韦斯还描述了亚瑟与圭尼维尔对视时的情景："这位少女的相貌和衣着都美得令人惊叹，举止高贵，应对得体，吐气如兰。"

"大家经常认为是她（埃莉诺）把宫廷爱情的观念带到了英格兰"：当然，我们现在进入了一个可疑的领域。将现实生活中的对应人物像驴尾巴一样任意贴在文学形象的背后作为标签，无论是圭尼维尔还是莎士比亚笔下的"黑女士"（莎士比亚十四行诗中的神秘女士——译者），都是一种不可靠、不光彩的游戏。否认宫廷爱情的整个概念，认为它不适合任何严肃的历史学家去研究，恰恰表明了一种浪漫（或者说草率？）的想法，等于是把孩子和洗澡水一起倒掉了。正如欧文所言，真实"在中世纪具有无限的可塑性……一方面……中世纪的思想很容易以人们喜爱的虚构方式来构想真实事件；另一方面，人们有时也会产生一种冲动，想要以传说中的男女英雄的作风行事，从而使得生活模仿艺术"（Owen, *Eleanor of Aquitaine*, p.2）。欧文还认为，反过来，作家们可能会利用埃莉诺"赋予他们喜爱的人物真实的色彩"（同上）；而埃莉诺也意识到"她现在的身份是后世的圭尼维尔"（同上，p.40）。"中世纪的叙事诗人，以及从13世纪开始越来越多的散文作家，都倾向于在他们的作品中变相指涉真实的人物和事件"（同上，第161页）。

"圭尼维尔的人物形象趋向丑化"：见 Owen, *Eleanor of Aquitaine*, pp.184–185。

"通行本系列"：又名"伪地图系列"或"兰斯洛特—圣杯"，"通行本系列"由三个主要故事组成：梅林的故事、寻找圣杯的故事和兰斯洛特的故事。"通行本系列"很快被改写成现在所谓的"后通行本系列"，其中淡化了兰斯洛特和圭尼维尔的爱情故事，着重讲述寻找圣杯的故事。

"（莫蒂默）自己则扮演了亚瑟王"：另一方面，一首被称为"爱德华二世的哀歌"的诗歌被一些人认为是由被囚禁的国王本人所写，这首诗歌将爱德华塑造成了被背叛的亚瑟王，而莫蒂默则被塑造成一个异常卑鄙的兰斯洛特。

"把一切带入一个神秘的世界"：见 Derek Brewer, *A New Introduction to Chaucer* (Longman, 1984), p. 60。Derek Brewer 认为这种文学传统即肇端于此。

"到了13世纪，欧洲社会呈现出日益僵化的氛围"：所谓"妇女正面象征意义的衰退……只是普遍存在的思想束缚的一个方面"，见 Joan M. Ferrante, *Women as Image in Medieval Literature* (Columbia University Press, 1975), p. 11。

3. 女性崇拜者、厌女者与女权主义者

在但丁《神曲》的诸多版本中，John D. Sinclair 翻译、编辑的 *The Divine Comedy* (Oxford University Press, between 1939 and 1946) 较为重要。但丁的传记，见 James Burge, *Dante's Invention* (The History Press, 2010)。

乔叟作品的全集，见 *The Riverside Chaucer,* ed. Larry D. Benson (Oxford University Press, 1988)，及 *The Complete Works of Geoffrey Chaucer*, ed. F.N. Robinson (Houghton Mifflin, 1957)；关于乔叟作品的评论，见 Brewer, *A New Introduction to Chaucer*。关于乔叟与宫廷爱情，见 Larry D. Benson, 'Courtly Love and Chivalry in the Later Middle Ages' (http://sites.fas.harvard.edu/~chaucer/special/lifemann/love/ben-love.htm)。

关于克里斯蒂娜·德·皮桑，见 *A Medieval Woman's Mirror of Honor: The Treasury of the City of Ladies*, trans. Charity Cannon Willard, ed. Madeleine Pelner Cosman (Bard Hall Press and Persea Books, 1989)，其导言很有价值；及 Jacqueline Broad and Karen Green, *A History of Women's Political Thought in Europe 1400–1700* (Cambridge University Press, 2009)。

关于历史背景，见 Henrietta Leyser, *Medieval Women: A Social History of Women in England 450–1500* (Weidenfeld & Nicolson, 1995)；及 Marty Newman Williams and Anne Echols, *Between Pit and Pedestal: Women in the Middle Ages* (Markus Wiener, 1994)。

"新柏拉图主义的思潮"：见 Boase, *The Origin and Meaning of Courtly*

Love, p. 83,"新柏拉图主义归根结底是一种'爱神信仰',这可以解释为什么对基督徒来说是罪恶的爱会被推崇为纯洁和崇高。"

"冈特的约翰":见 Alison Weir, *Katherine Swynford: The Story of John of Gaunt and his Scandalous Duchess*(Jonathan Cape, 2007); Norman F. Cantor, *The Last Knight: The Twilight of the Middle Ages and the Birth of the Modern Era* (Free Press, 2004)。在我写作本书时,关于约翰有一部新的传记出版面世:*The Red Prince* by Helen Carr (Oneworld, 2021)。

"罗拉德派……预示了新教":毕竟,当时正值天主教会面临"教皇分裂",在罗马和阿维尼翁两地选出了多位对立的教皇。也是在那个时代,基督教神秘主义的匿名作品《不可知之云》(*The Cloud of Unknowing*)用宫廷爱情的辞藻表达了基督徒的渴望:"用渴望之爱的箭矢不断射向你与上帝之间的不可知之云……如果这种爱的冲动正当地扎根于灵魂之中,它就包含了所有的美德。"

"乔叟的《善女传说》中的女主角们":近年来,关于乔叟究竟是支持女性,还是恰恰相反:例如,遵循最糟糕的宫廷爱情传统,将布兰奇公爵夫人"美化"得毫无真实存在感,一直存在着相当激烈的争论。答案就在这里。关于女权主义视角的乔叟评论,见 Brewer, *A New Introduction to Chaucer*, p.106;又见 p. 255 on 'the centrality of marriage to Chaucer's general conception of love'。

"诗节体《亚瑟王之死》":在这个版本中,圭尼维尔甚至是丈夫的道德楷模,警告他宫廷的腐败。这个圭尼维尔是一个情感丰富的人,当兰斯洛特似乎要为了一个叫阿斯托拉特(或阿斯科拉特)的侍女而离开她时,她病倒了。兰斯洛特去探望她,她泪流满面,给他自由。在莫德雷德试图绑架她之后,她逃到了阿姆斯伯里的女修道院,在那里她和兰斯洛特进行了最后一次会面。她再次让兰斯洛特离开,并拒绝了他最后一吻的请求,因为她已一心皈依上帝。兰斯洛特也成了隐士,他们最后的祈愿是:同时告别人世。

4. 兰开斯特王朝

我在《血亲姐妹:玫瑰战争背后的女人》一书中写到了这一时期的后半段,对于所谓的"玫瑰战争"的参与者,可以在该书中找到更广泛的参考书目。不过,这里要推荐两本特别有帮助的书,J.L. Laynesmith, *The Last Medieval Queens: English Queenship, 1445–1503* (Oxford University Press, 2004) 及 Helen Castor, *She-Wolves: The Women Who Ruled England Before Elizabeth* (Faber and Faber, 2010)。关于安茹的玛格丽特又见 Helen E. *Maurer, Margaret of Anjou: Queenship and Power in Late Medieval England* (The Boydell Press, 2003)。

关于玛格丽特·博福特,有两部作品至关重要: Nicola Tallis, *Uncrowned Queen: The Fateful Life of Margaret Beaufort, Tudor Matriarch* (Michael O'Mara, 2019); 及 Michael K. Jones and Malcolm G. Underwood, *The King's Mother: Lady Margaret Beaufort, Countess of Richmond and Derby* (Cambridge University Press, 1992)。

欧文·都铎的上台标志着都铎王朝的开端,从这一部分一直到都铎时期的结尾,我都要感谢 Leanda de Lisle's *Tudor: A Family Story* (Chatto & Windus, 2013) 一书给我的帮助。同样,我也要向 *The Private Lives of the Tudors: Uncovering the Secrets of Britain's Greatest Dynasty* by Tracy Borman (Hodder & Stoughton, 2016) 致敬。

"格洛斯特公爵"：格洛斯特文化修养深厚，他的名字至今仍在牛津大学汉弗莱公爵图书馆（Duke Humfrey's Library）中留存。他自己也曾秘密结婚，引起了广泛的争议。1423年，他与女继承人海诺的杰奎琳（Jacqueline of Hainault）结婚，随后又与情妇埃莉诺·科巴姆（Eleanor Cobham）结婚，1441年，埃莉诺因施巫术而被审判和监禁。他的故事很引人入胜，可惜出于篇幅的缘故，本书不能详细叙述。

"在15世纪，人们对比武的热情又复兴了"：或者，如Helen Cooper为马洛里的《亚瑟王之死》写的序言（详见下，*Malory's Le Morte Darthur, below,* p. xi）所说，"其参与者似乎认为这是一种复兴，但其实很难找到实际的先例。"

5. 约克王朝

关于伊丽莎白·伍德维尔，见Laynesmith, *The Last Medieval Queens*，又见Arlene Okerlund, *Elizabeth Wydeville: The Slandered Queen* (Tempus, 2005); David Baldwin, *Elizabeth Woodville: Mother of the Princes in the Tower* (Sutton, 2002); Anne Crawford, *Yorkists: The History of a Dynasty* (Hambledon Continuum, 2006); 及Philippa Gregory, David Baldwin and Michael Jones, *The Women of the Cousins' War: The Duchess, the Queen and the King's Mother* (Simon & Schuster, 2011)。

关于托马斯·马洛里的生平，见Christina Hardyment, *Malory: The Life and Times of King Arthur's Chronicler* (Harper Perennial, 2006)，其作品见 *Le Morte Darthur: The Winchester Manuscript,* ed. Helen Cooper (Oxford University Press, 1998); 及 *Malory: Works,* ed. Eugène Vinaver (Oxford

University Press, 1954)。注意，有可能马洛里的作品原本是分散的故事，由卡克斯顿汇编成我们现在所知道的形式，如果马洛里还活着，他可能会亲自修改这部作品。

"一个半世纪以来，图卢兹一直在这一天庆祝"：自从1323年起，游吟诗人会社（或艺术家同人社）委托创作了大量作品，以"复兴"宫廷传统。

"关于他和自己未来王后的初次邂逅，流行的浪漫版本"：关于爱德华四世与伊丽莎白·伍德维尔邂逅史料考证的详情，见 *Blood Sisters*, pp. 83–88。不过，从本质上讲，这个流行故事的细节完全经不起推敲。霍尔说爱德华在格拉夫顿附近的怀奇伍德森林打猎，然后来到伍德维尔家享用茶点，但其他传统说法认为是在惠特尔伯里森林。有人认为，爱德华是在1461年托顿战役胜利后南下的；然而，伊丽莎白·伍德维尔在1463年才再次出现在记录中，当时她正与第一任丈夫争夺嫁妆。事实上，直到1464年4月中旬，伊丽莎白·伍德维尔还在为她陪嫁的土地进行谈判，似乎并不知道她很快就会被承认为王后。

"曼奇尼……莫尔"：关于这一时期的资料来源，尤其是描述相关妇女生活的资料来源，请参见 *Blood Sisters*, pp. 354–357，其中值得注意的是托马斯·莫尔爵士几年后撰写的《理查三世史》(*History of King Richard the Third*)。莫尔因在亨利八世时期所采取的立场而备受尊崇，甚至被封为圣徒，对于现代历史学家来说，莫尔是无法抗拒的人物，他在书中生动地描述了一些他不可能在场的长篇对话。他的书——就像本书讨论的许多其他文学作品一样——本质上是一部虚构作品，因为迎合了当时的思潮而被人们所接受，在这方面它是有用的。然而，在阅读《理查三世史》时必须考虑到莫尔公开宣称的写作目的：对暴政提出警告，而不是客观地叙述事件。

"伊丽莎白急于成全她叔叔的计划"：1619年，古董商乔治·巴克（George Buck）报告说发现了一封伊丽莎白于1465年2月写给诺福克公爵的信，在信中，写信者"一如既往地祈求公爵在她与国王的婚姻大事上为她调停，正如她在信中所写，国王是她在这个世界上唯一的快乐和造物主，她在心灵、思想、身体和一切方面都是国王的。然后她暗示，2月的美好时光已经过去，她担心王后永远不会死去"。但现代学术研究发现，这篇被严重损毁的手稿原作有重大改动。后来的篡改者插入了最丑陋的字眼。完全有可能的是（即使假设这封现已遗失的信确实存在，而且确实是伊丽莎白的亲笔），她指的是当时正在讨论的另一桩没有争议的外国婚姻。见 Alison Hanham, 'Sir George Buck and Princess Elizabeth's Letter: A Problem in Detection', *Ricardian*, 7, 1987; and Arthur Kincaid, 'Buck and the Elizabeth of York Letter', *Ricardian*, 8, 1988。

第二部分　1485—1525

6. "毫不惧内"

继 S.B. Chrimes's *Henry VII* (Eyre Methuen, 1972) 之后，Thomas Penn's *Winter King: The Dawn of Tudor England* (Allen Lane, 2011) 重振了亨利七世的沉闷声誉。Alison Weir's *Elizabeth of York: The First Tudor Queen* (Jonathan Cape,

2013）大大改善了亨利妻子略显被动的形象。早期作品中值得一提的还有 Arlene Naylor Okerlund's *Elizabeth of York* (Palgrave Macmillan, 2009)。

"可亲可敬，无嗔无妒"：换句话说，这是一种稳重的成人情感——而宫廷爱情则相反，在精神分析的评估中与因受到拒绝而焦虑、窥淫癖、幼稚主义联系在一起，被心理学家兼历史学家理查德·A. 柯尼希斯伯格（Richard A. Koenigsberg）描述为"对俄狄浦斯情结的制度性回应"。柯尼希斯伯格将安德烈亚斯对嫉妒的观察与弗洛伊德在《爱情心理学第一稿》(*First contribution to the psychology of love*) 中的观点进行了比较，弗洛伊德认为，只有在出现嫉妒的情况下，当爱的对象被高估，成为拯救幻想的对象时，女人才能获得她对于男人的全部价值。（弗洛伊德——或许可以预见！——认为这是源于婴儿时期的恋母情结）。见 Melvin W. Askew, 'Courtly Love as Neurosis' (https://www.pep-web.org/document.php?id=paq.035.0469b)。

7. "自由选择结婚对象"

关于玛格丽特·都铎（及其在苏格兰的继承人），参见 Linda Porter's *Crown of Thistles: The Fatal Inheritance of Mary Queen of Scots* (Macmillan, 2013)，玛格丽特和她的妹妹玛丽则是 Maria Perry's *Sisters to the King* (André Deutsch, 1998) 的主题人物。

关于凯瑟琳，Garrett Mattingly's *Catherine of Aragon* (Jonathan Cape, 1942) 一书仍然具有吸引力；最近的作品可参见 Giles Tremlett's *Catherine of Aragon: Henry's Spanish Queen* (Faber and Faber, 2011)；以及 Patrick Williams's

Katharine of Aragon (Amberley, 2013)。另见 Julia Fox, *Sister Queens: Katherine of Aragon & Juana Queen of Castile* (Weidenfeld & Nicolson, 2011)。

在此，我们或许应该介绍一下有关亨利妻子的三部同名经典，按时间顺序分别是 Alison Weir's *The Six Wives of Henry VIII* (Bodley Head, 1991); Antonia Fraser's *The Six Wives of Henry VIII* (Weidenfeld & Nicolson, 1992); David Starkey's *Six Wives: The Queens of Henry VIII* (Chatto & Windus, 2003)。除此之外，我还必须加上 *The Six Wives & Many Mistresses of Henry VIII: The Women's Stories by Amy License* (Amberley, 2014)，该书内容翔实精彩。

David Starkey's *Henry: Virtuous Prince* (HarperPress, 2008) 对了解亨利的教育和其成长过程中所受影响尤为宝贵。另见 Robert Hutchinson, *Young Henry: The Rise of Henry VIII* (Weidenfeld & Nicolson, 2011)。

"邓巴……对新旧传统都有所探索"：在《两个已婚女人和寡妇》(*The Tua Mariit Wemen and the Wedo*) 中，邓巴表现出他嘲弄宫廷爱情的意图——让人们明白理想中的情人和现实中的女人之间到底存在多大差距。

"在仍然回荡着爱德华三世的骑士梦的温莎"：菲利普的一位随从指出，温莎的"过度"奢华，黄金、珍宝和袍服的炫耀，就像是一个世纪前的王宫。这也是亨利七世借用历史来为现实服务的又一例证。

8. "忠心爵士"

关于亨利对亚瑟王故事的兴趣，见 David Starkey, 'King Henry and King Arthur', *Arthurian Literature*, 16, 1998, pp. 171–196；另见 Dai Morgan Evans, '"King Arthur" and Cadbury Castle, Somerset', *The Antiquaries Journal*, 86, 2006, pp. 227–253；关于亨利的宫廷文化，请参见 *Henry VIII: A European Court in England, ed. David Starkey* (Collins & Brown, 1991)。

关于玛丽·都铎，见 Erin A. Sadlack, *The French Queen's Letters : Mary Tudor Brandon and the Politics of Marriage in Sixteenth-Century Europe*（Palgrave Macmillan, 2011）；以及 Sarah Bryson, *La Reine Blanche : Mary Tudor, A Life in Letters*（Amberley, 2018）；以及 Maria Perry, *Sisters to the King*. 关于布兰登，见 S.J. Gunn, Charles Brandon, *Duke of Suffolk* c.1484–1545 (Blackwell, 1988).

有关奥地利的玛格丽特的更多信息，请参阅 *Game of Queens*；最权威的英文传记仍然是 Jane de Iongh, *Margaret of Austria: Regent of the Netherlands*, trans. M.D. Herter Norton (Jonathan Cape, 1954)。

"对新学问……古典文化所表现的新的欣赏"：见 John E. Stevens, *Music and Poetry in the Early Tudor Court* (Methuen, 1961)。

"《狠心的女人》"（*La Belle Dame Sans Merci*）：见 Dana M. Symons's introduction and notes to the text:https://d.lib.rochester.edu/teams/text/symons-chaucerian-dream-visions-and- complaints-la-belle-dame-sans-mercy-introduction; 及 Richard Firth Green, 'The Familia Regis and the Familia Cupidinis', in *English Court Culture in the Later Middle Ages,* ed. V.J. Scattergood and J.W. Sherborne (Duckworth, 1983)。注意，夏尔蒂埃与济慈作品的共同之处可以说只有这首诗的标题！（济慈也写过一首同题诗，而且这首诗虽是用英语写的，标题却用了法语。——译者）

"一封心烦意乱的为自我开脱的信"：奥地利的玛格丽特被认为是大英图书馆考顿手稿藏品（Titus B. i. f. 142）中署名为"M"的两封长信的作者。这两封信的笔迹是亨利八世的大使理查德·温菲尔德爵士（Sir Richard Wingfield）的，大概是他将这两封信从法文原文翻译成了英文。大英图书馆只承认"M""很可能"是玛格丽特，但内部证据却有力地说明了这一点。

"法国摄政女王安妮·德·博热"：她的手册 Anne of France: Lessons for my Daughter，已由 Sharon L. Jansen 翻译并编辑（D. S. Brewer, 2004）。

9. "任凭我的心意选择"

关于玛丽·博林，见 Alison Weir, Mary Boleyn: 'The Great and Infamous Whore' (Jonathan Cape, 2011)。

"最近的学术研究却揭示了玛丽是如何精心推敲她的信件"：关于玛丽的发声（以及历史与虚构之间的弹性界限）的有趣讨论，见 Sadlack, The French Queen's Letters，尤其是第 10 页："玛丽会遵守她所知道的浪漫传奇所设定的准则，比如佛罗莎特的《梅里亚朵》（Meliador）及马洛里的《亚瑟王之死》，并试图以这些传奇中的女主人公的作风来行事……终其一生玛丽都在通过扮演传奇中的淑女角色来增强自己的行动的权威，说服贵族甚至国王听从她的要求。"

"布兰登看起来像是一个在舞台上走错片场的人"：冈恩描述了一个17世纪的故事，亨利和布兰登在森林中初次相遇，他们联手拯救了一位女士（Gunn, Charles Brandon, p. 1）。有说法称，英国人起初对布兰登婚娶玛丽·都铎感到不满，但他的武艺得到了人们的认可：骑士精神的法则仍然允许年轻人发迹变泰。

"第六代安格斯伯爵"：安格斯的外祖父老德鲁蒙德勋爵是个打破了所有礼节的人，他打了被派去通知玛格丽特她将不再执政的官员的耳光，他的女儿玛格丽特·德鲁蒙德曾是詹姆斯四世的情妇，据浪漫的传说称，她是被毒死的，以便为詹姆斯四世迎娶玛格丽特·都铎让路！

"玛丽·博林"：虽然玛丽是亨利生涯中仅有的两个情妇中的第二个，但这段关系的起源却扑朔迷离。天主教人士红衣主教波尔在1538年写道，亨利"侵犯"了玛丽，即强奸了她。不过，"强奸"（rape）一词本身可能指的是对已婚妇女的丈夫而不是对她自己的抢夺——剥夺财产的行为。托马斯·马洛里和杰弗里·乔叟可能都曾被指控犯有rape罪。1537年，一个名叫威廉·韦伯（William Webbe）的人曾宣称，亨利将他的"漂亮姑娘"从自己身边二话不说就抢走了。不过，这也反映了骑士法则对社会底层妇女的轻蔑。

第三部分　1525—1536

怀亚特的诗歌摘自 *Sir Thomas Wyatt: The Complete Poems*, ed. R.A.

Rebholz (Penguin, 1978)；书中保持了作品原貌，所有的诗都没有标题。

10. "我的女主人和朋友"

关于安妮·博林的文献可谓浩如烟海：不过，最全面、最耐读的记叙其整个人生的传记仍然是 Eric Ives, *The Life and Death of Anne Boleyn* (Blackwell, 2004)；更有争议的观点可参见 G.W. Bernard, *Anne Boleyn: Fatal Attractions* (Yale, 2010)，该书是安妮在某种程度上犯有通奸罪这一理论的主要论著；以及 Retha M. Warnicke, *The Rise and Fall of Anne Boleyn: Family Politics at the Court of Henry VIII* (Cambridge University Press, 1989)。Warnicke 还在 *Wicked Women of Tudor England: Queens, Aristocrats, Commoners* (Palgrave Macmillan, 2012) 一书以及下面会提到的一篇论文中写到了安妮。有关安妮失势的具体文献将在另一章中提及。

亨利写给安妮·博林的信件已由梵蒂冈图书馆数字化：https://digi.vatlib.it/view/MSS_Vat.lat.3731.pt.A。这些信件的印刷版（和翻译版）以及其他许多有关安妮的珍贵文献都收录在 Elizabeth Norton, *Anne Boleyn: In Her Own Words & the Words of Those Who Knew Her* (Amberley, 2011)。

关于怀亚特，参见 Nicola Shulman, *Graven With Diamonds: The Many Lives of Thomas Wyatt: Courtier, Poet, Assassin, Spy* (Short Books, 2011)；及 Susan Bridgen, *Thomas Wyatt: The Heart's Forest* (Faber and Faber, 2012)；以及 Ingeborg Heine-Harabasz, 'Courtly Love as Camouflage in the Poems of Sir Thomas Wyatt' (http://ifa.amu.edu.pl/sap/files/14/20_Heine-Harabasz.pdf)。

尤斯塔斯·查普斯（Eustace Chapuys）的公函可在CSP *Spanish* (4, part 2, and subsequent) 中找到——或者，正确的名称是 the Calendar of Letters and State Papers relating to English Affairs, preserved principally in the Archives of Simancas, ed. M.A.S. Hume et al., (1892–1899)。同一份历年档案（Calendar）也包含后来的西班牙大使的公函，对于研究伊丽莎白一世统治初期的史实尤为重要。

"回忆录或指导手册"：参见 *Game of Queens*，它们是该书的重要史料来源。16世纪的5位法国王室女性——Anne de Beaujeu、Louise of Savoy、Marguerite of Navarre、Jeanne d'Albret 和 Marguerite de Valois——都有某种形式的自传。

"安妮则留在了法国宫廷"：天主教徒威廉·拉斯特尔（William Rastell）对安妮·博林的描述是，她在法国宫廷被称为"英格兰的出租马"，"出租马"指的是任何人都可以骑的马，也就是妓女；但这可能是把她与她姐姐玛丽混淆了。伊丽莎白时代的天主教宣传家尼古拉斯·桑德（Nicholas Sander）同样张冠李戴地描述道，15岁的安妮毫无节制，"先是与她父亲的管家，然后又与父亲的神父有染"，被耻辱地送到法国，在那里她获得了"英国母马"的骂名。

"这个花花公子叫波尼维特"：关于《七日谈》中的某些段落带有自传性质的观点，详见 Patricia F.and Rouben C. Cholakian, *Marguerite of Navarre* (Columbia University Press, 2006), pp. 21–38。

"似乎并没有表现出极度的伤心，感觉倒像是他被敲诈了财物"：见 Shulman, *Graven With Diamonds*, p. 156。

"怀亚特这样做会冒着触犯亨利的巨大风险"：不过，有一种说法认为怀亚特确实冒了风险，却是为了一个特殊的原因。1528年年初，怀亚特将《心灵的宁静》(*The Quiet of Mind*, 普鲁塔克作品的译本) 献给日益孤立的凯瑟琳王后。在 Thomas Wyatt: *The Heart's Forest* pp. 136–153，苏珊·布里根 (Susan Bridgen) 认为他可能是凯瑟琳的人，有意且满怀恶意地试图诋毁安妮。

"亨利八世写给安妮·博林的信有17封幸存"：我提出的时间顺序与埃里克·艾夫斯 (Eric Ives) 的意见大体相同，但并不完全一致，不过他并没有试图将所有信件按先后顺序排列出来。

"宫廷爱情的修辞练习"：Retha M. Warnicke 在 *The Conventions of Courtly Love and Anne Boleyn* 一文中探讨了这一关系中宫廷伦理的整个问题，该文收录于 *State, Sovereigns & Society in Early Modern England,* ed. Charles Carlton (Sutton, 1998), pp. 103–118。大体说来，她关注的是反驳一个人是另一个人命运的幕后推手这一观点——事实上，她指出，"就在文学评论家将这种浪漫模式（宫廷爱情）局限于虚构世界并否认它曾经是一种真实的社会现象时，历史学家却开始依赖这种浪漫模式（宫廷爱情）进行性别分析"。然而，她的观念的出发点却有一种奇怪的局限性，她认为宫廷爱情的理想和影响只体现在 C. S. 刘易斯的"束缚衣模式"中：她认为 Eric Ives 和其他人都采用了这种模式。我想说的是，这种对如此重要的理想的传播的看法本身就是有局限性的。沃尼克说，"都铎时期英格兰流传的说教文本都不认可（这种）宫廷爱情模式"。的确如此。不过，打个现代的比方，电子游戏的暴力精神同样不会在学校里传授，但我们还是担心它对儿童的影响。在承认"一些文学惯例已经开始塑造并改变社会体制"之后，沃尼克进一步确认"宫廷爱情的修辞已经渗透到求爱和婚姻市场"。

"不要碰我，我是恺撒的鹿"：关于这首诗的讨论，见 Shulman, *Graven With Diamonds*, pp.107–110。

11."我们想要的结果"

关于托马斯·克伦威尔，见近期传记：Tracy Borman, *Thomas Cromwell: The Untold Story of Henry VIII's Most Faithful Servant*(Hodder & Stoughton, 2014) 及 Diarmaid MacCulloch, *Thomas Cromwell: A Life* (Allen Lane, 2018)。

12."至福"

Suzannah Lipscomb's *1536: The Year that Changed Henry VIII* (Lion, 2009) 探讨了安妮失势的那一年。

《嘉德黑皮书》：Roland Hui, 'Anne Boleyn as "The Lady of the Garter": A Rediscovered Image of Henry VIII's Second Queen' (https://tudorfaces.blogspot.com/2017/04/anne-boleyn-as-lady-of-garter.html)。

"他的统治方式和性格发生了重大变化"：然而，其他人否认有这种变化；或者认为这种变化发生在1525—1527年，是由于亨利八世早些时候的比武受伤；或者发生在1533年，或者更晚。关于此事的讨论见 Lipscomb, 1536, pp. 24–26。

13. "有污点的王后"

Alison Weir's *The Lady in the Tower: The Fall of Anne Boleyn* (Jonathan Cape, 2009) 对安妮被处死的前因后果进行了引人入胜的法证科学分析。

"安妮的嫂子简·罗克福德, 乔治·博林的妻子": 这位嫂子在后世和安妮本人一样备受争议: 关于她是否有罪众说纷纭。见 Julia Fox, *Jane Boleyn: The Infamous Lady Rochford* (Weidenfeld & Nicolson, 2007)。

"国王这样做只是为了测试——'证明'她的价值": 类似"忍耐的格瑞瑟达"(欧洲民间传说中的人物, 薄伽丘和乔叟都写过她的故事——译者)的情节; 同时也是宫廷爱情中反复出现的套路。11世纪时伊本·哈兹姆在《鸽子的颈环》(*The Ring of the Dove*)一书中写道: "当恋人以同样的热情相爱……他们会在没有任何正当理由的情况下反目成仇……所有这些手段都是为了测试和证明彼此在对方身上所追求的东西。"

"威廉·金斯敦爵士描述了": 关于安妮临刑前最后几周的所有信息来源的讨论, 见 Weir, *The Lady in the Tower*, pp. 337–344。

"大多数历史学家都认为没有理由相信": G. W. Bernard 是个可敬的例外, 见前(第10章参考书目)。

"从她被捕的那一刻起, 安妮就在申辩她的清白": 据说安妮曾给亨利写过一封信申辩自己的清白, 关于这封真实性存疑的信的记录和讨论, 见 Weir, *The Lady in the Tower*, pp. 171–175。

第四部分　1536—1558

14."我忠诚、真实和爱你的心"

关于玛格丽特·道格拉斯，见 Alison Weir, *The Lost Tudor Princess: A Life of Margaret Douglas, Countess of Lennox* (Jonathan Cape, 2015)。大英图书馆已将《德文郡手稿》数字化：

http://www.bl.uk/manuscripts/FullDisplay.aspx?ref=Add_MS_17492

A Social Edition of the Devonshire MS (BL Add. MS 17492) (http:// en.wikibooks.org) 也提供了大量的文本分析、古文书学分析和文学分析，对撰稿人身份的研究资料以及撰稿人的传记材料。我所发现的特别有用的学术论文包括 Elizabeth Heale, 'Women and the Courtly Love Lyric: The Devonshire MS (BL Additional.17492)', *The Modern Language Review*, 90, 1995, pp. 296–313。另见 Seth Lerer, *Courtly Letters in the Age of Henry VIII* (Cambridge University Press, 1997)，以及 Catherine Bates, 'Wyatt, Surrey, and the Henrician Court', in *Early Modern English Poetry: A Critical Companion*, ed.Patrick Cheney, Andrew Hadfield, and Garrett Sullivan, Jr. (Oxford University Press, 2007)。

关于亨利八世的后四位妻子，请参阅前文提到的人物合传；伊丽莎白·诺顿（Elizabeth Norton）撰写了简·西摩（Jane Seymour）和克里维斯的安妮（Anne of Cleves）的传记。

"尼古拉·舒尔曼将《德文郡手稿》生动地称为当时的'社交软件'"：见 Shulman, *Graven With Diamonds*, p. 142。

15. "我就心如死灰"

在亨利八世的妻子中，只有关于凯瑟琳·霍华德的历史书写与她的亲戚安妮·博林同样有趣（尽管篇幅要短得多）。其有趣之处不仅在于她早逝的悲剧，还在于她明目张胆的性声誉（这是她应得的还是不应得的呢？）所带来的挑战。传统上，历史作者们一直都认为她任凭性欲主导行为，因此没那么令人欣赏；2004年，大卫·斯塔基（David Starkey）不同寻常地认为她不一定与库尔佩珀通奸，但还是倾向于将她归类为典型的坏女孩。即使是那些试图为她辩护的作者也认为有必要将此作为他们的立论基础。

Joanna Denny's *Katherine Howard: A Tudor Conspiracy* (Little, Brown, 2007)一书提出了另一种说法，即由于亨利那时候无法让她怀孕，她需要另一个男人作为孩子的生父（关于安妮·博林也有类似的说法）。但雷莎·M. 沃尼克（Retha M. Warnicke）认为，在早期的关系中，她是性侵的受害者：尽管表面上反抗，但"被认为'内心愿意'"（Warnicke, *Wicked Women of Tudor England*, p.51）。在 *Katherine Howard: The Tragic Story of Henry VIII's Fifth Queen* (John Murray, 2016)一书中，约瑟芬·威尔金森（Josephine Wilkinson）也持相同观点。

沃尼克还认为，凯瑟琳写给库尔佩珀的信——一封"浪漫传奇文体的古怪范例"（Warnicke, *Wicked Women of Tudor England*, p. 69）——反而可能表明他实质上是在试图敲诈她。康纳·伯恩（Conor Byrne）在 *Katherine Howard: Henry VIII's Slandered Queen* (The History Press, 2019)一书中对这一观点进行了阐释，他认为凯瑟琳和她的前任一样，都是"生育政治"的受害者（p. 18），因为当时人们都在讨论凯瑟琳是又一位没能为亨利生下继承人的妻子；他还从宫廷爱情传统的角度讨论了凯瑟琳与库尔佩珀的关系。

加雷斯·拉塞尔（Gareth Russell）的 *Young & Damned & Fair: The Life and Tragedy of Catherine Howard at the Court of Henry VIII* (William Collins, 2017) 在某种程度上又回到了对凯瑟琳的传统看法，但又小心翼翼地将其置于历史背景中；既讲述了她本人"可怕而扣人心弦"的故事，也探讨了她所生活的世界。

关于相比之下与她截然不同的"幸存"的王后凯瑟琳·帕尔的传记，参见：Linda Porter, *Katherine the Queen: The Remarkable Life of Katherine Parr* (Macmillan, 2010) and Elizabeth Norton, *Catherine Parr* (Amberley, 2011)。

16. "可耻的诽谤"

关于伊丽莎白的青年时代和教育，参见 David Starkey, *Elizabeth: Apprenticeship* (Chatto & Windus, 2000)。

关于简·格雷，参见 Nicola Tallis, *Crown of Blood: the Deadly Inheritance of Lady Jane Grey* (Michael O'Mara, 2016)，该书讨论了有关简·格雷生平的信息来源，很有帮助。关于简的兄弟姐妹，请参见 Leanda de Lisle, *The Sisters Who Would Be Queen: Mary, Katherine and Lady Jane Grey: A Tudor Tragedy* (HarperPress, 2009)。

"迪尔马德·麦克库洛赫"：麦克库洛赫的巨著 *Reformation: Europe's House Divided 1490—1700* (Allen Lane, 2003) 是了解那个时代的重要参考资料。不过，所引用的简明扼要的论述来自同一作者的电视系列片 *Sex and the Church* (BBC2, April 2015)。

"作为英格兰的第一位女王"：12世纪，亨利一世曾试图确保其女儿玛蒂尔达（Matilda）的继承权；结果她不得不和亨利的侄子布卢瓦的斯蒂芬（Stephen of Blois）争夺国家的控制权，导致了无政府乱象。有趣的是，在当时的情况下，亨利为了让贵族们能够接受玛蒂尔达，下令英格兰不接受她丈夫（神圣罗马皇帝亨利五世——译者）的统治。关于16世纪女性君主制的辩论参见 *Game of Queens*；及 Charles Beem, *The Lioness Roared: The Problems of Female Rule in English History* (Palgrave Macmillan, 2008)。

17."丈夫可以做很多事"

"血腥玛丽"曾经可疑的名声因 Anna Whitelock's *Mary Tudor: England's First Queen* (Bloomsbury, 2009) 和 Linda Porter's *Mary Tudor: The First Queen* (Portrait, 2007) 及 Judith Mary Richards's *Mary Tudor* (Routledge, 2008) 而大为改观。另见 Sarah Duncan, *Mary I: Gender, Power, and Ceremony in the Reign of England's First Queen* (Palgrave Macmillan, 2012) 及 *Tudor Queenship: the Reigns of Mary and Elizabeth, ed.* Alice Hunt and Anna Whitelock(Palgrave Macmillan, 2010)。关于玛丽的丈夫，见 Henry Kamen, *Philip of Spain* (Yale University Press, 1997)。

第五部分 1558—1584

18."将来的国王"

关于伊丽莎白女王本人的信件、演讲和诗歌，见 *Elizabeth I:*

Collected Works, ed. Leah S. Marcus, Janel Mueller and Mary Beth Rose (University of Chicago Press, 2000)。这本宝贵的书不仅讨论了必要的著作权归属问题，还收录了重要的补充文件，如议会向伊丽莎白提出的结婚请愿。

伊丽莎白的传记数量庞大，因此有必要直接跳到现代，除了 Alison Weir's *Elizabeth the Queen* (Jonathan Cape, 1998) 和 Anne Somerset's *Elizabeth I* (Weidenfeld & Nicolson, 1991) 之外，现在又新出了 Lisa Hilton's *Elizabeth: Renaissance Prince* (Weidenfeld & Nicolson, 2014)。不过，任何专门撰写伊丽莎白个人关系的作者都必须先向马丁·休谟（Martin Hume）的经典著作 *The Courtships of Queen Elizabeth* (Eveleigh Nash, 1904) 致敬。重要的旧作还包括 Frederick Chamberlin 在 *The Private Character of Queen Elizabeth*（1904）及 Milton Waldman 在 *Elizabeth and Leicester* (Collins, 1944) 的相关论述。而 Waldman 和 Elizabeth Jenkins 在 *Elizabeth and Leicester* (Gollancz, 1958) 中也提及了这段也许是伊丽莎白最重要的关系。关于伊丽莎白个人生活与政治生活之间相互关系的著名作品有 Carole Levin's *The Heart and Stomach of a King: Elizabeth I and the Politics of Sex and Power* (University of Pennsylvania Press, 1994) 及 Susan Doran's *Monarchy and Matrimony* (Routledge, 1996)。

其他学术著作中，我认为对了解伊丽莎白的自我形象塑造这一主题特别有帮助的包括 Susan Frye's *Elizabeth I: The Competition for Representation* (Oxford University Press, 1993); Ilona Bell, *Elizabeth I: The Voice of a Monarch* (Palgrave Macmillan, 2010); *Elizabeth I in Writing: Language, Power and Representation in Early Modern England*, ed. Donatella Montini and Iolanda Plescia (Palgrave Macmillan, 2018); 及 Rayne Allinson, *A Monarchy of*

Letters: Royal Correspondence and English Diplomacy in the Reign of Elizabeth (Palgrave Macmillan, 2012); 又见 *Dissing Elizabeth: Negative Representations of Gloriana*, ed. Julia M. Walker (Duke University Press, 1998)。关于伊丽莎白的肖像，见 Roy Strong, *Gloriana : The Portraits of Queen Elizabeth I* (Pimlico, 2003)。

在罗伯特·达德利的传记中，值得一提的是 Derek Wilson's *Sweet Robin: A Biography of Robert Dudley Earl of Leicester 1553—1558* (Allison & Busby, 1988) 及同一作者的 *The Uncrowned Kings of England: The Black Legend of the Dudleys* (Constable, 2005)。另见 Simon Adams, *Leicester and the Court: Essays on Elizabethan Politics* (Manchester University Press, 2002)。

可参见 *Elizabeth & Leicester*, pp. 371-387，了解更详细的主要和次要资料来源。

"将伊丽莎白与童贞紧密联系起来"：尽管有人指出，甚至伊丽莎白身着冕服的肖像（现藏于英国国家肖像馆，约绘于1600年，但据信是对早先遗失的原作的复制品）都与另一位以贞节著称的君主理查二世的肖像极为相似。

"艾米·达德利之死的丑闻"：见 *Elizabeth & Leicester*, pp. 99-123, 及 pp. 379-381，其中对相关证据和可能结论的讨论更为详尽。该书出版数年后，Chris Skidmore's *Death and the Virgin: Elizabeth, Dudley and the Mysterious Fate of Amy Robsart* (Weidenfeld & Nicolson, 2010) 借鉴了失落几个世纪后又被发现的艾米之死的尸检报告。该书虽然并没有从根本上改变艾米死于意外的结论，却使人更倾向于认可曾发生过暴力行为。在不透露 Skidmore 所有结论的前提下，我想指出关键点在于他不认为达德利或伊丽莎白是凶手——事实上，他在已然复杂的局面中引入了一个新的嫌疑人。

"她身上有一层膜，使她无法与男人发生亲密关系"：迈克尔·布洛赫（Michael Bloch，温莎公爵夫妇的传记作者和助手）认为伊丽莎白（可能和沃利斯·辛普森一样）患有雄激素不敏感综合征：她生来就有雄性染色体，但由于无法分泌雄性激素，所以外表发育成女性。从宫廷爱情理论的雌雄同体、性别角色逆转一面来看，这是一个有趣的观点。Hilton 的 *Elizabeth*, p. 317 中引用克里斯托弗·海格（Christopher Haig）的说法，说他将伊丽莎白"完美地"描述为"政治上的雌雄同体"。关于将执政女王视为男性的观点参见 William Monter, *The Rise of Female Kings in Europe 1300—1800* (Yale University Press, 2011), pp. 43-44。（沃利斯·辛普森，即温莎公爵夫人，认识爱德华王子后因曾两次离婚，未能获准与爱德华结婚，爱德华王子继位后为与她结婚而逊位，成为温莎公爵。——译者）

"亚瑟·达德利"：见 *Elizabeth & Leicester,* Appendix II, pp. 351-363。

19. "心满意足"

关于克里斯托弗·哈顿，首要的资料来源是 Sir Nicholas Harris Nicolas, *Memoirs of the Life and Times of Sir Christopher Hatton, K.G.* (1847)，这本书收录了哈顿给伊丽莎白的信，以及戴耳（Dyer）给哈顿提建议的信。又见 Alice Gilmore Vines, *Neither Fire Nor Steel: Sir Christopher Hatton* (Nelson-Hall, 1978)。

关于牛津伯爵，见 B. M. Ward, *The Seventeenth Earl of Oxford 1550—1604 from Contemporary Documents* (John Murray, 1928); 及 Alan H. Nelson, *Monstrous*

Adversary: The Life of Edward de Vere, 17th Earl of Oxford (Liverpool University Press, 2003)。

关于宠臣问题的综合论述,见 Simon Adams, 'Favourites and Factions', in *The Tudor Monarchy*, ed. John Guy (Arnold, 1997); *The World of the Favourite, c.1550—1675*, ed. J.H. Elliott and Laurence Brockliss (Yale University Press, 1999); 及 *Princes, Patronage and the Nobility: The Court at the Beginning of the Modern Age c.1450—1600*, ed. Ronald G. Asch and Adolf M. Birke (Oxford University Press, 1991)。更容易找到的一本书——我们很多人都是伴着这本书长大的!——是 Neville Williams's *All the Queen's Men* (Weidenfeld & Nicolson, 1972)。

关于苏格兰女王玛丽,见 John Guy, *'My Heart is My Own': The Life of Mary Queen of Scots* (Harper Perennial, 2004); 及 Kate Williams, *Rival Queens: The Betrayal of Mary, Queen of Scots* (Hutchinson, 2018)。

"他们的生命作为爱情信物":见 Hilton, *Elizabeth*, p. 251。

"性吸引力和政治手段之间的平衡":马丁·休谟(Martin Hume)在 20 世纪初写成的经典之作《伊丽莎白女王的恋情》(*Courtships of Queen Elizabeth*)描述的是伊丽莎白的政治恋情,而不是他所说的"与面首的非政治性游戏"。但正如我在《伊丽莎白与莱斯特》(*Elizabeth & Leicester*)一书中所写的那样,伊丽莎白的政治手腕与她的性爱密不可分……"个人即政治"是现代女权主义的口号。但这句话同样适用于 16 世纪晚期的英国宫廷。引用沃尔特·罗利的传记作者尼科尔斯和威廉姆斯(Nicholls and Williams)在 *Sir Walter Raleigh in Life and Legend*, cited below, pp.26–28 的一段话:"恩宠往往遵循着一个非常谨慎的政治计算过程……接触带来熟识，熟识带来对能力的客观评估，这种评估则权衡着一个人承担特定政治或礼仪任务的能力。"

20. "违背我的本性"

关于菲利普·锡德尼，见 Katherine Duncan-Jones, *Sir Philip Sidney: Courtier Poet* (Yale University Press, 1991)。

"持筛肖像"：《持筛肖像》后来的一个版本使用了彼特拉克的意象，罗伊·斯特朗（Roy Strong）认为哈顿还有术士约翰·狄（John Dee）与这幅画的关系尤为密切。狄氏热衷于宣传伊丽莎白的帝国主张，声称她是亚瑟王的后裔并以此为之辩护（见 Strong, *Gloriana*, p. 93）。狄氏的传记作者彼得·J. 弗伦奇（Peter J. French）指出，正是在这些年里，"人们对亚瑟的热情复燃，令人惊叹"。

"童话故事中的反派形象"：Jo Eldridge Carney, *Fairy Tale Queens* (Palgrave Macmillan, 2012), p. 7。

"锡德尼在威尔顿开始写他的《阿卡迪亚》"：该书在锡德尼去世后才出版，当时锡德尼已对他最初的旧版《阿卡迪亚》进行了修改，几乎到了重写的地步；他的妹妹随后出版了她也参与写作的版本，因此书名被称为《彭布罗克伯爵夫人的阿卡迪亚》。关于锡德尼对两性关系的态度，见 Duncan-Jones, *Sir Philip Sidney*, particularly pp. 2, 180, 206, 211, 314–315。

"整个阿斯特罗菲尔与斯特拉的恋情是否只是一种文学游戏"：Duncan-Jones, *Sir Philip Sidney*, pp. 240–241 提出了这样一种可能性，即——

当然也尽量说明了对与我们如此迥异的文化贴上现代标签是不明智的——锡德尼是我们眼中的同性恋者。他最亲密的朋友福尔克·格里维尔（Fulke Greville）和戴耳从未结婚，而锡德尼在诗歌中"赋予这种三人间的友谊以通常赋予异性结合的突出地位"。对于克里斯托弗·哈顿，我也谨慎作出同样的猜测。另见 Stanley Wells, *Shakespeare, Sex and Love* (Oxford University Press, 2012); 及 Alan Bray, *Homosexuality in Renaissance England* (Columbia University Press, 1996)。

"他们将暴露出现实的空洞"：Lytton Strachey, *Elizabeth and Essex: A Tragic History* (Chatto & Windus, 1928), pp. 25–26："随着她的魅力逐渐减弱，她要保留这种魅力的决心也越来越强烈。她曾满足于同时代人对她的虔诚敬意，而在她的晚年，她需要——也接受了——那些围绕在身边的年轻人对她倾注的热情。国事在叹息、狂喜和表白的花里胡哨的闹剧中进行。

第六部分　1584—1603

"当我年轻貌美"：*Elizabeth I: Collected Works* (pp.303–305) 收录了这首诗并讨论它是否为伊丽莎白所作。

21."这首老歌"

在 *Elizabeth: The Forgotten Years* (Viking, 2016) 一书中，John Guy 探讨了1584年至1603年这一时期；继伊丽莎白"后半期统治"的学术讨论之后，John Guy 早些时候还编辑了 *The Reign of Elizabeth I: Court and Culture in the Last Decade* (Cambridge University Press, 1995)。正如他

所指出的，伊丽莎白时代的后半期此前一直被早期传记作家甚至历史学家粗略草率地对待。

沃尔特·罗利（Walter Ralegh）最近成为热门研究课题：见 Anna Beer, *Patriot or Traitor: The Life and Death of Sir Walter Ralegh* (Oneworld, 2018)；及 Mark Nicholls and Penry Williams, *Sir Walter Raleigh in Life and Legend* (Bloomsbury, 2011)。在较早出版的书中，Norman Lloyd Williams's *Sir Walter Raleigh* (Cassell, 1962) 收录了同时代文献的抄本和罗利的大部分诗作。

"他对伊丽莎白的吸引力是显而易见的"：正如哈顿（见上文）、莱斯特和埃塞克斯，罗利也是如此。Nicholls and Williams, *Sir Walter Raleigh in Life and Legend*, pp. 26–28："宫廷姿态和政治情爱不应掩盖作为恩宠基础的政治现实……个人因素在多大程度上进一步推动了这些决定，谁也说不准。"在《爱国者还是叛国者》(*Patriot or Traitor*)一书中，比尔（Beer）同样认为女王与朝臣之间的联系是"一种情色化的政治关系，而非政治化的性关系，伊丽莎白总是处于上位"。(p.75)

"莱蒂丝是一个特别强势的女人"：她对感情的苛求体现在给成年儿子的信中，信中恳求他"给你母亲写几句闲话，否则她会嫉妒你对她的爱没有她应得的那么好"。这听起来有点像伊丽莎白女王自己对安抚和奉承的不合时宜的要求。见 Nicola Tallis, *Elizabeth's Rival: The Tumultuous Tale of Lettice Knollys, Countess of Leicester* (Michael O'Mara, 2017)。

"而胡格诺派此时的绝望，就像情人在爱情中的绝望"：在《伊丽莎白》(*Elizabeth*)一书中，丽莎·希尔顿指出，伊丽莎白在其宫廷典礼的表演中,"可以看出她在思想上将自己定位为故作姿态的女主人和新教殉道者"。(p. 212)(德国新教诗人保卢斯·梅利苏斯(Paulus Melissus)是锡德尼的圈内人之一,他用混杂了骑士道、宗教,甚至是情色的诗歌向她致意。)但随着岁月的流逝,这种恰如其分的对比也许变得不那么贴切了。宫廷爱情与后世加尔文新教的严苛是永远无法达成一致的。

22. "冷酷的爱"

埃塞克斯的书信摘自 Walter Bourchier Devereux, *Lives and Letters of the Devereux, Earls of Essex, in the reigns of Elizabeth, James I, and Charles I: 1540–1646* (John Murray, 1853)。另见 G.B. Harrison, *The Life and Death of Robert Devereux, Earl of Essex* (Cassell & Co, 1937) 和 Robert Lacey, *Robert, Earl of Essex, an Elizabethan Icarus* (Weidenfeld and Nicolson, 1971)。在有价值的学术著作中,参见 Paul Hammer, *The Polarisation of Elizabethan Politics: The Political Career of Robert Devereux, 2nd Earl of Essex* (Cambridge University Press, revised edition 2008)。然而,学界对伊丽莎白和埃塞克斯的个人关系却鲜有论及,这令人吃惊——莫非是因为这段关系里两位主人公的形象都不讨喜?莱顿·斯特拉奇在其开创性的心理传记《伊丽莎白与埃塞克斯》(*Elizabeth and Essex*)中提出的后弗洛伊德主义观点从未被成功取代:他眼中的伊丽莎白"对关键的性交行为有着根深蒂固的厌恶",但"男人们迷人的形象却让她充满了甜蜜的激动"。

关于斯宾塞和《仙后》,见 *The Faerie Queene* ed. A.C. Hamilton et al. (Longman, 2001);参见 Donald Stump, *Spenser's Heavenly Elizabeth: Providential History in The Faerie Queene* (Palgrave Macmillan, 2019)。

"野马"：亨利·沃顿爵士称埃塞克斯不擅长一般来说很重要的娱乐活动——跳舞，形容他为"不优雅的舞者"，不过他也描述了埃塞克斯美丽的双手、他吃饭时的沉默（他吃得狼吞虎咽，但注意力却在别处）以及他对洗澡的热爱。

"女王在蒂尔伯里发表著名的演讲"：对这篇演说的确切措辞虽存在争议，但其要点从未受到质疑，关于其来源和不同版本的说明，见 *Elizabeth I: Collected Works*, pp. 325–326。另见 *Elizabeth & Leicester*, p. 286; 及 *Hilton, Elizabeth*, pp. 275–276，其中还有另外一个鲜为人知的版本。

"伊丽莎白是派遣亚瑟王子执行骑士任务的仙后"：C. S. 刘易斯坚信（pp. 336-353），斯宾塞没有写成的那部分内容，其情节将在仙后与亚瑟王子的关系中达到高潮。她实际上也将嫁给……刘易斯在其关于"优雅爱情"（fin'amor）的历史著作的结尾，认为斯宾塞的写作旨在说明"浪漫的婚姻观念最终打败了宫廷爱情"。（p. 298）

"少女乌娜……代表了真理"：斯坦普认为乌娜象征着围绕安妮·博林形成的教会；将她的骑士打败恶龙"讹若"（Errour）视为象征着安妮赢得亨利对真正信仰的支持；而对乌娜不忠的不实指控则象征着对安妮的指控。见 Stump, *Spenser's Heavenly Elizabeth*, p. 24。

"浪漫激情与基督教一夫一妻制的胜利结合"：刘易斯（pp.359-360）明确认为这是一件好事：他说，读斯宾塞的作品，"有助于精神健康的成长"。刘易斯认为，几个世纪后，斯宾塞将被视为"中世纪与现代诗人之间的伟大媒介……在情感史上，他是最伟大的浪漫主义婚姻观的奠基人，从莎士比亚到梅瑞迪思，浪漫主义婚姻观是我们所有爱情文学的基础"。

"杰梅茵·格里尔指出"：见 Germaine Greer, *Shakespeare's Wife* (Bloomsbury, 2007), p.257。

23. "困惑与矛盾"

"南安普顿伯爵……莎士比亚的赞助人"：和他之前的牛津伯爵一样，南安普顿伯爵也被反斯特拉特福派认为是莎士比亚戏剧真正作者的候选人。有人毫无道理地认为，南安普顿是牛津伯爵和伊丽莎白的儿子。（反斯特拉特福派：认为莎士比亚戏剧不是由一位来自埃文河畔的斯特拉特福的名叫威廉·莎士比亚的人写成的理论流派。）

24. "感情是虚假的"

"查尔斯·布朗特"：查尔斯·布朗特是埃塞克斯妹妹佩内洛普的长期情人，之后成为她的丈夫。他从埃塞克斯年轻时的竞争对手转变成了埃塞克斯本人的重要盟友。不过，不能把他与克里斯托弗·布朗特混淆，后者是埃塞克斯母亲莱蒂丝的第三任丈夫，也是埃塞克斯更亲密的朋友；这两个布朗特是远亲。

"让阿贝拉·斯图亚特取代他的王位"：阿贝拉在这场阴谋中幸免于难。然而七年后，她成功地与凯瑟琳·格雷的另一个孙子秘密结婚：这段婚姻似乎因感情而生，但引起了当局的警觉。经历了囚禁、戏剧性的逃亡以及最终死于伦敦塔，阿贝拉的思绪始终萦绕在跟她被迫分离的丈夫身上，她在给丈夫的信中写道，她认为自己"是不幸的典范，享受到了你这么大的福分，却这么短暂"。

"詹姆斯的个人癖好是狩猎和搜捕……巫师"：关于对巫术的恐惧在16世纪发挥的作用，参见 MacCulloch, *Reformation*, pp. 561–570。也许在妇女权力的衰落方面，猎巫也起了作用。有人说，"女王时代"也孕育了伟大的猎巫时代。1400年至1800年，欧洲和北美殖民地有4万至5万人死于行巫术指控，1560年后这一数字不断攀升，当时，英格兰对异教徒的火刑放缓了。巫术则被视为异端邪说的自然继承者，不同之处在于它尤其（尽管远非仅仅）与女性有关。

"古代骑士精神"：Strachey, *Elizabeth and Essex*, p. 2。

"爱情游戏的另一个受害者"：Hilton, *Elizabeth*, p. 314。

后记

"约翰·多佛·威尔逊"：见 John Dover Wilson, *What Happens in Hamlet* (Cambridge University Press, 1974), p. 228。

"杰梅茵·格里尔在《女太监》中甚至认为莎士比亚"：见 Greer, *The Female Eunuch*, p.235。

附录：圭尼维尔的多重面孔

关于维多利亚时期亚瑟王传说、骑士精神以及宫廷爱情的理想的复兴，见 Mark Girouard, *The Return to Camelot: Chivalry and the English Gentleman* (Yale University Press, 1981), pp. 197–218 and 255。

最后的都铎：
中世纪余晖下的宫廷爱欲
与权力密码

［英］萨拉·格里斯特伍德 著
常非常 译

图书在版编目（CIP）数据

最后的都铎：中世纪余晖下的宫廷爱欲与权力密码 /（英）萨拉·格里斯特伍德著；常非常译. -- 北京：北京联合出版公司, 2024.8. -- ISBN 978-7-5596-7741-9

Ⅰ. K561.33

中国国家版本馆 CIP 数据核字第 2024VM9517 号

THE TUDORS IN LOVE

by Sarah Gristwood

Copyright © Sarah Gristwood 2021
Published by arrangement with Watson Little Ltd, through The Grayhawk Agency Ltd.
Simplified Chinese Translation copyright © 2024 by United Sky (Beijing) New Media Co., Ltd.
All rights reserved.

北京市版权局著作权合同登记号 图字：01-2024-3618 号

出品人	赵红仕
选题策划	联合天际·社科人文工作室
责任编辑	李　伟
特约编辑	刘小旋　南　洋
美术编辑	程　阁　梁全新
封面设计	白　鹤

出　　版	北京联合出版公司 北京市西城区德外大街83号楼9层 100088
发　　行	未读（天津）文化传媒有限公司
印　　刷	大厂回族自治县德诚印务有限公司
经　　销	新华书店
字　　数	360千字
开　　本	880毫米×1230毫米 1/32 15.25印张
版　　次	2024年8月第1版　2024年8月第1次印刷
ISBN	978-7-5596-7741-9
定　　价	88.00元

关注未读好书

客服咨询

本书若有质量问题，请与本公司图书销售中心联系调换
电话：(010) 52435752

未经书面许可，不得以任何方式
转载、复制、翻印本书部分或全部内容
版权所有，侵权必究